校企合作汽车专业精品教材

汽车机械基础

主编　王　勇　雷永强　刘志雷

教·学
资　源

江苏大学出版社
JIANGSU UNIVERSITY PRESS
镇　江

内 容 提 要

本书依据国务院印发的《国家职业教育改革实施方案》的相关要求，结合职业教育教学标准编写而成。全书共六个项目，分别为汽车工程材料、汽车构件力学分析、汽车常用机构、汽车常用机械传动、汽车常用连接及轴系零部件、汽车中的液压及液力传动。

本书注重理论与实践相结合，突出培养学生的综合职业素养，可作为高等职业院校汽车专业的教材，也可作为相关行业人员的参考及培训用书。

图书在版编目（CIP）数据

汽车机械基础 / 王勇，雷永强，刘志雷主编. -- 镇江 : 江苏大学出版社，2024.3
ISBN 978-7-5684-2093-8

Ⅰ. ①汽… Ⅱ. ①王… ②雷… ③刘… Ⅲ. ①汽车－机械学－高等职业教育－教材 Ⅳ. ①U463

中国国家版本馆 CIP 数据核字(2024)第 063434 号

汽车机械基础
Qiche Jixie Jichu

主　　编 / 王　勇　雷永强　刘志雷
责任编辑 / 孙文婷
出版发行 / 江苏大学出版社
地　　址 / 江苏省镇江市京口区学府路 301 号（邮编：212013）
电　　话 / 0511-84446464（传真）
网　　址 / http://press.ujs.edu.cn
排　　版 / 河北鹏润印刷有限公司
印　　刷 / 河北鹏润印刷有限公司
开　　本 / 880 mm×1 230 mm　1/16
印　　张 / 18
字　　数 / 544 千字
版　　次 / 2024 年 3 月第 1 版
印　　次 / 2024 年 3 月第 1 次印刷
书　　号 / ISBN 978-7-5684-2093-8
定　　价 / 59.80 元

前言

PREFACE

当前，我国经济开始由高速增长阶段转向高质量发展阶段，汽车工业也在向高端、智能、绿色、服务方向转型升级。这一变革导致社会对汽车类人才的需求急剧增多，对汽车从业人员的专业素质和技能要求也越来越高。为了应对这一挑战，汽车从业人员不仅需要掌握汽车机械的基本理论，还应具备分析和解决汽车机械工程问题的基本技能。为了培养这方面的专业人才，我们精心编写了本书。

本书主要具有以下特色。

1. 立德树人，德技并修

党的二十大报告指出："育人的根本在于立德。"本书积极贯彻党的二十大精神，有机融入"价值塑造、能力培养、知识传授"三位一体的育人理念，将素质教育潜移默化地融入教学过程。例如，本书在每个项目的结尾设置了"拓展阅读"模块，讲述与汽车机械基础相关的先进人物和技术，以培养学生无私奉献、兢兢业业、细致认真、爱岗敬业、专注创新的工匠精神，让学生在学习中树立正确的世界观、人生观、价值观。

2. 校企合作，注重实用

在编写本书的过程中，编者充分考虑了汽车机械相关岗位的实际需求，并走访了多位汽车制造行业专家和一线工作人员，以企业工作岗位所需的知识和技能为出发点，将理论知识与岗位需求有机融合，力求让学生学以致用。

3. 活页理念，灵活教学

为了适应职业教育改革的新形势，在编写本书的过程中，编者采用了活页式理念，根据各任务的实际内容设计了对应的活页式任务工单，以满足学校混合式教学、智慧课堂教学等各类需求。学校可根据实际情况选择合适的教学方式。

4. 任务驱动，理实一体

为强化理实一体，突出"做中学、学中做"的职业教育特色，本书采用项目任务式体例进行编写。全书分为若干个项目，每个项目设有多个任务，每个任务以任务引入、任务工单、相关知识、任务实训的结构安排内容。

- **任务引入**：以实际案例、情景故事等引出任务内容，让学生初步了解所学知识的实际应用情况和相关背景，以激发学生的学习兴趣。
- **任务工单**：配套设计于每个任务中，体现“做中学、学中做”的教学理念。任务工单可以辅助学生制订工作计划，记录实训内容和遇到的问题，有助于培养学生自主学习的意识和能力。同时，教师也可通过学生提交的任务工单，了解学生对知识点的掌握程度和对学习计划的执行情况。
- **相关知识**：以“实用、够用”为原则，深入浅出、通俗易懂地介绍任务的知识内容。
- **任务实训**：以相关岗位所需的知识和技能为出发点，设置了“分析汽车发动机曲轴的主要性能”“选择汽车板簧的材料”“分析汽车齿轮的热处理工艺”等实训内容，以培养学生的实践能力，体现职业教育的特色。

5. 标准对接，课证融通

本书相关内容对接最新的国家标准和行业标准，从而保证了知识点的规范性和时效性。为满足职业院校“1+X”证书制度的需求，本书参考国家相关职业技能鉴定标准和规范，实现了课程内容与职业证书的融通。

6. 模块丰富，图文结合

本书在正文穿插了“知识链接”“提示”“经验传承”模块，补充介绍与专业相关的课外知识和注意事项等，帮助学生更好地理解相关内容，同时拓宽学生的视野；设置了“一起来说车”“透过现象看问题”模块，通过提出问题让学生进行思考、讨论，充分调动学生的积极性，活跃课堂气氛。另外，本书还配有丰富、精美的原理示意图和实物照片，不仅可以帮助学生直观地理解相关知识，还可以增强教材的可读性。

7. 强化成果，提升技能

本书以目标为导向，将过程化考核有机地融入每个项目中，以强化教学成果，并引领学生进一步提升学习技能。

首先，本书在每个项目的开头明确了本项目所要达成的知识目标、技能目标和素质目标，让学生有目的地开展理论学习和实践活动。

其次，本书在关键点处设置了“笔记”模块，引导学生在学习和实践过程中记录相关经验和感想，巩固学习成果。

最后，本书在每个项目的最后设置了“学习知识检验”和“学习成果评价”模块。其中，“学习知识检验”模块通过习题检验学生对项目所涉及的理论知识的理解程度与掌握情况，学生可据此查漏补缺；“学习成果评价”模块分别从知识、技能、素养三方面对学生的学习成果进行评价，可辅助教师进行过程考核，也可辅助学生总结经验、提升技能。

8. 平台支撑，资源丰富

本书配有丰富的数字资源，读者可以借助手机或其他移动设备扫描二维码观看微课视频，也可以登录文旌综合教育平台“文旌课堂”查看和下载本书配套资源，如教学课件、课后习题答案等。读者在学习过程中有任何疑问，都可以登录该平台寻求帮助。

此外，本书还提供了在线题库，支持“教学作业，一键发布”，教师只需要通过微信或“文旌课堂”App 扫描扉页二维码，即可迅速选题、一键发布、智能批改，并查看学生的作业分析报告，提高教学效率、提升教学体验。学生可在线完成作业，巩固所学知识，提高学习效率。

本书由王勇、雷永强和刘志雷担任主编，陈振权、李新新、李秋娥、陈剑伟、马安朋和刘伟担任副主编。在编写过程中，编者参考了大量资料并引用了部分内容和图片。这些引用的资料大部分已获授权，但由于部分资料来自网络，我们暂时无法联系到原作者。对此，我们深表歉意，并欢迎原作者随时与我们联系，我们将按规定支付酬劳。

由于编者水平有限，书中难免存在疏漏或不当之处，敬请广大读者批评指正。

本书配套资源下载网址和联系方式

网址：https://www.wenjingketang.com
电话：4001179835
邮箱：book@wenjingketang.com

目录

CONTENTS

项目 3 汽车常用机构 / 91

项目 4 汽车常用机械传动 / 121

项目 5 汽车常用连接及轴系零部件 / 169

项目1 汽车工程材料

项目导读

材料是人类生活和生产活动的物质基础，是人类赖以生存和发展的重要条件。石器时代、青铜器时代、铁器时代、蒸汽时代……人类每个历史时代的进步都是由新材料的应用推动的。工业化以来，材料广泛应用于机械、汽车、船舶、建筑、化工、能源、仪器仪表、航空航天等工程领域。其中，用以制造各种汽车零件的材料统称为汽车工程材料。

汽车工程材料是汽车制造的基础，在研制更经济、更安全和更轻量化的汽车的过程中，选择合适的汽车工程材料是关键的一环。汽车工程材料与汽车制造成本和耐用程度密切相关，现代汽车制造技术的进步，很大程度上是材料科学的进步。因此，新材料、新工艺对于汽车行业的发展至关重要。

知识目标

（1）掌握材料的使用性能及工艺性能。

（2）掌握汽车常用的金属材料和非金属材料的性能及应用。

（3）熟悉汽车零件的选材原则。

（4）掌握钢的热处理工艺。

技能目标

（1）能够对不同汽车零件的主要性能进行分析。

（2）能够为汽车典型零件选择合适的材料。

（3）能够对汽车典型零件的热处理工艺进行分析。

素质目标

（1）培养脚踏实地、求真务实的工作作风。

（2）培养科学严谨、精益求精的工匠精神。

（3）培养团结协作、顾全大局的团队精神。

任务 1.1　认识材料的主要性能

任务引入

小王是一名货运司机。一天，小王送完货照常回公司，行驶途中发现汽车刹车时系统噪声大，制动距离远，于是将汽车开去汽车维修厂进行检修。检修人员对该车检测后，发现刹车片已经生锈分离，这让小王大吃一惊，小王说刹车片是几个月前刚换的，不应该出现这么严重的问题。听了小王的话，检修人员分析是刹车片的质量不过关，材料性能不佳，于是更换了刹车片，更换后试车，汽车恢复正常。小王这才想起几个月前对这台汽车检修时，因为贪图便宜而选择更换了非原厂生产的刹车片。

本任务要求学生从金属材料的使用性能和工艺性能等方面来认识金属材料的主要性能。本任务的知识与技能要求如表 1-1 所示。

表 1-1　知识与技能要求

任务内容	认识材料的主要性能	学习程度		
		识记	理解	应用
学习任务	材料的力学性能		●	
	材料的物理性能	●		
	材料的化学性能	●		
	材料的工艺性能		●	
实训任务	分析汽车发动机曲轴的主要性能			●
自我勉励				

班级＿＿＿＿＿＿　　姓名＿＿＿＿＿＿　　学号＿＿＿＿＿＿

任务工单——认识材料的主要性能

1. 任务目标

（1）掌握金属材料的使用性能。
（2）掌握金属材料的工艺性能。

2. 学生分组

以 3～5 人为一组，选出组长并进行任务分工，将小组成员及分工情况填入表 1-2 中。

表 1-2　小组成员及分工情况

小组成员	姓名	分工情况
组长		
组员		

3. 工作准备

（1）查阅相关资料，根据任务内容制订工作计划，并将其填入表 1-3 中。

表 1-3　工作计划

步骤	工作内容	负责人

（2）列出完成工作计划所需要的工具、材料等，并将其填入表 1-4 中。

表 1-4　完成工作计划所需要的工具、材料

序号	名称	型号与规格	单位	数量	备注

班级____________　姓名____________　学号____________

4. 工作实施

根据本组最佳工作计划展开实施。按实际操作过程，将实施内容、遇到的问题及解决办法填入表 1-5 中。

表 1-5　任务实施过程记录表

序号	实施内容	遇到的问题及解决办法

5. 课堂小结

____

____

____

____

____

____

____

优质的机械产品是合适的材料、精巧的设计及合理的加工工艺三者结合的产物。机械的各个零件都是由材料制造的，材料的性能不仅决定了机械的质量和使用寿命，还直接影响机械的生产成本，如材料采购成本、机械加工成本等。在众多材料中，金属材料来源丰富、性能优良，并且可通过成分配制、加工工艺改变组织和性能，在汽车工程中应用最为广泛。因此，本书主要对金属材料的性能进行深入分析和介绍。金属材料的主要性能包括使用性能和工艺性能。

1.1.1 材料的使用性能

金属材料的使用性能是指金属材料在正常工作时应具备的性能，它决定了金属材料的应用范围、使用的可靠性和寿命，包括力学性能、物理性能和化学性能。其中，力学性能是金属材料在汽车工程中最重要的使用性能。

1. 材料的力学性能

金属材料的力学性能又称机械性能，是指金属材料在各种不同性质外力的作用下所表现出的抵抗能力。金属材料在加工及使用过程中所受的外力称为载荷。根据作用性质的不同，载荷可分为静载荷、冲击载荷和交变载荷三类。载荷的作用性质不同，对材料力学性能的要求就不同。金属材料的力学性能主要包括强度、塑性、硬度、韧性和疲劳强度等。

材料的力学性能

1）强度

（1）强度的概念。

金属材料在力的作用下抵抗永久变形和断裂的能力，称为强度。强度用金属材料单位横截面积上所产生的抵抗力，即应力来表示。根据载荷性质的不同，金属材料的强度可分为抗拉强度和抗压强度。其中，金属材料拉伸断裂前能够承受的最大拉应力称为抗拉强度，金属材料抵抗压缩载荷而不失效的最大压应力称为抗压强度。

强度与变形有着直接的关系。变形是指在外力作用下，金属材料由于内部原子之间的位置发生改变而产生的宏观形状和尺寸的变化。根据撤去外力后能否恢复，变形分为弹性变形和塑性变形。金属材料发生弹性变形时，撤去外力后，能恢复到原来的形状和尺寸；发生塑性变形时，撤去外力后，不能恢复到原来的形状和尺寸，故塑性变形又称为永久变形，如汽车碰撞后车门的变形。

强度是材料的一项重要力学性能指标，当金属零件承受的载荷超出自身材料强度时，其结构将发生破坏，如图 1-1 所示为汽车转向器传动轴由于载荷过大而断裂。

图 1-1　汽车转向器传动轴由于载荷过大而断裂

（2）拉伸试验。

金属材料的强度由专门的试验来测定，其中应用最普遍的是拉伸试验。拉伸试验是指用静拉伸力对试样进行轴向拉伸，通过测量拉伸力和相应的伸长量来测量其力学性能的试验。对金属材料进行拉伸试验时，需要使用拉伸试验机（见图 1-2）和特制的试样。试样的形状和尺寸取决于要被试验的金属产品的形状和尺寸，其横截面一般为圆形、矩形和多边形等。图 1-3 所示为圆形横截面试样，其中，L_o 表示原始标距，d_o 表示圆形横截面试样平行长度的原始直径，L_u 表示断后标距，d_u 表示圆形横截面试样断裂后缩颈处的最小直径，单位均为 mm。

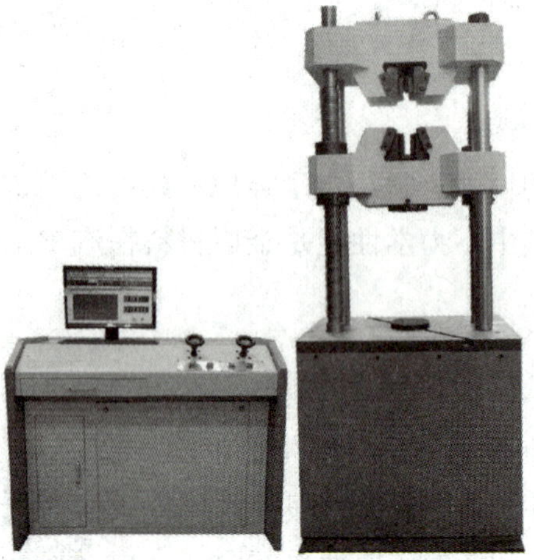

图 1-2　拉伸试验机

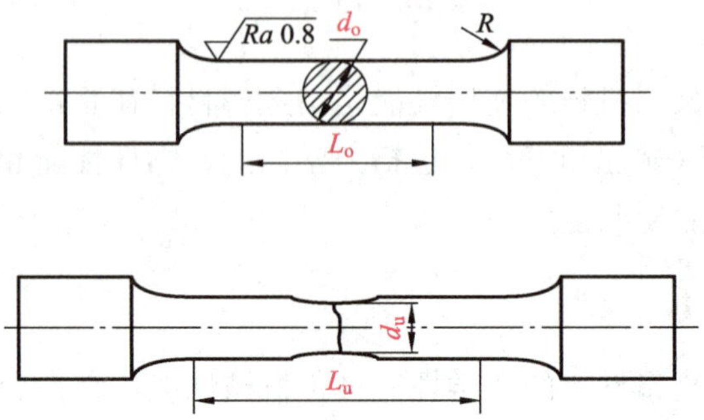

图 1-3　圆形横截面试样

进行拉伸试验时，将试样两端分别紧固在拉伸试验机上，逐渐增大轴向拉力，使试样横截面上承受拉应力，从而使试样伸长、变细，直至断裂。在这个过程中连续记录轴向拉力和试样的伸长量，可以绘制力与伸长量之间的关系曲线，称为拉伸曲线。低碳钢的拉伸曲线如图 1-4 所示，其中，横坐标表示试样的伸长量 ΔL，单位为 mm；纵坐标表示轴向拉力 F，单位为 N。

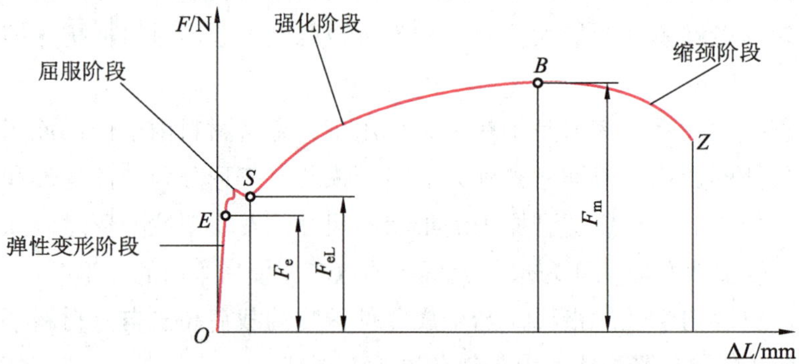

图 1-4　低碳钢的拉伸曲线

由图 1-4 可知，低碳钢的拉伸过程可分为四个阶段，具体分析如表 1-6 所示。

表 1-6　低碳钢拉伸的四个阶段

阶段	曲线特征	力学性能
OE 段：弹性变形阶段	直线	试样长度随着轴向拉力的增大而增大，撤去外力后，试样变形消失，恢复原长
ES 段：屈服阶段	上下波动	轴向拉力增大至 F_e 时试样将发生塑性变形。当轴向拉力达到 F_{eL} 时，在拉力不增大甚至略有减小的情况下，试样还继续伸长，这种现象称为屈服

续表

阶段	曲线特征	力学性能
SB 段：强化阶段	非线性上升	需要不断地增大轴向拉力，试样才能继续伸长。随着塑性变形的增大，试样抵抗变形的内力也逐渐增大，这种现象称为冷变形强化。F_m 为整个拉伸过程中的最大轴向拉力
BZ 段：缩颈阶段	加速下降	轴向拉力达到最大值后，试样中间某处的直径会发生局部收缩，称为缩颈。由于缩颈处的横截面积急剧缩小，因此单位面积上的拉力大大增大，最后到 *Z* 点试样被拉断

（3）强度指标。

在拉伸试验中，试样断裂前处于受力平衡状态，内力与外力大小相等，此时试样横截面上的拉应力为

$$R = \frac{F}{S} \tag{1-1}$$

式中：

R——横截面上的拉应力，单位为MPa；

S——试样的横截面积，单位为mm^2。

工程中常用的强度指标有抗拉强度 R_m 和屈服强度 R_{eL}。其中，抗拉强度 R_m 是最大轴向拉力 F_m 对应的拉应力，即 $R_m = F_m/S_o$（S_o 为试样原始横截面积）；屈服强度 R_{eL} 为试样发生屈服时的拉应力，即 $R_{eL} = F_{eL}/S_o$。

知识链接

对于铸铁、高碳钢等金属材料，由于它们在拉伸过程中没有明显的屈服现象，也不产生缩颈现象，因此很难确定其 F_{eL} 的准确数值。对于这类金属材料，通常规定一个相当于屈服强度的强度指标，即以试样伸长量为试样原始标距0.2%时的拉应力作为其屈服强度，用符号 $R_{p0.2}$ 表示。

2）塑性

（1）塑性的概念。

塑性是指金属材料在外力作用下产生塑性变形而不被破坏的能力。塑性好的金属材料在外力作用下会发生塑性变形，不容易断裂，适于加工成变形量要求较大的零件或制品，如汽车的车身和车门，生活中常用的不锈钢盆和不锈钢水槽等。

（2）塑性指标。

金属材料的塑性可用断后伸长率和断面收缩率来衡量。两者都可通过拉伸试验进行测算。

断后伸长率是指试样拉断后，试样的伸长量 ΔL 与原始标距 L_o 之比的百分率，用符号 A 表示，其计算公式为

$$A = \frac{\Delta L}{L_o} = \frac{L_u - L_o}{L_o} \times 100\% \tag{1-2}$$

断面收缩率是指试样拉断后，缩颈处横截面积的最大缩减量与原始横截面积之比的百分率，用符号 Z 表示，其计算公式为

$$Z = \frac{S_o - S_u}{S_o} \times 100\% \tag{1-3}$$

式中：

S_o——试样原始横截面积，单位为mm²；

S_u——试样缩颈处的最小横截面积，单位为mm²。

金属材料的断后伸长率和断面收缩率越大，表示该金属材料的塑性越好，适宜用轧制、锻造等使工件或毛坯产生塑性变形的加工方法进行加工。

知识链接

> 工程上通常将在常温、静载条件下测定的断后伸长率大于5%的金属材料称为塑性金属材料，如低碳钢、铜合金和铝合金等；将断后伸长率小于5%的金属材料称为脆性金属材料，如灰铸铁、陶瓷、玻璃等。

3）硬度

硬度是指金属材料抵抗外部硬物压入或刻划的能力，它是衡量金属材料软硬程度的指标。硬度越高，金属材料表面越不容易产生压痕或划痕。工业中通常利用硬度试验来测定金属材料的硬度。常用的硬度试验有布氏硬度试验、洛氏硬度试验和维氏硬度试验等，所测定的硬度分别称为布氏硬度、洛氏硬度和维氏硬度。金属材料这三种硬度试验的原理简图、测试方法和应用范围如表1-7所示。

表1-7　金属材料三种硬度试验的原理简图、测试方法和应用范围

类别	原理简图	测试方法	应用范围
布氏硬度（HBW）试验	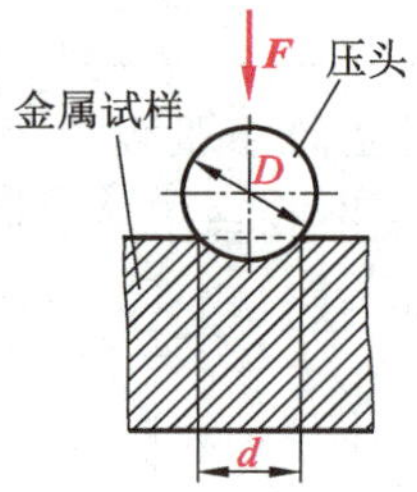	采用直径为 D 的碳化钨合金球作为压头，以规定的压力 F 压入金属材料表面并保持规定的时间，测量圆形压痕的直径 d，然后利用公式求出硬度值，或从专门编制的硬度表中查出对应的硬度值	适用于测定各种经过退火及调质处理的钢材、非铁合金及铸铁等硬度较低的工件，不适合测定太薄的工件
洛氏硬度（HR）试验	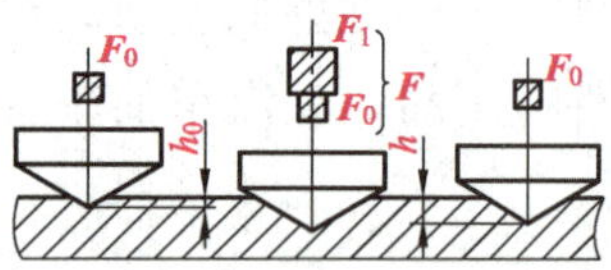	采用一定形状和尺寸的圆锥体金刚石或碳化钨合金球作为压头，以规定的压力压入金属材料表面，根据压痕的深度计算金属材料的硬度。洛氏硬度有HRA、HRC和HRBW等多种表示方法，其中HRC最常用，其有效范围为20～70 HRC	适用于测定布氏硬度值大于450或尺寸较小的工件
维氏硬度（HV）试验	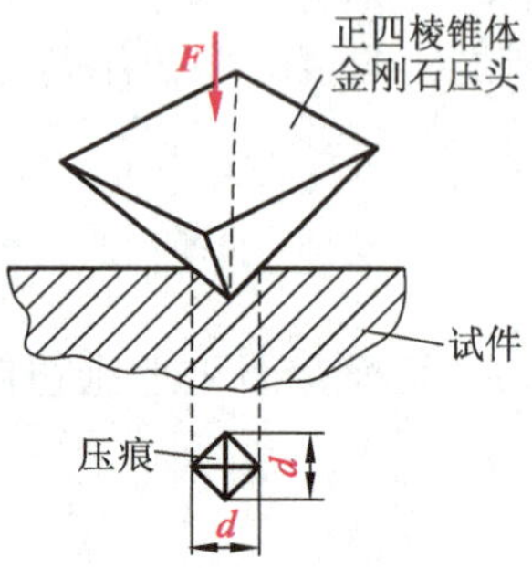	采用顶部两相对面具有规定角度的正四棱锥体金刚石作为压头，以规定压力 F 压入金属材料表面并保持规定的时间，测量试样表面压痕对角线长度 d，然后按公式计算硬度值	由于压痕较小，所以适用于测定较薄工件、工具表面或镀层

4）韧性

图 1-5　汽车发动机的连杆

韧性是指金属材料抵抗冲击载荷作用而不被破坏的能力。韧性越好，金属材料的抗冲击能力越强，发生断裂的可能性越小。韧性是金属材料的一项重要力学性能，如图 1-5 所示的汽车发动机的连杆，不仅要求具有较高的强度和一定的塑性，还要求具备足够的韧性。

金属材料的韧性通常由冲击吸收能量来衡量。冲击吸收能量可以通过一次摆锤冲击试验来测定，试验的原理如图 1-6 所示。

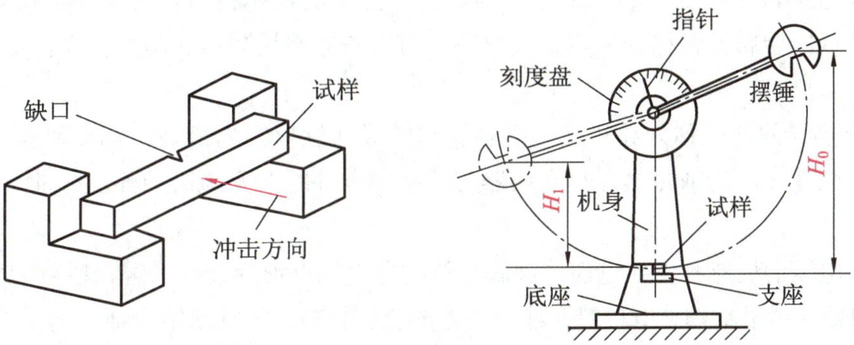

图 1-6　一次摆锤冲击试验原理简图

试验前，按照国家标准在金属材料试样上加工出一定形状的缺口（V 形缺口或 U 形缺口），并将缺口背对摆锤冲击方向。试验时，将摆锤抬起至一定高度 H_0，然后释放，由于重力的作用摆锤自由下落，冲断金属材料试样后继续摆动，记录最终的摆动高度 H_1。摆锤损失的重力势能等于金属材料试样断裂过程中吸收的能量，即冲击吸收能量，用符号 KV 或 KU 表示，单位为 J。

试验中测定的冲击吸收能量不能直接用于工程计算，只能作为判断材料韧性的定性指标。冲击吸收能量越大，表示金属材料的韧性越好。

5）疲劳强度

汽车中的许多零件在承受交变载荷作用时，其内部应力也会做周期性变化，这种应力称为交变应力或循环应力。例如，齿轮、轴承、曲轴等零件工作时，其内部就需要承受交变应力作用。虽然交变应力值低于零件材料的屈服强度，但经过长时间的反复作用后，零件会产生裂纹或突然发生断裂破坏，这种现象称为金属材料的疲劳破坏，简称疲劳。

金属材料的抗疲劳性能由疲劳强度来衡量。疲劳强度是指金属材料承受无限次交变载荷的作用而不发生破坏的最大应力，它表示材料抵抗交变载荷作用而不发生疲劳破坏的能力。金属材料的疲劳强度可通过疲劳试验测量，但在工程中，金属材料不可能做无限次疲劳试验。通常规定，钢经受10^7次、非铁金属材料经受10^8次交变载荷作用而不产生断裂的最大应力为其疲劳强度。若施加的是对称循环应力，疲劳强度则用符号 σ_{-1} 表示。

一起来说车

金属材料在什么情况下会产生疲劳破坏？衡量金属材料抗疲劳性能的指标是什么？请与同组同学讨论，并在课后查阅资料验证讨论结果。

2. 材料的物理性能

金属材料的物理性能是指金属固有的属性，包括密度、熔点、导热性、导电性和热膨胀性等。汽车零件的用途不同，对金属材料物理性能的要求也有所不同。

1）密度

金属材料单位体积的质量称为密度。在体积相同的情况下，金属材料的密度越大，其质量也越大。

2）熔点

金属材料从固态向液态转变时的温度称为熔点。熔点高的金属材料称为难熔金属材料，可用来制造耐高温零件；熔点低的金属材料称为易熔金属材料，可用来制造熔断丝和防火安全阀等零件。

3）导热性

金属材料传导热量的性能称为导热性。金属材料的导热性以银为最好，铜、铝次之。导热性好的金属材料散热也好，因此在制造散热器、热交换器与活塞等零件时，要选用导热性好的金属材料。

4）导电性

金属材料传导电流的性能称为导电性。金属材料的导电性以银为最好，铜、铝次之。导电性好的金属材料，如纯铜、纯铝，适于制作导电材料；导电性差的金属材料，如铁铬铝合金，适于制作电热元件。

5）热膨胀性

金属材料随温度变化而膨胀、收缩的特性称为热膨胀性。在实际工作中，要考虑热膨胀性的场合很多，例如，轴与轴瓦之间要根据热膨胀性来控制其间隙尺寸；测量工件的尺寸时，要注意热膨胀性的影响，以减小测量误差。

笔记

3. 材料的化学性能

金属材料的化学性能是指金属材料在常温或高温条件下抵抗外界介质对其化学侵蚀的能力。化学性能主要包括耐蚀性、抗氧化性和化学稳定性等。

1）耐蚀性

金属材料在常温下抵抗氧、水蒸气及其他化学介质腐蚀破坏作用的能力称为耐蚀性。腐蚀对金属材料的危害很大，不仅会使金属材料本身受到损失，严重的还会使汽车零部件遭到破坏，引起重大的伤亡事故。因此，提高金属材料的耐蚀性，对于节约金属材料、延长金属材料的使用寿命具有现实的经济意义。

2）抗氧化性

金属材料在加热时抵抗氧化作用的能力称为抗氧化性。金属材料的氧化随温度升高而加速，例如，铸造、锻造、热处理、焊接等热加工过程，会造成金属材料损耗过量和形成各种缺陷。因此，在高温下工作的零部件，如发动机的气门、活塞等，必须采用抗氧化性好的金属材料制造。

3）化学稳定性

化学稳定性是金属材料的耐蚀性和抗氧化性的总称。金属材料在高温下的化学稳定性称为热稳定性。在高温条件下工作的零部件，如发动机的活塞、活塞环等，需要选择热稳定性好的金属材料制造。

1.1.2 材料的工艺性能

金属材料的工艺性能是指金属材料适应加工工艺要求的能力，它反映了金属材料的加工难易程度。工艺性能直接影响零件的加工质量及加工成本，是选择零件材料时必须考虑的因素。金属材料的工艺性能主要包括铸造性、压力加工性、焊接性和切削加工性等。

1. 铸造性

铸造是指将熔融的金属材料浇入铸型中，经凝固后获得具有一定尺寸、形状和力学性能的铸件的金属材料成形方法。金属材料通过铸造的方法成为优质铸件的能力称为金属材料的铸造性，它反映了金属材料熔化浇注成为铸件的难易程度。金属材料熔化成液态时的流动性越好，冷凝时的收缩性越小，凝固后的偏析性（指各化学成分的不均匀程度）越小，铸造性越好。

汽车用铸件的主要特点是壁薄、形状复杂、尺寸精度高、质量小、可靠性好、生产批量大等。铸件一般占汽车自重的 12%左右，仅次于钢材用量，居第二位。很多典型的汽车零件都采用铸造，如发动机缸体（见图 1-7）、变速器和离合器壳体、各类连接板、支架及车门框架等。

图 1-7　发动机缸体

2. 压力加工性

压力加工是指使金属材料在外力作用下产生塑性变形，以获得具有一定形状、尺寸和力学性能的制品或零件的加工方法。常用的压力加工方法有轧制、挤压、冷拔、锻造和冷冲压等，如图 1-8 所示。

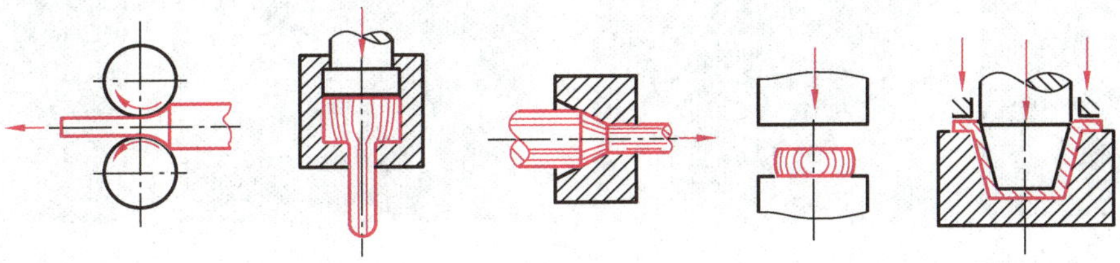

（a）轧制　（b）挤压　（c）冷拔　（d）锻造　（e）冷冲压

图 1-8　常用的压力加工方法

金属材料在压力加工过程中成形的难易程度称为金属材料的压力加工性，它主要与金属材料的塑性有关。塑性越好，金属材料的压力加工性就越好。同时，压力加工性还与金属材料的成分及加工条件有关。例如，碳钢在加热到一定温度时才容易锻造成形，而铝合金在室温条件下就很容易锻造成形。

知识链接

据统计，汽车中有 60%～70%的零件是用冲压工艺生产出来的。因此，冲压工艺对汽车的质量、生产率和生产成本都有重要的影响。

3．焊接性

焊接是指通过加热或加压或两者并用，使金属材料产生原子间的结合，形成不可拆卸接头的连接方法。常用的焊接方法有手工电弧焊、气焊和自动焊等，如图 1-9 所示。

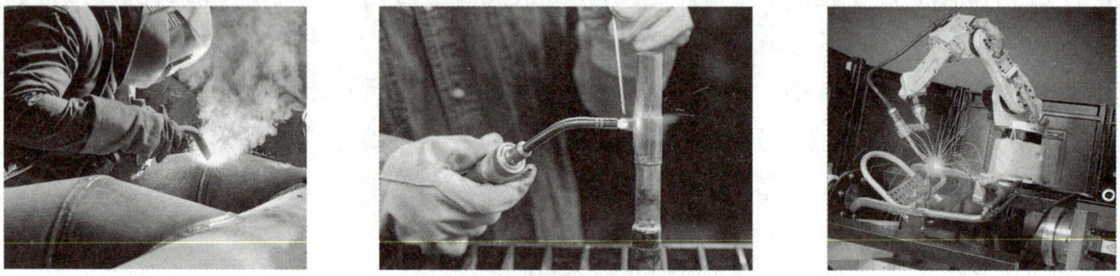

（a）手工电弧焊　（b）气焊　（c）自动焊

图 1-9　常用的焊接方法

金属材料在焊接过程中获得优质焊接接头（包括焊缝、熔合区和热影响区）的能力称为焊接性，又称可焊性能。焊接性好的金属材料，焊接接头不容易产生夹渣、气孔、裂纹等缺陷，而且具有较好的力学性能。

4．切削加工性

切削加工是工程中应用最为广泛的零件加工方法。常用的切削加工方法有车削、铣削、磨削和钻削等，如图 1-10 所示。

（a）车削　（b）铣削　（c）磨削　（d）钻削

图 1-10　常用的切削加工方法

切削加工性是指对金属材料进行切削加工的难易程度。衡量切削加工性的因素有刀具的使用寿命、零件的表面质量和切削工作时间等。金属材料的切削加工性主要受金属材料的化学成分、组织、硬度、塑性、韧性和导热性等的影响。通常情况下，可以通过热处理来提高金属材料的切削加工性。

知识链接

切削加工完成的零件表面比较光滑，因此，需要配合的部位和零件的精加工通常都是通过切削加工完成的，如汽车变速器、主减速器和差速器上的齿轮、发动机连杆等。

任务实训——分析汽车发动机曲轴的主要性能

1. 任务描述

曲轴是汽车发动机上重要的零部件，它的作用是将活塞、连杆传来的力变为转矩，将活塞的往复直线运动转化为自身的旋转运动，用以驱动汽车的传动系统和发动机的配气机构，以及其他辅助装置。图 1-11 所示为汽车发动机曲轴。全班学生以 3～5 人为一组进行分组，以组为单位分析该发动机曲轴的主要性能。

图 1-11　汽车发动机曲轴

2. 任务实训

不同的汽车零件由于使用工况不同，所承受载荷的性质不同，对材料的性能要求也不同。只有了解材料的主要性能，才能在汽车零件设计和加工制造过程中正确地选择和使用材料。

1）分析汽车发动机曲轴的使用工况

曲轴一般由轴颈和曲柄组成，其中轴颈是曲轴的支承部分，用于安装发动机的气缸活塞。曲柄则是将活塞的往复直线运动转化为曲轴的旋转运动的重要部分。

汽车发动机曲轴的作用是输出动力，并带动其他部件运动。曲轴在工作中会受到弯曲、扭转、剪切、冲击等交变应力的作用。曲轴的形状极不规则，其上的应力分布极不均匀，曲轴轴颈与轴承还会发生滑动摩擦。

2）分析汽车发动机曲轴的性能要求

根据曲轴的使用工况，可以分析出曲轴的主要性能要求如下。

（1）具有一定的冲击韧性，以抵抗冲击载荷。

（2）具有足够的弯曲和扭转疲劳强度，以抵抗弯曲和扭转载荷。

（3）具有足够的刚度，以抵抗磨损变形。

（4）轴颈表面具有高硬度和耐磨性。

任务 1.2 认识汽车常用的材料

任务引入

汽车是一种十分复杂的交通工具，一辆汽车一般由上万个零部件组装而成。汽车上每个零部件的生产制造均涉及材料问题。据统计，汽车上的零部件采用了 4 000 余种不同的材料加工制造。从汽车的设计、选材、加工制造，到汽车的使用、维修和养护，都要涉及材料。

本任务要求学生从黑色金属材料、有色金属材料、非金属材料和汽车零件的选材等方面来认识汽车常用的材料。本任务的知识与技能要求如表 1-8 所示。

表 1-8 知识与技能要求

任务内容	认识汽车常用的材料	学习程度		
		识记	理解	应用
学习任务	黑色金属材料		●	
	有色金属材料		●	
	非金属材料		●	
	汽车零件的选材		●	
实训任务	选择汽车板簧的材料			●
自我勉励				

班级____________ 姓名____________ 学号____________

任务工单——认识汽车常用的材料

1. 任务目标

（1）掌握汽车常用的黑色金属材料。

（2）掌握汽车常用的有色金属材料。

（3）掌握汽车常用的非金属材料。

（4）掌握汽车零件的选材。

2. 学生分组

以 3～5 人为一组，选出组长并进行任务分工，将小组成员及分工情况填入表 1-9 中。

表 1-9 小组成员及分工情况

小组成员	姓名	分工情况
组长		
组员		

3. 工作准备

（1）查阅相关资料，根据任务内容制订工作计划，并将其填入表 1-10 中。

表 1-10 工作计划

步骤	工作内容	负责人

（2）列出完成工作计划所需要的工具、材料等，并将其填入表 1-11 中。

表 1-11 完成工作计划所需要的工具、材料

序号	名称	型号与规格	单位	数量	备注

班级＿＿＿＿＿＿　　姓名＿＿＿＿＿＿　　学号＿＿＿＿＿＿

4. 工作实施

根据本组最佳工作计划展开实施。按实际操作过程，将实施内容、遇到的问题及解决办法填入表 1-12 中。

表 1-12　任务实施过程记录表

序号	实施内容	遇到的问题及解决办法

5. 课堂小结

汽车由种类繁多、性能各异的工程材料经加工制成零件后组装而成，这些零件以金属材料为主。金属材料又分为黑色金属和有色金属两大类。虽然汽车中大部分零件采用的是金属材料，但为了满足汽车轻量化、耐腐蚀等要求，塑料、橡胶等非金属材料也被大量应用。本任务介绍汽车常用的黑色金属材料、有色金属材料和非金属材料，以及汽车零件的选材。

1.2.1 黑色金属材料

黑色金属材料是由铁或以铁为主形成的金属材料，即钢铁材料，包括钢和铸铁等。黑色金属材料由于综合性能良好、品种多且价格低廉，被广泛应用于汽车制造业。例如，汽车的覆盖件、底盘、轮毂及各类箱体框架等基本上都采用的是黑色金属材料。

1. 钢铁材料的分类与基本组织

钢铁材料主要由铁和碳两种基本元素构成，故钢铁又称为铁碳合金。含碳量（用 w_C 表示）的高低对钢铁材料的性能有着极大的影响。除了含有铁元素、碳元素，钢铁材料中还有少量的锰、硅、硫、磷等元素，其中硫和磷是有害元素，需要严格控制其含量。

习惯上常说的钢铁是钢和铁的总称，其中，铁包括纯铁和铸铁。通常情况下，将含碳量小于 0.021 8%的铁碳合金称为纯铁；将含碳量为 0.021 8%～2.11%的铁碳合金称为钢；将含碳量大于 2.11%的铁碳合金称为铸铁，工业中常用铸铁的含碳量不超过 4.3%。钢铁根据含碳量不同的分类如图 1-12 所示。

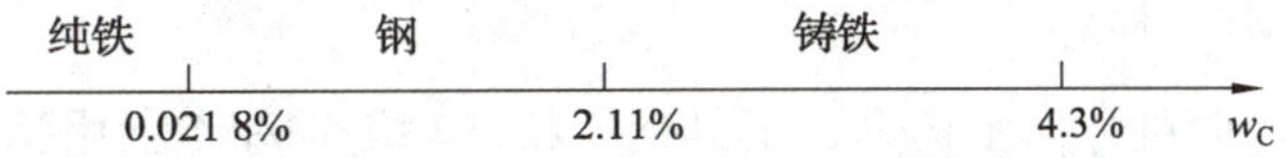

图 1-12 钢铁根据含碳量不同的分类

钢铁材料的性能与其内部组织有着重要的关系。铁碳合金在液态时，内部的铁和碳可以无限互溶；在冷却为固态的过程中，根据含碳量的不同，碳可以与铁形成固溶体或化合物，或形成由固溶体和化合物组成的机械混合物。铁原子、碳原子的这三种不同结合形式形成了不同的铁碳合金基本组织，主要有铁素体、奥氏体、渗碳体、珠光体和莱氏体等，它们各自的特点如表 1-13 所示。

表 1-13 铁碳合金基本组织的特点

组织名称	符号	组织特征	结晶结构	碳的最大溶解度	力学性能
铁素体	F	碳溶于 α-Fe 中形成的间隙固溶体	体心立方晶格结构	$w_C=0.021\ 8\%$	塑性、韧性很高，强度、硬度较低
奥氏体	A	碳溶于 γ-Fe 中形成的间隙固溶体	面心立方晶格结构	$w_C=2.11\%$	塑性较高，硬度较低
渗碳体	Fe_3C	铁与碳形成的金属化合物	复杂结构的间隙化合物	$w_C=6.69\%$	硬度高，脆性大，塑性和韧性极小
珠光体	P	铁素体与渗碳体组成的机械混合物			力学性能介于铁素体和渗碳体之间
莱氏体	Ld	奥氏体与渗碳体组成的机械混合物			硬度很高，塑性、韧性极差

2. 工业用钢

钢是指含碳量为0.021 8%～2.11%的铁碳合金。工业生产中，为了保证其韧性和塑性，钢的含碳量一般不超过1.7%。

1）钢的分类

钢的分类方法很多，通常根据化学成分、冶金质量和应用范围进行分类。

（1）根据化学成分分类。

根据化学成分中是否含有合金元素，钢可分为碳素钢和合金钢。其中，根据含碳量的不同，碳素钢可分为低碳钢（$w_C<0.25\%$）、中碳钢（$0.25\%\leqslant w_C\leqslant 0.60\%$）和高碳钢（$w_C>0.60\%$）；根据合金元素含量的不同，合金钢可分为低合金钢（合金元素总量<0.50%）、中合金钢（5.0%≤合金元素总量≤10.0%）和高合金钢（合金元素总量>10.0%）。

（2）根据冶金质量分类。

根据冶金质量（即杂质元素含量）的不同，钢可分为普通钢（$w_S<0.055\%$，$w_P\leqslant 0.045\%$）、优质钢（$w_S<0.040\%$，$w_P\leqslant 0.040\%$）和高级优质钢（$w_S<0.030\%$，$w_P\leqslant 0.035\%$）。

提　示

> w_S表示含硫量；w_P表示含磷量。

（3）根据应用范围分类。

根据应用范围的不同，钢可分为结构钢、工具钢、特殊功能钢和专业用钢等。

2）钢的牌号

在GB/T 221—2008《钢铁产品牌号表示方法》中规定了各种钢的牌号。钢的牌号通常由大写的汉语拼音、化学元素符号和阿拉伯数字等组成。表1-14所示为部分钢的牌号及其含义。

表1-14　部分钢的牌号及其含义

类别		牌号示例	含义说明
碳素钢	碳素结构钢	Q235AF Q345D	“Q”是“屈”字拼音的首字母，后面的数字表示屈服强度，单位为MPa；字母A、B、C、D表示钢的质量等级；F、b、Z、TZ为脱氧方式表示符号，分别表示沸腾钢、半镇静钢、镇静钢、特殊镇静钢。例如，Q235AF表示屈服强度为235 MPa、A级质量的沸腾碳素结构钢
	优质碳素结构钢	45 65Mn	两位数字表示钢的平均含碳量，以万分数计；含锰量较高时，加符号Mn。例如，45钢表示含碳量为0.45%的优质碳素结构钢
	碳素工具钢	T8 T11A	“T”是“碳”字拼音的首字母，后面的数字表示钢中碳的平均含量，以千分数计；若为高级优质碳素钢，在钢号后面加A。例如，T11A表示平均含碳量为1.1%的高级优质碳素工具钢
合金钢	合金结构钢 合金弹簧钢	30CrMnSi 60Si2Mn	前面两位数字表示钢的平均含碳量，以万分数计；元素符号表示所含的合金元素，其平均含量小于1.5%时一般不标出，平均含量依次为1.5%～2.49%，2.5%～3.49%，3.5%～4.49%……，在元素符号的后面相应地写成2、3、4……；若为高级和特级合金钢，在钢号后面相应地加上A和E。例如，30CrMnSi表示平均含碳量为0.30%，铬、锰、硅的平均含量均小于1.5%的优质合金结构钢

续表

类别		牌号示例	含义说明
合金钢	合金工具钢	8MnSi	前面的数字表示钢的平均含碳量，以千分数计，若平均含碳量大于 1.0%，则一般不标出；合金元素平均含量的表示方法与合金结构钢相同。例如，8MnSi 表示平均含碳量为 0.8%，锰、硅含量均小于 1.5%的合金工具钢
	高速钢	W18Cr4V	一般不标出含碳量，只标出合金元素的含量，以百分数计。例如，W18Cr4V 表示平均含钨量为 18%、含铬量为 4%、含钒量低于 1%的高速钢
	轴承钢	GCr15	“G”表示轴承钢，后面字母表示所含合金元素的种类，其含量用位于其后的数字表示，以千分数计。例如，GCr15 表示平均含铬量为 1.5%的轴承钢
	不锈钢 耐热钢	06Cr18Ni9 015Cr19Ni11	前面的数字表示含碳量的最佳控制值，只规定其上限（以万分数或十万分数计）。其中，当含碳量上限大于 0.10%时，以其上限值的 4/5 表示（以十万分数计）；当含碳量上限不大于 0.10%时，以其上限值的 3/4 表示（以十万分数计）；当含碳量上限不大于 0.03%时，以三位阿拉伯数字表示（以十万分数计）；合金元素含量表示方法与高速钢相同。例如，06Cr18Ni9 表示含碳量上限为 0.08%、含铬量为 18%、含镍量为 9%的镍铬不锈钢；015Cr19Ni11 表示含碳量上限为 0.02%、最佳控制值为 0.015%、含铬量为 19%、含镍量为 11%的超低碳不锈钢

3）碳素钢

工业用钢中，碳素钢的用量非常大。常用的碳素钢有碳素结构钢、优质碳素结构钢、碳素工具钢和铸造碳钢等，如表 1-15 所示。

碳素钢

表 1-15　常用的碳素钢

类别	牌号示例	性能特点	应用范围
碳素结构钢	Q235	塑性好，强度较低，能保证一定的力学性能，容易冶炼，工艺性能良好	用于建造建筑、桥梁、船舶等领域的结构件，或者加工螺钉、螺母等力学性能要求不是很高的机械零部件；在汽车零部件中，用于制造油底壳、气缸盖罩、制动器底板、车厢板件、发电机支架、拉杆、销、键等
优质碳素结构钢	45	热加工及切削加工性良好，焊接性较差，强度、塑性等综合力学性能良好	用于制造受力较大的零件，如齿轮和轴等
碳素工具钢	T8	工艺性能好，热处理后可以获得很高的硬度，温度不高时耐磨性良好；但热硬性、淬透性较差	用于制造形状简单、尺寸小、切削速度低、工作温度不高的工具，如模具冲头、剪刀等
铸造碳钢	ZG200-400	具有较高的强度、塑性和韧性	用于制造受力大且承受冲击载荷的零部件，如轧钢机底座、水压机底座、火车车轮及车钩等

4）合金钢

为改善钢的力学性能，通常在炼钢时加入某些合金元素，如锰（Mn）、硅（Si）、铬（Cr）、镍（Ni）、钼（Mo）、钨（W）、钒（V）等，由此获得的钢称为合金钢。与碳素钢相比，合金钢往往具有某些方面的特殊性能或具有良好的综合力学性能。常用的合金钢如表 1-16 所示。

表 1-16 常用的合金钢

类别		牌号示例	性能特点	应用范围
合金结构钢	低合金钢	Q295	含碳量为 0.12%～0.20%，磷、硫含量不大于 0.45%，合金元素总量不大于 3%，主要添加元素为硅、锰及少量的钛、钒、铌、铜及稀土元素等；具有较好的塑性、韧性和焊接性，且冶炼较简单	广泛用于制造各种机器零件和工程构件，如汽车大梁、房屋钢架和输油管道等
	合金渗碳钢	20CrMnTi	含碳量一般为 0.10%～0.25%，加入的合金元素主要有锰、铬、镍、钼、钒、钛、硼等；经表面渗碳和淬火处理后，具有较高的表面硬度和耐磨性，同时心部具有良好的强度和韧性，抗冲击载荷能力强	适用于制造各类受冲击载荷作用的零部件，如变速齿轮、活塞销和轴类零件等
	合金调质钢	38CrMoAl	含碳量一般为 0.25%～0.50%，经调质热处理后，具有较高的强度和韧性；若调质后再进行淬火，可进一步提高钢件表面的耐磨性	适用于制造汽车等机器上的重要零件，如汽车半轴、连杆和转向节等
合金工具钢	刃具钢	9SiCr	具有高硬度、高耐磨性、高红硬性（钢在高温下保持高硬度的能力）及一定的韧性和塑性	适用于制造各类低速切削的薄刃刀具，如板牙、丝锥和铰刀等
	模具钢	Cr12MoV 5CrNiMo	分为冷作模具用钢、热作模具用钢和塑料模具用钢三类，其性能特点与应用范围有关	适用于制造各种锻造、冲压和压铸等模具
	量具钢	Cr2	含碳量通常高达 0.90%～1.50%，并含有铬、钨、锰等合金元素	适用于制造精度要求较高的量具，如样板和量规等
合金弹簧钢		60Si2Mn	具有很高的抗拉强度、弹性极限及疲劳强度，一定的淬透性和良好的表面质量	适用于制造各类弹簧及弹性零件
高速钢		W6Mo5Cr4V2 W9Mo3Cr4V	含有钨、钼、铬、钒等合金元素，在高速切削产生的高温（约 500 ℃）下仍能保持较高的硬度（不低于 60 HRC）	通用型高速钢适用于制造普通刀具，如钻头、锯条、滚刀和拉刀等；特殊用途高速钢适用于制造难加工金属（如钛合金和高温合金等）的切削刀具
轴承钢		GCr15	具有高而均匀的硬度和耐磨性，以及较高的弹性极限和良好的尺寸稳定性	适用于制造各类滚动轴承的滚珠、滚柱及轴承内外圈等
不锈钢		06Cr19Ni10	主要的合金元素为铬，其含量一般不低于 10.5%；具有良好的耐蚀性、抛光性和耐热性	适用于制造耐腐蚀零部件，如车架、车轮盖等

3. 铸铁

铸铁是指平均含碳量大于 2.11%，且含有硅、锰、磷、硫等合金元素的铁碳合金。其中，工业用铸铁的含碳量一般为 2.5%～3.5%。铸铁的塑性及韧性虽然不及钢，但生产成本低廉，且具有优良的铸造性、切削加工性等，因此在工业生产中应用十分广泛。

1）铸铁的分类

铸铁的种类很多，通常根据碳存在形式和内部石墨形态进行分类。

（1）根据碳存在形式分类。

根据碳存在形式的不同，铸铁可分为白口铸铁、灰口铸铁和麻口铸铁。

白口铸铁： 碳主要以渗碳体的形式存在，断口呈银白色，由于具有很高的脆性和硬度，难以进行切削加工，因此很少直接用来制造机械零件。

灰口铸铁： 碳主要以石墨的形式存在，断口呈暗灰色，具有一定的力学性能和切削加工性，在工业中应用最为普遍。

麻口铸铁： 一部分碳以石墨的形式存在，另一部分以渗碳体的形式存在，断口呈灰白相间的麻点状，在工业中应用很少。

（2）根据内部石墨形态分类。

根据内部石墨形态的不同，铸铁可分为灰铸铁、球墨铸铁、可锻铸铁和蠕墨铸铁。

灰铸铁： 碳主要以片状石墨的形式存在。

球墨铸铁： 碳主要以球状石墨的形式存在。

可锻铸铁： 碳主要以团絮状石墨的形式存在。

蠕墨铸铁： 碳主要以蠕虫状石墨的形式存在。

此外，在普通铸铁中加入一些合金元素可得到合金铸铁。合金铸铁具有较高的力学性能或某些特殊性能。根据使用性能的不同，合金铸铁可分为耐磨铸铁、耐热铸铁和耐蚀铸铁等。

2）常用的铸铁

常用的铸铁如表 1-17 所示。

表 1-17 常用的铸铁

分类	牌号示例	牌号组成	性能特点	应用范围
灰铸铁	HT200	HT+最低抗拉强度。例如，HT200 代表抗拉强度不低于 200 MPa 的灰铸铁	抗拉强度低且韧性差，但减振性、耐磨性和抗压性好	工业生产中应用最广泛的铸铁材料，常用于制造需要承受较大压力的零部件，如汽车的气缸体、气缸盖、制动盘等
球墨铸铁	QT400-18 QT800-2	QT+最低抗拉强度+最小断后伸长率（以百分数计）。例如，QT400-18 表示抗拉强度不低于 400 MPa、断后伸长率不低于 18%的球墨铸铁	具有很高的强度和良好的塑性、韧性，综合力学性能接近于钢，铸造性好	常用于制造受力复杂，强度、韧性和耐磨性要求高的零件，如汽车发动机上的曲轴和连杆、机床主轴，以及各种齿轮等
可锻铸铁	KTH300-06 KTB350-12	KT+代表类别的字母（H、Z、B）+最低抗拉强度+最小断后伸长率（以百分数计）。例如，KTH300-06 表示抗拉强度不低于 300 MPa、断后伸长率不低于 6%的黑心可锻铸铁	塑性和韧性比灰铸铁好，但并不能用于锻造	常用于制造形状复杂、承受冲击和振动载荷的零件，如汽车后桥壳、差速器壳、减速器壳等，以及拖拉机后桥外壳、管接头和低压阀门等
蠕墨铸铁	RuT300	RuT+最低抗拉强度。例如，RuT300 表示抗拉强度不低于 300 MPa 的蠕墨铸铁	强度接近球墨铸铁，有一定韧性和较高的耐磨性，铸造性和导热性良好	常用于制造内燃机气缸、气缸盖和液压阀等零件
合金铸铁			含有一定量的合金元素，具有某种特殊性能，如耐磨性、耐热性和耐蚀性等	常用于制造有耐热、耐腐蚀等特殊要求的零件，如汽车和拖拉机中的气缸套、排气门座圈和活塞环等

知识链接

一些结构形状复杂且要求有较高强度、塑性、韧性及特殊性能的零件，如汽车机架、缸体、齿轮和连杆等，难以用锻压方法成形，用铸铁又不能满足性能要求，这时可采用铸钢。

铸钢牌号表示方法：ZG+数字-数字。第一组数字为屈服强度值，第二组数字为抗拉强度值，如ZG200-400、ZG230-450等。

1.2.2 有色金属材料

黑色金属材料以外的金属材料称为有色金属材料。有色金属材料具有许多特殊的性能，如较高的导电性和导热性、较低的密度和熔化温度、良好的力学性能和工艺性能，是现代工业不可缺少的重要金属材料，是黑色金属材料所不能替代的。

汽车上常用的有色金属材料主要有铝、铜及其合金。此外，还有滑动轴承合金、镁合金和钛合金等。

笔记

1. 铝及铝合金

1）纯铝

纯铝呈银白色，密度较小（$\rho=2.7\ g/cm^3$），熔点为 660 ℃。在常温及潮湿环境中，纯铝的表面容易形成一层致密的氧化膜，因此其具有较好的耐蚀性。纯铝的导热性和导电性良好，是仅次于金、银、铜的优良导体；塑性很高，能通过压力加工方法制成各种型材、板材，因此被广泛用于制造各种导线、电容器和包装材料等。由于纯铝的强度很低，因此其不宜直接作为结构零部件。

纯铝中含有铁、硅、铜、锌等杂质，根据纯度不同可分为工业纯铝（$99.00\% \leqslant w_{Al} \leqslant 99.85\%$）和高纯铝（$w_{Al}>99.85\%$）。纯铝的牌号用“1×××”四位字符表示。其中，第一位数字 1 表示纯铝；第二位为大写英文字母，表示原始纯铝（A）或原始纯铝的改型（B～Y，C、I、L、N、O、P、Q、Z 除外）；最后两位数字表示铝的最低百分含量小数点后面的两位数字。例如，牌号 1A90 表示纯度为 99.90% 的原始高纯铝。

提　示

w_{Al} 表示含铝量。

2）铝合金

纯铝的强度很低，不宜作为结构材料。人们在长期的生产实践和科学实验中，通过向纯铝中添加适量的合金元素来提高其强度和硬度等力学性能，从而得到了各种系列的铝合金。铝合金质量小、强度高，具有很高的比强度，其力学性能超过许多合金钢。因此，铝合金是较为理想的结构材料，在工程中应用十分广泛。

知识链接

比强度是指材料的强度与其表观密度之比。比强度越高，达到相应强度的材料质量越小。

铝合金中的合金元素主要有铜、锰、硅、镁、锌等，根据合金元素和工艺特点的不同，铝合金可分为变形铝合金和铸造铝合金两大类。

（1）变形铝合金。

变形铝合金具有良好的塑性，可通过冲压、弯曲、挤压等加工方法制成所需零件。变形铝合金的牌号用 2×××～8×××系列表示，如 3A21、2A12 等。其中，牌号的第一位数字是按照主要合金元素（铜、锰、硅、镁、镁+硅、锌及其他元素）的顺序来表示变形铝合金的组别的；第二位字母表示原始合金（A）或原始合金的改型（B～Y，C、I、L、N、O、P、Q、Z 除外）；最后两位数字用来区分同一组中不同的铝合金。例如，牌号 3A21 表示主要合金元素为锰的变形铝合金。

变形铝合金在汽车中主要用于制造车门（见图 1-13）、行李舱等车身面板，保险杠，发动机舱盖，车轮的轮辐、轮毂罩、轮外饰罩，制动器总成的保护罩，消声罩，防抱死制动系统，换热器，车身构架，座位，车厢底板等结构件，以及仪表板等装饰件。

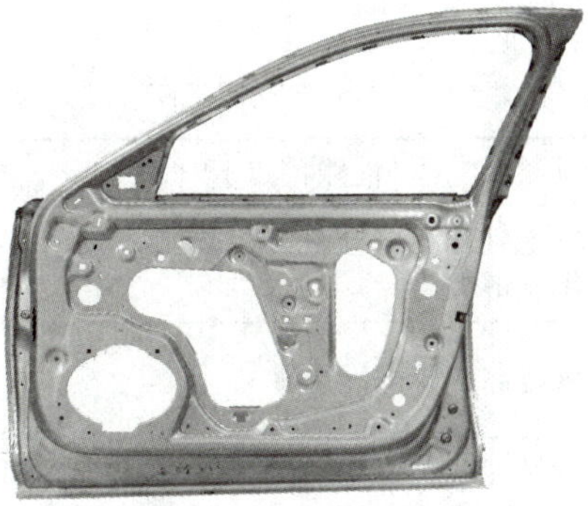

图 1-13　铝制车门

根据性能特点和应用范围的不同，变形铝合金可分为防锈铝合金、硬铝合金、超硬铝合金和锻造铝合金等。常用的变形铝合金如表 1-18 所示。

表 1-18　常用的变形铝合金

类别	牌号示例	性能特点	应用范围
防锈铝合金	3A21 5A02	塑性高、强度高、耐蚀性良好	适用于制造油箱、导管等
硬铝合金	2A12	强度高、耐热性良好、耐蚀性差	适用于制造门窗、飞机蒙皮等
超硬铝合金	7A04	强度极高（可达 600 MPa），热处理强化效果明显，退火后具有良好的塑性	适用于制造飞机大梁、起落架、机翼接头等
锻造铝合金	2A50 2A70	热塑性和锻造性良好，可进行热处理强化	适用于制造发动机活塞、气缸盖等

（2）铸造铝合金。

铸造铝合金具有良好的铸造性、耐蚀性和耐热性，可用于铸造形状复杂的零件毛坯。铸造铝合金代号用 ZL×××系列表示。其中，“ZL”是“铸铝”的拼音首字母，其后为三位数字。第一位数字表示合金类别：1 代表 Al-Si 合金；2 代表 Al-Cu 合金；3 代表 Al-Mg 合金；4 代表 Al-Zn 合金。第二、三位数字是合金的顺序号。例如，ZL202 表示 2 号 Al-Cu 铸造铝合金。

铸造铝合金在汽车中主要用于铸造发动机气缸体、离合器壳体（见图 1-14）、后桥壳、转向器壳体、变速器、配气机构、摇臂盖、车轮、发动机框架、油缸及制动盘等非发动机构件。

图 1-14　铝制离合器壳体

根据所含合金元素的不同，铸造铝合金可分为铝硅系、铝铜系、铝镁系和铝锌系等。常用的铸造铝合金如表 1-19 所示。

表 1-19　常用的铸造铝合金

类别	牌号示例	性能特点	应用范围
铝硅系（Al-Si）	ZL101	铸造性和耐磨性良好、热胀系数小，使用量最大	适用于制造结构件，如发动机壳体、气缸体等
铝铜系（Al-Cu）	ZL201	强度高、铸造性良好	适用于制造承受大载荷和形状不复杂的砂型铸件
铝镁系（Al-Mg）	ZL301	耐蚀性、综合力学性能良好	适用于制造离合器壳体、前盖等
铝锌系（Al-Zn）	ZL401	强度较高、尺寸稳定	适用于制造模型、发动机零部件、设备支架等

2. 铜及铜合金

1）纯铜

铜是人类最早认识并使用的金属材料之一，我国早在 6 000 年前就开始使用铜制品。在空气中纯铜的表面容易形成一层紫色的氧化膜而呈紫红色，所以纯铜又称紫铜。纯铜的密度为 8.96 g/cm^3，比钢略大，导电性和导热性良好。纯铜的强度和硬度不高，但塑性、耐蚀性和焊接性良好，适合进行各种压力加工，常用来制造电线、电缆、散热片等。

工业纯铜分为 T1、T2、T3 和 T4 四种，数字越大，纯度越低，杂质含量越高。

2）铜合金

向纯铜中加入锌、铅、锡、铝、铍等元素即可得到各种性能优良的铜合金。根据所加入合金元素的不同，铜合金可分为黄铜、青铜和白铜三大类。常用的铜合金如表 1-20 所示。

表 1-20 常用的铜合金

类别		牌号示例	性能说明	应用举例	
黄铜	普通黄铜	H62 H70	只有锌一种合金元素，具有良好的耐蚀性，常用于制造汽车散热器分水管、管接头、空调连接管等	 管接头	 空调连接管
	特殊黄铜	HPb60-2	除含锌元素外，还含有铅、锡、铝等合金元素，耐蚀性、耐磨性、切削加工性均较好，常用于制造汽车转向节衬套、钢板弹簧衬套、同步器齿环等	 转向节衬套	 同步器齿环
青铜	锡青铜	QSn4-3	主要合金元素为锡，具有良好的铸造性、减摩性及力学性能，常用于制造滑动轴承、管件、阀件、蜗轮、齿轮等	 滑动轴承	 阀件
	铝青铜	QAl5 QAl9-4	主要合金元素为铝，具有较高的强度、耐磨性和耐蚀性，常用于制造高载荷齿轮、轴套等	 高载荷齿轮	 轴套
	铍青铜	QBe2 QBe1.7	主要合金元素为铍，具有较高的弹性极限和良好的导电性，常用于制造各种精密弹簧、电接触元件等	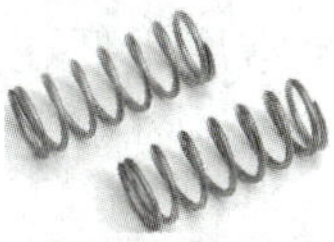 精密弹簧	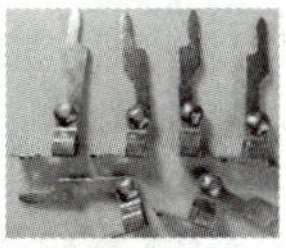 电接触元件
白铜	普通白铜	B23	合金元素主要为镍，有较好的强度和塑性，冷热压力加工性、耐蚀性好，常用于制造仪器零件、医疗器械和工艺品等	 工艺品	 纪念币
	特殊白铜	BMn3-12	除含镍元素外，还含有其他合金元素，添加的合金元素不同，性能和应用范围差别很大，如含锰量较高的白铜可用于制造热电偶丝、测量仪元件等	 热电偶丝	 测量仪元件

3. 滑动轴承合金

汽车中装有滑动轴承，如发动机的主轴承、曲柄销轴承、活塞销轴承以及摇臂轴承等。在滑动轴承中，用来制造轴瓦内衬的合金称为滑动轴承合金。由于轴是重要的零件，且造价高，更换难，在磨损不可避免的情况下，轴承材料应尽量减少轴颈与轴瓦间的摩擦。因此，滑动轴承合金必须满足下列条件。

（1）具有足够的疲劳强度、抗压强度、硬度及足够的塑性和韧性。

（2）具有低的摩擦系数、良好的磨合性、抗咬合性及亲油性。

（3）具有良好的导热性、耐蚀性及较小的膨胀系数。

（4）具有良好的工艺性能，即易于铸造和切削加工。

（5）价格低廉，易于获得。

笔记

常见的滑动轴承合金有锡基轴承合金、铅基轴承合金、铝基轴承合金和铜基轴承合金等。

1）锡基轴承合金

锡基轴承合金是以锡为基础，加入锑、铜等元素组成的合金，也称为锡基巴氏合金。它的编号方法是“ZCh+基本元素+主加元素+主加元素含量+辅加元素含量”，其中 Z 和 Ch 分别是“铸”和“承”字汉语拼音首字母和第一个音节。例如，ZChSnSb11-6 表示锑含量约为 11%（主加元素）、铜含量约为 6%（辅加元素）的锡基轴承合金。

锡基轴承合金具有良好的塑性、导热性和耐蚀性，而且摩擦系数和膨胀系数小，但其疲劳强度较低、价格昂贵。因此，锡基轴承合金常用于制造工作温度不高于 150 ℃、较重要的轴承，如汽车发动机轴承、汽轮机轴承等。

2）铅基轴承合金

铅基轴承合金是以铅为基础，加入锑、锡、铜等合金元素组成的合金，也称为铅基巴氏合金。它的编号方法与锡基轴承合金相同。

铅基轴承合金的强度、硬度、导热性和耐蚀性均比锡基轴承合金低，而且摩擦系数较大，但价格便宜。因此，铅基轴承合金常用于低速、低载条件下的工作场合，如汽车、拖拉机曲轴轴承，铁路车辆轴承等。

3）铝基轴承合金

铝基轴承合金是以铝为基础，加入锡、锑、镁等元素组成的合金。这种合金的优点是导热性和耐蚀性好、疲劳强度高，而且原料丰富、价格便宜。因此，铝基轴承合金常用于制造在高速、重载条件下工作的发动机轴承等。常用的铝基轴承合金有铝锑镁轴承合金和铝锡轴承合金两类。

4）铜基轴承合金

铜基轴承合金是以铜为基础，加入适量的铅、锡、锌、磷和锰元素组成的合金。这种合金的优点是摩擦系数小、润滑作用好、抗压强度和硬度高。因此，铜基轴承合金常用于高速、重载和高温条件下的工作场合，如高速柴油机轴承、航空发动机轴承等。

4. 镁合金和钛合金

随着压铸技术的进步，人们已可以制造出形状复杂的薄壁镁合金车身零件，如前、后挡板，仪表盘和转向盘等。如图 1-15（a）所示的镁合金轮毂，与相同体积的钢质轮毂相比，质量约为它的 1/3。

钛的密度仅是铁的 1/2，但强度和硬度超过了钢，且不易生锈。用钛合金铸造的汽车发动机部件更轻、更坚固且更耐腐蚀；钛合金制造的车身可以承受更大的作用力。图 1-15（b）所示为钛合金气门。

（a）镁合金轮毂

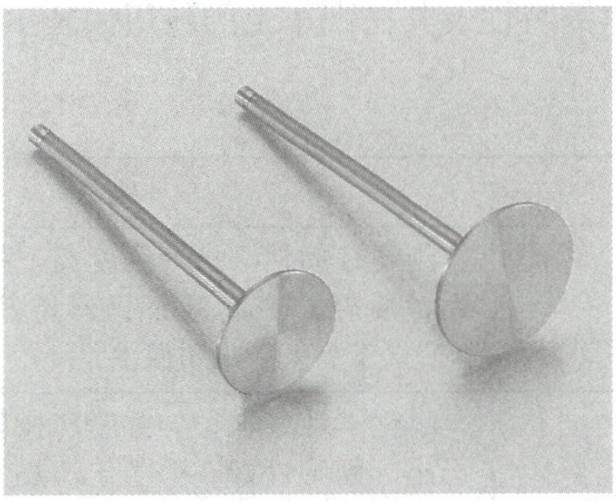

（b）钛合金气门

图 1-15 镁合金和钛合金的应用

1.2.3 非金属材料

汽车上常用的非金属材料主要有塑料、橡胶、玻璃、陶瓷和复合材料等。

1. 塑料

塑料是以树脂为基础，加入其他添加剂，在一定压力和温度下制成的非金属材料。塑料是汽车制造中应用最广的有机高分子材料。

1）塑料的组成

塑料主要由树脂和添加剂组成。树脂在一定的温度和压力条件下软化并塑造成一定形状，它决定塑料的基本属性，并起黏结剂的作用。树脂分为天然树脂和合成树脂。添加剂的作用是改善塑料的某些性能、防止老化、延长和稳定塑料的使用寿命。常用的添加剂有填充剂、增塑剂、固化剂、着色剂、稳定剂、润滑剂、抗静电剂、发泡剂和阻燃剂等。

2）塑料的分类

塑料可分为热塑性塑料和热固性塑料两大类。其中，热塑性塑料是指加热时变软，冷却后变硬，再加热又可变软，反复加热成形后仍保持基本性能不变的塑料。热塑性塑料常用于制造汽车进气管等。热固性塑料是指加热时软化，冷却后坚硬，待固化后再加热则不再软化或熔融的塑料，即不能重塑使用。热固性塑料常用于制造汽车内饰件、各种按钮和印制电路板等。

3）塑料的特性及其在汽车上的应用

塑料具有密度小、耐腐蚀，电绝缘性、耐磨性、减摩性和成形性好，生产率高等优点。目前，塑料在汽车上的用量约占全车自重的9%。图1-16所示为塑料在汽车上的应用示例。

图 1-16 塑料在汽车上的应用示例

常用塑料的特性及其在汽车上的应用如表 1-21 所示。

表 1-21　常用塑料的特性及其在汽车上的应用

名称	特性	应用
聚丙烯（PP）	刚硬有韧性，抗弯强度高，抗疲劳、抗应力开裂，质轻，在高温下仍保持其力学性能，但在 0 ℃以下易变脆，耐候性差	用于制造汽车转向盘，仪表板，前、后保险杠，加速踏板，蓄电池壳，空气过滤器，冷却风扇，风扇护罩，灯壳等
聚氨酯（PU）	耐化学性好，拉伸强度和撕裂强度高，压缩变形小，回弹性好，但由于添加了增塑剂之类的非反应性助剂，经过一定时间的使用后，随着助剂的挥发，制品的性能会有所变化	用于制造汽车坐垫、仪表板、扶手、头枕等缓冲材料，保险杠、挡泥板、前端部、发动机罩等大型部件
聚氯乙烯（PVC）	耐化学性好，难燃自熄，耐磨，消声减振，强度较高，价格低廉，但热稳定性差，变形后不能完全复原，低温下变硬	用于制造汽车坐垫、车门内板及其他装饰覆盖件
聚乙烯（PE）	耐酸碱及有机溶剂，介电性能很好，成本低，加工方便，但胶结和印刷困难，自熄性差	用于制造汽车油箱、挡泥板、转向盘、各种液体储罐、车厢内饰件以及衬板等
ABS 树脂（ABS）	力学性能较好，硬度高，表面易镀金属，耐疲劳、抗开裂、冲击强度高，耐酸碱等化学腐蚀，价格较低，但耐候性差，耐热性不够理想	用于制造散热器护栅、驾驶室仪表盘、控制箱、装饰件、灯壳、嵌条等
丙烯酸树脂（PMMA）	俗称有机玻璃，光学性极好，耐候性好，能耐紫外线和日光老化，但不耐有机溶剂	用于制造后车灯灯罩、前转向灯灯罩
聚酰胺（PA）	俗称尼龙，强度高，耐冲击，疲劳强度高，耐石油、润滑油和许多化学溶剂与试剂，耐磨性好，但吸水性大，在干燥环境下冲击强度降低	用于制造空气过滤器、机油过滤器、水泵壳、水泵叶轮、风扇、制动液罐、动力转向液罐等
聚甲醛（POM）	抗拉强度较尼龙高，耐疲劳，尺寸稳定性好，吸水性比尼龙小，介电性好，可在 120 ℃时正常使用，弹性极好，但没有自熄性，成形收缩率大	用于制造各种阀门（排水阀门、空调器阀门等）、各种叶轮（水泵叶轮、油泵轮等）、各种电器开关及电器仪表上的小齿轮、各种手柄等
聚碳酸酯（PC）	抗冲击强度高，耐热性好，脆化温度低，能抵御日晒、雨淋和气温变化的影响，化学性能好，透明度高，尺寸稳定性好，但耐溶剂性差，有应力开裂现象，疲劳强度低	用于制造保险杠、刻度板、加热器底板等

知识链接

耐候性是指塑料制品受到阳光照射、温度变化和风吹雨淋等外界条件的影响，能够保持原有外观和性能，而不出现褪色、变色、龟裂、粉化和强度下降等一系列老化现象的能力。其中，阳光照射是促使塑料老化的关键因素。

2. 橡胶

橡胶是一种以生胶为基础，加入适量配合剂制成的高分子材料。

1）橡胶的组成

橡胶主要由生胶和配合剂组成。生胶是一种具有高弹性的聚合物材料，按来源不同可分为天然生胶和合成生胶两类。天然生胶是指从橡胶树、橡胶草等植物中提取的胶乳，经凝固、干燥、稳压后制成的片状固体；合成生胶是指由化学合成方法制得的与天然生胶相似的高分子材料。配合剂是为改善和提高橡胶制品性能而加入的物质，主要有硫化剂、活性剂、软化剂、填充剂、防老剂、着色剂等。

2）橡胶的分类

根据应用范围的不同，橡胶可分为通用橡胶和特种橡胶两大类；根据生胶来源的不同，橡胶可分为天然橡胶和合成橡胶两大类。其中，常用的合成橡胶主要有丁苯橡胶、氯丁橡胶、丁基橡胶和丁腈橡胶等。

3）橡胶的特性及其在汽车上的应用

橡胶和其他材料相比，其主要特性为弹性高，热可塑性、黏着性和绝缘性良好。此外，橡胶还具有良好的耐蚀性、密封性和耐寒性等，但是橡胶的导热性差，抗拉强度低，尤其容易老化。橡胶的老化是指随着时间的增加，橡胶出现的变色、发黏、变硬、变脆及龟裂等现象。为防止橡胶老化，延长橡胶制品的寿命，在橡胶制品的使用中应避免与酸、碱、油及有机溶剂接触，尽量减少受热、日晒和雨淋等。

橡胶是在汽车上得到大量应用的一种重要材料，是其他材料无法替代的。现代汽车中橡胶的用量占汽车总质量的 3%～6%，其中用量最大的是轮胎。橡胶在汽车上除了用于制造轮胎外，还可以制造各种传动带、减振件等，如图 1-17 所示。

（a）轮胎

（b）传动带

（c）减振件

图 1-17 橡胶在汽车上的应用

常用橡胶的特性及其在汽车上的应用如表 1-22 所示。

表 1-22 常用橡胶的特性及其在汽车上的应用

种类	特性	应用
天然橡胶（NR）	强度高，耐磨性、抗撕裂性、耐寒性、气密性和加工性良好，但耐高温性、耐油性较差，易老化	主要用于制造汽车轮胎、胶带、胶管和通用橡胶制品等
丁苯橡胶（SBR）	耐磨性优良，耐老化性、耐热性优于天然橡胶，力学性能和天然橡胶相近，但加工性和黏着性较天然橡胶差	用于制造汽车轮胎、胶带、胶管、摩擦片和通用橡胶制品等
氯丁橡胶（CR）	力学性能良好，耐老化性、耐蚀性、耐热性、耐油性较好，但密度大，绝缘性、耐寒性较差，加工时易粘连	广泛用于制造汽车轮胎胎侧、耐热运输带、耐油耐蚀胶管、门窗密封条等
丁基橡胶（IIR）	气密性好，吸振能力强，化学稳定性、耐老化性、耐候性、耐酸性、耐碱性良好，但耐油性、加工性差	用于制造汽车轮胎内胎、胶管、电线护套和减振件等
丁腈橡胶（NBR）	耐油性、耐热性、耐磨性、耐老化性、气密性良好，但加工性差	广泛用于制造耐油橡胶制品，如油封、轴封、垫圈等，还可以制造耐油胶卷、输送带等

3. 玻璃

玻璃是将各种原材料（如石灰石、石英石等）熔融、冷却、固化而成的一种无机非金属材料。玻璃是汽车上具有重要功能的外装饰件。在现代汽车中，玻璃不仅仅是一种功能性外装件，还兼顾了开阔视野、降低空气阻力和美观等多种功能。

1）玻璃的组成及特性

玻璃主要由各种氧化物原料和辅助原料组成。其中，氧化物原料有石英石、石灰石、长石、硼酸、铅化物、钡化物等；辅助原料有澄清剂、着色剂、脱色剂、氧化剂、助熔剂等。

玻璃具有良好的透光性，较高的硬度和抗压强度，同时也具有较好的抗水、空气及酸碱盐溶液腐蚀的特性。

2）玻璃在汽车上的应用

笔记

汽车对玻璃的性能要求为具有良好的透光性、耐候性，具有足够的机械强度，具有一定的抗冲击和抗弯曲的能力，并具有一定的安全性，发生碰撞时不会伤害乘客安全。

随着玻璃制造技术的不断发展，汽车上先后使用过普通玻璃、钢化玻璃和夹层玻璃等玻璃品种。

（1）普通玻璃。

普通玻璃是由石英石、石灰石和长石等原料制成的。早期汽车上使用的是普通玻璃。如图 1-18（a）所示，一旦发生交通事故，普通玻璃很容易破碎，且碎片锋利，容易造成人员伤亡，现已基本淘汰。

（2）钢化玻璃。

钢化玻璃由普通玻璃经加热、吹冷风等工艺制成。如图 1-18（b）所示，当遇外力冲击而破裂时，钢化玻璃不会形成锋利碎片，但碎后不能保证驾驶员的视野，容易造成二次事故。

（3）夹层玻璃。

夹层玻璃由多层玻璃胶合而成，且在层与层之间附着一层膜。如图 1-18（c）所示，当夹层玻璃碎裂时，中间的夹膜能将玻璃碎片粘连在一起，防止散落，并能保证驾驶员具有充分的视野来处理突发状况。

（a）普通玻璃破裂

（b）钢化玻璃破裂

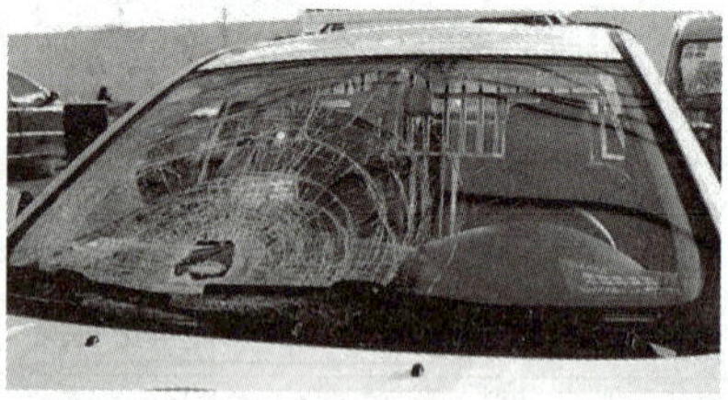

（c）夹层玻璃破裂

图 1-18　玻璃破裂

透过现象看问题

哪种玻璃用于汽车风窗？为什么？请与同组同学讨论，并在课后查阅资料验证讨论结果。

4. 陶瓷

陶瓷属于无机非金属固体材料，它以天然矿物或人工合成的各种化合物为基本原料，经粉碎、成形和高温烧结等工序制造而成。

1）陶瓷的分类

根据原材料的不同，陶瓷可分为传统陶瓷和精细陶瓷两大类。传统陶瓷主要以天然的硅酸盐矿物质（如黏土、长石、石英等）为原料，经粉碎、成形、烧制而成。按用途不同，传统陶瓷可分为日用陶瓷、建筑陶瓷、绝缘陶瓷、卫生陶瓷、电器陶瓷、化工陶瓷和多孔陶瓷等。

精细陶瓷主要以高强度、超细粉末材料（如硅化物、碳化物、氮化物等）为原料，经粉碎、成形、烧制而成。精细陶瓷具有某些特殊的力学、物理或化学性能，故又称特种陶瓷。

2）陶瓷的特性及其在汽车上的应用

陶瓷具有很高的硬度和抗压强度，优良的耐磨性、抗氧化性、耐蚀性、耐高温性和绝缘性，但冲击韧度低，脆性大，急冷急热时性能较差。

随着材料技术的发展，各种精细陶瓷在汽车中逐渐得到广泛应用。例如，制造氧传感器、火花塞、活塞、轴承、刹车片等，如图1-19所示。

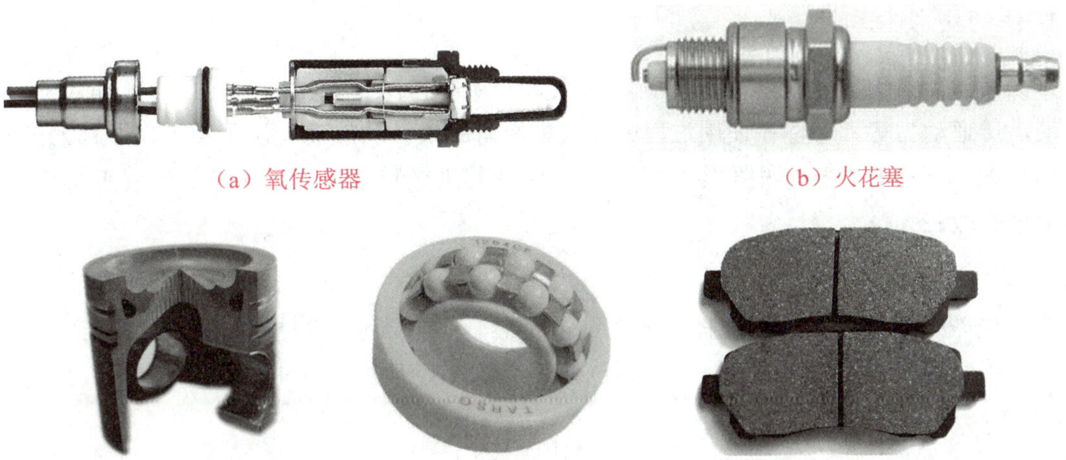

（a）氧传感器　（b）火花塞

（c）活塞　（d）轴承　（e）刹车片

图1-19　精细陶瓷在汽车上的应用

5. 复合材料

复合材料是由两种或两种以上物理或化学性质不同的材料，通过一定方法合成的新材料。复合材料能兼具各种组成材料的优点，并弥补彼此的性能缺陷，从而具备优异的综合性能。

复合材料由于具有特殊的振动阻尼特性，可减振和降低噪声，而且抗疲劳性能好，损伤后易修理，便于整体成形，故可用于制造汽车车身、受力构件、传动轴、发动机架及其内部构件等。目前，玻璃纤维增强树脂复合材料（又称玻璃钢）和碳纤维增强树脂复合材料在汽车上已有诸多应用，如各种车身覆盖件、内饰门板、门把手等，如图1-20所示。

图 1-20　复合材料在汽车上的应用

1.2.4　汽车零件的选材

在汽车制造过程中，从设计新产品、改造老产品，到维修、更换零件，都涉及零件的选材问题。选择合适的零件材料对提高产品的质量和生产率、降低成本有着重要的意义。在选择零件的材料之前，应先对零件进行失效分析，判别零件的主要失效形式，从而确定零件的主要使用性能指标，如刚度和弹性指标、硬度和强度指标、塑性和冲击韧性指标等。

1. 零件的失效分析

零件都具有一定的设计功能，可在载荷、温度、介质等作用下保持一定几何形状和尺寸，实现规定的机械运动，传递动力等。零件在使用过程中若失去原有的设计功能而无法正常工作即称为失效。

零件的失效形式多种多样，根据零件的工作条件及其失效特点的不同可分为过量变形失效、断裂失效和表面损伤失效三大类。

1）过量变形失效

过量变形失效是指零件在工作过程中产生过量变形，而导致整个机械设备无法正常工作，或者虽能正常工作但工作质量严重下降的现象。它主要包括过量弹性变形失效和过量塑性变形失效两种。

2）断裂失效

断裂失效是指零件在工作过程中完全断裂而导致整个机器无法工作的现象。断裂失效的主要形式有韧性断裂失效、低应力脆性断裂失效、疲劳断裂失效、蠕变断裂失效和应力腐蚀断裂失效等。

（1）韧性断裂失效。

韧性断裂失效是指零件在产生较大塑性变形后出现的断裂现象。这是一种有先兆的断裂，易防范，危险性较小。

（2）低应力脆性断裂失效。

低应力脆性断裂失效是指在工作应力远低于屈服强度的条件下，零件不产生明显塑性变形而出现的脆性断裂现象。低应力脆性断裂常发生在有尖锐缺口或裂纹的高强度、低韧性材料中，当这些材料处在低温环境中或受到冲击载荷作用时，低应力脆性断裂更容易发生。

（3）疲劳断裂失效。

疲劳断裂失效是指在交变载荷作用下零件产生的断裂现象，这是断裂失效的主要形式。疲劳断裂主要发生在零件的应力集中区域，如刀痕、尖角、横截面突变位置等处。

（4）蠕变断裂失效。

蠕变断裂失效是指在高温下长期负载工作的零件产生一定缓慢变形后的断裂现象。陶瓷、耐热铁基和镍基合金的蠕变抗力较高，塑料的蠕变抗力低，某些塑料甚至在室温下也会发生蠕变。

（5）应力腐蚀断裂失效。

应力腐蚀断裂失效是指零件在拉应力和特定的化学介质联合作用下所产生的低应力脆性断裂现象。应力腐蚀断裂失效常发生在较小的拉应力和腐蚀性较弱的介质中，往往会被人们所忽视而引起灾难性事故。

3）表面损伤失效

表面损伤失效是指零件因表面损伤而造成机械设备失去精度或无法正常工作的现象，主要包括磨损失效、接触疲劳失效和腐蚀失效等。

2. 零件的选材原则

汽车零件的选材必须遵循一般工程材料的选择原则。一般工程材料的选择原则包括使用性能原则、工艺性能原则和经济性原则。

1）使用性能原则

材料的使用性能主要是指材料在使用状态下应具有的力学性能、物理性能和化学性能。满足使用性能是保证零件完成规定功能的必要条件。在大多数情况下，使用性能是选材首先考虑的问题。在使用性能的要求中，力学性能要求是对材料最重要的要求，是保证零件经久耐用的决定条件。

2）工艺性能原则

材料的工艺性能表示材料加工的难易程度，包括铸造性、压力加工性、焊接性和切削加工性。在选材时，同使用性能相比，材料的工艺性能一般处于次要地位，但在某些特殊情况下，工艺性能也可能成为选材考虑的主要依据。

3）经济性原则

材料的经济性原则是选材的根本原则。采用便宜的材料，将价格控制到最低，取得最大的经济效益，使产品在市场上具有竞争力，始终是零件选材的重要任务之一。

材料的经济性原则一般需要考虑材料的价格、运输费用、制造加工费用，以及尽量选用标准化、系列化和通用化的材料等。

3. 汽车典型零件的选材

零件的选材主要是从零件的工作条件、失效形式及性能要求等方面综合考虑。

1）气缸体和气缸盖

（1）气缸体和气缸盖的工作条件分析。

气缸体是发动机的骨架和外壳，在气缸体内外安装着发动机的主要零部件。气缸体在工作中承受扭转、弯曲，以及螺栓预紧力等的载荷作用。气缸盖主要用来封闭气缸，构成燃烧室，其承受着高温、高压、机械载荷和热载荷的作用。

（2）气缸体和气缸盖的主要失效形式分析。

由于工作温度高、形状复杂、受热不均匀，因此气缸体和气缸盖上热应力很大，严重时可能造成气缸体和气缸盖变形，甚至出现裂纹。

（3）气缸体和气缸盖的性能要求。

根据对气缸体和气缸盖的工作条件和主要失效形式的分析，气缸体和气缸盖必须具有足够的强度，尤其要具有足够的刚度，以减小变形，保证尺寸的稳定性。另外，气缸体还要具有良好的铸造性和切削加工性。

（4）气缸体和气缸盖的选材。

根据上述分析，气缸体常用的材料是灰铸铁和铝合金。其中，铝合金的刚度相对较差，强度相对较低，故除了某些发动机为减小质量选用铝合金外，一般多选用灰铸铁作为气缸体材料。气缸盖应选用导热性好、高温机械强度高、能承受反复热应力、铸造性好的材料来制造。目前，气缸盖常用的材料有两种，一种是灰铸铁或合金铸铁，另一种是铝合金。

2）汽车齿轮

（1）汽车齿轮的工作条件分析。

汽车齿轮（见图 1-21）主要分装在变速器和差速器中。在变速器中，通过它可改变发动机、曲轴和主轴齿轮的传动比；在差速器中，通过它可增加扭矩，并调节左右轮的转速。发动机的全部动力，均通过齿轮传给车轴，推动汽车运行。因此，汽车齿轮受力较大，受冲击频繁，其耐磨性、抗疲劳强度、心部强度及冲击韧性等均应较高。

图 1-21　汽车齿轮

（2）汽车齿轮的主要失效形式分析。

按照工作条件的不同，汽车齿轮常见的失效形式有轮齿折断、齿面点蚀、齿面磨损、齿面胶合及齿面塑性变形等。

（3）汽车齿轮的性能要求。

根据对汽车齿轮的工作条件和主要失效形式的分析，汽车齿轮应具有高的抗疲劳强度、耐磨性和冲击韧性。

（4）汽车齿轮的选材。

根据上述分析，汽车齿轮常用的材料是 20Cr、20CrMnTi 等合金渗碳钢，或 40Cr、40MnB 等合金调质钢。

3）曲轴

（1）曲轴的工作条件分析。

汽车发动机曲轴的作用是输出动力，并带动其他部件运动。它在工作中会受到弯曲、扭转、剪切、冲击等交变应力的作用，且应力分布极不均匀。曲轴轴颈与轴承还会发生滑动摩擦。

（2）曲轴的主要失效形式分析。

通过对曲轴工作条件的分析可知，曲轴在交变载荷下可能发生疲劳断裂（包括扭转疲劳断裂和弯曲疲劳断裂），在大载荷或冲击载荷作用下会引起过量变形和断裂，与其他零件发生相对运动时表面会产生过度磨损等。

（3）曲轴的性能要求。

根据对曲轴的工作条件和主要失效形式的分析，曲轴必须具有一定的冲击韧性，以抵抗冲击载荷；具有足够的弯曲和扭转疲劳强度，以抵抗弯曲和扭转载荷；具有足够的刚度，以抵抗磨损变形。另外，轴颈表面应具有高硬度和耐磨性。

（4）曲轴的选材。

按照制造工艺的不同，汽车发动机曲轴分为锻钢曲轴和铸造曲轴。锻钢曲轴一般采用优质碳素钢和优质合金钢制造，如 30、45、35Mn2、40Cr、35CrMo 等。铸造曲轴主要由球墨铸铁、可锻铸铁及合金铸铁等制造，如 QT600-3、QT700-2、KTZ450-06、KTZ550-04 等。

任务实训——选择汽车板簧的材料

1. 任务描述

汽车板簧是汽车悬架系统中最传统的弹性元件，由于其具有可靠性好、结构简单、制造工艺流程短、成本低等优点，因此得到了广泛的应用。图 1-22 所示为某汽车板簧。全班学生以 3～5 人为一组进行分组，以组为单位选择该汽车板簧的材料。

图 1-22　某汽车板簧

2. 任务实训

1）分析汽车板簧的工作条件

汽车板簧在汽车行驶过程中，用于缓冲和吸振。它除了承重外，还要承受很大的交变应力和冲击载荷。

2）分析汽车板簧的主要失效形式

汽车板簧的主要失效形式为刚度不足引起的过度变形或疲劳断裂。

3）总结汽车板簧的性能要求

根据对汽车板簧的工作条件和主要失效形式的分析，其应具有较高的屈服强度和疲劳强度。

4）选择汽车板簧的材料

汽车板簧一般选用弹性高的合金弹簧钢来制造，如 65Mn、60Si2Mn 等。对于中型或重型汽车，板簧还可采用 50CrMnA、55SiMnVB。

任务 1.3 认识金属材料的热处理工艺

任务引入

小张和同学们到某汽车零件加工厂实习。第一天，他们跟随指导教师在热处理车间进行观摩。车间里的工人有条不紊地进行着不同工序的加工。他们在这里见识到了金属材料是如何进行退火、正火、淬火和回火的。这些有序而又复杂的工作场景令人眼花缭乱，印象深刻。大家不约而同地想进一步了解这些金属材料为什么要进行热处理，经过热处理的金属材料与未经过热处理的金属材料有什么区别。指导教师告诉他们，汽车零件是组成汽车的重要部分，在汽车零件中大部分属于金属材料，热处理是提升金属材料性能的主要途径。例如，汽车后桥的主动齿轮未经热处理的使用寿命仅为 1 500 h，而经过热处理后能达到 6 000 h。

本任务要求学生从热处理的工艺过程、钢的整体热处理和钢的表面热处理等方面来认识金属材料的热处理工艺。本任务的知识与技能要求如表 1-23 所示。

表 1-23　知识与技能要求

任务内容	认识金属材料的热处理工艺	学习程度		
		识记	理解	应用
学习任务	热处理的概念、工艺过程及分类		●	
	钢发生组织转变的温度		●	
	钢的整体热处理方法和表面热处理方法		●	
实训任务	分析汽车齿轮的热处理工艺			●
自我勉励				

班级____________　　姓名____________　　学号____________

任务工单——认识金属材料的热处理工艺

1. 任务目标

（1）掌握热处理的概念、工艺过程及分类。

（2）掌握钢发生组织转变的温度。

（3）掌握钢的整体热处理方法和表面热处理方法。

2. 学生分组

以 3～5 人为一组，选出组长并进行任务分工，将小组成员及分工情况填入表 1-24 中。

表 1-24　小组成员及分工情况

小组成员	姓名	分工情况
组长		
组员		

3. 工作准备

（1）查阅相关资料，根据任务内容制订工作计划，并将其填入表 1-25 中。

表 1-25　工作计划

步骤	工作内容	负责人

（2）列出完成工作计划所需要的工具、材料等，并将其填入表 1-26 中。

表 1-26　完成工作计划所需要的工具、材料

序号	名称	型号与规格	单位	数量	备注

班级____________　　姓名____________　　学号____________

4. 工作实施

根据本组最佳工作计划展开实施。按实际操作过程，将实施内容、遇到的问题及解决办法填入表 1-27 中。

表 1-27　任务实施过程记录表

序号	实施内容	遇到的问题及解决办法

5. 课堂小结

____

____

____

____

____

____

____

在汽车工业生产中，金属材料往往要进行若干次热处理，以改善其力学性能和工艺性能。由于钢是汽车工业中应用最广的金属材料，而且钢的显微组织最复杂，其热处理方法和工艺种类繁多，因此本任务主要介绍钢的热处理。

1.3.1　金属材料热处理概述

1. 热处理的概念

钢的热处理常识

采用适当的方式对固态金属材料进行加热、保温和冷却，以获得所需组织结构和性能的工艺称为热处理。与铸造、压力加工、焊接和切削加工等工艺相比，热处理不改变工件的形状和尺寸，只改变其内部组织和性能。

热处理不仅可以消除金属材料内部组织结构上的某些缺陷，改善其工艺性能，还可以进一步提高金属材料的硬度、强度等力学性能，充分发挥金属材料的潜力，降低生产成本。因此，热处理在汽车工业生产中具有极为广泛的应用。

2. 热处理的工艺过程

热处理的工艺方法很多，但基本上所有热处理的工艺过程都需要经过加热、保温和冷却三个阶段。热处理的工艺过程可由热处理工艺曲线来表示，如图 1-23 所示。

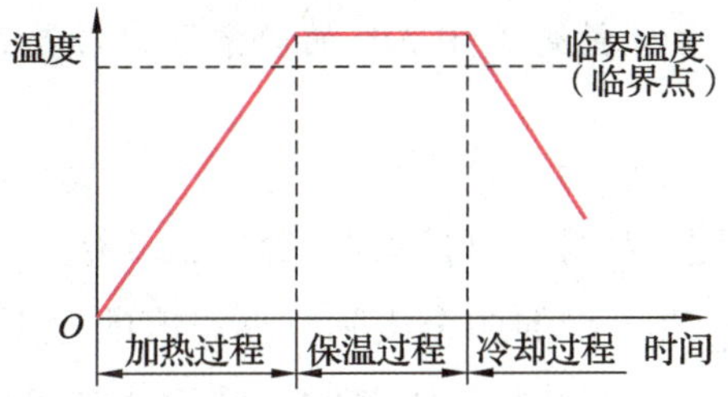

图 1-23　热处理工艺曲线

金属材料的种类和热处理的目的不同，加热温度也不同，但一般都应加热到相变温度以上，以获得高温组织；保温可使金属材料内的显微组织完全转变；冷却可使高温组织转化为其他组织，从而获得不同的性能。

经验传承

热处理工艺过程中的冷却速度对金属材料的性能有着直接的影响。例如，45 钢在加热到 450 ℃并保温后，随炉冷却至室温时得到的屈服强度为 272 MPa，而在水中冷却至室温时得到的屈服强度则高达 706 MPa，直接表现为前者韧性好、易弯曲，后者脆而硬。

3. 钢发生组织转变的温度

钢的内部组织发生转变时的温度称为临界温度。通常情况下，钢在加热和冷却阶段都会发生组织转变，图 1-24 所示的曲线表示钢在加热和冷却时组织转变的临界温度。其中，共析钢加热到 A_1 以上温度时，全部转变为奥氏体，而亚共析钢必须加热到 A_3 以上温度、过共析钢必须加热到 Ac_m 以上温度才能获得单相奥氏体。

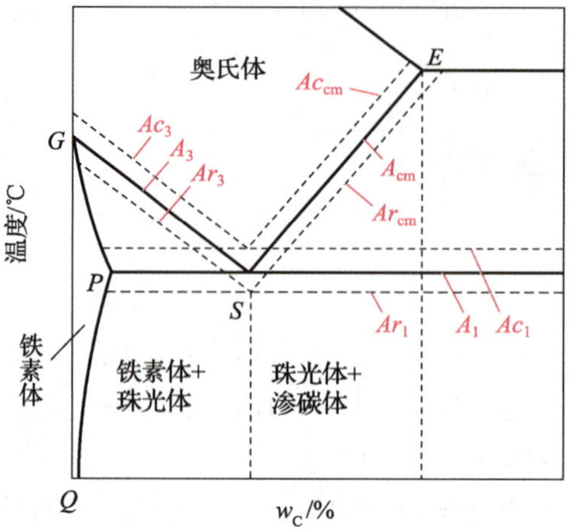

图 1-24 钢在加热和冷却时组织转变的临界温度

知识链接

根据含碳量和室温组织的不同，钢可分为共析钢、亚共析钢和过共析钢。其中，含碳量为 0.77%的碳素钢称为共析钢，室温下其内部组织为珠光体；含碳量低于 0.77%的碳素钢称为亚共析钢，室温下其内部组织为铁素体+珠光体；含碳量高于 0.77%的碳素钢称为过共析钢，室温下其内部组织为珠光体+渗碳体。

通常将钢在加热时的实际临界温度加标字母“c”，如 Ac_1、Ac_3、Ac_{cm} 等；将冷却时的实际临界温度加标字母“r”，如 Ar_1、Ar_3、Ar_{cm} 等。钢的各个实际临界温度的含义分别为：Ac_1——共析钢加热时，珠光体向奥氏体转变的温度；Ac_3——亚共析钢加热时，铁素体向奥氏体转变的终了温度；Ac_{cm}——过共析钢加热时，二次渗碳体向奥氏体溶入的终了温度；Ar_1——共析钢冷却时，奥氏体向珠光体转变的温度；Ar_3——亚共析钢冷却时，奥氏体向铁素体转变的起始温度；Ar_{cm}——过共析钢冷却时，二次渗碳体由奥氏体中析出的起始温度。

4. 热处理的分类

热处理的种类很多，根据目的和工艺方法的不同，热处理可分为整体热处理和表面热处理两大类。

热处理
- 整体热处理——退火、正火、淬火、回火、调质处理、时效处理等
- 表面热处理
  - 表面淬火——火焰加热、感应加热等
  - 化学热处理——渗碳、渗氮、碳氮共渗等

根据工序位置的不同，热处理可分为预备热处理和最终热处理。其中，预备热处理是在零件加工过程中进行的，目的在于改善铸造、锻造或焊接毛坯件的内部组织，消除内部应力，为后续机械加工或进一步热处理做准备；最终热处理是在零件完成机械加工后进行的，目的在于获得零件所需要的力学性能。

1.3.2　钢的整体热处理

钢的整体热处理是指对钢件整体进行加热，经保温后以一定方法冷却，从而改变钢件的内部组织和整体力学性能的热处理工艺。钢的整体热处理包括退火、正火、淬火、回火、调质处理和时效处理等。

1. 退火

笔记

退火是指将钢件加热到适当的温度，保温一段时间后，缓慢冷却（一般为随炉冷却）以使钢件内部组织均匀化，从而获得预期力学性能的热处理工艺。

对钢件进行退火的目的主要有：① 降低材料的强度和硬度，提高塑性，为后续机械加工做准备；② 减轻材料内部组织的不均匀性，细化晶粒，消除内部应力；③ 为下一步热处理做好准备。

不同材料成分的钢件在退火时所需要的加热温度和冷却方式各不相同，因此退火通常可分为完全退火、等温退火、球化退火、均匀化退火和去应力退火，它们各自的加热温度和工艺曲线如图 1-25 所示，各自的工艺方法、特点和应用范围如表 1-28 所示。

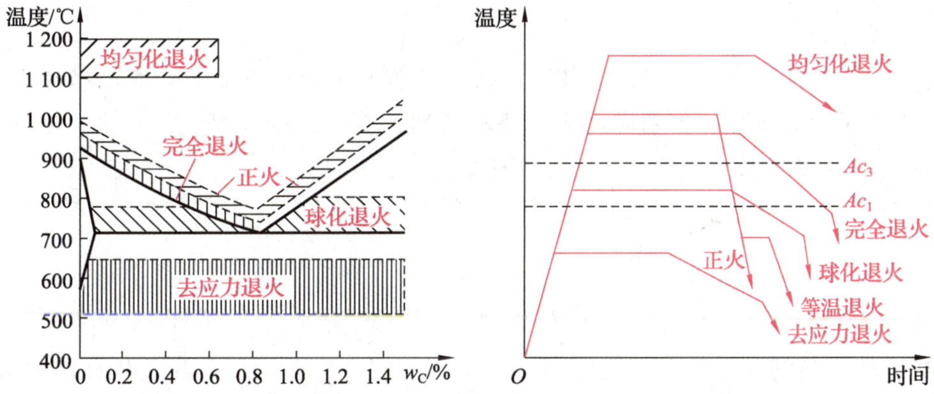

（a）加热温度　　（b）工艺曲线

图 1-25　各种退火的加热温度和工艺曲线

表 1-28　各种退火的工艺方法、特点和应用范围

类别	工艺方法	特点	应用范围
完全退火	将钢件加热到 Ac_3 以上 30～50 ℃，保温一段时间后，随炉冷却或将钢件埋入沙、石灰中，待钢件冷却至 500 ℃时取出空冷	降低钢件硬度，使钢件组织均匀化，充分消除内应力，为后续机械加工做好准备	适用于亚共析钢和合金钢的铸件、锻件和焊件等
等温退火	将钢件加热到 Ac_3（或 Ac_1）以上 30～50 ℃，保温一段时间后，先快速冷却到 A_1 以下的某一温度保温，待奥氏体转变为珠光体后取出空冷	细化钢件组织和降低硬度，获得的组织比完全退火更均匀	适用于中碳合金钢和低合金钢
球化退火	将钢件加热到 Ac_1 以上 10～30 ℃，保温一段时间后，随炉冷却至 600 ℃后取出空冷	使钢件中碳化物球状化，以改善切削加工性，减小后续淬火时钢件的变形和开裂	适用于碳素工具钢、合金工具钢及轴承钢等

续表

类别	工艺方法	特点	应用范围
均匀化退火	将钢件加热到 Ac_3 以上 150～200 ℃，保温 10～15 h 后缓慢冷却	消除钢件内部化学成分的偏析，使组织均匀	适用于合金钢的大型铸件或锻件
去应力退火	将钢件加热到 Ac_1 以下 100～200 ℃，保温一段时间后，随炉冷却至 250 ℃左右后取出空冷	消除上一步加工工序产生的残余应力，以减小变形，发生组织改变但不发生相变，为后续冷热加工做准备	主要用于锻造、铸造等毛坯去应力处理

2．正火

正火是指将钢件加热到 Ac_3 或 Ac_{m} 以上 30～50 ℃，保温一段时间后，在空气中冷却，以得到珠光体组织的热处理工艺。由于正火比退火的加热温度略高、冷却速度快，因此正火后钢件的强度和硬度较高。

对钢件进行正火的目的主要有：① 提高低碳钢、低碳合金钢的硬度，改善切削加工性；② 细化晶粒，消除组织缺陷，为下一步热处理做好准备；③ 提高强度、硬度和韧性，对于力学性能要求不高的机械零部件可作为最终热处理。

经验传承

退火和正火一般作为预备热处理，其作用都是消除前面工序所造成的组织缺陷及内应力，为后续的切削加工及热处理做好准备，但两者之间也存在区别。其中，冷却速度，正火＞退火；晶粒大小，正火＜退火；珠光体含量，正火＞退火；强度及硬度，正火＞退火。

3．淬火

1）概念

淬火是指将钢件加热到 Ac_3 或 Ac_1 以上 30～50 ℃，保温一段时间后，在某种介质中快速冷却，以大幅提高材料硬度的热处理工艺。淬火可提高钢件的力学性能，是强化钢件最主要的热处理工艺，通常和回火配合使用，作为钢件的最终热处理工艺。

2）淬火介质

钢件进行淬火时所使用的冷却介质称为淬火介质。按照冷却能力从高到低排序，常用的淬火介质包括水及水溶液、各种矿物油、硝盐浴、碱浴及空气等。通常情况下，对钢件进行淬火时，在较高温度区间内需要快速冷却以获得较高的硬度，在较低温度区间内应缓慢冷却以防止钢件开裂和变形。在实际淬火过程中，可对各种淬火介质进行组合使用，以使钢件获得预期的性能。

3）分类及应用

淬火时，冷却方式和冷却速度直接影响淬火的效果。冷却速度过快，钢件容易发生开裂和变形；冷却速度过慢，钢件无法达到所要求的性能。根据冷却方式的不同，淬火可分为单介质淬火、双介质淬火、分级淬火和等温淬火等。它们各自的工艺方法、特点和应用范围如表 1-29 所示。

表 1-29 各种淬火的工艺方法、特点和应用范围

类别	工艺方法	特点	应用范围
单介质淬火	将加热保温后的钢件直接放入一种介质中连续冷却。一般非合金钢采用水作为淬火介质，碳钢采用油作为淬火介质	操作简单、易于实现机械化；但在水中冷却时，容易造成钢件变形和开裂；在油中冷却时，难以达到所要求的硬度或硬度分布不均匀	适用于形状简单、尺寸较小的钢件
双介质淬火	先将加热保温后的钢件放入冷却能力强的介质中冷却，在钢件内部组织向马氏体转变前将其取出，再放入冷却能力较弱的介质中冷却，如水+油、油+空气等	能综合两种淬火介质的优点，高温时快速冷却可以获得较高的组织硬度，低温时缓慢冷却可以减小钢件的变形和开裂；但钢件在第一种介质中的冷却时间难以掌握，操作技术要求较高	适用于形状复杂的高碳钢零件或大型合金钢零件
分级淬火	将加热保温后的钢件先放入接近马氏体转变温度的介质中冷却，如硝盐浴、碱浴，短时间停留后取出空冷	能够减小钢件内部应力，显著减小变形和开裂	适用于形状复杂、横截面尺寸小、精度要求高的非合金钢零件及碳素钢零件
等温淬火	将加热保温后的钢件快速冷却至贝氏体转变所要的温度区间（260～400 ℃），然后等温保持，以获得贝氏体组织	能够有效提高钢件强度和硬度，并使其具有良好的韧性和耐磨性；但生产周期长、效率低	适用于各种形状复杂、尺寸精度要求高，并要求具有良好综合力学性能的重要零件

知识链接

马氏体是一种由奥氏体经过淬火或其他方式形成的金属晶格结构，是碳在α-Fe中的过饱和固溶体；当奥氏体过冷到马氏体转变温度和珠光体转变温度之间的温区时，将发生由切变相变与短程扩散相配合的转变，其转变产物称为贝氏体。

4. 回火

回火是指将淬火后的钢件重新加热到 A_1（相变温度）以下某个温度，保温一段时间后冷却至室温的热处理工艺。回火通常作为钢件的最终热处理工艺，在工业生产中应用广泛。

钢件经淬火后，其内部存在着马氏体、贝氏体及残余奥氏体等不稳定组织，随着时间的推移很容易发生组织转变，一般需要马上进行回火。回火通常具有以下目的：① 提高组织稳定性，避免钢件在使用过程中发生组织转变，从而造成开裂和变形；② 消除内部应力，以稳定钢件几何尺寸并改善切削加工性；③ 适当降低钢件的硬度和强度，提高韧性和塑性，以获得良好的综合力学性能。

回火的保温温度越高，获得的钢件硬度、强度越低，塑性和韧性越高。根据保温温度范围的不同，回火可分为低温回火、中温回火和高温回火。它们各自的保温温度、工艺特点和应用范围如表 1-30 所示。

表 1-30 各种回火的保温温度、工艺特点和应用范围

类别	保温温度	工艺特点	应用范围
低温回火	150～250 ℃	获得的组织为回火马氏体，硬度为 58～64 HRC；能够减小钢件淬火时产生的内应力，降低钢件的脆性，获得较高的硬度和耐磨性，并保持一定的韧性	适用于处理各种要求高硬度、高耐磨性的工件，如各种刀具、量具、模具、滚动轴承等

续表

类别	保温温度	工艺特点	应用范围
中温回火	350～500 ℃	获得的组织为回火屈氏体（珠光体的一种），硬度为 30～50 HRC；能够使钢件具有较高的弹性和一定的韧性	适用于处理各种弹性零件和热锻模具，如汽车板簧、弹簧钢丝等
高温回火	500～650 ℃	获得的组织为回火索氏体（珠光体的一种），硬度为 25～35 HRC；能够使钢件具有较高的强度、良好的塑性和韧性，提高钢件的综合力学性能	适用于处理各种重要的受力零部件，如传动轴、连杆、齿轮、丝杠等

5．调质处理

先对钢件进行淬火，再进行高温回火，这种复合热处理工艺称为调质处理，简称调质。调质处理可使钢件获得良好的综合力学性能，使其在具有较高强度和硬度的同时保持一定的韧性和塑性，通常用于丝杠、连杆、主轴、轴承等受力复杂的重要机械零部件的制造，如图 1-26 所示。

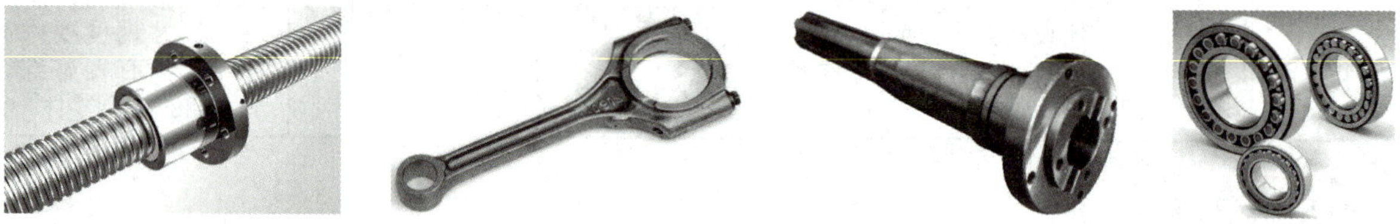

（a）丝杠　（b）连杆　（c）主轴　（d）轴承

图 1-26　常用调质处理的零部件

6．时效处理

经塑性变形、铸造、锻造加工后的钢件，在粗加工之后、精加工之前，在较高的温度或室温环境中存放一段时间，以使钢件的性能、形状、尺寸等发生缓慢变化直至稳定的状态，这种热处理工艺称为时效处理，简称时效。

根据处理时是否加热，时效处理可分为人工时效、自然时效和振动时效等。其中，人工时效是指将钢件重新加热到 100～150 ℃，在较短时间（5～20 h）内进行的时效处理；自然时效是指不经过加热，将钢件直接在室温条件下长时间放置而进行的时效处理；振动时效是指常温时使钢件以一定的频率振动，以使其内部应力均匀化，从而稳定钢件的形状和尺寸的时效处理。

笔记

1.3.3　钢的表面热处理

表面热处理是指仅对钢件的表面进行加热，以改变其表层组织结构和力学性能的热处理工艺。工业技术的飞速发展，对机械零件提出了各种各样的要求。例如，对如图 1-27 所示的汽车传动轴和传动齿轮，一方面要求其轴面和齿轮硬度高、耐磨性好，另一方面要求其能够承受很大的冲击载荷和传递很大的转矩。由此看出，这类零件表面和心部的性能要求不同，而表面热处理可以很好地满足零件的这种“表里不一”的性能要求。

（a）传动轴

（b）传动齿轮

图 1-27 汽车传动轴和传动齿轮

根据工艺方法和原理的不同，表面热处理可分为表面淬火和化学热处理两大类。

1. 表面淬火

仅对钢件表面进行淬火而不改变其组成成分的热处理工艺称为表面淬火。表面淬火需要对钢件表面进行快速加热，并在表层热量未传到心部之前进行快速冷却，从而使表层获得很高的硬度和耐磨性，同时心部保持良好的韧性和塑性。根据加热方式的不同，表面淬火可分为感应加热表面淬火、火焰加热表面淬火、电接触加热表面淬火和激光热处理等。其中，感应加热表面淬火（见图 1-28）和火焰加热表面淬火（见图 1-29）在工业中的应用较为广泛。

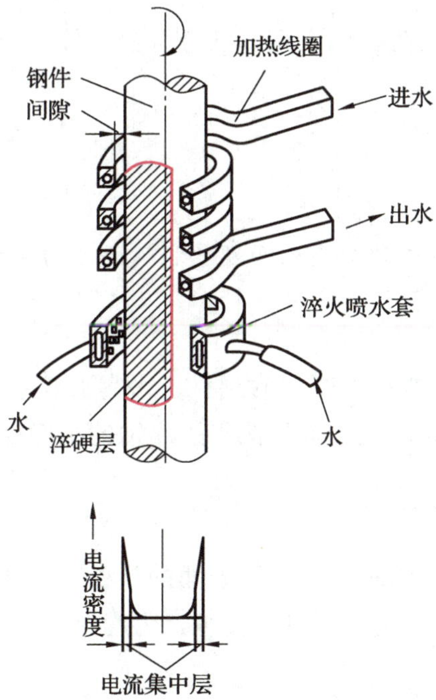

图 1-28 感应加热表面淬火

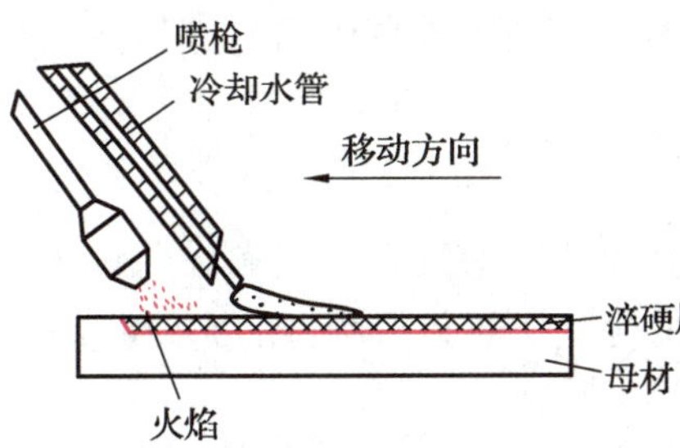

图 1-29 火焰加热表面淬火

2. 化学热处理

将钢件置于一定的介质中，通过加热、保温和冷却使介质中的一种或几种元素渗入钢件表层，以改变钢件表层的化学成分和组织，从而使钢件表层和心部具有不同的性能，这种热处理工艺称为化学热处理。与前面介绍的热处理工艺方法不同，化学热处理是通过改变钢件表面的化学组成成分来改变其组织和性能的。

化学热处理的过程包括介质分解成活性原子、钢件表面吸收活性原子和活性原子在钢件内部扩散三个基本阶段。根据所用介质化学成分的不同，常用的化学热处理可分为渗碳、渗氮和碳氮共渗等。

1）渗碳

渗碳是指向低碳钢或低合金钢工件表面渗入碳原子，以提高表层含碳量，使钢件表面具有更高的硬度和更好的耐磨性，而心部仍保持良好韧性的表面热处理工艺。根据使用的渗碳剂不同，渗碳可分为气体渗碳、固体渗碳和液体渗碳等。其中，气体渗碳工艺在工业中应用最为广泛，如图 1-30 所示。

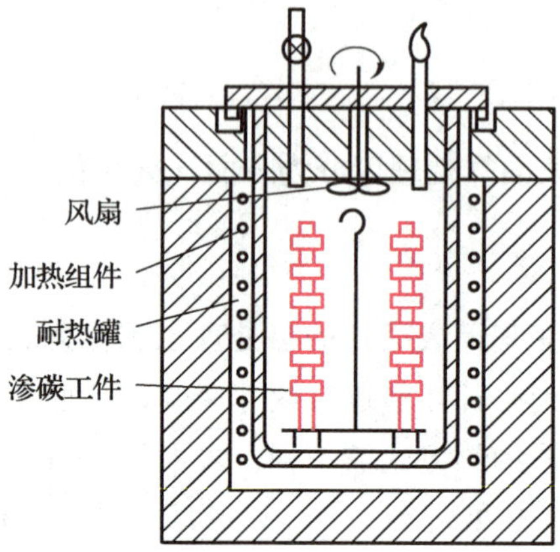

图 1-30　气体渗碳

渗碳适用于需要承受很大的磨损、冲击载荷和交变载荷的低碳钢、低合金钢工件，如汽车变速箱中的变速齿轮等。

经验传承

零件渗碳后一般需要经过淬火+低温回火处理，才能达到提高表面硬度和耐磨性的目的。

2）渗氮

渗氮又称氮化，是指将氮原子渗入钢件表面，以提高其硬度、耐磨性、疲劳强度和耐蚀性的一种热处理工艺。渗氮通常用于处理耐磨性和精度要求都很高，或要求耐热、耐腐蚀的耐磨件，如发动机气缸等。

3）碳氮共渗

碳氮共渗俗称氰化，是指在一定温度条件下将碳和氮同时渗入钢件表面的热处理工艺。碳氮共渗既具有渗碳的淬硬深度，又能获得渗氮的高硬度，因此能有效提高零件的硬度、耐磨性和疲劳强度。

任务实训——分析汽车齿轮的热处理工艺

1. 任务描述

汽车齿轮是汽车机械结构中的重要组成部分，担负传递机械能的责任。图 1-31 所示为某汽车齿轮。它的材料为 20CrMnTi，其加工工艺为：下料→锻造→切削加工→热处理→精加工→喷丸→磨削加工。全班学生以 3～5 人为一组进行分组，以组为单位分析该汽车齿轮需要具备的性能和采用的热处理工艺。

图 1-31　某汽车齿轮

2. 任务实训

1）分析汽车齿轮需要具备的性能

汽车齿轮的工作条件及需要具备的性能如表 1-31 所示。

表 1-31　汽车齿轮的工作条件及需要具备的性能

零件名称	工作条件	需要具备的性能
齿轮	承受很大的应力、冲击载荷和磨损	（1）高的抗疲劳强度和心部硬度 （2）良好的韧性 （3）高的耐磨性

2）分析汽车齿轮的热处理工艺

汽车齿轮的热处理工艺分别为正火、渗碳、淬火和回火处理，如图 1-32 所示。

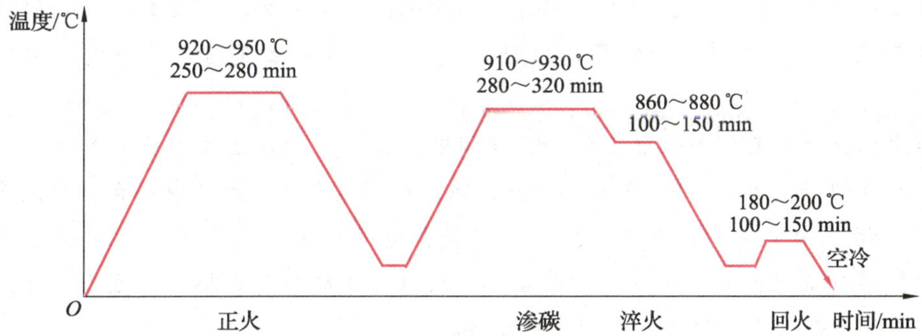

图 1-32　汽车齿轮的热处理工艺曲线

（1）正火。

正火能够消除锻造应力及其不良组织，改善切削加工性。因为 20CrMnTi 是低碳合金钢，韧性大，切削时“粘刀”严重，为改善切削加工性，应采用高温正火，即将汽车齿轮加热至 Ac_3 温度以上（920～950 ℃），然后保温 250～280 min，最后采用空冷的方式使汽车齿轮的温度降低。

（2）渗碳。

因为汽车齿轮要求表面耐磨，心部有良好的韧性，所以要对汽车齿轮进行表面渗碳处理，即将汽车齿轮加热至 Ac_3 温度以上（910～930 ℃），然后保温 280～320 min，最后采用随炉冷却或将汽车齿轮移至等温槽中预冷后直接淬火。

（3）淬火。

汽车齿轮在渗碳完成后需要经过淬火处理，以提高汽车齿轮的硬度、韧性、弹性、耐蚀性和耐磨性等，即将汽车齿轮加热至 Ac_3 温度以上（860～880 ℃），然后保温 100～150 min，最后采用油冷的方式使汽车齿轮的温度迅速降低。

（4）回火。

汽车齿轮在淬火完成后要进行回火处理（180～200 ℃，保温 100～150 min，空冷），这样可使汽车齿轮的内部组织更为稳定，从而获得更高的强度和韧性。

拓展阅读

在安徽芜湖举行的“2023 国际汽车新材料大会”上，中国汽车技术研究中心有限公司汽车工程研究院轻量化领域首席专家孟宪明博士介绍：“汽车整备质量的降低能够有效减少能耗，因此汽车轻量化在我国也受到了重视与发展。”

目前，汽车轻量化主要通过材料轻量化、结构轻量化、工艺轻量化等途径实现，三者间相互作用、相互影响。孟宪明认为：“相较于结构和工艺的轻量化，材料轻量化带来的效果更为立竿见影，并且能够极大地带动轻量化工艺及结构的发展。”

然而取得材料轻量化的突破并非易事，要兼顾质量小、强度高，同时还要控制成本。在“严要求”下，能进入“决赛圈”的汽车轻量化材料依据材料类型可分为轻量化金属材料与轻量化非金属材料两大类。

轻量化金属材料以超高强钢和轻合金材料为主。其中，超高强钢材料能够在保证零部件及整车结构强度的前提下，降低零部件厚度，达到汽车轻量化效果，被广泛应用在车身主承力件上。汽车轻合金材料主要以铝合金和镁合金为主。铝合金强度高，易成形加工，且具有良好的耐蚀性和可回收性，是汽车制造业性价比最高的轻量化材料之一，广泛应用在发动机、轮毂、副车架及次承力件上。

轻量化非金属材料主要以高性能塑料和复合材料为主，在汽车上主要分布在内饰件及部分外饰覆盖件上。高性能塑料主要以 PP、PA6、PA66、PU 为主，广泛应用在中控台、仪表盘及门护板等内饰区域，这类材料由于质量占比较少，因此轻量化空间较小，更多的是通过改性设计提升其触感、VOC、抗菌等功能特性。复合材料目前主要以玻纤和碳纤维复合材料为主，在涉及行人保护的车身覆盖件及尾门等部位可以代替原有钢质覆盖件。

孟宪明说：“碳纤维复合材料的比强度和比模量高于传统金属材料 3～5 倍，是最理想的轻量化材料之一，在车身结构加强及次承力件轻量化领域有望得到广泛应用。”但由于碳纤维原丝成本高，成型工艺不成熟，目前依旧难以在汽车行业中大规模应用。

（资料来源：陈曦，《发展轻量化材料，助汽车减重增效》，人民网，2023 年 4 月 20 日）

学习知识检验

1. 填空题

（1）金属材料的力学性能主要包括强度、________、________、________和疲劳强度等。

（2）__________是金属材料的耐蚀性和抗氧化性的总称。

（3）通常情况下，将含碳量小于 0.021 8%的铁碳合金称为________；将含碳量为 0.021 8%～2.11%的铁碳合金称为________；将含碳量大于 2.11%的铁碳合金称为________。

（4）根据应用范围的不同，钢可分为________、________、________和专业用钢等。

（5）45 钢的平均含碳量为__________，T8 钢的平均含碳量为__________。

（6）常见的滑动轴承合金有锡基轴承合金、____________、____________和铜基轴承合金等。

（7）______________是指零件在产生较大塑性变形后出现的断裂现象。

（8）钢的__________发生转变时的温度称为临界温度。

（9）根据冷却方式的不同，淬火可分为单介质淬火、双介质淬火、__________和__________等。

（10）根据处理时是否加热，时效处理可分为__________、__________和__________等。

2. 选择题

（1）（　　）是指金属材料抵抗冲击载荷作用而不被破坏的能力。

A．韧性　　B．强度　　C．塑性　　D．疲劳强度

（2）导电性最好的金属材料为（　　）。

A．铁　　B．铜　　C．银　　D．铝

（3）下列选项中，不属于金属材料工艺性能的是（　　）。

A．铸造性　　B．光学性

C．压力加工性　　D．焊接性

（4）灰铸铁 HT200 中的 200 表示（　　）。

A．疲劳强度　　B．屈服点　　C．硬度　　D．抗拉强度

（5）下列材料适合加工汽车发动机曲轴和连杆的是（　　）。

A．灰铸铁　　B．可锻铸铁

C．球墨铸铁　　D．蠕墨铸铁

（6）纯铝的（　　）很低，不宜直接作为结构零部件。

A．强度　　B．硬度　　C．塑性　　D．韧性

（7）用于制造汽车进气管的材料是（　　）。

A．热固性塑料　　B．热塑性塑料　　C．通用橡胶　　D．特种橡胶

（8）（　　）是改善钢件切削加工性的重要途径。

A．铸造　　B．焊接　　C．锻造　　D．热处理

（9）调质处理是（　　）。

A．淬火+低温回火　　B．淬火+中温回火

C．淬火+高温回火　　D．淬火+渗碳

（10）零件渗碳后一般需要经过（　　）处理，才能达到提高表面硬度和耐磨性的目的。

A．淬火+低温回火　　B．淬火+中温回火

C．淬火+高温回火　　D．淬火+渗碳

3．判断题

（1）布氏硬度测量法适合测量较薄的金属材料工件。（　　）

（2）汽车碰撞后保险杆的变形属于塑性变形。（　　）

（3）所有金属材料在进行拉伸试验时都会出现明显的屈服现象。（　　）

（4）金属材料的切削加工性，主要受金属材料的化学成分、组织、硬度、塑性、韧性和导热性等的影响。（　　）

（5）纯铝常用来制造电线、电缆、散热片等。（　　）

4．简答题

（1）什么是金属材料的强度？它有哪些主要指标？

（2）简述零件的使用性能原则。

（3）简述整体热处理和表面热处理的作用。

学习成果评价

指导教师根据学生的实际学习成果对其进行评价，学生配合指导教师共同完成学习成果评价表，如表 1-32 所示。

表 1-32 学习成果评价表

姓名：　　　　组号：　　　　指导教师：

评价项目	评价内容	满分/分	评分/分		
			自评	互评	师评
知识（50%）	掌握材料的使用性能及工艺性能	15			
	掌握汽车常用的金属材料和非金属材料的性能及应用	15			
	熟悉汽车零件的选材原则	10			
	掌握钢的热处理工艺	10			
技能（30%）	分析汽车发动机曲轴的主要性能	10			
	选择汽车板簧的材料	10			
	分析汽车齿轮的热处理工艺	10			
素养（20%）	积极参加教学活动，主动学习、思考、讨论	5			
	认真负责，按时完成学习任务	5			
	团结协作，与组员之间密切配合	5			
	服从指挥，遵守课堂纪律	5			
合计		100			
总评	自评（20%）+互评（20%）+师评（60%）=		综合等级：		
自我评价					
指导教师评价					

项目 2　汽车构件力学分析

项目导读

机械产品的质量，绝大部分都应该从力学角度来分析、判断。汽车作为一种复杂的机械产品，其零部件的设计、选用和修理同样需要从力学角度进行深入研究。对零部件进行力学分析时，通常是将由若干零件构成的刚体——构件作为研究对象。为保证汽车安全、可靠地工作，任何一个构件都必须具有足够的承载能力。因此，对汽车构件进行受力及变形分析是保证汽车质量和性能的必要步骤之一。

知识目标

（1）了解静力学的基础知识。

（2）掌握静力学分析的基本方法。

（3）熟悉平面任意力系平衡方程的原理及应用。

（4）掌握构件基本变形的概念和特点。

（5）掌握构件不同变形形式的应力分析方法及分布规律。

技能目标

（1）能够对典型汽车构件进行受力分析。

（2）能够对简单汽车构件进行强度校核。

素质目标

（1）培养求真务实、开拓进取的工作作风。

（2）培养执着专注、追求卓越的工匠精神。

（3）培养认真负责、乐于奉献的团队精神。

任务 2.1　分析汽车构件的受力

任务引入

由各种零部件组成的汽车、机床及起重机等机械在工作时，都会受到复杂的外力作用。因此，机械的设计、制造及使用大部分都是以力学理论为基础的。例如，图 2-1（a）所示为行驶中的汽车，它的轮胎受力情况如何？图 2-1（b）所示为随车起重机，它的最大起重量如何确定？这些问题都需要利用静力学的知识来解答。

（a）行驶中的汽车

（b）随车起重机

图 2-1　工程实际中的力学问题

本任务要求学生根据静力学基础、力矩与力偶、约束力与约束反力、平面力系等知识来分析汽车构件的受力。本任务的知识与技能要求如表 2-1 所示。

表 2-1　知识与技能要求

任务内容	分析汽车构件的受力	学习程度		
		识记	理解	应用
学习任务	静力学基础	●		
	力矩与力偶		●	
	约束力与约束反力		●	
	平面力系	●		
实训任务	分析汽车转向盘的受力			●
自我勉励				

班级____________ 姓名____________ 学号____________

任务工单——分析汽车构件的受力

1. 任务目标

（1）了解静力学的基础知识。

（2）掌握静力学分析的基本方法。

（3）熟悉平面任意力系平衡方程的原理及应用。

2. 学生分组

以 3～5 人为一组，选出组长并进行任务分工，将小组成员及分工情况填入表 2-2 中。

表 2-2 小组成员及分工情况

小组成员	姓名	分工情况
组长		
组员		

3. 工作准备

（1）查阅相关资料，根据任务内容制订工作计划，并将其填入表 2-3 中。

表 2-3 工作计划

步骤	工作内容	负责人

（2）列出完成工作计划所需要的工具、材料等，并将其填入表 2-4 中。

表 2-4 完成工作计划所需要的工具、材料

序号	名称	型号与规格	单位	数量	备注

班级____________ 姓名____________ 学号____________

4. 工作实施

根据本组最佳工作计划展开实施。按实际操作过程，将实施内容、遇到的问题及解决办法填入表 2-5 中。

表 2-5 任务实施过程记录表

序号	实施内容	遇到的问题及解决办法

5. 课堂小结

2.1.1　静力学基础

静力学主要研究物体在力系作用下的平衡规律，汽车中各种构件的受力都是以静力学为基础进行分析的。下面介绍静力学的基本概念和静力学公理。

1．静力学的基本概念

1）力和力系的概念

生活中关于力的例子随处可见，如用手推车，吊钩吊起重物，手弯弹簧（见图 2-2），汽车钢板弹簧受压变形（见图 2-3）等。这些例子表明力是物体与物体之间的相互作用。力的作用既可以使物体的运动状态发生变化，也可以使物体的形状发生变化。其中，力使物体的运动状态发生变化，称为力的外效应；力使物体的形状发生变化，称为力的内效应。

力系是指作用于物体上的一组力。

图 2-2　手弯弹簧

图 2-3　汽车钢板弹簧受压变形

2）平衡和平衡力系的概念

平衡是指物体相对于惯性参考系（如地球）保持静止或做匀速直线运动的状态，它是机械运动的特殊形式。物体平衡时的力系称为平衡力系。处于平衡状态的物体，作用在它上面的力系必须满足一定的条件，这些条件称为力系的平衡条件。

知识链接

若两个力系对同一个物体的作用效应完全相同，则这两个力系互为等效力系。两个力系等效只表示对物体作用的外效应不变，而内效应会随着力的作用点不同而不同。

3）刚体的概念

刚体是指在力的作用下大小和形状保持不变的物体。这是一个理想化的力学模型，事实上是不存在的。实际物体在力的作用下都会产生不同程度的变形，但微小变形对所研究物体的平衡问题不起主要作用，可以忽略不计，这样可以使问题的研究大为简化。静力学中研究的物体均可视为刚体。

4）合力与分力

若一个力与一个力系的作用效应完全相同，则这个力称为该力系的合力；而该力系中的各个力称为该合力的分力。

知识链接

已知力系中各个分力来求合力的过程，称为力的合成；反之，已知一个合力求等效力系中分力的过程，称为力的分解。

5）力的三要素及表示方法

（1）力的三要素。

力对物体的作用效应取决于力的三要素，即力的大小、方向和作用点。如图 2-4（a）所示，人在推车时，推力的作用点在车把手，推力的方向为水平向右。改变三要素中任意一个要素，力的作用效应都会发生改变。

（2）力的表示方法。

力是有大小和方向的物理量，所以力是矢量。矢量一般用黑体字母表示，如用 $\boldsymbol{F}$ 表示力。在图中，力通常用具有一定长度的有向线段来表示，如图 2-4（b）所示。线段的长度表示力的大小，线段箭头的指向表示力的方向，线段的端点或箭头的顶点表示力的作用点，如图 2-4（b）中的点 B。

在国际单位制（SI）中，力的大小的基本单位为牛顿，简称牛，用符号 N 表示。例如，图 2-4（b）中推力的大小 $F=8\times10=80\,(\text{N})$。力的大小也可用千牛作为单位，符号为 kN，两者的换算关系为 $1\,\text{kN}=1\,000\,\text{N}$。

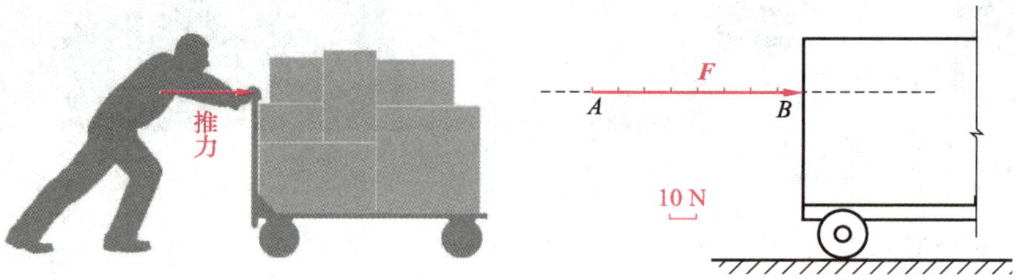

（a）推车　　（b）推力的表示

图 2-4　人推车的推力

2. 静力学公理

静力学公理是人们对长期的实践经验进行总结和概括后得到的基本规律，其正确性已经在实践中得到验证，是符合客观实际的最普遍规律。静力学公理概括了一些力的基本性质，是学习静力学的理论基础。静力学公理包括二力平衡公理、加减平衡力系公理、作用与反作用公理、力的平行四边形公理和刚化公理。

笔记

1）二力平衡公理

二力平衡公理： 刚体在两个力的作用下处于平衡状态的充分必要条件是这两个力大小相等、方向相反、作用在同一条直线上，简称等值、反向、共线。

如图 2-5 所示，刚体在 $\boldsymbol{F}_1$ 和 $\boldsymbol{F}_2$ 的作用下处于平衡状态，可用公式表示为 $\boldsymbol{F}_1=-\boldsymbol{F}_2$。需要注意的是，二力平衡公理只适用于刚体，对于变形体，此条件只是必要条件，而不是充分条件。例如，对于绳子而言，当受到等值、反向、共线的一对拉力作用时，绳子处于平衡状态，如图 2-6（a）所示；但当受到等值、反向、共线的一对压力作用时，绳子则不处于平衡状态，如图 2-6（b）所示。

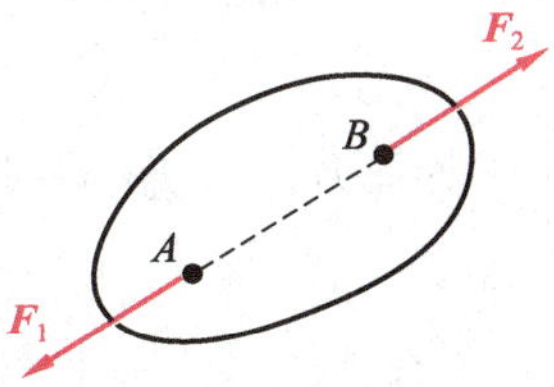

图 2-5　二力平衡

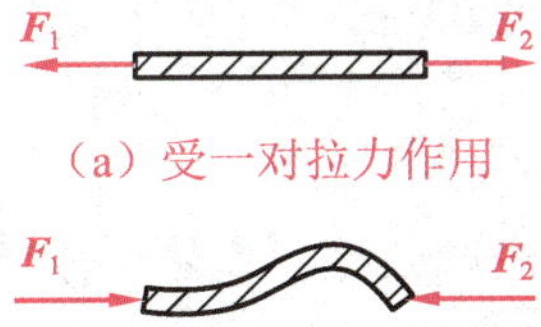

（a）受一对拉力作用

（b）受一对压力作用

图 2-6　绳子受二力作用时的情形

只受二力作用而处于平衡状态的构件称为二力构件，又称二力杆。二力杆所受的两个力一定大小相等、方向相反、作用在同一条直线上。

2）加减平衡力系公理

加减平衡力系公理：在作用于刚体的任一个力系中，加上或减去任意一个平衡力系，不改变原力系对刚体的作用效应。

推论——力的可传性：作用于刚体上的力可沿其作用线移到这个刚体内的任意一点，而不改变该力对刚体的作用效应。

力的可传性推论如图 2-7 所示，某刚体在 A 点受到力 $\boldsymbol{F}$ 的作用，在 B 点施加一平衡力系（由 $\boldsymbol{F}_1$、$\boldsymbol{F}_2$ 组成），使 $\boldsymbol{F}=-\boldsymbol{F}_1=\boldsymbol{F}_2$，则 $\boldsymbol{F}$ 和 $\boldsymbol{F}_1$ 可组成一平衡力系，将 $\boldsymbol{F}$ 和 $\boldsymbol{F}_1$ 去掉后，刚体所受的力只剩 $\boldsymbol{F}_2$，推论得证。

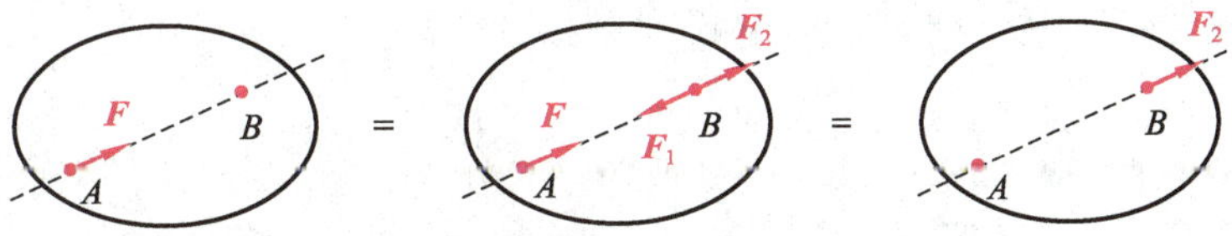

图 2-7　力的可传性推论

3）作用与反作用公理

作用与反作用公理：两个刚体间相互作用的力总是同时存在、大小相等、方向相反，并沿同一条直线分别作用在这两个刚体上。

如图 2-8 所示，球 B 对球 A 的力 $\boldsymbol{F}_\text{N}$ 与球 A 对球 B 的力 $\boldsymbol{F}'_\text{N}$ 构成了一对作用力与反作用力。该公理表明，物体间的作用总是相互的，力永远是成对出现的，有作用力就有反作用力。

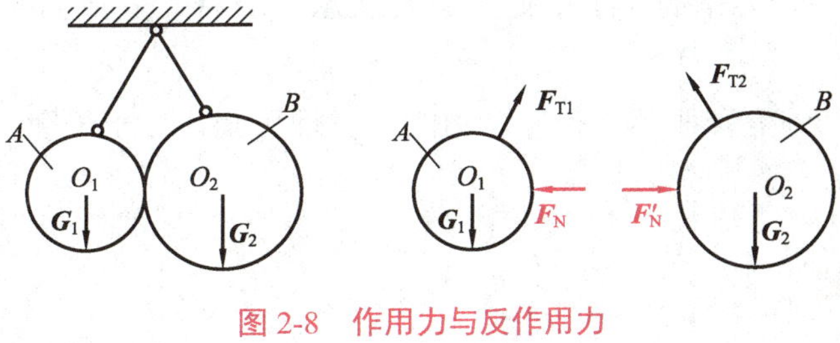

图 2-8　作用力与反作用力

提 示

满足二力平衡条件的两个力作用在同一个物体上，而作用力与反作用力分别作用在两个不同物体上，因此作用力与反作用力不是一对平衡力。

4）力的平行四边形公理

力的平行四边形公理：作用于刚体上某点的两个力可以合成为一个合力，合力的作用点仍在该点，合力的大小和方向可用这两个力所构成的平行四边形的对角线来表示。

如图 2-9（a）所示，作用在 A 点的力有 $\boldsymbol{F}_1$ 和 $\boldsymbol{F}_2$，用 $\boldsymbol{F}_R$ 表示它们的合力，则 $\boldsymbol{F}_R$ 的矢量表达式为

$$\boldsymbol{F}_R = \boldsymbol{F}_1 + \boldsymbol{F}_2 \tag{2-1}$$

在绘图时，可直接将 $\boldsymbol{F}_1$ 平移到 $\boldsymbol{F}_2$ 的末端，通过△ABD 求得合力 $\boldsymbol{F}_R$，如图 2-9（b）所示。这种求二力汇交时合力的方法称为三角形法则。

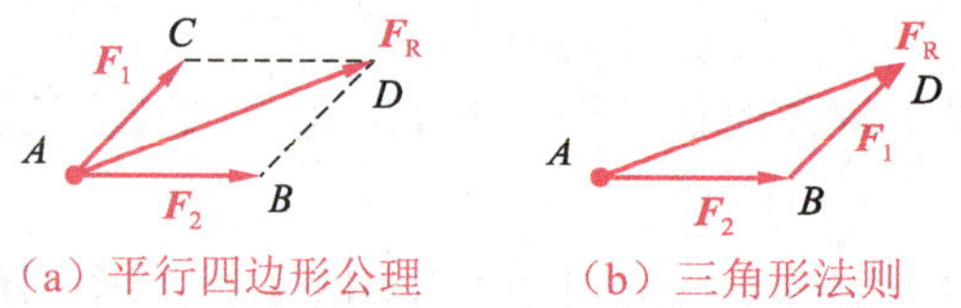

图 2-9 求二力汇交时合力的方法

推论——三力平衡汇交定理：若刚体受到同一平面内三个互不平行的力的作用而处于平衡状态，则这三个力的作用线必汇交于一点。

如图 2-10 所示，刚体受同一平面内三个力 $\boldsymbol{F}_1$、$\boldsymbol{F}_2$、$\boldsymbol{F}_3$ 的作用而处于平衡状态，则它们作用线的延长线交于 A 点，$\boldsymbol{F}_1$、$\boldsymbol{F}_2$ 的合力 $\boldsymbol{F}$ 与 $\boldsymbol{F}_3$ 组成一对平衡力。

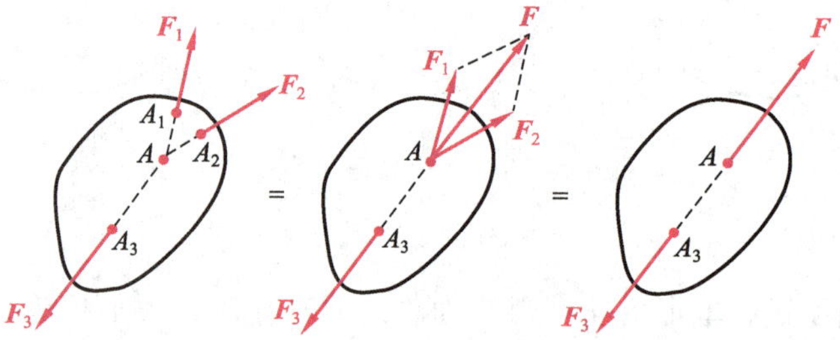

图 2-10 三力平衡汇交定理

5）刚化公理

刚化公理：变形体在某一力系的作用下处于平衡状态，若将此变形体换成刚体，则平衡状态保持不变。

刚化公理提供了将变形体看作刚体的条件。由刚化公理可知，处于平衡状态的变形体可应用刚体静力学理论进行分析。

2.1.2 力矩与力偶

人在推车时，推力可使车沿地面做直线运动，但有的时候希望受力物体做圆周运动，如拧螺母等，

此时该如何描述作用力对物体产生的转动效应呢？这就需要用到力矩和力偶的概念。

1．力矩

1）力矩的定义

使用扳手用力 $\boldsymbol{F}$ 拧螺母时，影响螺母转动效应的因素有施力的大小、螺母圆心到施力作用线的距离和力的方向，如图 2-11 所示。在力学中，用力对点的矩来度量上述三个因素对转动效应的影响。

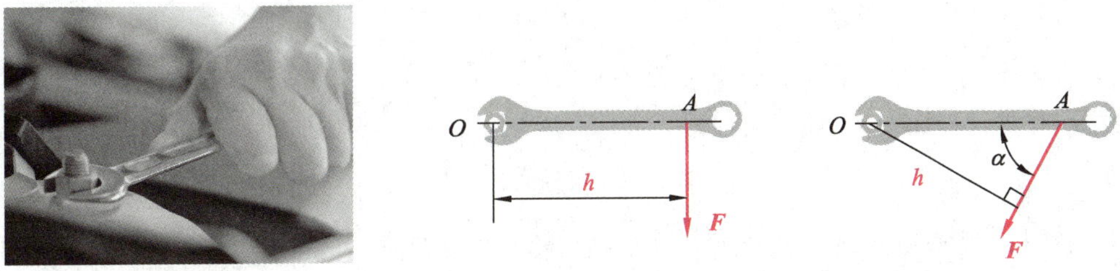

（a）拧螺母　　（b）影响螺母转动效应的因素

图 2-11　使用扳手拧螺母时影响螺母转动效应的因素

力对点的矩简称力矩，通常用 $M_O(\boldsymbol{F})$ 表示，则有

$$M_O(\boldsymbol{F}) = \pm Fh \tag{2-2}$$

式中：

$M_O(\boldsymbol{F})$——力 $\boldsymbol{F}$ 对力矩中心（矩心）O 的力矩，单位为 N·m；

F——施加力的大小，单位为 N；

h——矩心到力作用线的距离，称为力臂，单位为 m。

$M_O(\boldsymbol{F})$ 是一个代数量，用来表示力 $\boldsymbol{F}$ 使物体绕 O 点转动效应的大小，前面的正负号用来表示力矩的转动方向。通常规定，逆时针转向的力矩为正，顺时针转向的力矩为负。

经验传承

通常情况下，力对物体上不同点的力矩是不同的。因此，在解算和表述力矩时，必须指明矩心，否则计算结果是没有意义的。

2）合力矩定理

合力矩定理： 平面力系中，合力对平面内任意一点 O 的力矩等于各分力对 O 点力矩的代数和。

合力矩定理用公式表示为

$$M_O(\boldsymbol{F}) = M_O(\boldsymbol{F}_1) + M_O(\boldsymbol{F}_2) + \cdots + M_O(\boldsymbol{F}_n) \tag{2-3}$$

由合力矩定理可知，在计算某力的力矩时，若力臂不易求出，则可将该力分解为两个容易确定力臂的分力（通常采用正交分解法），然后应用合力矩定理计算力矩。

课上练习

【例 2-1】如图 2-12（a）所示，直齿轮上某齿受啮合力 $\boldsymbol{F}_n$ 作用，$F_n = 1500$ N，啮合角（啮合力与节圆切线的夹角）$\alpha = 20°$，齿轮节圆直径 $D = 100$ mm。试求啮合力对齿轮轴心 O 的力矩。

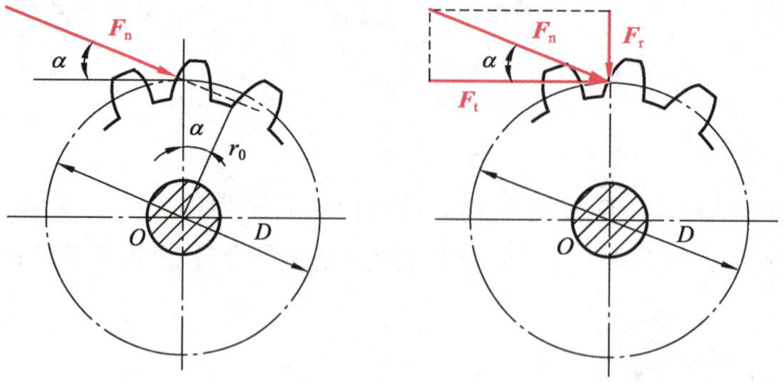

（a）直齿轮所受的啮合力　　（b）啮合力的分解

图 2-12　齿轮受力分析

【解】方法 1：根据力矩的定义进行计算。啮合力对 O 点的力矩为

$$M_O(\boldsymbol{F}_n)=-F_n r_0=-F_n\frac{D}{2}\cos\alpha=-1\,500\times\frac{0.1}{2}\times\cos 20^\circ\approx-70.5\,(\text{N}\cdot\text{m})$$

方法 2：根据合力矩定理进行计算。首先将啮合力 $\boldsymbol{F}_n$ 分解为沿齿轮节圆径向的分力 $\boldsymbol{F}_r$ 和沿齿轮节圆切向的分力 $\boldsymbol{F}_t$，如图 2-12（b）所示。其中，$F_r=F_n\sin\alpha$，$F_t=F_n\cos\alpha$。由合力矩定理可得

$$M_O(\boldsymbol{F}_n)=M_O(\boldsymbol{F}_t)+M_O(\boldsymbol{F}_r)=-F_t\frac{D}{2}+0=-F_n\cos\alpha\frac{D}{2}$$

$$=-1\,500\times\cos 20^\circ\times\frac{0.1}{2}\approx-70.5\,(\text{N}\cdot\text{m})$$

透过现象看问题

开门的时候，如果用力的方向指向门轴，那么尽管用的力很大，也无济于事。请与同组同学讨论原因，并在课后查阅资料验证讨论结果。

2. 力偶

1）力偶的定义

在日常生活和生产实践中，驾驶员用双手转动转向盘驾驶汽车和工人用双手转动丝锥为工件攻丝等，这些都是在物体上施加大小相等、方向相反但不共线的两个力而使物体转动的情形，如图 2-13 所示。这种由两个大小相等、方向相反但不共线的力组成的力系称为力偶，记作 $(\boldsymbol{F},\ \boldsymbol{F}')$。其中，$\boldsymbol{F}=-\boldsymbol{F}'$，力 $\boldsymbol{F}$ 与 $\boldsymbol{F}'$ 作用线之间的垂直距离 d 称为力偶臂，力偶所在平面称为力偶作用面。

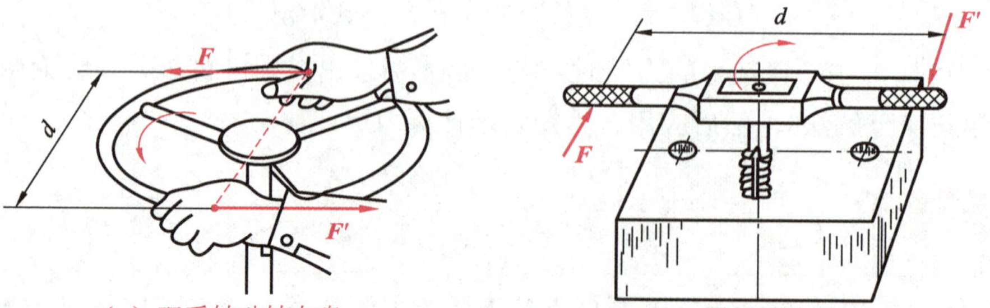

（a）双手转动转向盘　　（b）用丝锥攻丝

图 2-13　力偶的实例

力偶对物体的转动效应主要取决于力偶的三要素：力偶矩的大小、力偶的转向和力偶作用面的方位。其中，力偶矩是力偶中力 $\boldsymbol{F}$ 与力偶臂 d 的乘积，记作 $m(\boldsymbol{F},\ \boldsymbol{F}')$ 或 M，即

$$m(\boldsymbol{F},\ \boldsymbol{F}') = M = \pm Fd \tag{2-4}$$

式中：

F——力偶中作用力的大小，单位为 N；

d——力偶臂，单位为 m。

式（2-4）中的正负号表示力偶的转向，一般以逆时针转向为正，顺时针转向为负。力偶矩的单位与力矩相同，也是 $\mathrm{N \cdot m}$ 或 $\mathrm{kN \cdot m}$。

2）力偶的性质

力偶具有以下性质。

性质 1：力偶在任意坐标轴上的投影的代数和为零，故力偶无合力，如图 2-14（a）所示。力偶对刚体的移动不会产生任何影响，即力偶不能用一个力来等效，也不能用一个力来平衡。

性质 2：力偶对其作用面内任意一点的力矩恒等于力偶矩，与力偶在其作用面内的位置无关，如图 2-14（b）所示。

性质 3：作用在同一平面内的两个力偶，只要两者的力偶矩大小相等、转动方向相同，这两个力偶就等效。力偶的这种性质称为平面力偶的等效。例如，图 2-14（c）中三个力偶的力偶矩大小均为 $12\ \mathrm{kN \cdot m}$，且力偶的转向都为逆时针方向，因此这三个力偶等效。

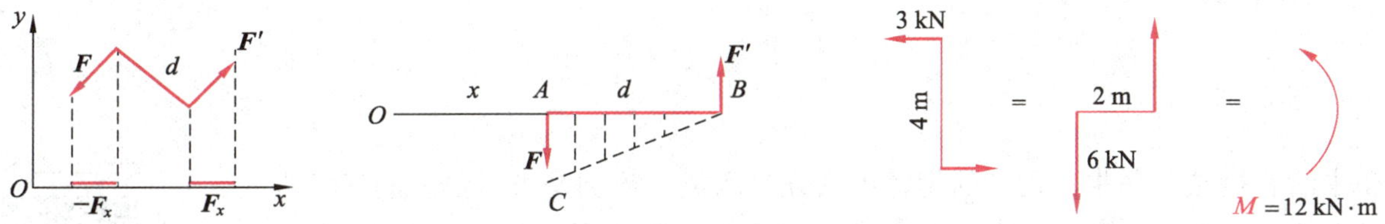

（a）力偶的性质 1　（b）力偶的性质 2　（c）力偶的性质 3

图 2-14　力偶的性质

根据力偶的性质，可以得出以下推论。

推论 1：力偶可在作用面内任意移动，而不会改变它对刚体的转动效应。

推论 2：在保持力偶矩大小和力偶转向都不变的条件下，可以任意改变力和力偶臂的大小而不改变力偶对刚体的转动效应。

3）平面力偶系的合成

位于同一平面内的多个力偶可组成平面力偶系。平面力偶系中各个力偶的作用可以等效为一个合力偶，合力偶矩等于各个力偶矩的代数和，即

$$M = M_1 + M_2 + \cdots + M_n = \sum M_i \tag{2-5}$$

4）力的平移定理

力的平移定理：作用在刚体上的力可以等效地平移到刚体上任意指定点，但必须在该力与指定点所确定的平面内附加一力偶，其力偶矩等于原来的力对新作用点的力矩。

证明：如图 2-15（a）所示，力 $\boldsymbol{F}$ 作用在刚体上的 A 点，为了将力 $\boldsymbol{F}$ 等效平移到该刚体上其他任意一点（假设为 B 点），先在 B 点附加一对平衡力 $\boldsymbol{F}_1$ 和 $\boldsymbol{F}_2$，这对平衡力的作用线与力 $\boldsymbol{F}$ 平行，如图 2-15（b）

所示。力 $\boldsymbol{F}_2$ 与作用在 A 点的力 $\boldsymbol{F}$ 组成一个力偶 $m(\boldsymbol{F}, \boldsymbol{F}_2)$，称为附加力偶，且力偶矩大小 $M=M_B(\boldsymbol{F})=Fd$。根据加减平衡力系公理，增加的平衡力系不会改变力 $\boldsymbol{F}$ 对刚体的作用效应，因此作用在 B 点的力 $\boldsymbol{F}_1$ 及附加力偶 $m(\boldsymbol{F}, \boldsymbol{F}_2)$ 与作用在 A 点的力 $\boldsymbol{F}$ 等效，如图 2-15（c）所示。

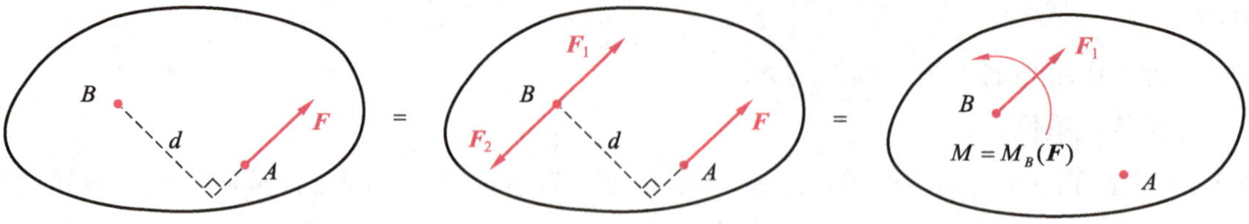

（a）力 $\boldsymbol{F}$ 作用在 A 点　（b）在 B 点附加一对平衡力　（c）力 $\boldsymbol{F}_1$ 及附加力偶 $m(\boldsymbol{F}, \boldsymbol{F}_2)$ 与力 $\boldsymbol{F}$ 等效

图 2-15　力的平移定理

知识链接

力的平移定理是力系简化的重要依据，它揭示了力对刚体的两种作用效应：使物体移动和转动。如果将作用在静止自由刚体某点的力向刚体的质心平移，平移后的力将使刚体移动，附加力偶则使刚体绕质心转动。

2.1.3　约束与受力分析

1. 约束和约束力

在生活和机械工程中，运动的物体可以分为两类，一类是可以沿空间任意方向运动的物体，称为自由体，如空中的飞机、水中的鱼等；另一类是由于受周围物体的限制而只能沿特定方向运动的物体，称为非自由体，如受转轴限制只能转动的转向盘、受钢轨限制只能沿轨道运动的火车等。

约束与受力分析

物体受到周围物体限制时，这种周围物体就称为约束。

约束对物体运动的限制是通过力来实现的，这些约束中限制物体运动的力称为约束反力，简称约束力。约束力是阻碍物体运动的力，属于被动力，其作用点在被约束物体与约束的接触处，其方向与其所限制物体的运动或运动趋势的方向相反。

提　示

促使物体运动或产生运动趋势的力称为主动力，如重力、推力、拉力等。

2. 常见的约束类型

约束力的大小通常是未知的，在静力学中，约束力和主动力组成平衡力系，可通过二力平衡公理来计算。在分析约束力之前需要了解约束的类型。下面介绍几种常见的约束类型及其约束力的特点，如表 2-6 所示。

表 2-6 常见的约束类型及其约束力的特点

约束类型		定义	约束力的特点	图示
柔性约束		由绳索、链条或传动带等柔性物体形成的约束称为柔性约束	约束力通常用符号 F_T 表示，其作用点在接触处，方向沿柔性物体中心线并背离接触处，只能承受拉力而不能承受压力	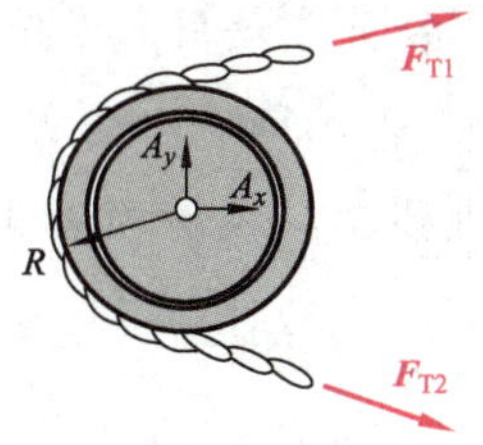
光滑接触面约束		若两个物体直接接触，且接触面的摩擦力很小，可忽略不计，则这种光滑约束面所形成的约束称为光滑接触面约束	约束力通常用符号 F_N 表示，其方向沿接触面的公法线指向接触面	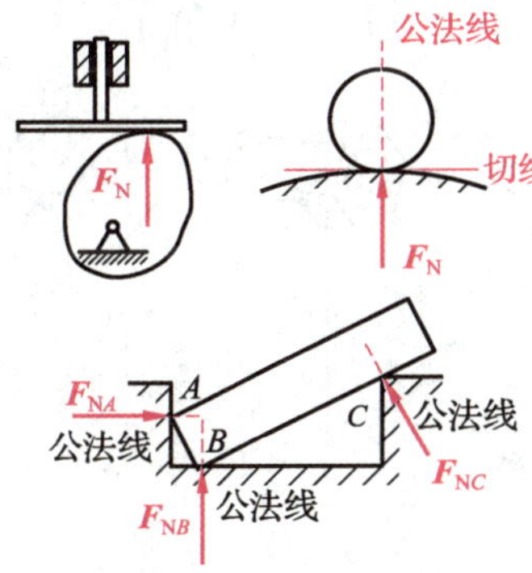
铰链约束	固定铰链支座约束	限制被约束物体间的相对移动，但不限制物体绕销轴转动的约束称为固定铰链支座约束	约束力用 F_x、F_y 表示，其大小和方向与物体的受力情况有关	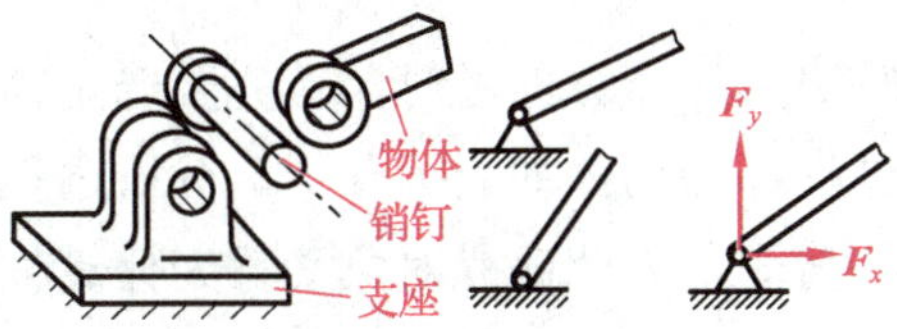
	中间铰链约束	与固定铰链支座约束类似，区别在于中间铰链约束中销轴的空间位置不固定	约束力的方向不定，一般用一对正交约束力 F_x、F_y 表示，其作用线通过铰链的中心	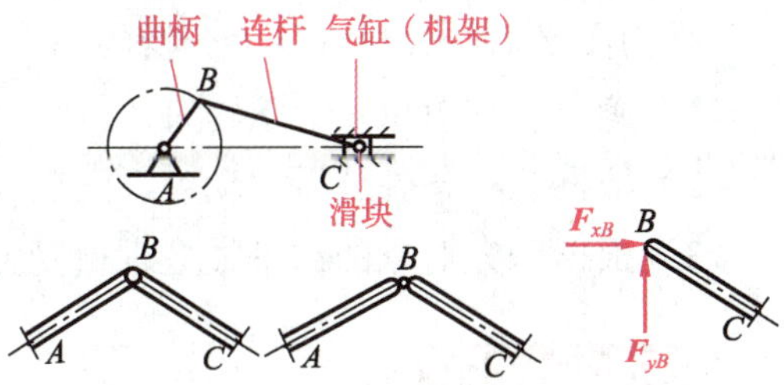
	活动铰链支座约束	限制构件沿支承面法向的运动，而不限制其切线方向运动的约束称为活动铰链支座约束	约束力用 F_R 表示，其方向通过铰链中心，与支承面相垂直	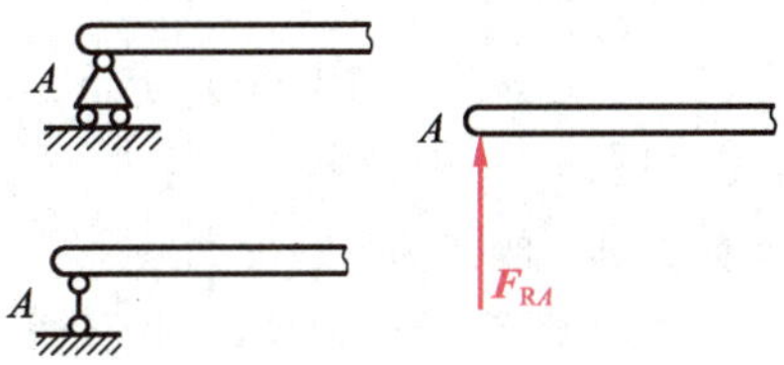
固定端约束		能限制物体在约束处任何方向移动和转动的约束称为固定端约束	约束力为两个相互垂直的分力 F_x、F_y 和一个阻止转动的力矩 M	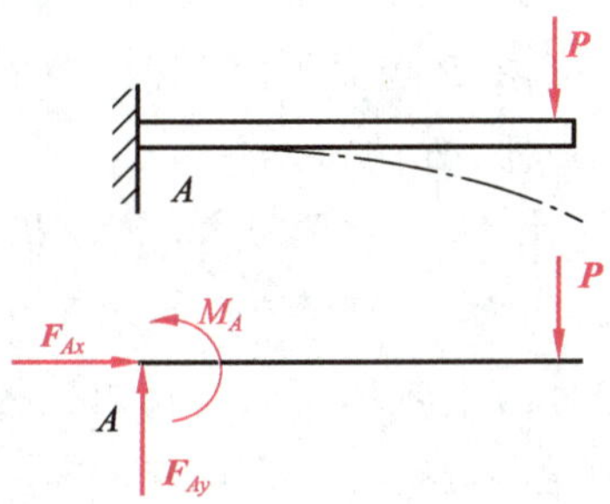

知识链接

铰链又称合页，是用来连接两个构件并允许两者相对转动的机械装置。如图 2-16 所示，圆销插入构件 1 和构件 2 的圆孔内构成一个铰链。铰链对两个构件形成铰链约束，使两构件只能做相对转动，而不能做相对移动。铰链约束具有广泛的应用。例如，门窗开关时，内燃机中曲轴与连杆、连杆与活塞（见图 2-17）运动时都存在铰链约束。

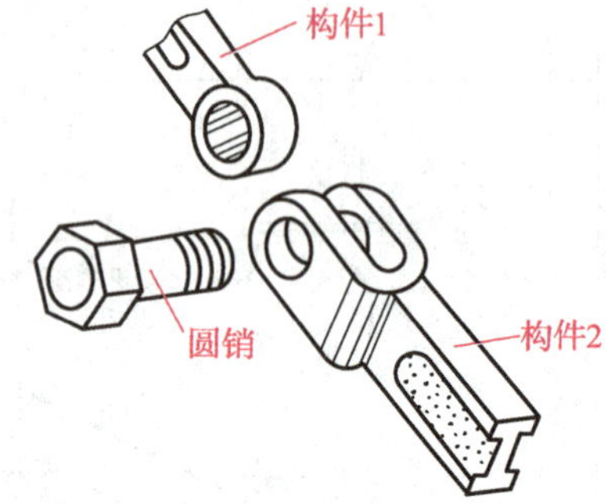

图 2-16　铰链的组成

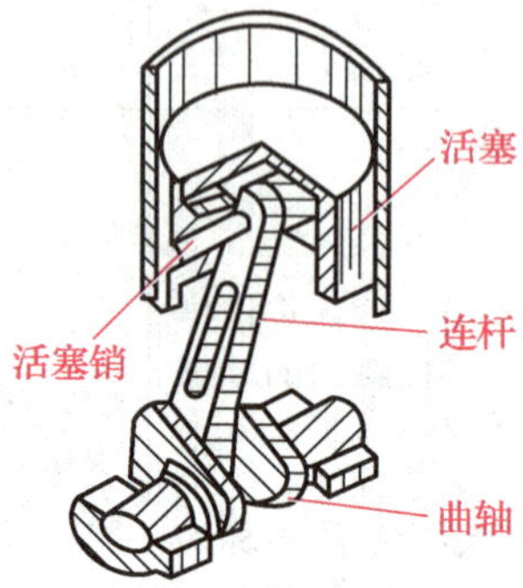

图 2-17　铰链约束的实例

3. 受力分析和受力图

解决力学计算问题时，首先要选定需要进行研究的物体，即确定研究对象，然后分析其受力情况，这个过程称为物体的受力分析。分析过程中，需要先解除约束，把研究对象从周围物体中分离出来，再画出其简图，因此研究对象又称为分离体。在分离体上标示出所有已知力和未知力的示意图称为物体的受力图。

画受力图是对物体进行受力分析的第一步，也是最重要的一步，其一般步骤如下。

（1）确定研究对象，解除约束，画出分离体的简图。

（2）依据已知条件分析主动力，画出分离体上的全部主动力。

（3）根据研究对象的约束类型进行受力分析，并在分离体上画出约束力。

课上练习

【例 2-2】如图 2-18（a）所示，杆 *AB* 受力 **F** 的作用，杆件自重均忽略不计，试画出杆 *AB* 和杆 *BC* 的受力图。

【解】① 画杆 *BC* 的受力图。

选取杆 *BC* 为研究对象，由于杆 *BC* 仅在 *B*、*C* 两处受铰链约束，因此杆 *BC* 为二力杆。由于杆 *BC* 在 *C* 端受到固定铰链支座的约束力 $\boldsymbol{F}_C$ 的作用，方向由 *C* 指向 *B*，因此根据二力杆的受力特点可知，杆 *BC* 在 *B* 端受到的约束力为 $\boldsymbol{F}_B$，方向由 *B* 指向 *C*，如图 2-18（b）所示。

② 画杆 *AB* 的受力图。

选取杆 *AB* 为研究对象，杆 *AB* 受到外力 **F** 的作用，在 *B* 端受到杆 *BC* 对它的约束力 $\boldsymbol{F}_B'$ 的作用，在 *A* 端受到固定铰链支座的约束力 $\boldsymbol{F}_A$ 的作用。由于 $\boldsymbol{F}_B'$ 与 $\boldsymbol{F}_B$ 互为反作用力，因此根据作用与反作用公理可知，$\boldsymbol{F}_B'$ 与 $\boldsymbol{F}_B$ 等值、反向。利用三力平衡汇交定理来确定三个力的方向，从而画出杆 *AB* 的受力图，如图 2-18（c）所示。

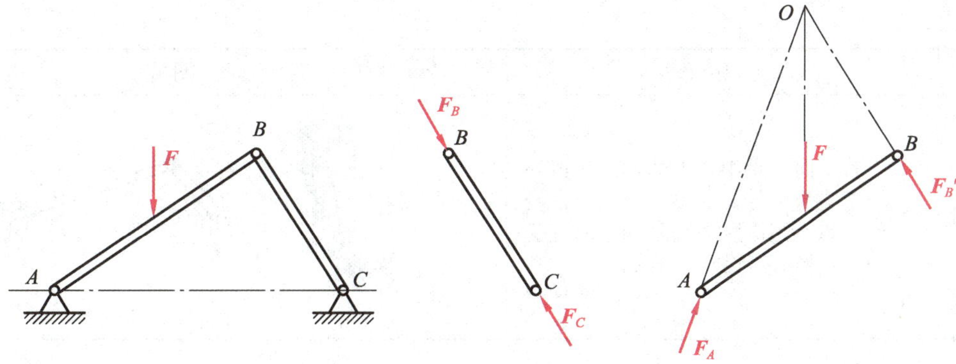

（a）杆 *AB* 受力 ***F*** 的作用　　（b）杆 *BC* 的受力图　　（c）杆 *AB* 的受力图

图 2-18　杆 *AB* 和杆 *BC* 的受力分析

经验传承

在画受力图时，应注意以下问题：① 必须明确研究对象；② 不要多画力，也不要少画力；③ 约束本身在受力图上不能画出，而要用约束力代替；④ 在分析两个物体之间的相互作用时，作用力的方向一经确定，反作用力的方向必然与它相反。

2.1.4　平面力系

1. 平面力系的分类

若力系中各力的作用线都在同一平面内，则该力系称为平面力系。根据各力作用线位置的不同，平面力系可分为平面汇交力系、平面平行力系、平面力偶系和平面任意力系，如表 2-7 所示。

平面汇交力系

表 2-7　平面力系的分类

类别	定义	图示
平面汇交力系	所有力的作用线都汇交于一点的平面力系称为平面汇交力系，如桁架的受力	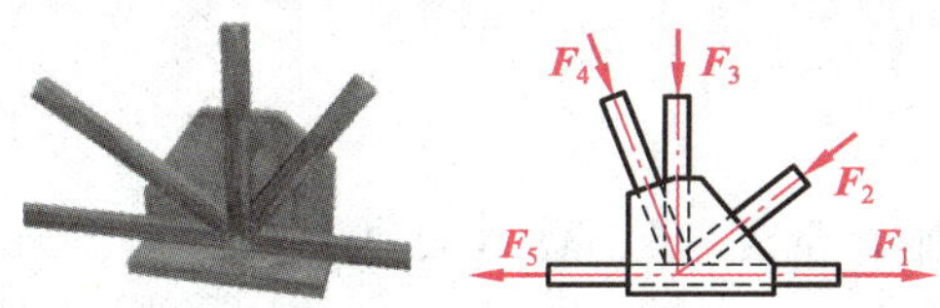
平面平行力系	所有力的作用线均相互平行的平面力系称为平面平行力系，如火车车轮的受力	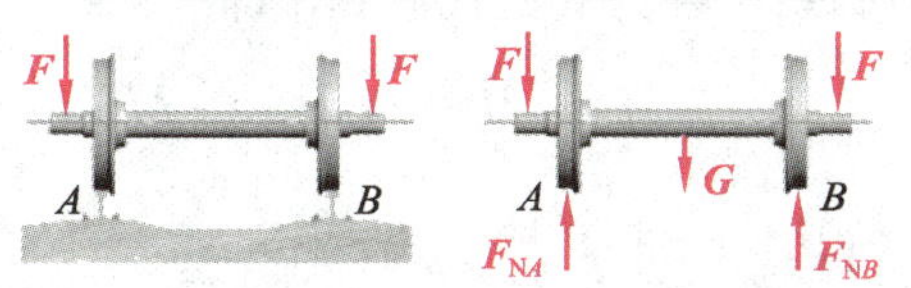
平面力偶系	由若干个力偶组成的平面力系称为平面力偶系，如联轴器的受力	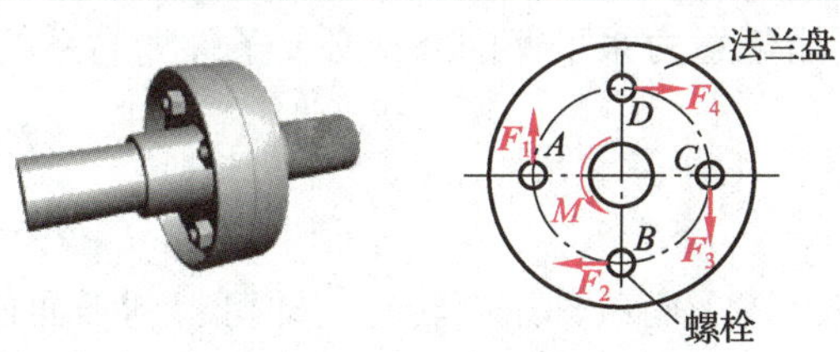

续表

类别	定义	图示
平面任意力系	若平面力系中各力的作用线既不一定完全平行，又不一定完全汇交于一点，则这种力系称为平面任意力系，如活塞连杆的受力	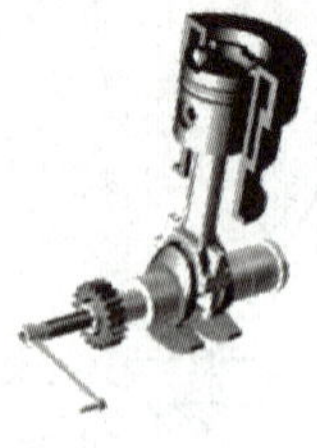 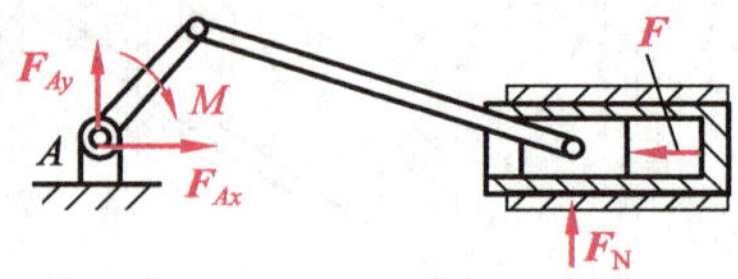

2. 平面任意力系的简化

如图 2-19（a）所示，刚体受平面任意力系 (F_1、F_2、…、F_n) 的作用。取任意点 O 作为简化中心，根据力的平移定理，将各力向点 O 平移，得到一个汇交于点 O 的平面汇交力系 (F_1'、F_2'、…、F_n')，以及一组附加力偶系 (M_1、M_2、…、M_n)，如图 2-19（b）所示，则有

平面任意力系的应用

$$F_1' = F_1、F_2' = F_2、\cdots、F_n' = F_n$$

$$M_1 = M_O(F_1)、M_2 = M_O(F_2)、\cdots、M_n = M_O(F_n)$$

如图 2-19（c）所示，平面汇交力系 (F_1'、F_2'、…、F_n') 可以合成为一个作用于点 O 的合矢量 F_R，它等于原力系中各力的矢量和，称为原力系的主矢，即

$$F_R = F_1' + F_2' + \cdots + F_n' = \sum F_i' = \sum F_i \tag{2-6}$$

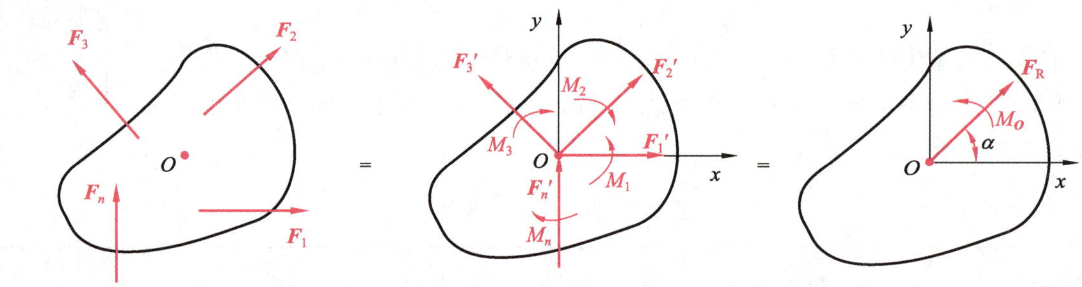

（a）刚体受平面任意力系的作用　（b）将各力向 O 点平移　（c）将平面汇交力系合成为 F_R

图 2-19　平面任意力系的简化过程

附加力偶系 (M_1、M_2、…、M_n) 可以合成为一个力偶 M_O，称为原力系对简化中心点 O 的主矩，它等于附加力偶系中各力偶的代数和，即

$$M_O = M_1 + M_2 + \cdots + M_n = M_O(F_1) + M_O(F_2) + \cdots + M_O(F_n) = \sum M_O(F_i) \tag{2-7}$$

3. 平衡方程及其应用

平面任意力系平衡的充分必要条件为力系的主矢和对任意点的主矩都等于零，用公式表示为

$$F_R = \sum F_i' = 0 \tag{2-8}$$

$$M = \sum M_O(F_i) = 0 \tag{2-9}$$

将上述平衡条件进行转化，即可得到平面任意力系的平衡方程。平面任意力系的平衡方程主要有基

本式、二矩式和三矩式等，如表 2-8 所示。

表 2-8　平衡方程的三种形式

基本式	二矩式	三矩式
$\begin{cases}\sum \boldsymbol{F}_x=\mathbf{0}\\ \sum \boldsymbol{F}_y=\mathbf{0}\\ \sum M_O(\boldsymbol{F}_i)=0\end{cases}$	$\begin{cases}\sum \boldsymbol{F}_x=\mathbf{0}\text{或}\sum \boldsymbol{F}_y=\mathbf{0}\\ \sum M_A(\boldsymbol{F}_i)=0\\ \sum M_B(\boldsymbol{F}_i)=0\end{cases}$	$\begin{cases}\sum M_A(\boldsymbol{F}_i)=0\\ \sum M_B(\boldsymbol{F}_i)=0\\ \sum M_C(\boldsymbol{F}_i)=0\end{cases}$

物体在平面任意力系的作用下处于平衡状态时，可利用平衡方程求解未知力，其步骤如下。

（1）根据题意选取研究对象，画出受力图。

（2）建立适当的直角坐标系，使尽可能多的力与坐标轴处于特殊位置，力矩中心尽量选在未知力的交点上。

（3）根据平衡条件列平衡方程并求解。若解出的结果为正，则表明该力的作用方向与假定的作用方向相同；若解出的结果为负，则表明该力的作用方向与假定的作用方向相反。

课上练习

【例 2-3】图 2-20 所示为工件外圆车削示意图，车刀刀柄固定在刀架上，形成固定端约束。车刀伸出长度 $L=55\text{ mm}$，车削时车刀所受切削力 $F=6\,000\text{ N}$，切削力与轴线的夹角为 65°，试求车刀在刀架固定处所受的约束力。

【解】选取车刀为研究对象，画出其受力图，如图 2-21 所示。车刀所受的力包括主动力 $\boldsymbol{F}$，固定端的约束力 $\boldsymbol{F}_{Ax}$ 和 $\boldsymbol{F}_{Ay}$，以及约束力偶 M_A（假定为逆时针方向）。建立直角坐标系，根据平衡条件，列出如下平衡方程：

$$\begin{cases}\sum \boldsymbol{F}_x=\mathbf{0}\\ \sum \boldsymbol{F}_y=\mathbf{0}\\ \sum M_O(\boldsymbol{F}_i)=0\end{cases} \Rightarrow \begin{cases}F_{Ax}-F\cos 65°=0\\ F_{Ay}-F\sin 65°=0\\ M_A-FL\sin 65°=0\end{cases}$$

将 $F=6\,000\text{ N}$，$L=0.055\text{ m}$ 代入平衡方程，求得 $F_{Ax}\approx 2\,535.7\text{ N}$，$F_{Ay}\approx 5\,437.8\text{ N}$，$M_A\approx 299.1\text{ N}\cdot\text{m}$。因此，车刀在刀架固定处受到横向约束力 $2\,535.7\text{ N}$、纵向约束力 $5\,437.8\text{ N}$ 及力偶 $299.1\text{ N}\cdot\text{m}$ 的作用，它们的方向如图 2-21 所示。

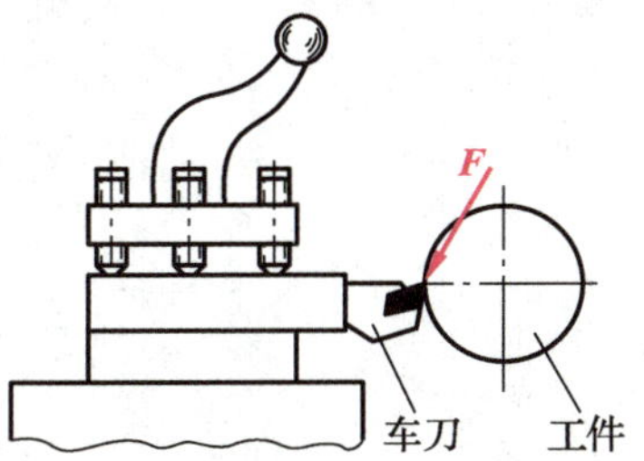

图 2-20　工件外圆车削示意图

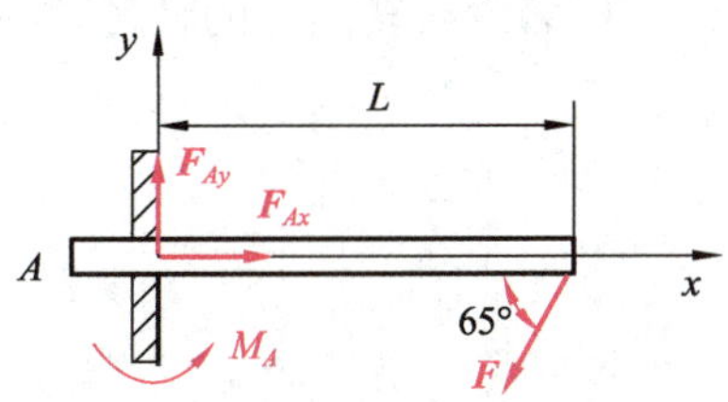

图 2-21　车刀受力图

任务实训——分析汽车转向盘的受力

1. 任务描述

转向盘是用于改变或保持汽车行驶方向的轮状操纵装置，它将驾驶员作用到转向盘边缘上的力转变为力偶矩后传递给转向轴，从而使汽车顺利转向。图 2-22 所示为驾驶员双手操纵转向盘的示意图。全班学生以 3～5 人为一组进行分组，以组为单位分析以下问题。

（1）驾驶员双手如何用力才能保持转向盘静止不动？

（2）驾驶员双手如何用力才能使转向盘转动？

（3）驾驶员双手转动转向盘时，若施加的力增大一倍，双手之间的距离减少一半，转向盘的转动有无变化？

图 2-22　驾驶员双手操纵转向盘的示意图

2. 任务实训

（1）汽车转向盘是可转动物体，转向盘保持静止不动，说明转向盘处于平衡状态，也就是转向盘上所有力矩的代数和等于零，即符合平面任意力系的平衡条件。因此，驾驶员双手施加在转向盘上的两个作用力应大小相等，方向相同，且力臂大小相等，才能保持转向盘静止不动。

（2）若想使转向盘转动，则双手施加在转向盘上的两个作用力应大小相等，方向相反，作用线平行，且不在同一条直线上，相当于有力偶作用在转向盘上。

（3）转向盘的转动没有变化。根据力偶性质的推论 2 可知，因为作用在转向盘上的力偶矩的大小和转向没有改变，所以力偶对转向盘的转动效应没有改变。

任务 2.2　分析汽车构件的承载能力

任务引入

小刘买了一辆二手车，开了一段时间后发现，该车在行驶中右前侧有“咔咔”的异常响声。该响声在匀速行驶时不明显，加速或轻点刹车时明显，并且开关右前车门时也会出现。随即，小刘将汽车送到4S店检修。维修师傅初步检查后，确定异响就是由汽车右前A柱发出的，且位置在中下部。经过分析，他认为最有可能产生这种异响的原因是A柱的某些焊点开焊。经仔细听诊异响点位置，维修师傅确定异响点位于A柱外层壳体与第一层薄衬板的接缝处（在车门密封胶条安装部位），他用点焊机对该位置进行焊接加固后，故障排除。

本任务要求学生从轴向拉伸与压缩、剪切与挤压、圆轴扭转、梁的弯曲等方面来分析汽车构件的承载能力。本任务的知识与技能要求如表2-9所示。

表 2-9　知识与技能要求

任务内容	分析汽车构件的承载能力	学习程度		
		识记	理解	应用
学习任务	轴向拉伸与压缩		●	
	剪切与挤压		●	
	圆轴扭转		●	
	梁的弯曲		●	
实训任务	校核汽车铆接拉杆的拉伸强度			●
自我勉励				

班级____________ 姓名____________ 学号____________

任务工单——分析汽车构件的承载能力

1. 任务目标

（1）掌握构件基本变形形式的概念和特点。

（2）掌握构件不同变形形式的应力分析方法及分布规律。

（3）能够对简单汽车构件进行强度校核。

2. 学生分组

以 3～5 人为一组，选出组长并进行任务分工，将小组成员及分工情况填入表 2-10 中。

表 2-10 小组成员及分工情况

小组成员	姓名	分工情况
组长		
组员		

3. 工作准备

（1）查阅相关资料，根据任务内容制订工作计划，并将其填入表 2-11 中。

表 2-11 工作计划

步骤	工作内容	负责人

（2）列出完成工作计划所需要的工具、材料等，并将其填入表 2-12 中。

表 2-12 完成工作计划所需要的工具、材料

序号	名称	型号与规格	单位	数量	备注

班级____________ 姓名____________ 学号____________

4. 工作实施

根据本组最佳工作计划展开实施。按实际操作过程，将实施内容、遇到的问题及解决办法填入表 2-13 中。

表 2-13 任务实施过程记录表

序号	实施内容	遇到的问题及解决办法

5. 课堂小结

____

____

____

____

____

____

____

汽车构件在不同的外力作用下会发生不同的变形。为了保证汽车安全行驶，其构件必须具有承受相应载荷的能力，即承载能力。汽车构件的承载能力包括强度（构件在载荷作用下抵抗破坏的能力）、刚度（构件在载荷作用下抵抗变形的能力）和稳定性（细长杆件或薄壁构件在受压时维持原有直线平衡状态的能力）三个方面。在对汽车构件的承载能力进行具体分析之前，需要了解其变形形式。在外力作用下，汽车构件主要有轴向拉伸与压缩、剪切与挤压、圆轴扭转、梁的弯曲这四种基本变形形式。

2.2.1　轴向拉伸与压缩

1. 轴向拉伸与压缩的概念

轴向拉伸与压缩

汽车上有很多承受轴向拉伸或压缩的杆件，如发动机气缸体与气缸盖的连接螺栓、汽车发动机连杆等。这类杆件具有相同的受力形式和变形特点：受力形式都是受到沿轴线方向作用的两个大小相等、方向相反的拉力或压力；变形特点都是沿轴线方向伸长或缩短。杆件如果在外力作用下沿其轴线方向伸长则称为轴向拉伸，如果在外力作用下沿其轴线方向缩短则称为轴向压缩，相应的变形分别称为拉伸变形和压缩变形。

图 2-23 所示为简易起重装置结构图，在载荷 $\boldsymbol{F}$ 的作用下，斜杆 AC 承受轴向拉力，产生拉伸变形，水平杆 BC 承受轴向压力，产生压缩变形。对产生拉伸与压缩变形的杆件在形状和受力方面进行简化，即可得到如图 2-24 所示的计算简图。

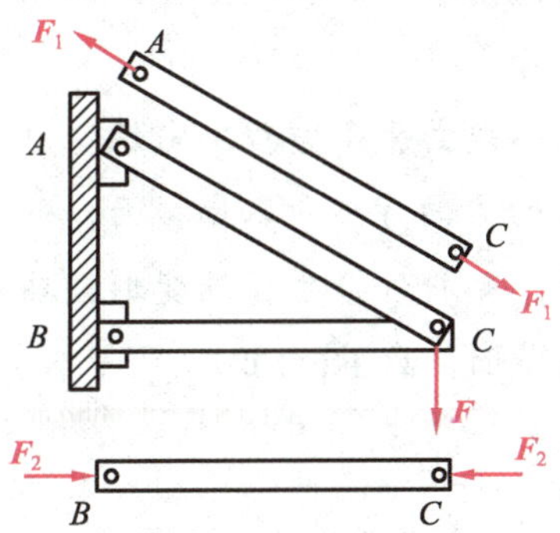

图 2-23　简易起重装置结构图

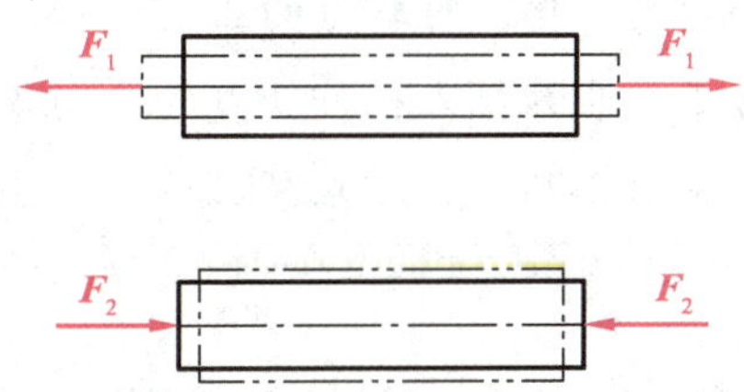

图 2-24　轴向拉伸与压缩计算简图

2. 轴向拉伸与压缩时横截面上的内力和应力

1）内力

研究杆件的承载能力时，需要先分析杆件所承受的作用力，包括外力和内力。其中，作用于杆件上的载荷和约束力统称为外力；杆件受外力作用时，其材料内部颗粒间产生的相互作用的抵抗力称为内力。内力是由外力引起的，它均匀分布在杆件的横截面上，大小随外力的增大而增大。杆件的内力通常是指其某处横截面上的合内力。

为了便于分析和计算杆件中的内力，可先假想用某一横截面将杆件切开，分成两部分，这样杆件中的内力即可显示出来，然后利用静力学中的平衡条件进行解算。这种方法称为截面法，它通常包括 4 个步骤，可分别归纳为切、取、代、求。

切：假想用某一横截面将杆件切开而分成两部分。

取：取其中任意一部分为研究对象，弃去另一部分。

代： 用该横截面的内力代替弃去部分对留下部分的作用力。

求： 利用静力学中的平衡条件，列平衡方程并解算内力。

图 2-25（a）所示为一承受轴向拉伸的杆件，它在外力 $\boldsymbol{F}$ 的作用下处于平衡状态。为了求横截面 1-1 处的内力，假想沿横截面 1-1 将杆件切开，取左段为研究对象。由于内力均匀分布在整个横截面上，因此可用左段横截面 1-1 上的合内力 $\boldsymbol{F}_N$ 来代替杆件右段对左段的作用力，如图 2-25（b）所示。

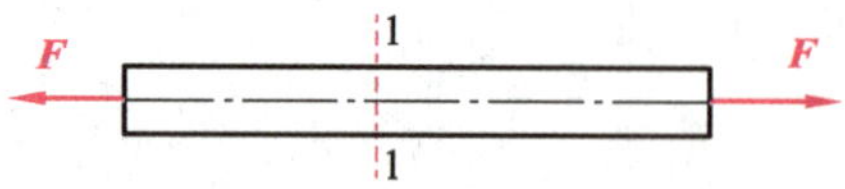

（a）杆件处于平衡状态

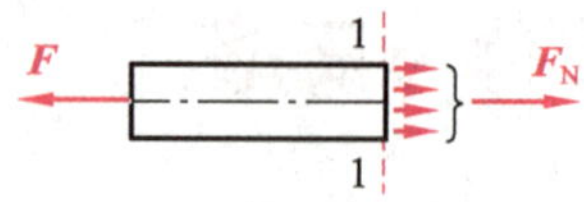

（b）杆件左段的受力

图 2-25 截面法解算受拉杆件的内力

根据平衡条件列出平衡方程

$$\sum \boldsymbol{F} = \boldsymbol{0}: \quad F_N - F = 0$$

由此可得 $F_N = F$。

知识链接

> 对于产生轴向拉伸或压缩变形的杆件，由于外力的作用线与杆件的轴线重合，因此内力的合力必然也与轴线重合。此时这种内力称为轴力，通常用符号 $\boldsymbol{F}_N$ 表示。
>
> 需要指出的是，轴力的正负是由杆件的变形决定的，而不是由平衡方程决定的。为了区分杆件拉伸或压缩时轴力的不同，对轴力的正负做如下规定：若轴力的方向背离所取横截面，则杆件产生拉伸变形，轴力为正，称为拉力；若轴力的方向指向所取横截面，则杆件产生压缩变形，轴力为负，称为压力。例如，在图 2-25 中，左段横截面 1-1 上的轴力背离横截面，故 $\boldsymbol{F}_N$ 为正。

2）应力

杆件横截面上单位面积的内力称为应力。其中，作用方向垂直于横截面的应力称为正应力，用 σ 表示；作用方向相切于横截面的应力称为剪应力或切应力，用 τ 表示。

杆件承受轴向拉伸或压缩时，其横截面上的切应力为零，而正应力沿横截面均匀分布，其大小为

$$\sigma = \frac{F_N}{A} \tag{2-10}$$

式中：

σ ——横截面上的正应力，单位为 MPa；

F_N ——杆件横截面上轴力的大小，单位为 N；

A ——杆件的横截面积，单位为 mm^2。

正应力 σ 的正负规定与轴力 $\boldsymbol{F}_N$ 相同，即拉应力为正、压应力为负。

经验传承

式（2-10）适用于等截面的直杆。对于横截面平缓变化的直杆，一般按等横截面直杆的应力计算公式进行近似计算。但在实际生产中，由于结构或工艺上的要求，杆件横截面经常会存在一些突变，如存在切口、沟槽、油孔、螺纹、台阶和焊缝等，这些部位会出现局部应力骤增的现象。这种由杆件横截面突变（或几何外形局部不规则）引起的局部应力骤增的现象称为应力集中。在动荷载作用下，不论是由塑性材料还是由脆性材料制成的杆件，都应考虑应力集中的影响。

3．轴向拉伸与压缩时杆件的强度计算

材料因强度不足而失效时的最大应力称为极限应力。对于塑性材料，由于其主要失效形式为过量变形，因此它的极限应力是其屈服强度 R_{eL}；对于脆性材料，由于其主要失效形式为断裂破坏，因此它的极限应力是其抗拉强度 R_m。

为了保证杆件安全可靠地工作，必须在材料极限应力的基础上保留一定的强度余量，即工作应力要低于极限应力。因此，可将极限应力除以一个大于 1 的系数 n 得到一个应力值，使杆件的工作应力低于这个应力值。其中，系数 n 称为安全系数，所得的应力值称为材料的许用应力，用符号 $[\sigma]$ 表示。许用应力的计算公式为

$$[\sigma]=\begin{cases}\dfrac{R_{eL}}{n_e}，\text{塑性材料}\\[2ex]\dfrac{R_m}{n_m}，\text{脆性材料}\end{cases} \tag{2-11}$$

式中：

R_{eL}——塑性材料的屈服强度，单位为 MPa；

R_m——脆性材料的抗拉强度，单位为 MPa；

n_e——塑性材料的安全系数，通常取 $n_e=1.5\sim2.5$；

n_m——脆性材料的安全系数，通常取 $n_m=2.0\sim3.5$。

4．轴向拉伸与压缩时杆件的强度条件

为了保证杆件在承受轴向拉伸和压缩时不出现因强度不足而失效的现象，必须使其最大工作应力不超过杆件材料的许用应力，即

$$\sigma_{max}=\frac{F_N}{A}\leqslant[\sigma] \tag{2-12}$$

式（2-12）称为轴向拉压强度条件。应用该强度条件可解决以下三种类型的工程实际问题。

校核强度：已知杆件的横截面积 A、材料的许用应力及所受载荷，可利用轴向拉压强度条件判断杆件能否安全可靠地工作。

设计横截面尺寸：已知杆件所受载荷和材料的许用应力，可利用轴向拉压强度条件计算杆件所需要的横截面积，即 $A\geqslant F_N/[\sigma]$，再根据横截面形状确定尺寸。一般将工作应力最大的横截面称为危险截面。

计算许可载荷：对于已知材料许用应力和横截面积的杆件，可利用轴向拉压强度条件计算其所能承受的最大轴向载荷，即 $F_N\leqslant[\sigma]A$。

经验传承

利用轴向拉压强度条件求解工程中的强度问题时，一般可按以下步骤进行：① 分析杆件的受力情况，利用平衡条件求出所有外力；② 计算杆件各个横截面的内力；③ 根据要求，利用强度条件校核强度、设计横截面尺寸或计算许可载荷。

2.2.2 剪切与挤压

汽车工程中常用铆钉、销钉和键等连接件来连接不同的构件（见图 2-26），这些连接件虽小，却起着传递运动和载荷的作用，它们在工作时都会产生剪切或挤压变形。

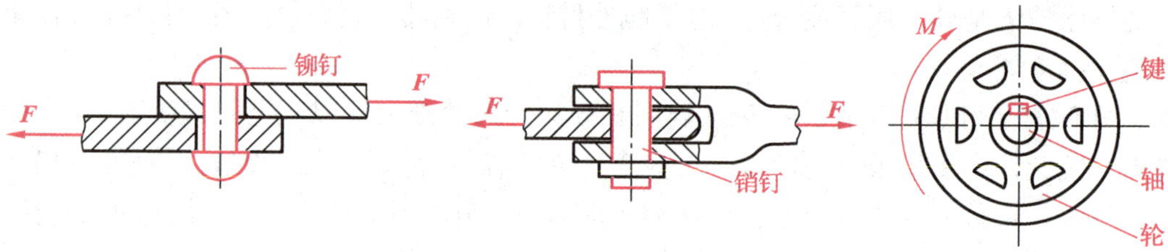

（a）铆钉　　（b）销钉　　（c）键

图 2-26　通过剪切传递运动和载荷的连接件

1. 剪切

1）剪切变形

在铆钉连接中，一块钢板将所受的拉力 $\boldsymbol{F}$ 通过铆钉传递到另一块钢板上，此时铆钉的右上侧面和左下侧面分别受到压力作用，使铆钉上、下两部分在面 n–n 处产生相对错动，这种变形称为剪切变形，产生相对错动的横截面称为剪切面，如图 2-27 所示。当钢板承受的拉力足够大时，铆钉将被剪断。

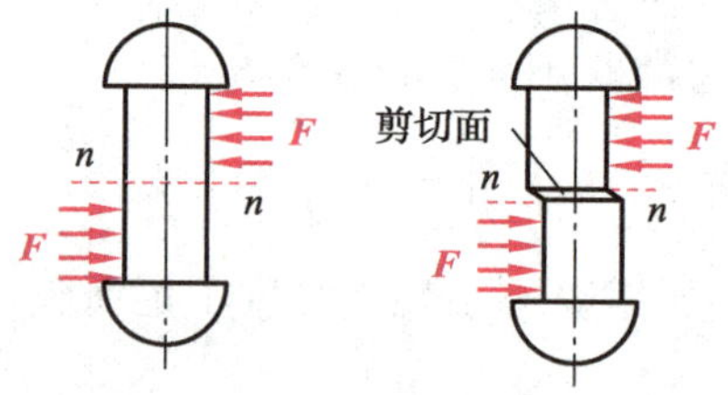

图 2-27　铆钉的剪切变形

因此，构件承受剪切时的受力形式是构件两侧面所受外力的合力大小相等、方向相反，且作用线距离很近，其变形特点是两合力作用线之间的横截面出现相对错动现象。

2）剪力

构件产生剪切变形时，在剪切面内会产生沿横截面分布的抵抗剪切变形的内力，称为剪力，一般用 $\boldsymbol{F}_Q$ 表示。在如图 2-28（a）所示的销轴连接中，销轴受剪切作用，面 m–m 和面 n–n 为剪切面，销轴的剪力分布如图 2-28（b）所示。现用截面法分析销轴中的内力和应力。假想沿剪切面 m–m 和 n–n 将销轴切开，取中间部分为研究对象，其内力和外力如图 2-28（c）所示。根据平衡条件可知，剪切面 m–m 和 n–n

上的剪力 $\boldsymbol{F}_Q$ 与外力 $\boldsymbol{F}$ 平衡，据此可计算出剪力 $F_Q=1/2F$ 。

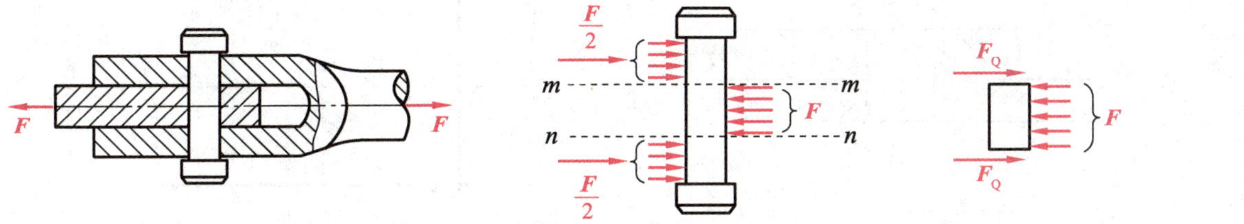

（a）示意图　（b）销轴的剪力分布　（b）销轴中间部分的内力和外力

图 2-28　销轴连接

3）切应力

单位面积上的剪力称为切应力或剪应力，通常用 τ 表示。切应力在剪切面内的分布规律比较复杂，工程计算中通常假定它是均匀分布的，其大小为

$$\tau=\frac{F_Q}{A} \tag{2-13}$$

式中：

τ ——切应力，单位为 MPa；

F_Q ——剪力的大小，单位为 N；

A ——剪切面的面积，单位为 mm^2。

4）剪切强度条件

为了保证产生剪切变形的构件不因被剪断而失效，必须使构件工作时的切应力 τ 不超过构件材料的许用切应力 $[\tau]$，即

$$\tau=\frac{F_Q}{A}\leqslant[\tau] \tag{2-14}$$

式中：

$[\tau]$——材料的许用切应力，单位为 MPa，各种材料的许用切应力数值可查阅有关手册。

式（2-14）称为剪切强度条件。与轴向拉压强度条件类似，剪切强度条件也可用来校核强度、设计横截面尺寸和计算许可载荷等。

笔记

2. 挤压

1）挤压变形与挤压力

通常情况下，相互连接的构件在产生剪切变形的同时，会由于局部压力较大而在传递力的接触面上出现压陷、起皱等塑性变形现象，这种现象称为挤压变形。图 2-29（a）所示为铆钉连接中的挤压变形。其中，钢板内孔与铆钉的接触面是产生挤压变形的接触面，称为挤压面，如图 2-29（b）所示。作用于接触面间的压力称为挤压力，通常用 $\boldsymbol{F}_{bs}$ 表示。

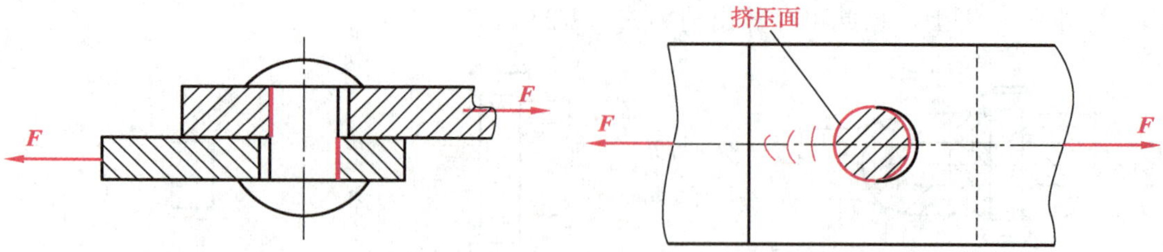

（a）铆钉连接中的挤压变形　　（b）挤压面

图 2-29　铆钉连接中的挤压变形和挤压面

2）挤压应力

单位面积上的挤压力称为挤压应力，通常用 σ_{bs} 表示。挤压应力在挤压面上的分布规律很复杂，工程实际中为简化计算，通常认为挤压应力在挤压面上均匀分布，其大小为

$$\sigma_{bs}=\frac{F_{bs}}{A_{bs}} \tag{2-15}$$

式中：

σ_{bs}——挤压应力，单位为 MPa;

F_{bs}——挤压力的大小，单位为 N;

A_{bs}——挤压面积，单位为 mm^2。

挤压面积 A_{bs} 的计算需要考虑挤压面的形状。当挤压面为平面时，挤压面积为有效接触面积，如图 2-30（a）所示的平键，其挤压面积 $A_{bs}=S_{ABCD}$；当挤压面为圆柱形曲面时，其有效接触面积为半圆柱面的正投影面积，如图 2-30（b）所示的销钉，其挤压面积 $A_{bs}=d\delta$。

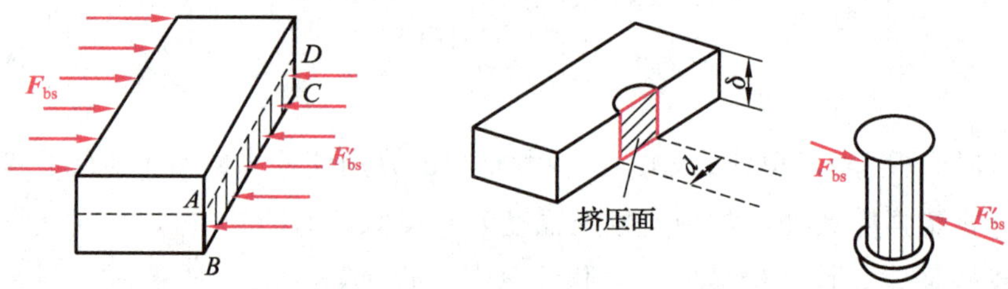

（a）平键　　（b）销钉

图 2-30　挤压面积的计算

3）挤压强度条件

为了保证构件承受挤压时局部不因挤压塑性变形而失效，必须使构件工作时的挤压应力 σ_{bs} 不超过构件材料的许用挤压应力 $[\sigma_{bs}]$，即挤压强度条件为

$$\sigma_{bs}=\frac{F_{bs}}{A_{bs}}\leqslant[\sigma_{bs}] \tag{2-16}$$

式中：

$[\sigma_{bs}]$——材料的许用挤压应力，单位为 MPa。

$[\sigma_{bs}]$ 的数值一般通过试验测定，对于塑性金属材料，一般取 $[\sigma_{bs}]=(1.5\sim2.5)[\sigma]$；对于脆性金属材料，一般取 $[\sigma_{bs}]=(0.9\sim1.5)[\sigma]$。

经验传承

利用挤压强度条件进行计算时，若两个相接触的构件材料不同，则许用挤压应力$[\sigma_{bs}]$应取较小值，即对材料抗压强度较小的构件进行计算。

2.2.3 圆轴扭转

1. 圆轴扭转的概念

当杆件承受着绕其轴线的外力偶时，杆件横截面上将只有转矩这一个内力分量，杆件各横截面会产生绕轴线相对转动的变形，称为扭转变形。在汽车工程及日常生活中有许多受到扭转作用的杆件，如图 2-31 所示的汽车转向柱，它的上端受到经由转向盘传来的力偶作用，下端将转矩传递给下级传动系统。

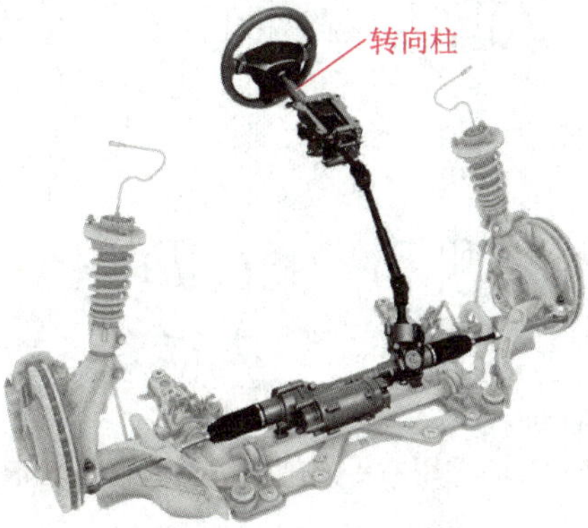

图 2-31 汽车转向柱

圆轴扭转

在工程实际中，通常将产生扭转变形的杆件称为轴，由于其横截面大多为圆形，因此又称圆轴。圆轴承受扭转时的受力形式是在垂直于圆轴轴线的平面内作用有一对大小相等、方向相反的外力偶，即扭转力偶，其相应内力分量称为转矩。圆轴扭转的变形特点是在扭转力偶的作用下，圆轴横截面的形状保持不变，但会产生绕其轴线相对转动的变形，即扭转变形。

2. 转矩

圆轴内部由于外力偶的作用而产生的抵抗扭转变形的内力偶矩称为转矩，通常用 T 表示，其大小与外力偶矩 M 有关。外力偶矩需要根据圆轴的转速和所传递的功率进行计算，其计算公式为

$$M = 9\,550\frac{P}{n} \tag{2-17}$$

式中：

M ——外力偶矩，单位为 N·m；

P ——圆轴所传递的功率，单位为 kW；

n ——圆轴的转速，单位为 r/min 。

求出外力偶矩 M 后，可进一步用截面法求解转矩 T。如图 2-32（a）所示，某圆轴在外力偶矩 M_e 作

用下处于平衡状态。为求解横截面上的转矩，假想用任意横截面 m-m 将圆轴分为Ⅰ、Ⅱ两部分，两部分横截面上的转矩分别用 T 和 T' 表示。取Ⅰ部分为研究对象，其受力情况如图 2-32（b）所示。根据平衡条件，列平衡方程 $\sum M=0$，即 $M_e-T=0$，解得转矩的大小 $T=M_e$。同理，取Ⅱ部分为研究对象，其受力情况如图 2-32（c）所示，同样可求得转矩的大小 $T'=M_e$。

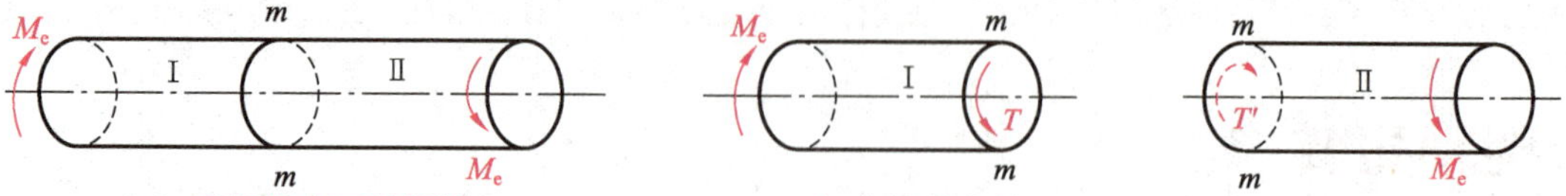

（a）平衡状态下的圆轴　（b）Ⅰ部分的受力情况　（c）Ⅱ部分的受力情况

图 2-32　截面法求转矩

为保证用截面法求出的左、右两段轴上的转矩具有相同的符号，通常采用右手螺旋法则来判断转矩的正负。具体方法为：以右手四指弯曲方向代表转矩的转向，则大拇指的指向表示转矩的方向，当大拇指的指向背离横截面时，转矩为正，如图 2-33（a）所示，反之为负，如图 2-33（b）所示。

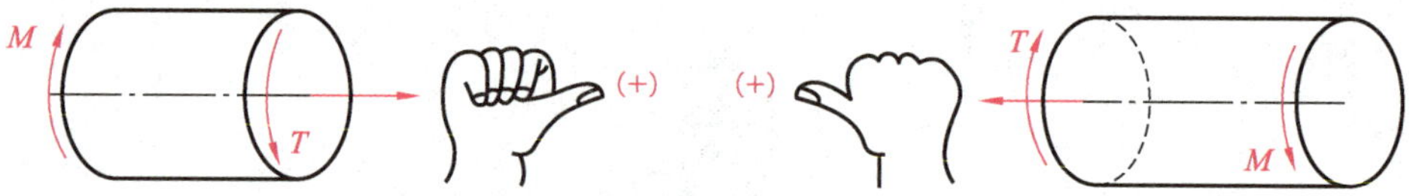

（a）转矩为正

（b）转矩为负

图 2-33　采用右手螺旋法则判断转矩的正负

3. 圆轴扭转时横截面上的应力分布

圆轴产生扭转变形时，横截面上只存在切应力，没有正应力。此时，圆轴横截面上各点切应力的大小沿半径呈线性分布，圆心处切应力为零，边缘处的切应力最大，且同一圆周上各处的切应力相等；圆轴横截面上各点切应力的方向与经过该点的半径垂直，箭头指向与横截面上转矩的转向相同。实心圆轴和空心圆轴产生扭转变形时切应力的分布规律分别如图 2-34（a）和图 2-34（b）所示。

如图 2-34（c）所示，圆轴产生扭转变形时，其横截面上任意一点的切应力为

$$\tau_\rho=\frac{T}{I_\rho}\rho \tag{2-18}$$

式中：

τ_ρ ——横截面上任意一点的切应力，单位为 MPa；

T ——横截面上的转矩，单位为 N·mm；

I_ρ ——横截面对圆心的极惯性矩，单位为 mm^4；

ρ ——所求切应力的点到横截面圆心的距离，单位为 mm。

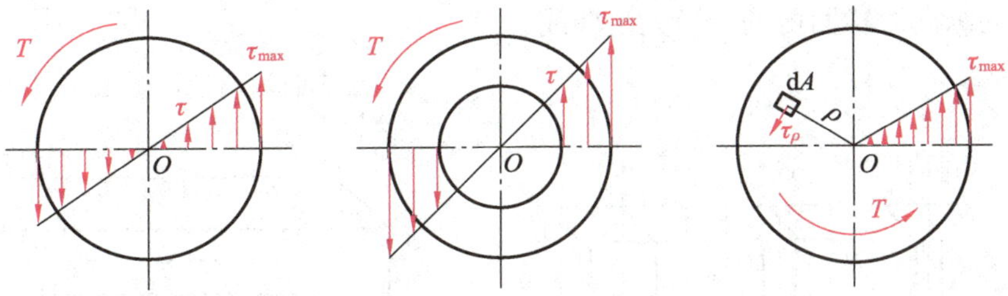

（a）实心圆轴　（b）空心圆轴　（c）任意一点的切应力

图 2-34　圆轴扭转时横截面上切应力的分布

由式（2-18）可知，在横截面边缘处 ρ 取得最大值 R，此时的切应力最大，即

$$\tau_{max}=\frac{TR}{I_\rho}=\frac{T}{W_P} \tag{2-19}$$

式中：

τ_{max} ——横截面最大切应力，单位为 MPa；

W_P ——横截面的抗扭截面模量，$W_P=I_\rho/R$，常用单位为 mm^3。

提　示

圆轴横截面的抗扭截面模量 W_P 越大，圆轴内部产生扭转变形的切应力就越小。由于在外径相同的情况下，相同材料的空心圆轴抗扭截面模量大于实心圆轴，因此，在具有相同强度的前提下，将轴做成空心轴可以达到节约材料、减小质量的目的。

2.2.4　梁的弯曲

杆件受横向外力或外力偶作用时，其轴线由直线变为曲线，这种变形称为弯曲。汽车上有一些杆件在工作时会发生弯曲变形，如汽车大梁（见图 2-35）由于承受车身的重力而向下弯曲。

在工程实际中，通常将以弯曲变形为主的杆件称为梁。梁发生弯曲变形的受力形式是外力垂直于轴线或在轴线所在平面内受到力偶的作用，其变形特点是梁的轴线由直线变为曲线。

图 2-35　汽车大梁

1. 平面弯曲的概念

在机械和工程结构中，梁的横截面大多具有对称轴，如图 2-36 所示。对称轴（y 轴）与梁的轴线（x 轴）构成的平面称为纵向对称面。当作用在梁上的所有外力或力偶都位于纵向对称面内，且所有外力的作用线都与梁的轴线相垂直时，梁产生的变形称为平面弯曲，如图 2-37 所示。梁产生平面弯曲时，

其轴线将由直线变为纵向对称面内的一条光滑曲线。

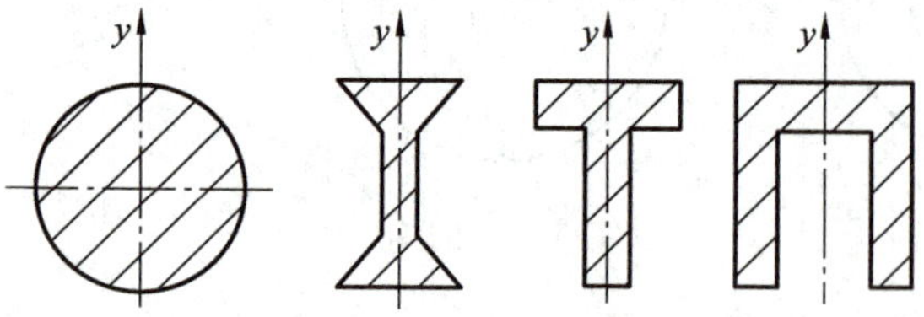

图 2-36　梁的横截面对称轴

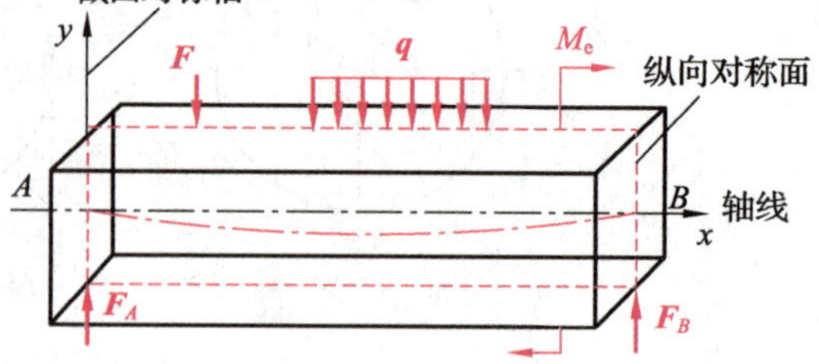

图 2-37　梁的平面弯曲

2. 梁的基本形式

根据梁的支座性质和位置不同，梁可简化为简支梁、外伸梁和悬臂梁三种基本形式，如图 2-38 所示。

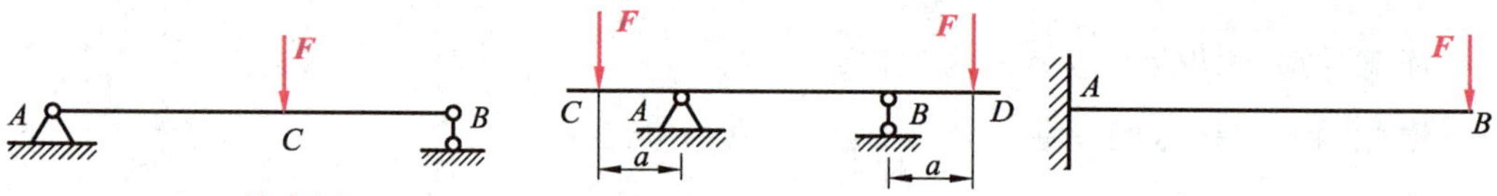

（a）简支梁　（b）外伸梁　（c）悬臂梁

图 2-38　梁的基本形式

简支梁：一端是固定铰链支座，另一端是活动铰链支座的梁。

外伸梁：支座与简支梁相同，一端或两端伸出在支座外的梁。

悬臂梁：一端自由而另一端固定的梁。

3. 梁上载荷的简化

梁上的载荷可简化为集中力、集中力偶和分布载荷三种情况。

集中力：作用在梁上一段很小的范围内，可近似简化为作用于一点，如图 2-39 所示的力 $\boldsymbol{F}$，其单位为 N 或 kN。

集中力偶：作用在微小梁段上的外力偶，可近似简化为作用于一点，如图 2-39 所示的力偶 M，其单位为 N·m 或 kN·m 。

分布载荷：可看作沿梁的轴线方向、在一定长度上连续分布的力系，如图 2-39 所示的均布载荷 $\boldsymbol{q}$，其大小用载荷密集度表示，单位为 N/m 或 kN/m 。

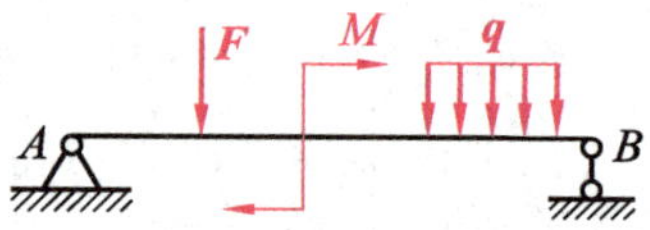

图 2-39　梁上的载荷

4. 剪力和弯矩

梁在平面弯曲时所产生的内力可采用截面法求解。如图 2-40（a）所示，简支梁受外力 $\boldsymbol{F}$ 作用，A、B 端铰链分别对梁作用有约束力 $\boldsymbol{F}_A$ 和 $\boldsymbol{F}_B$。假想在距 A 端 x 处的横截面 n–n 将梁切开，取左段为研究对象，如图 2-40（b）所示。由于整个梁是平衡的，因此其左段也是平衡的。根据平衡条件可知，横截面上必然存在力 $\boldsymbol{F}_Q$ 和力偶 M。其中，$\boldsymbol{F}_Q$ 的作用线沿横截面切线方向，称为剪力；M 的作用面垂直于横截面，称为弯矩。

笔记

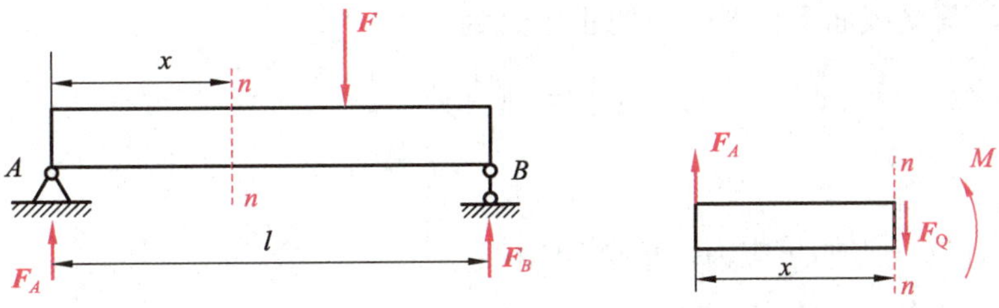

（a）受外力 F 作用的简支梁　　（b）简支梁的左段部分

图 2-40　截面法求解简支梁的弯曲内力

为了保证梁在平面弯曲时同一横截面两侧的剪力和弯矩的正负分别相同，需要对梁任意横截面内剪力和弯矩的正负进行统一规定。

剪力的正负规定：若外力相对所取梁段的横截面为顺时针方向，则该力所产生的剪力为正；反之则为负，如图 2-41（a）所示。

弯矩的正负规定：若外力使所取梁段产生上部受压、下部受拉的变形，则该力所产生的弯矩为正；反之则为负，如图 2-41（b）所示。

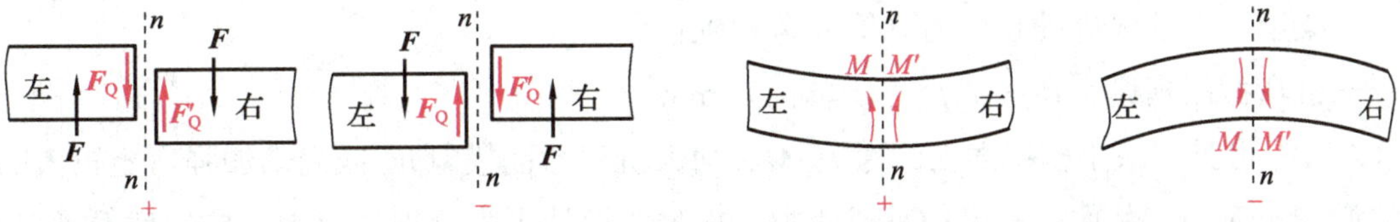

（a）剪力的正负规定　　（b）弯矩的正负规定

图 2-41　剪力和弯矩的正负规定

5. 纯弯曲时梁横截面上的正应力分布

通常情况下，产生弯曲变形的梁，若其内力中剪力和弯矩同时存在，则这种弯曲称为横力弯曲；若在梁的纵向对称面内，向两端同时施加大小相等、方向相反的一对力偶，则梁的横截面上只有弯矩，剪力为零，这种变形称为纯弯曲。

假设梁是由无数层纤维层纵向堆叠而成的，则梁在产生纯弯曲时，横截面凹侧的纤维层缩短，凸侧的纤维层伸长。由于变化是连续的，因此从缩短区过渡到伸长区必有一既不伸长也不缩短的纤维层，称之为中性层，如图 2-42 所示。中性层与横截面的交线称为中性轴。

梁在产生纯弯曲时，横截面上只存在正应力而无切应力。由于纤维层从缩短区到伸长区是呈线性过渡的，因此横截面上的正应力也是呈线性分布的，中性轴上的正应力为零，梁的边缘处正应力最大，如图 2-43 所示。梁的凹侧承受的是压应力，凸侧承受的是拉应力。

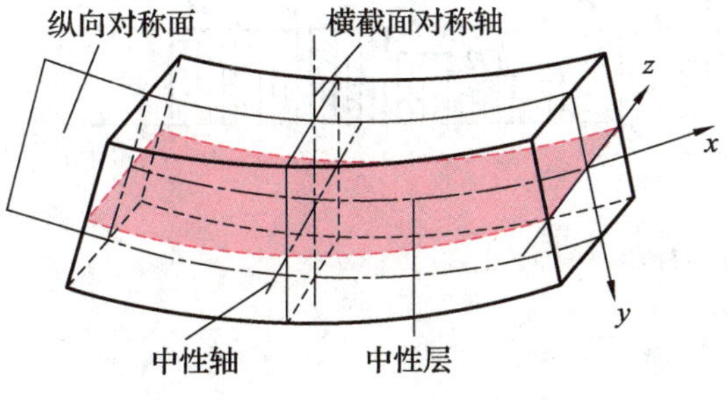

图 2-42　纯弯曲变形

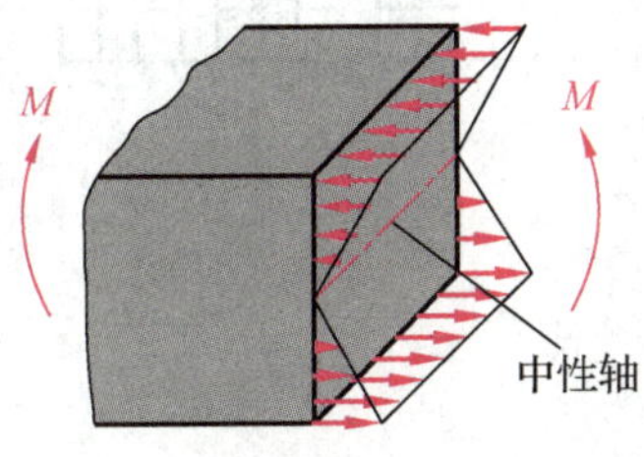

图 2-43　纯弯曲时正应力的分布

梁产生纯弯曲时，其横截面上任意一点的正应力为

$$\sigma = \frac{M}{I_Z} y \tag{2-20}$$

式中：

σ ——横截面上任意一点的正应力，单位为 MPa；

M ——横截面上的弯矩，单位为 N·mm；

y ——所求点到中性轴的距离，单位为 mm；

I_Z ——横截面对中性轴的惯性矩，单位为 mm^4。

试验和理论分析表明，当梁的 l/h（长高比）较大（>5）时，式（2-20）同样适用于横力弯曲变形时正应力的计算，其误差较小，可满足工程对精度的要求。由式（2-20）可知，在梁的边缘处，y 取得最大值，此时正应力相应地取最大值，即

$$\sigma_{max} = \frac{M}{I_Z} y_{max} = \frac{M}{W_Z} \tag{2-21}$$

式中：

σ_{max} ——梁上、下边缘处的正应力，单位为 MPa；

W_Z ——抗弯截面模量，$W_Z = I_Z / y_{max}$，单位为 mm^3。

由式（2-21）可见，减小横截面上的弯矩 M、增大抗弯截面模量 W_Z 或局部加强弯矩较大的梁段，都能减小梁的最大正应力，从而提高梁的承载能力，使梁的设计更为合理。其中，抗弯截面模量 W_Z 只与横截面的形状和尺寸有关，它综合反映了横截面的形状与尺寸对梁弯曲时正应力的影响。

任务实训——校核汽车铆接拉杆的拉伸强度

1. 任务描述

图 2-44 所示为汽车铆接拉杆及其受力图。它由 4 个直径相同的铆钉连接 2 块钢板而成。已知 $F = 80$ kN，$b = 80$ mm，$d = 16$ mm，$t = 10$ mm，$[\tau] = 100$ MPa，$[\sigma_{bs}] = 160$ MPa，$[\sigma] = 150$ MPa，钢板与铆钉的材料相同。全班学生以 3～5 人为一组进行分组，以组为单位校核该汽车铆接拉杆的拉伸强度。

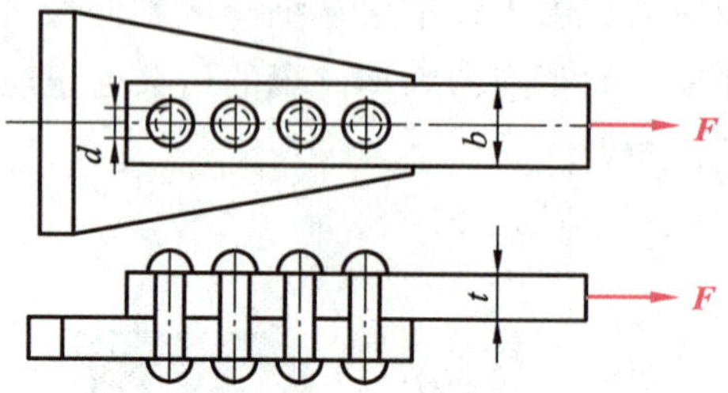

（a）汽车铆接拉杆

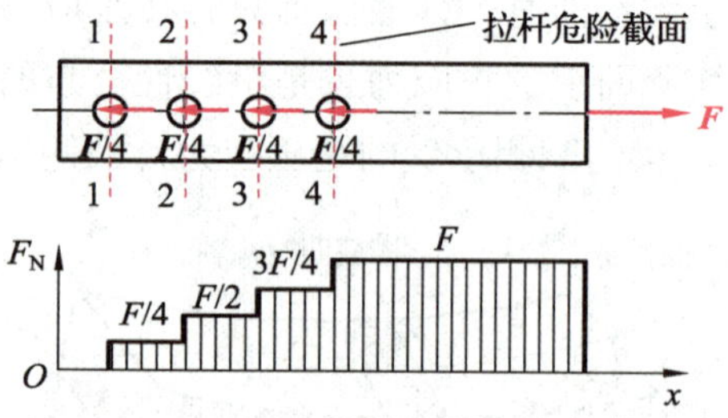

（b）受力图

图 2-44 汽车铆接拉杆及其受力图

2. 任务实训

1）分析汽车铆接拉杆接头的受力

4 个铆钉的直径和材料均相同，外力作用线通过铆钉群剪切面的形心，通常认为各铆钉剪切面上的剪力 $\boldsymbol{F}_{\mathrm{Q}}$ 均为外力的 1/4，即 $F_{\mathrm{Q}}=F/4$。

2）校核汽车铆接拉杆的拉伸强度

校核铆接拉杆的拉伸强度包括三个方面：校核铆钉的剪切强度、校核铆钉和拉杆的挤压强度、校核拉杆的拉伸强度。

（1）校核铆钉的剪切强度。

每个铆钉受力为 $F_{\mathrm{Q}}=F/4$，剪切面积 $A=\pi d^{2}/4$，则

$$\tau=\frac{F_{\mathrm{Q}}}{A}=\frac{F/4}{\pi d^{2}/4}=\frac{F}{\pi d^{2}}=\frac{80\times10^{3}}{\pi\times16^{2}}\approx99.5\ (\mathrm{MPa})<[\tau]=100\ \mathrm{MPa}$$

因此铆钉的剪切强度满足要求。

（2）校核铆钉和拉杆的挤压强度。

每个铆钉受到的挤压力为 $F_{\mathrm{bs}}=F/4$，挤压面积 $A_{\mathrm{bs}}=dt$，则

$$\sigma_{\mathrm{bs}}=\frac{F_{\mathrm{bs}}}{A_{\mathrm{bs}}}=\frac{F/4}{dt}=\frac{F}{4dt}=\frac{80\times10^{3}}{4\times16\times10}=125\ (\mathrm{MPa})<[\sigma_{\mathrm{bs}}]=160\ \mathrm{MPa}$$

因此铆钉的挤压强度足够。由于拉杆的材料与铆钉的材料相同，因此拉杆的挤压强度也足够。

（3）校核拉杆的拉伸强度。

由于拉杆上板的宽度比下板小，因此只需要校核上板的拉伸强度。现取上板为研究对象，其受力情况如图 2-44（b）所示。应用截面法求得各横截面的轴力分别为

$$F_{\mathrm{N1}}=F/4,\quad F_{\mathrm{N2}}=F/2,\quad F_{\mathrm{N3}}=3F/4,\quad F_{\mathrm{N4}}=F$$

由于各段横截面的面积相等，因此面 4–4 为危险截面，则

$$\sigma_{\max}=\frac{F_{\mathrm{N4}}}{A}=\frac{F}{(b-d)t}=\frac{80\times10^{3}}{(80-16)\times10}=125\ (\mathrm{MPa})<[\sigma]=150\ \mathrm{MPa}$$

因此拉杆上板的拉伸强度足够。

综上所述，该铆接拉杆的拉伸强度足够。

拓展阅读

刘建林现任中国石油大学（华东）教授、博士生导师、力学学科负责人，他长期奋战在教学科研第一线，利用掌握的力学知识在课堂内外开展了大量科学普及工作，以期拓宽公众科学视野，提高公众科学素养。

刘建林通过线上线下相结合的方式先后为 20 000 余名学生授课，他将大量翔实生动的力学史知识融入教学，向学生介绍历史上诸多科学家在力学领域的贡献，并展示力学应用于重大工程的案例。

刘建林致力于科普创作，发表科普论文十余篇，根据力学科普知识开设的课程被认定为国家精品在线开放课程和国家一流本科课程。由他编著的科普图书《微力无边——神奇的毛细和浸润现象》获得山东省科普创作协会优秀作品金奖。他的其他作品获得中国科普作家协会优秀科普作品银

奖、山东省科普创作大赛一等奖和二等奖等奖项。

刘建林还积极开展各种科普交流活动，实现科普工作从学校走向社会。他主办的“第二届全国力学科普会议”“泰山科技论坛”“山东科学大讲堂”“山东省青年科学家协会学术沙龙”等活动，加强了力学知识的科普宣传力度，加深了公众对力学的认识。他将学校的力学实验室建设成为山东省首批科普工作室、山东省科普教育基地、青岛市科普教育基地，面向社会公众开放，并作为讲解员展示各种力学仪器的使用。

由于在力学研究和力学科普工作方面的贡献，刘建林获评全国科普工作先进工作者、第六届山东科普奖、山东省优秀科技工作者、青岛市学会工作先进个人、西海岸新区最美科技工作者、最美新区人等荣誉。他还担任中国科普作家协会海洋科普专业委员会委员、山东省科普创作协会理事、山东高校专业宣讲团首批专家、西海岸新区作家协会理事、西海岸新区科普作家协会理事等职务。这些力学研究和力学科普方面的荣誉和职务不断激励着刘建林在力学领域更加努力工作，用真情服务社会。

（资料来源：葛婷婷，《刘建林：致力力学科普 真情服务社会》，中国山东网，2023 年 5 月 31 日）

学习知识检验

1. 填空题

（1）力使物体的运动状态发生变化，称为力的________；力使物体的形状发生变化，称为力的________。

（2）二力平衡公理简称等值、________、________。

（3）由两个大小相等、方向相反但____________组成的力系称为力偶，记作 $(\boldsymbol{F}, \boldsymbol{F}')$。

（4）平面力偶系中各个力偶的作用可以等效为一个合力偶，合力偶矩等于各个力偶矩的________。

（5）作用于杆件上的载荷和约束力统称为________。

（6）对于脆性材料，由于其主要失效形式为断裂破坏，因此它的极限应力是其______________。

2. 选择题

（1）下列选项中，不属于力的三要素的是（　　）。

A. 力的方向　　B. 力的位置

C. 力的大小　　D. 力的作用点

（2）下列选项中，不属于构件的承载能力的是（　　）。

A. 强度　　B. 刚度

C. 硬度　　D. 稳定性

（3）下列选项中，不属于应用强度条件可解决的工程实际问题的是（　　）。

A. 校核强度　　B. 设计横截面尺寸

C. 计算许可载荷　　D. 计算构件最大变形量

（4）圆轴内部由于外力偶的作用而产生的抵抗扭转变形的内力偶矩称为（　　）。

A. 转矩　　B. 弯矩　　C. 力偶矩　　D. 轴力

（5）下列选项中，不能提高梁的承载能力的是（　　）。

A. 减小横截面上的弯矩　　B. 提高梁的刚度

C. 局部加强弯矩较大的梁段　　D. 增大抗弯截面模量

3. 判断题

（1）两个刚体间相互作用的力总是同时存在、大小相等、方向相反，并沿同一条直线分别作用在这两个刚体上。（　　）

（2）在保持力偶矩大小和力偶转向都不变的条件下，改变力和力偶臂的大小会改变力偶对刚体的转动效应。（　　）

（3）轴力的正负是由杆件的变形决定的，而不是由平衡方程决定的。（　　）

（4）梁在平面弯曲时，剪力的正负规定：若外力相对所取梁段的横截面为顺时针方向，则该力所产生的剪力为正；反之则为负。（　　）

（5）产生弯曲变形的梁，若其内力中剪力和弯矩同时存在，则这种弯曲称为纯弯曲。（　　）

4. 简答题

（1）简述画受力图的步骤。

（2）简述利用平衡方程求解未知力的步骤。

（3）简述梁在产生纯弯曲时的应力分布规律。

学习成果评价

指导教师根据学生的实际学习成果对其进行评价，学生配合指导教师共同完成学习成果评价表，如表 2-14 所示。

表 2-14 学习成果评价表

姓名： 组号： 指导教师：

评价项目	评价内容	满分/分	评分/分		
			自评	互评	师评
知识（50%）	了解静力学的基础知识	10			
	掌握静力学分析的基本方法	10			
	熟悉平面任意力系平衡方程的原理及应用	10			
	掌握构件基本变形的概念和特点	10			
	掌握构件不同变形形式的应力分析方法及分布规律	10			
技能（30%）	分析汽车转向盘的受力	15			
	校核汽车铆接拉杆的拉伸强度	15			
素养（20%）	积极参加教学活动，主动学习、思考、讨论	5			
	认真负责，按时完成学习任务	5			
	团结协作，与组员之间密切配合	5			
	服从指挥，遵守课堂纪律	5			
合计		100			
总评	自评（20%）+互评（20%）+师评（60%）=		综合等级：		
自我评价					
指导教师评价					

项目3　汽车常用机构

项目导读

汽车作为一种复杂的运输机械，几乎容纳了机械原理中的各种典型机构。机构由具有确定相对运动关系的构件组成。构件不同，机构的类型和运动特点就不同。因此，掌握各种机构的组成和运动特点，熟悉其工作原理及其在汽车中的应用，对于深入了解汽车、合理使用汽车及设计和改进汽车有着非常重要的意义。

知识目标

（1）掌握平面机构的组成和基本分析方法。

（2）掌握平面四杆机构的类型。

（3）了解平面四杆机构的工作特性。

（4）掌握凸轮机构的组成、特点及分类。

（5）掌握凸轮机构的运动过程和从动件的运动规律。

（6）熟悉凸轮机构的压力角和应用。

（7）掌握棘轮机构的组成、工作原理和分类。

（8）了解棘轮机构的工作特点和应用。

技能目标

（1）能够绘制简单平面连杆机构的运动简图。

（2）能够分析简单平面四杆机构的运动。

（3）能够分析简单凸轮机构的运动。

素质目标

（1）培养实事求是、锐意进取的工作作风。

（2）培养勇于探索、勇于实践的工匠精神。

（3）培养协同合作、同甘共苦的团队精神。

任务 3.1　认识平面连杆机构

任务引入

假期到了，小杨开着汽车回老家探亲，途中忽然下起了瓢泼大雨。为了安全，小杨立即降低车速，开启车灯和刮水器，将车停靠到了路边。这时，他注意到前挡风玻璃上左右摆动的刮水器，心中产生了疑问：刮水器每次摆动的轨迹都是一样的，这是什么原因呢？想要解答这个问题，就需要用到平面连杆机构的知识。

本任务要求学生从平面机构的组成、运动副、机构运动简图、平面机构的自由度、平面四杆机构的类型和工作特性等方面来认识平面连杆机构。本任务的知识与技能要求如表 3-1 所示。

表 3-1　知识与技能要求

<table>
<tr><td rowspan="2">任务内容</td><td rowspan="2">认识平面连杆机构</td><td colspan="3">学习程度</td></tr>
<tr><td>识记</td><td>理解</td><td>应用</td></tr>
<tr><td rowspan="5">学习任务</td><td>平面机构的组成</td><td>●</td><td></td><td></td></tr>
<tr><td>运动副</td><td></td><td>●</td><td></td></tr>
<tr><td>机构运动简图</td><td></td><td>●</td><td></td></tr>
<tr><td>平面机构的自由度</td><td>●</td><td></td><td></td></tr>
<tr><td>平面四杆机构的类型和工作特性</td><td></td><td>●</td><td></td></tr>
<tr><td>实训任务</td><td>分析汽车发动机曲柄连杆机构</td><td></td><td></td><td>●</td></tr>
<tr><td>自我勉励</td><td colspan="4"></td></tr>
</table>

班级____________ 姓名____________ 学号____________

任务工单——认识平面连杆机构

1. 任务目标

（1）掌握平面机构的组成和基本分析方法。

（2）掌握铰链四杆机构的类型及其演化。

（3）了解平面四杆机构的工作特性。

2. 学生分组

以 3～5 人为一组，选出组长并进行任务分工，将小组成员及分工情况填入表 3-2 中。

表 3-2　小组成员及分工情况

小组成员	姓名	分工情况
组长		
组员		

3. 工作准备

（1）查阅相关资料，根据任务内容制订工作计划，并将其填入表 3-3 中。

表 3-3　工作计划

步骤	工作内容	负责人

（2）列出完成工作计划所需要的工具、材料等，并将其填入表 3-4 中。

表 3-4　完成工作计划所需要的工具、材料

序号	名称	型号与规格	单位	数量	备注

班级____________　　姓名____________　　学号____________

4. 工作实施

根据本组最佳工作计划展开实施。按实际操作过程，将实施内容、遇到的问题及解决办法填入表 3-5 中。

表 3-5　任务实施过程记录表

序号	实施内容	遇到的问题及解决办法

5. 课堂小结

____

____

____

____

____

____

____

3.1.1 平面机构的基础知识

构件上各点的运动轨迹均位于平行平面上的机构称为平面机构，否则称为空间机构。若组成平面机构的构件之间只能发生相对转动或滑动，则该平面机构称为平面连杆机构。

平面连杆机构

知识链接

平面连杆机构中的构件称为杆件，一般平面连杆机构以所含杆件的数目来命名，如平面四杆机构、平面五杆机构、平面六杆机构等。平面四杆机构是平面连杆机构中最常见的形式，也是组成平面多杆机构的基础。

1. 平面机构的组成

平面机构一般由主动件、从动件和机架等构件组成，如图 3-1 所示。其中，构件 1 处于运动状态且运动规律已知，称为主动件；构件 2、3 的运动规律与主动件有关，称为从动件；构件 4 固定不动，用来安装主动件和从动件，称为机架。

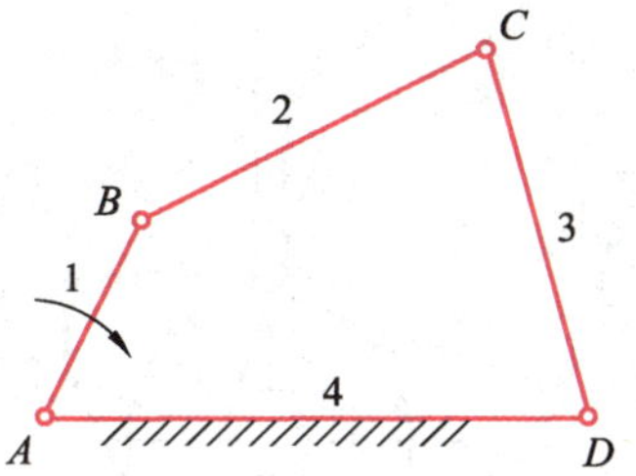

1—主动件；2、3—从动件；4—机架。

图 3-1 平面机构的组成

2. 运动副

运动副是由两个直接接触的构件组成的可动连接，它限制了两个构件之间的某些相对运动。例如，轴与轴承的连接、活塞与气缸的连接、传动齿轮两个轮齿间的连接等都构成运动副。两构件上参加接触而构成运动副的点、线、面称为运动副元素。

根据运动副元素类型的不同，运动副可分为低副和高副两类。

1）低副

两构件之间通过面接触形成的运动副称为低副，如图 3-2 所示。根据组成运动副的两构件之间相对运动形式的不同，低副又可分为转动副和移动副。

（1）转动副。

两构件之间的相对运动为转动的运动副称为转动副，又称铰链。如图 3-2（a）所示，轴承和轴组成一个转动副，由于有一个构件被固定，因此该转动副又称为固定铰链。如图 3-2（b）所示，组

笔记

成转动副的构件 1 和构件 2 都未被固定，该转动副又称为活动铰链。

（2）移动副。

两构件之间的相对运动为移动的运动副称为移动副。如图 3-2（c）所示，组成移动副的构件 1 和构件 2 之间的相对运动为直线往复运动。

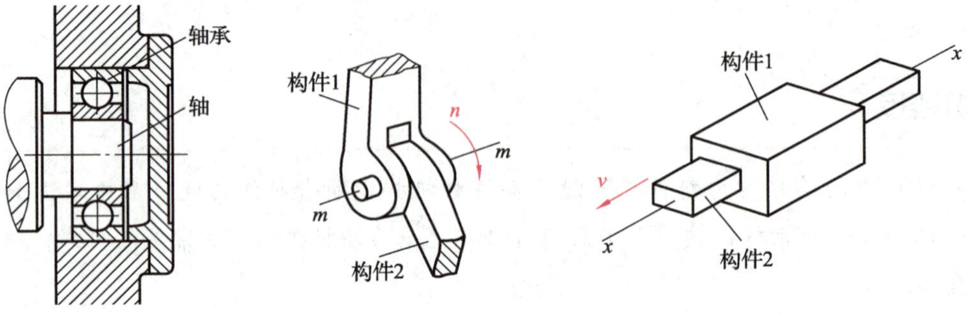

（a）转动副（固定铰链）　（b）转动副（活动铰链）　（c）移动副

图 3-2　低副

2）高副

两构件之间通过点或线接触形成的运动副称为高副。如图 3-3 所示，火车轮与钢轨、凸轮与从动件、齿轮啮合的轮齿，均在相互接触处形成了高副。

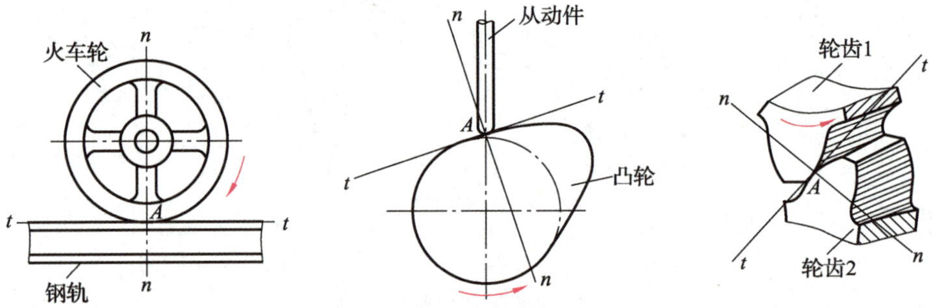

（a）火车轮与钢轨　（b）凸轮与从动件　（c）啮合的轮齿

图 3-3　高副

3．机构运动简图

由于机构的外形和结构一般较为复杂而不便于分析研究，因此在工程实际中通常用机构运动简图来表示实际机构。机构运动简图是用规定的符号和线条表示构件和运动副，按一定的比例表示运动副的相对位置，并准确反映平面机构运动特征的简图。

1）机构运动简图的表示方法

图 3-4 所示为机构运动简图中运动副的表示方法。其中，构件可用直线、三角形或方块等图形表示，画有成组斜线的构件代表机架；转动副用小圆圈表示，小圆圈的中心位于回转中心处，如图 3-4（a）所示；移动副的导路必须与相对移动方向一致，如图 3-4（b）所示；两构件组成高副时，在机构运动简图中应画出两构件接触处的轮廓曲线，如图 3-4（c）所示。

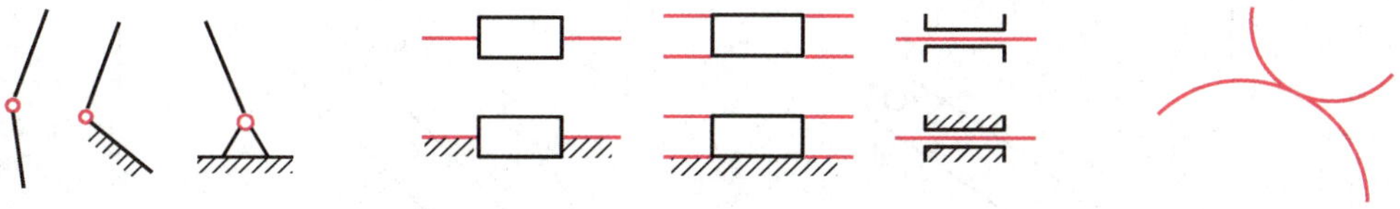

（a）转动副　　（b）移动副　　（c）高副

图 3-4　机构运动简图中运动副的表示方法

在机构运动简图中，构件参与组成不同数目的运动副时，其表示方法也有所不同。当一个构件参与组成两个运动副时，该构件可用如图 3-5（a）所示的图形表示；当一个构件参与组成三个运动副时，该构件常用如图 3-5（b）所示的图形表示。

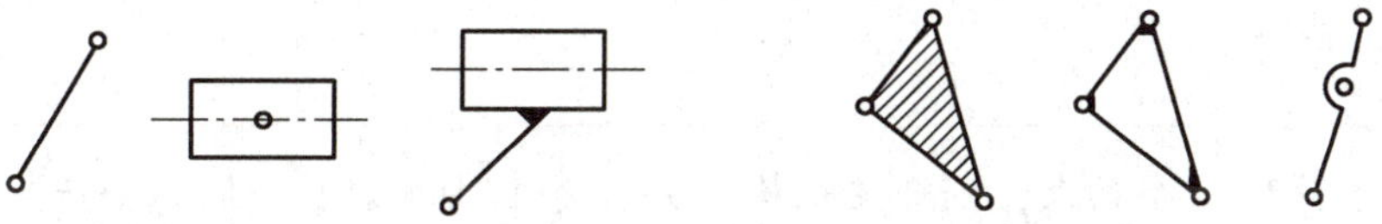

（a）参与组成两个运动副的构件　　（b）参与组成三个运动副的构件

图 3-5　机构运动简图中构件的表示方法

对于机构中常用的构件，有时还可采用惯用画法。例如，用粗实线或点画线画出一对节圆来表示互相啮合的齿轮，用完整的轮廓曲线来表示凸轮等。常用构件的表示方法可参考 GB/T 4460—2013《机械制图　机构运动简图用图形符号》。

2）机构运动简图的绘制步骤

在掌握各运动副及构件的表示方法后，可按下面的步骤绘制机构运动简图。

（1）分析机构的组成和运动情况，找出主动件、从动件和机架。

（2）分析各构件之间相对运动的形式，确定运动副的类型和数目。

（3）选择适当的视图平面和比例尺。

（4）确定各运动副的相对位置，依照运动的传递顺序，用规定的运动副和构件表示方法绘制出机构运动简图。

提　示

为清楚地表示机构中各构件的相对位置，防止机构运动简图中的构件出现相互重叠或交错的情况，应选择恰当的瞬时位置来绘制机构运动简图。

4. 平面机构自由度

1）平面机构自由度的概念

平面机构自由度是指平面机构中各构件相对于机架可进行的独立运动的类型之和。如图 3-6（a）所示，平面 xOy 内的构件 AB 没有组成运动副，它既能沿 x、y 方向移动，又能在平面 xOy 内绕某一点转动，因此构件 AB 在一个平面内具有 3 个自由度。

如图 3-6（b）所示，若构件 AB 的 A 端通过铰链连接在地面上，形成转动副，则构件 AB 沿 x、y 方向的移动被限制，而只能绕平面 xOy 内的 A 点转动，此时构件 AB 在平面 xOy 内只有 1 个自由度。由此可见，在引入运动副后，构件的自由运动将受到限制，自由度将减少，这种对构件运动的限制称为约束。

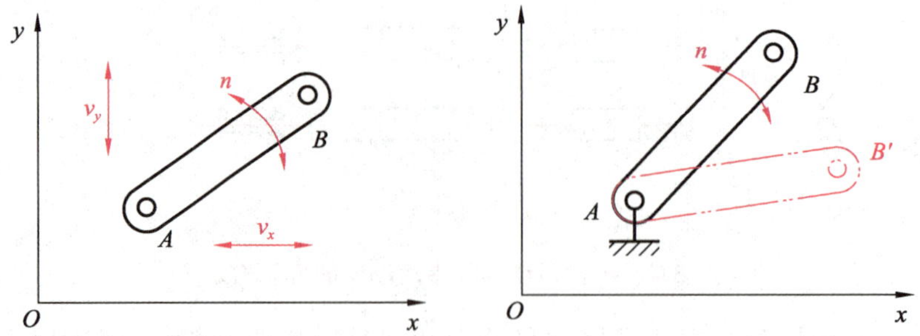

（a）未组成运动副的构件　　（b）组成运动副的构件

图 3-6　平面机构的自由度

知识链接

一般而言，构件引入 N 个约束，则会使机构失去 N 个自由度。1 个低副会产生 2 个约束，使机构失去 2 个自由度；1 个高副会产生 1 个约束，使机构失去 1 个自由度。如图 3-6（b）所示，构件 AB 在引入 1 个低副后，产生了 2 个约束，使机构失去了 2 个自由度。

2）平面机构自由度的计算

设一个平面机构包括机架在内共有 N 个构件，则活动构件的数目为 $n=N-1$。在这些活动构件未组成运动副时，平面机构的自由度为 $3n$。设该平面机构中有 P_L 个低副、P_H 个高副，则组成运动副后共计引入 $2P_L+P_H$ 个约束，会使平面机构减少 $2P_L+P_H$ 个自由度。由此可得，该平面机构自由度 F 的计算公式为

$$F=3(N-1)-2P_L-P_H \tag{3-1}$$

3.1.2　平面四杆机构的类型和工作特性

平面四杆机构包括铰链四杆机构和滑块四杆机构两种。

1．铰链四杆机构的类型及判别方式

所有构件全部采用转动副连接的平面四杆机构称为铰链四杆机构。图 3-7 所示为铰链四杆机构，其中固定不动的构件称为机架；与机架相连的构件称为连架杆；连接两个连架杆且做平面运动的构件称为连杆。

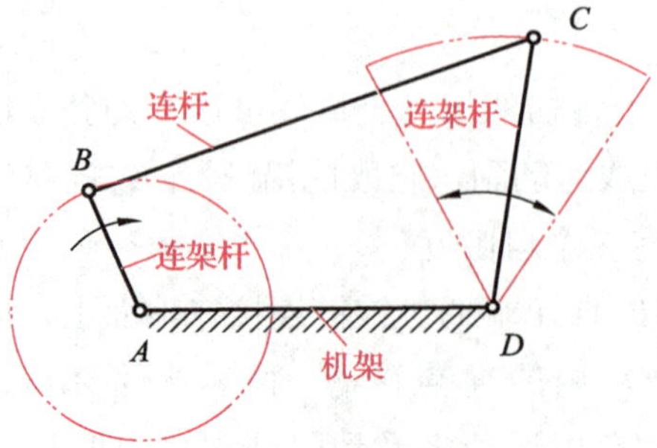

图 3-7　铰链四杆机构

能绕轴线做 360°转动的连架杆称为曲柄，仅能相对机架做往复摆动的连架杆称为摇杆。根据曲柄和摇杆组合方式和数量的不同，铰链四杆机构的类型有曲柄摇杆机构、双曲柄机构和双摇杆机构三种。

1）曲柄摇杆机构

曲柄摇杆机构是指一个连架杆为曲柄，另一个连架杆为摇杆的铰链四杆机构。其中，曲柄一般为主动件，它的连续转动可通过连杆转换为摇杆摆动。曲柄摇杆机构常用于汽车刮水器、脚踏式人力脱粒机、卫星天线、缝纫机踏板等机械中。

图 3-8 所示为曲柄摇杆机构在汽车刮水器中的应用实例，刮水刷安装在两个摇杆上。当电机带动曲柄转动时，其通过连杆使摇杆在车玻璃上做往复摆动，刮水刷即可刮去汽车前挡风玻璃上的水。

曲柄摇杆机构也可用摇杆作主动件。例如，在如图 3-9 所示的脚踏式人力脱粒机中，脚踩安装在摇杆上的脚踏板使摇杆往复摆动，便可通过连杆驱动安装在曲柄上的滚筒连续转动，以进行脱粒。

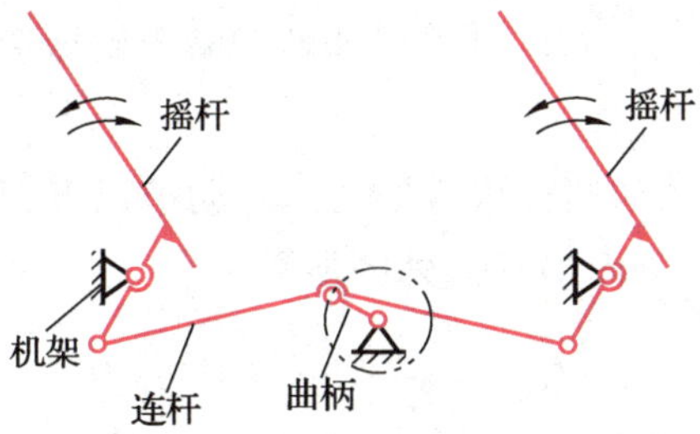

图 3-8　汽车刮水器

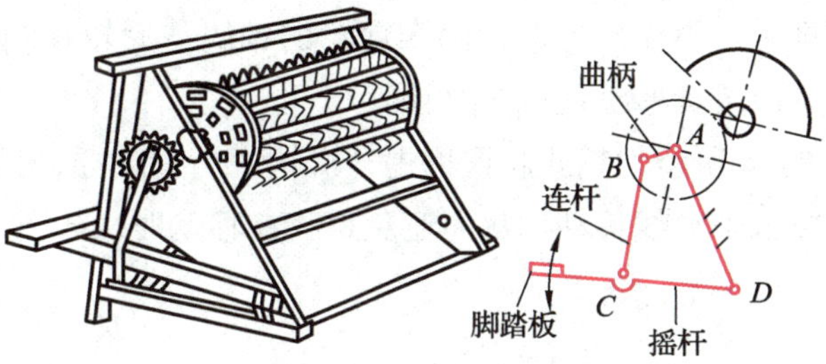

图 3-9　脚踏式人力脱粒机

2）双曲柄机构

双曲柄机构是指两连架杆均为曲柄的铰链四杆机构，其功能是将主动曲柄的匀速转动转换为从动曲柄的等速或变速转动。在如图 3-10 所示的惯性筛机构中，曲柄 1 做匀速转动时，曲柄 2 做变速转动，并通过一连接构件带动筛子做往复直线运动，筛子上的物料由于惯性而往复抖动，从而筛出不需要的成分。

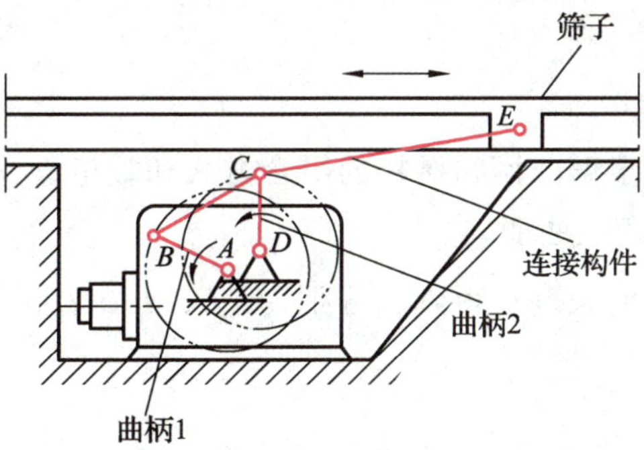

图 3-10　惯性筛机构

相对两构件长度相等且平行的双曲柄机构又称为平行四边形机构，如图 3-11 所示。平行四边形机构的两曲柄转向相同，角速度相等。

相对两构件长度相等但不平行的双曲柄机构又称为反平行四边形机构，如图 3-12 所示。反平行四边形机构两曲柄的角速度不相等，而关于两曲柄的转向则有：当以长的构件为机架时，两曲柄的回转方向相反，如图 3-12（a）所示；当以短的构件为机架时，两曲柄的回转方向相同，如图 3-12（b）所示。

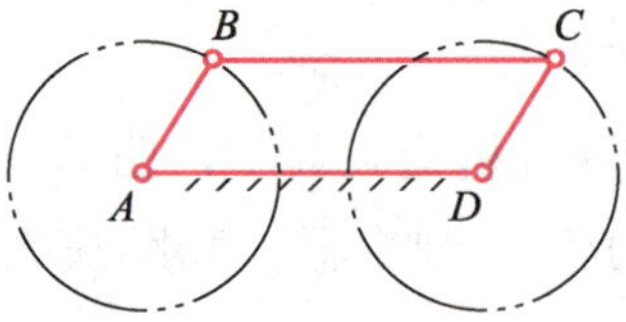

图 3-11　平行四边形机构

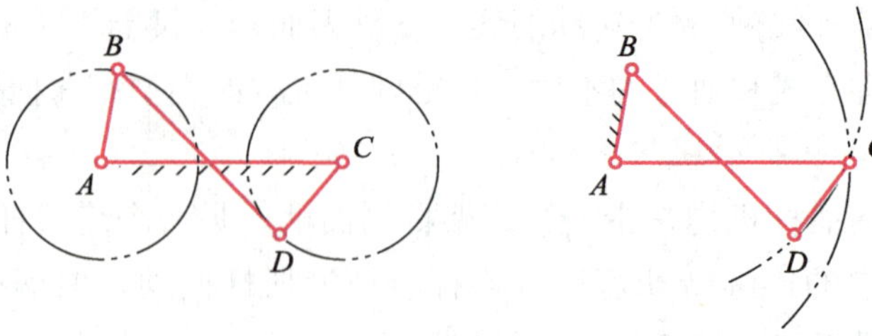

（a）两曲柄的回转方向相反　　（b）两曲柄的回转方向相同

图 3-12　反平行四边形机构

3）双摇杆机构

双摇杆机构是指两连架杆均为摇杆的铰链四杆机构，它能将主动摇杆的摆动转换为从动摇杆的另一种摆动。图 3-13 所示为汽车转向机构，其中的双摇杆机构具有两个等长的摇杆，两个车轮分别固连在这两个摇杆上。汽车转向时，两个前轮的轴线与后轮轴线汇交于一点 O，可以保证转向时车轮做纯滚动，从而避免由滑动摩擦造成的磨损。

图 3-14 所示为鹤式起重机提升机构。当主动摇杆摆动时，从动摇杆跟着摆动，带动吊在 E 点的重物 Q 做近似水平直线移动，从而避免重物在移动时由于不必要的升降而消耗额外的能量。

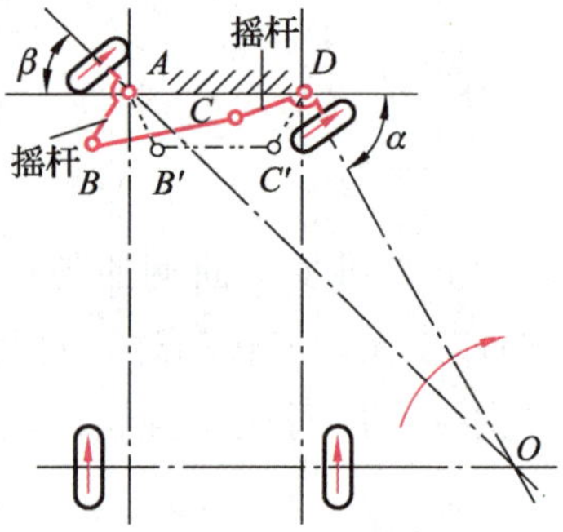

图 3-13　汽车转向机构

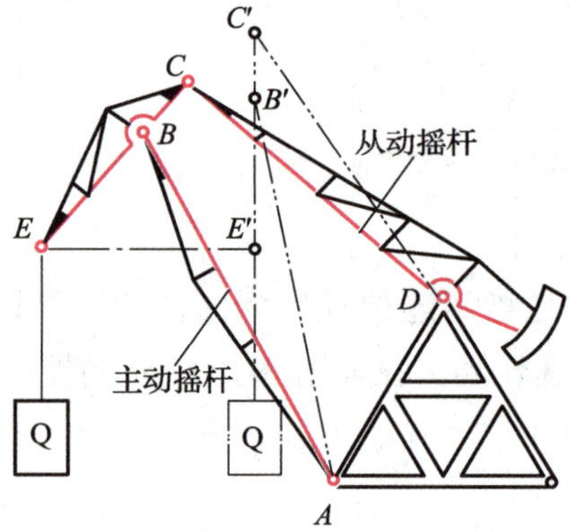

图 3-14　鹤式起重机提升机构

4）铰链四杆机构类型的判别

前述铰链四杆机构的类型是根据曲柄和摇杆的组合方式和数量进行区分的。因此，要判别铰链四杆机构的类型，必须先判断其是否存在曲柄。

设铰链四杆机构中四个构件的长度从短到长分别为 l_{min}、l_2、l_3 和 l_{max}，若该机构中存在曲柄，则必须满足条件

$$l_{min} + l_{max} \leqslant l_2 + l_3 \tag{3-2}$$

当铰链四杆机构中构件的长度满足式（3-2）时，其类型可根据机架位置的不同进行判别：① 若机架在最短构件的邻边，则该机构为曲柄摇杆机构；② 若机架为最短构件，则该机构为双曲柄机构；③ 若机架在最短构件的对边，则该机构为双摇杆机构。

当铰链四杆机构中构件的长度不满足式（3-2）时，机构中则不存在曲柄，该机构为双摇杆机构。

由上述内容可知，铰链四杆机构中曲柄的数量取决于各构件的相对长度和机架所处的位置，存在曲柄的充分必要条件为：① 最短构件与最长构件的长度之和小于或等于其余两构件的长度之和；② 连架杆和机架之中必有一个为最短构件。

透过现象看问题

图 3-15 所示为机架在不同位置时的铰链四杆机构，已知 $a = 220$ mm， $b = 510$ mm， $c = 380$ mm， $d = 580$ mm 。请根据所学知识判断这些铰链四杆机构分别属于哪种类型。

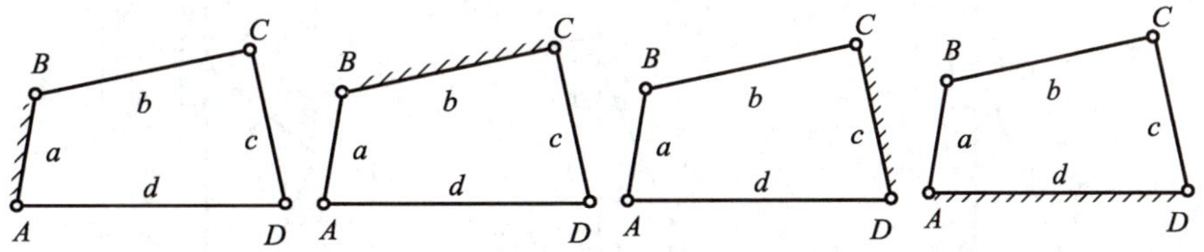

图 3-15 机架在不同位置时的铰链四杆机构

2．滑块四杆机构的类型

除了上述三种类型的铰链四杆机构，汽车中还应用着滑块四杆机构，如曲柄滑块机构、曲柄导杆机构和曲柄摇块机构等，这些滑块四杆机构都可认为是由铰链四杆机构演化而来的。

1）曲柄滑块机构

笔记

在如图 3-16（a）所示的曲柄摇杆机构中，先用绕弧形轨道滑动的滑块代替摇杆 *CD*，弧形轨道的半径为摇杆 *CD* 的长度。当摇杆 *CD* 的长度增加到无穷大时，弧形轨道变为直线轨道，*C* 点的运动轨迹变为直线，如图 3-16（b）和图 3-16（c）所示，这样的机构称为曲柄滑块机构。曲柄滑块机构包括对心式曲柄滑块机构和偏置式曲柄滑块机构两种。

在如图 3-16（b）所示的曲柄滑块机构中，滑块的运动轨迹正对曲柄转动中心，即 *C* 点运动轨迹的延长线通过曲柄的转动中心 *A*，故该机构称为对心式曲柄滑块机构。在如图 3-16（c）所示的曲柄滑块机构中，*C* 点的运动轨迹与曲柄的转动中心线之间存在偏心距 *e*，故该机构称为偏置式曲柄滑块机构。

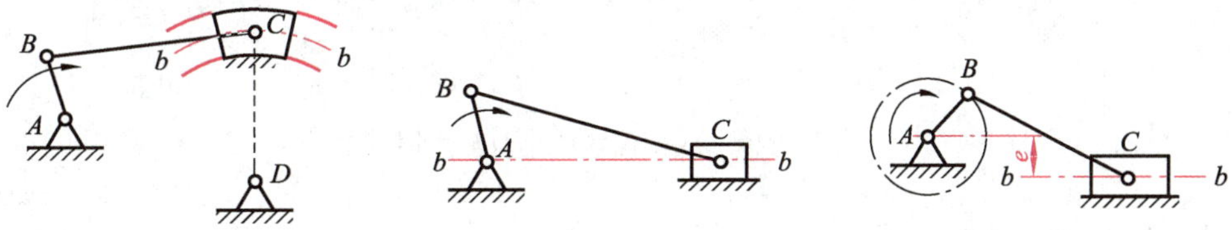

（a）曲柄摇杆机构 （b）对心式曲柄滑块机构 （c）偏置式曲柄滑块机构

图 3-16 曲柄滑块机构的演化

曲柄滑块机构可将主动件的转动转换为从动件的移动，也可将主动件的移动转换为从动件的转动，它广泛应用于活塞式内燃机中。

2）曲柄导杆机构

在如图 3-17（a）所示的对心式曲柄滑块机构中，若将构件 *AB* 作为机架，构件 *BC* 作为主动件，则原机构演变为曲柄导杆机构，如图 3-17（b）和图 3-17（c）所示。其中，构件 *AC* 称为导杆，滑块可相对导杆滑动并同其一起绕 *A* 点转动。

如图 3-17（b）所示，若 $l_{BC} > l_{AB}$，则主动件和导杆均能绕机架做整圈转动，此机构称为转动导杆机构。如图 3-17（c）所示，若 $l_{BC} < l_{AB}$，则主动件回转时，导杆只能绕机架摆动，此机构称为摆动导杆机构。

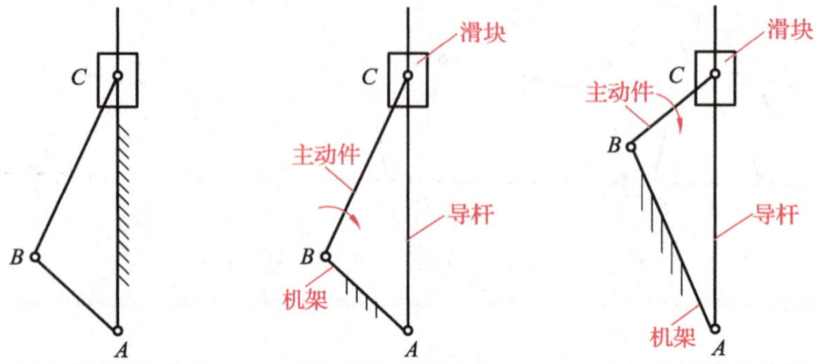

（a）对心式曲柄滑块机构　（b）转动导杆机构　（c）摆动导杆机构

图 3-17　曲柄导杆机构的演化

3）曲柄摇块机构

在曲柄滑块机构中，若将构件 *BC* 作为机架，则当构件 *AB* 做回转运动时，滑块将绕机架上的 *C* 点来回摇摆，此时滑块称为摇块，所得机构称为曲柄摇块机构，如图 3-18（a）所示。

曲柄摇块机构能将导杆的往复移动转换为摇块的摆动。图 3-18（b）所示为曲柄摇块机构在货车自动卸货机构中的应用，活塞杆在压力油的推动下做往复移动，并推动车厢（相当于摇块）绕车身上的 *B* 点翻转，从而实现自动卸货。

（a）曲柄摇块机构　（b）货车自动卸货机构

图 3-18　曲柄摇块机构及其应用

3. 平面四杆机构的工作特性

平面四杆机构的工作特性主要包括急回特性和传力特性等，它们可以体现平面四杆机构对运动与力进行传递和变换的性能。了解这些特性，对于正确选择平面四杆机构的类型，以及合理进行机构设计具有重要意义。

平面四杆机构的工作特性

1）急回特性

在如图 3-19 所示的曲柄摇杆机构中，曲柄在转动一周的过程中与连杆在同一直线上重合两次，此时摇杆达到极限位置 C_1D 和 C_2D，它们之间的夹角称为摆角，用 ψ 表示。摇杆处于两个极限位置时，曲柄所处位置 AB_1 和 AB_2 之间所夹的锐角称为极位夹角，用 θ 表示。

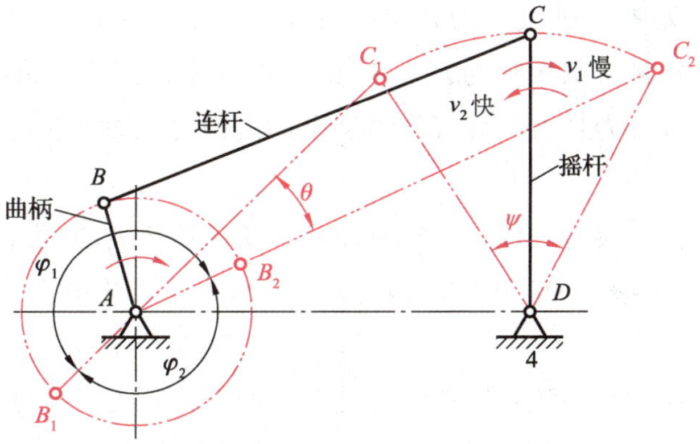

图 3-19　曲柄摇杆机构的运动特性

当曲柄按顺时针方向从 AB_1 匀速转动到 AB_2 时，转过角度 $\varphi_1=180°+\theta$，摇杆相应地从 C_1D 摆动到 C_2D，摆过角度 ψ，所用时间为 t_1，该过程若做功，则可称为工作行程，记其平均速度为 v_1。当曲柄按顺时针方向从 AB_2 匀速转动到 AB_1 时，转过角度 $\varphi_2=180°-\theta$，摇杆相应地从 C_2D 摆动到 C_1D，摆过角度 ψ，所用时间为 t_2，该过程若不做功，则可称为空回行程，记其平均速度为 v_2。v_2 与 v_1 之比称为行程速度变化系数，常用 K 表示，即

$$K=\frac{v_2}{v_1}=\frac{t_1}{t_2}=\frac{\varphi_1}{\varphi_2}=\frac{180°+\theta}{180°-\theta} \tag{3-3}$$

利用行程速度变化系数 K 可计算极位夹角 θ，即

$$\theta=180°\times\frac{K-1}{K+1} \tag{3-4}$$

由式（3-4）可知，当极位夹角 $\theta>0$ 时，$K>1$，则 $v_2>v_1$，这表示曲柄摇杆机构中，空回行程的平均速度大于工作行程的平均速度，这种特性称为平面四杆机构的急回特性。

提　示

θ 越大，K 值就越大，曲柄摇杆机构的急回特性就越凸显，空回行程的时间也就越短，机器的生产效率就越高。

2）传力特性

如图 3-20 所示，在铰链四杆机构中，主动件经连杆推动从动件运动，在不计构件自重及转动副的摩擦力时，从动件上 C 点所受力 $\boldsymbol{F}$ 沿 BC 方向，$\boldsymbol{F}$ 与速度 v_c 方向之间所夹的锐角称为压力角，用 α 表示。

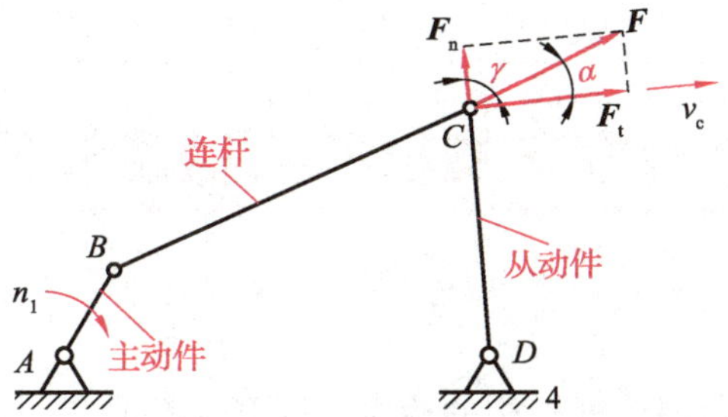

图 3-20　铰链四杆机构的压力角和传动角

从动件所受的水平分力为 $\boldsymbol{F}_t$，其大小为 $F_t = F\cos\alpha$，它推动从动件运动而做有效功，属于有效分力；从动件所受的垂直分力为 $\boldsymbol{F}_n$，其大小为 $F_n = F\sin\alpha$，它引起转动副内的摩擦力，属于有害分力。由此可见，压力角 α 越小，有效分力越大，有害分力越小，机构的传动效率就越高。因此，压力角 α 可作为衡量机构传力特性的参数。

在工程实际中，为了方便观察与测量，通常将连杆和从动件所夹的锐角作为衡量机构传力特性的参数，称为传动角，用 γ 表示。由图 3-20 可知，传动角 γ 是压力角 α 的余角，传动角 γ 越大，机构的传力特性就越好。

机构传动过程中，γ 和 α 的大小随着构件位置的变化而变化。为了保证机构具有良好的传力特性，应限制传动角的最小值 γ_{min} 或压力角的最大值 α_{max}。一般机械中，取 $\gamma_{min} \geqslant 40°$。

3）死点位置

如图 3-21 所示，在曲柄摇杆机构中，摇杆为主动件，曲柄为从动件，当曲柄分别处于位置 AB_1 和 AB_2 时，连杆与曲柄共线，传动角 $\gamma = 0°$（压力角 $\alpha = 90°$）。此时，摇杆传递给曲柄的作用力与曲柄共线，有效分力为零，曲柄摇杆机构将处于“卡死”或运动方向不确定的状态。曲柄摇杆机构的这两个位置称为死点位置。

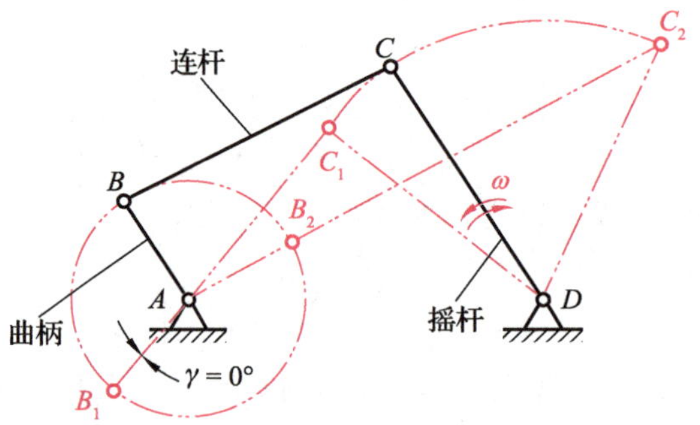

图 3-21　曲柄摇杆机构的死点位置

当机构处于死点位置时，从动件将出现不能转动或运动方向不确定的现象。为使机构能顺利通过死点位置继续运动，需要对从动件的曲轴施加外力或安装飞轮以增大从动件的惯性力。例如，在汽车发动机的曲柄连杆组中，在曲轴上安装飞轮便可以保证机构顺利通过死点位置。

知识链接

判别平面四杆机构中是否存在死点位置的依据是从动件与连杆能否共线。例如，在如图 3-21 所示的曲柄摇杆机构中，若以曲柄为主动件，摇杆为从动件，由于连杆与从动件不可能共线，因此这种情况下该机构不存在死点位置。

任务实训——分析汽车发动机曲柄连杆机构

1．任务描述

图 3-22 所示为汽车发动机曲柄连杆机构的模型。全班学生以 3～5 人为一组进行分组，以组为单位绘制该机构的运动简图，并计算该机构的自由度。

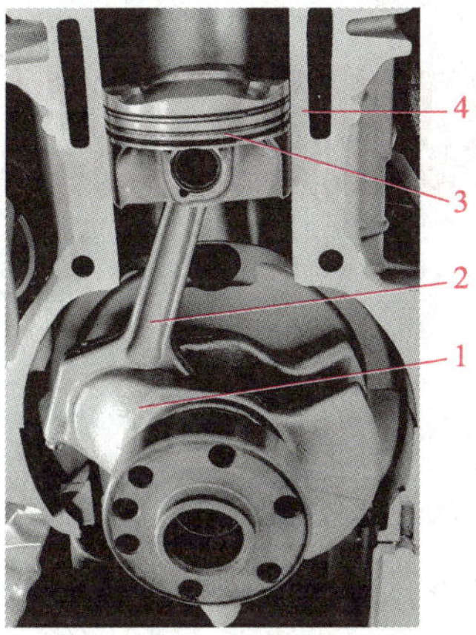

1—曲轴；2—连杆；3—活塞；4—气缸体。

图 3-22　汽车发动机曲柄连杆机构的模型

2. 任务实训

1）分析汽车发动机曲柄连杆机构的运动副

汽车发动机曲柄连杆机构由曲轴、连杆、活塞和气缸体等构件组成，往复直线运动的活塞通过连杆驱动曲轴转动。其中，气缸体是机架，活塞是主动件，其余为从动件。

曲轴与气缸体、连杆与曲轴之间均发生相对转动，构成 2 个转动副；活塞既与连杆之间发生相对转动，又与气缸体之间发生相对直线运动，构成 1 个转动副和 1 个移动副。

2）绘制汽车发动机曲柄连杆机构的运动简图

由于发动机曲柄连杆机构是平面机构，因此选择连杆的运动平面作为机构运动简图的视图平面，这样可清楚地展现构件间的运动传递情况。绘图比例根据图纸的大小确定。

取曲轴与竖直方向成 60°的位置为主动件的初始位置，各运动副之间的相对位置根据机构的实际测量尺寸按比例缩放后确定。依照运动的传递顺序，用规定的表示方法绘制运动副和构件，如图 3-23 所示。

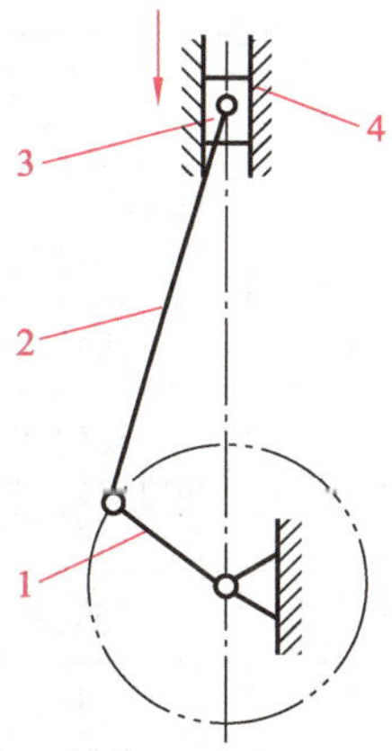

1—曲轴；2—连杆；3—主动件；4—机架。

图 3-23　汽车发动机曲柄连杆机构的运动简图

3）计算汽车发动机曲柄连杆机构的自由度

由前述分析可知，汽车发动机曲柄连杆机构共有 4 个构件，活动构件的数目为 3 个，其中有 3 个转动副和 1 个移动副，则 $P_L=4$；没有高副，则 $P_H=0$。根据式（3-1），可得该机构的自由度为

$$F=3\times3-2\times4-0=1$$

因此，汽车发动机曲柄连杆机构的自由度为 1。

任务 3.2 认识凸轮机构和棘轮机构

任务引入

小刘在用洗衣机洗衣服时好奇洗衣机是怎么转动的，他从网上了解到，洗衣机的进水、排水、搅拌和脱水等是通过凸轮机构和棘轮机构实现的。凸轮机构和棘轮机构在我们日常生活中应用十分广泛，如厨房搅拌机和自行车等。它们为我们的生活带来了便利和舒适。此外，汽车中也广泛地应用着各种形式的凸轮机构和棘轮机构。

本任务要求学生从凸轮机构的组成和特点、凸轮机构的分类、凸轮机构的运动过程和从动件的运动规律、凸轮机构的压力角和应用、棘轮机构的组成和工作原理、棘轮机构的分类、棘轮机构的特点和应用等方面来认识凸轮机构和棘轮机构。本任务的知识与技能要求如表 3-6 所示。

表 3-6　知识与技能要求

任务内容	认识凸轮机构和棘轮机构	学习程度		
		识记	理解	应用
学习任务	凸轮机构的组成和特点		●	
	凸轮机构的分类		●	
	凸轮机构的运动过程和从动件的运动规律		●	
	凸轮机构的压力角和应用	●		
	棘轮机构的组成和工作原理		●	
	棘轮机构的分类		●	
	棘轮机构的特点和应用	●		
实训任务	分析内燃机配气机构的工作原理			●
自我勉励				

班级____________　　姓名____________　　学号____________

任务工单——认识凸轮机构和棘轮机构

1. 任务目标

（1）掌握常见凸轮机构、棘轮机构的分类及应用。

（2）掌握凸轮机构的运动过程和从动件的运动规律。

（3）能够分析简单凸轮机构的运动。

2. 学生分组

以 3～5 人为一组，选出组长并进行任务分工，将小组成员及分工情况填入表 3-7 中。

表 3-7　小组成员及分工情况

小组成员	姓名	分工情况
组长		
组员		

3. 工作准备

（1）查阅相关资料，根据任务内容制订工作计划，并将其填入表 3-8 中。

表 3-8　工作计划

步骤	工作内容	负责人

（2）列出完成工作计划所需要的工具、材料等，并将其填入表 3-9 中。

表 3-9　完成工作计划所需要的工具、材料

序号	名称	型号与规格	单位	数量	备注

班级________　姓名________　学号________

4. 工作实施

根据本组最佳工作计划展开实施。按实际操作过程，将实施内容、遇到的问题及解决办法填入表 3-10 中。

表 3-10　任务实施过程记录表

序号	实施内容	遇到的问题及解决办法

5. 课堂小结

____

____

____

____

____

____

____

3.2.1 凸轮机构

1. 凸轮机构的组成和特点

1）凸轮机构的组成

凸轮机构是一种由凸轮、从动件（推杆）和机架等构件组成的高副机构，如图 3-24 所示。其中，凸轮是一个具有曲线轮廓或沟槽的构件。凸轮运动时，通过高副接触可以使从动件按预期的运动规律运动。

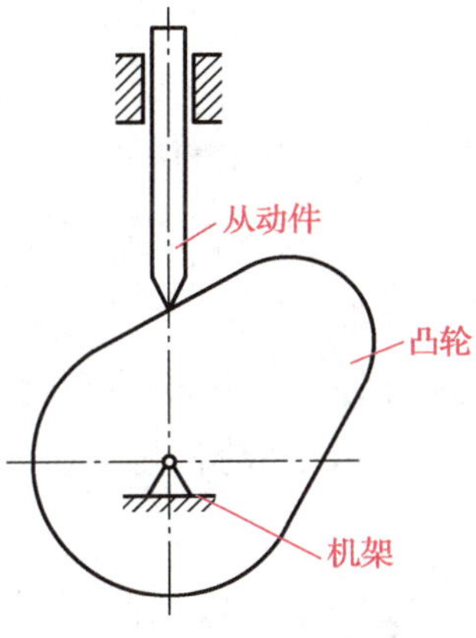

图 3-24 凸轮机构的组成

凸轮机构

2）凸轮机构的特点

凸轮机构具有结构简单、工作可靠、设计方便等优点，只要做出适当的凸轮轮廓，就可以使从动件得到预定的复杂运动规律。但是，凸轮轮廓加工较为困难，当凸轮轮廓精度要求高时，需要用数控机床进行加工。而且，凸轮副是点接触或线接触的高副，接触应力较大，易磨损。因此，凸轮机构通常用于传力不大的调节机构或控制机构中。

2. 凸轮机构的分类

凸轮机构的种类很多，通常可根据凸轮形状、从动件形状和运动形式的不同进行分类。

1）根据凸轮形状的不同分类

根据凸轮形状的不同，凸轮机构可分为盘形凸轮机构、移动凸轮机构和圆柱凸轮机构三类。

（1）盘形凸轮机构。

盘形凸轮机构的凸轮为盘状，能绕固定轴转动且径向尺寸不断变化，如图 3-25（a）所示。盘形凸轮机构是一种平面凸轮机构，当它工作时，凸轮可推动从动件在垂直于凸轮固定轴的平面内运动。盘形凸轮机构结构简单，应用十分广泛。

（2）移动凸轮机构。

移动凸轮机构的凸轮为板状，可看作是回转中心无穷远的盘形凸轮，如图 3-25（b）所示。移动凸轮机构也是一种平面凸轮机构，当它工作时，凸轮做直线往复运动，可推动从动件相对于机架做直线运动。

（3）圆柱凸轮机构。

圆柱凸轮机构的凸轮相当于首尾相接卷成圆柱体的移动凸轮，其轮廓曲线位于圆柱面上，如图 3-25（c）所示。与盘形凸轮机构和移动凸轮机构不同，圆柱凸轮机构工作时，从动件与凸轮之间产生空间相对运动，因此它是一种空间凸轮机构。

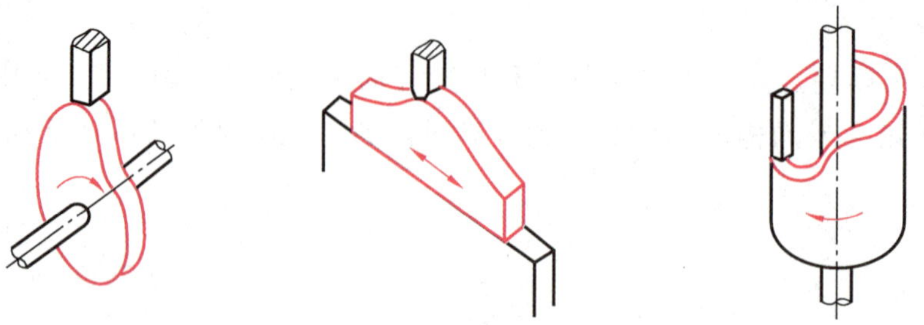

（a）盘形凸轮机构　（b）移动凸轮机构　（c）圆柱凸轮机构

图 3-25　不同凸轮形状的凸轮机构

2）根据从动件形状和运动形式的不同分类

根据从动件形状的不同，凸轮机构可分为尖顶从动件凸轮机构、滚子从动件凸轮机构和平底从动件凸轮机构三类；根据从动件运动形式的不同，凸轮机构可分为移动式和摆动式，如图 3-26 至图 3-28 所示。

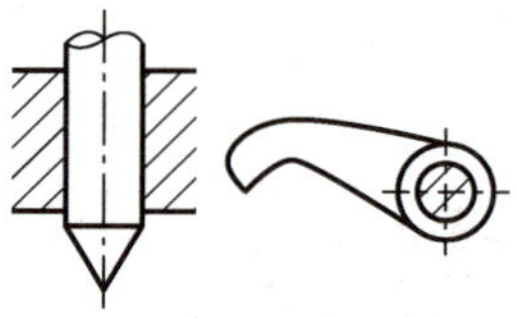

（a）移动式　（b）摆动式

图 3-26　尖顶从动件凸轮机构

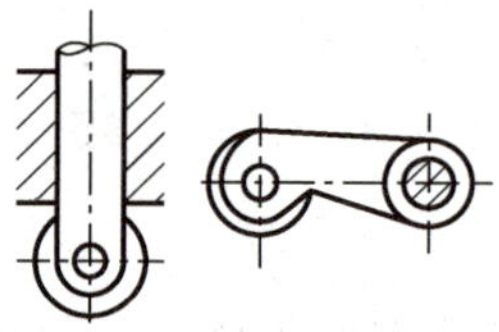

（a）移动式　（b）摆动式

图 3-27　滚子从动件凸轮机构

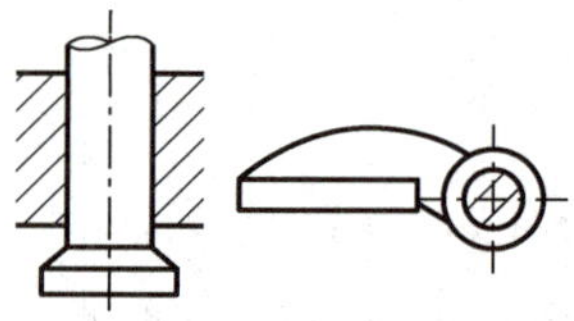

（a）移动式　（b）摆动式

图 3-28　平底从动件凸轮机构

（1）尖顶从动件凸轮机构。

尖顶从动件凸轮机构的顶部尖锐，能够与各种轮廓形状的凸轮保持接触，可实现任意规律的运动，如图 3-26 所示。由于尖顶容易磨损，因此该凸轮机构通常用于低速运动、载荷较小的场合。

（2）滚子从动件凸轮机构。

滚子从动件凸轮机构的从动件顶端通过滚子与凸轮接触，如图 3-27 所示。由于滚子与凸轮之间为滚动摩擦，磨损小、承载能力强，因此该凸轮机构多用于载荷较大的场合。

（3）平底从动件凸轮机构。

平底从动件凸轮机构的从动件与凸轮之间通过平板接触，如图 3-28 所示。由于平板与凸轮的接触面容易形成油膜，润滑条件较好，因此该凸轮机构适用于高速运动场合。

笔记

3. 凸轮机构的运动分析

凸轮机构的运动分析涉及凸轮机构的运动过程、从动件的运动规律和凸轮机构的压力角等知识。

1）凸轮机构的运动过程

如图 3-29（a）所示，凸轮机构的从动件在 A 处时距离凸轮轴心 O 最近，因此 A 处称为起始位置。以凸轮最小向径为半径所作的圆称为凸轮的基圆，其半径用 r_b 表示。从动件从距凸轮基圆圆心 O 最近的位置 A 到最远的位置 B' 之间的距离称为升程，用 h 表示。

为形象直观地表示从动件的运动过程，以凸轮转过的角度 δ 作为横坐标，以从动件的位移 s、速度 v 或加速度 a 等参数作为纵坐标，绘制凸轮机构的运动线图，如图 3-29（b）所示。运动线图直观地反映了从动件的位移变化规律。

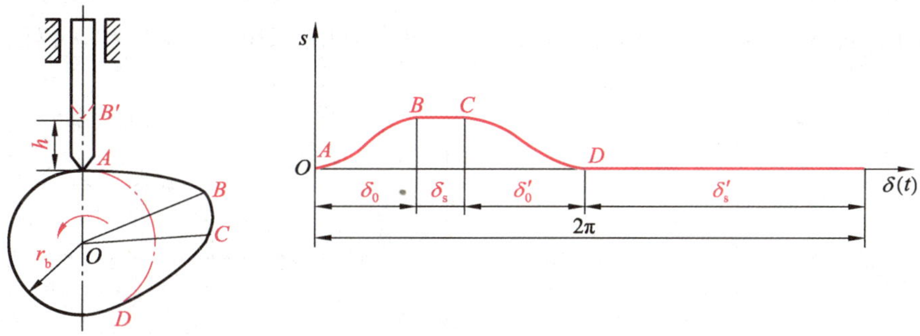

（a）凸轮机构的起始位置　　（b）凸轮机构的运动线图

图 3-29　凸轮机构的运动过程

如图 3-29 所示，凸轮机构的运动过程一般包括推程、远停程、回程和近停程四个阶段。

（1）推程。

凸轮按逆时针方向以等角速度 ω 转过角度 δ_0，从动件被凸轮从最低点 A 推动到最高点 B'，推动过程中与凸轮的 AB 段连续接触，这一过程称为推程。角度 δ_0 称为推程运动角。

（2）远停程。

凸轮继续转过角度 δ_s 的过程中，从动件一直停在最高点 B' 不动，并与凸轮的圆弧段 BC 连续接触，该过程称为远停程。角度 δ_s 称为远休止角。

（3）回程。

凸轮继续转过角度 δ_0'，从动件在重力或弹簧弹力的作用下从最高点 B' 返回最低点 A，该过程称为回程。角度 δ_0' 称为回程运动角。

（4）近停程。

凸轮继续转过角度 δ_s'，从动件一直停在最低点 A，并与凸轮的圆弧段 DA 连续接触，该过程称为近停程。角度 δ_s' 称为近休止角。

凸轮机构工作时，凸轮每转过一圈，从动件便经历一次推程、远停程、回程和近停程等四个运动阶段。凸轮不断旋转，从动件不断重复升、停、降、停的运动循环。

2）从动件的运动规律

凸轮从动件常用的运动规律有等速运动规律、等加速等减速运动规律和余弦加速运动规律三种。

（1）等速运动规律。

等速运动规律的特点是凸轮匀速转动时，从动件在推程或回程的运动速度保持不变，其运动线图如图 3-30 所示。其中，位移线图（$s-\delta$）为斜直线，速度线图（$v-\delta$）为水平直线，加速度线图（$a-\delta$）为零线。

由图 3-30 可知，符合等速运动规律的从动件，在推程的开始点和回程的结束点，其速度 v 会发生突变，加速度 a 为无穷大，此时产生的惯性力在理论上趋于无穷大，凸轮机构将承受强烈的冲击，这种冲击称为刚性冲击。因此，等速运动规律仅适用于低速、轻载的凸轮机构。

（2）等加速等减速运动规律。

等加速等减速运动规律的特点是从动件在推程的前半程做等加速运动，后半程做等减速运动，且两阶段加速度的绝对值相等，其运动线图如图 3-31 所示。

由图 3-31 可知，符合等加速等减速运动规律的从动件，在运动的起点 O、中点 A、终点 B 三处的速度发生有限突变，即加速度为有限值，引起的冲击较为平缓。此时，凸轮机构受到的冲击称为柔性冲击。由于仍存在冲击，因此等加速等减速运动规律不适用于高速凸轮机构，仅适用于中低速凸轮机构。

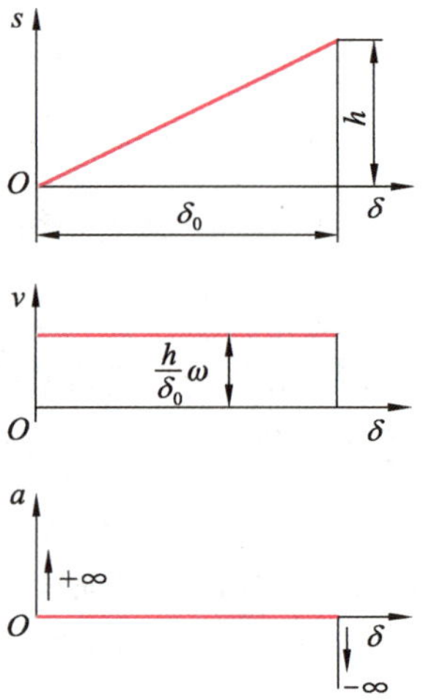

图 3-30　等速运动线图

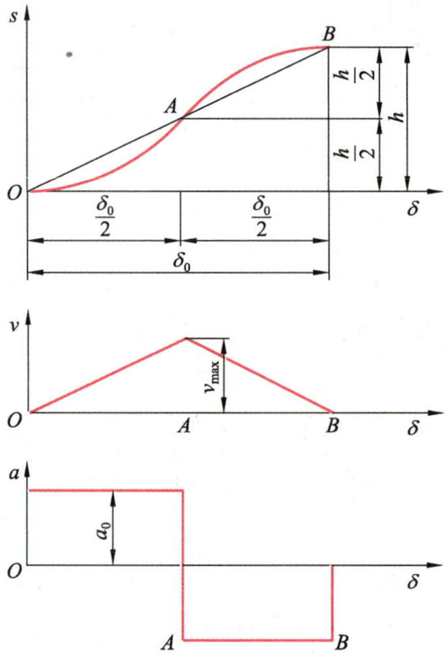

图 3-31　等加速等减速运动线图

（3）余弦加速运动规律。

余弦加速运动规律的特点是从动件在整个运动过程中的加速度曲线为余弦曲线，其运动线图如图 3-32 所示。

由图 3-32 可知，符合余弦加速运动规律的从动件，当其在整个运动过程中存在休止状态时，其运动的加速度在运动开始和终止时会发生突变，凸轮机构会受到柔性冲击，此时余弦加速运动规律仅适用于中速凸轮机构。但当从动件在整个运动过程中没有休止状态时，其运动的加速度曲线可保持连续，能够避免冲击，此时余弦加速运动规律可用于高速凸轮机构。

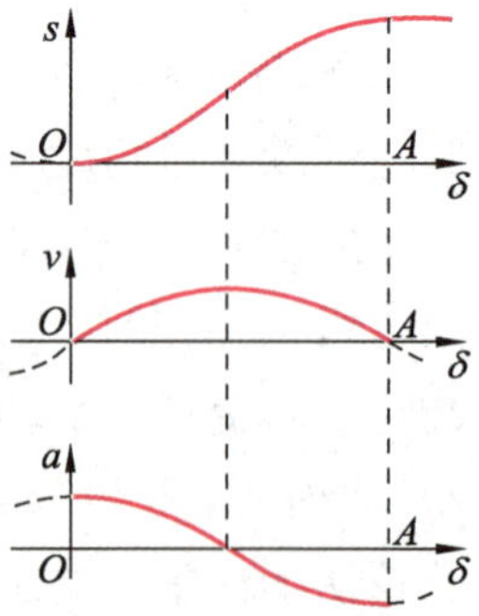

图 3-32　余弦加速运动线图

3）凸轮机构的压力角

凸轮机构工作时，凸轮对从动件的法向力 F_n 与作用点的速度 v 方向之间所夹的锐角称为凸轮机构的压力角，用 α 表示，如图 3-33 所示。当不计摩擦时，可将 F_n 分解为沿从动件运动方向的分力 F_1 和垂直

于运动方向的分力 $\boldsymbol{F}_2$，其大小分别为

$$F_1 = F_n \cos\alpha \tag{3-5}$$

$$F_2 = F_n \sin\alpha \tag{3-6}$$

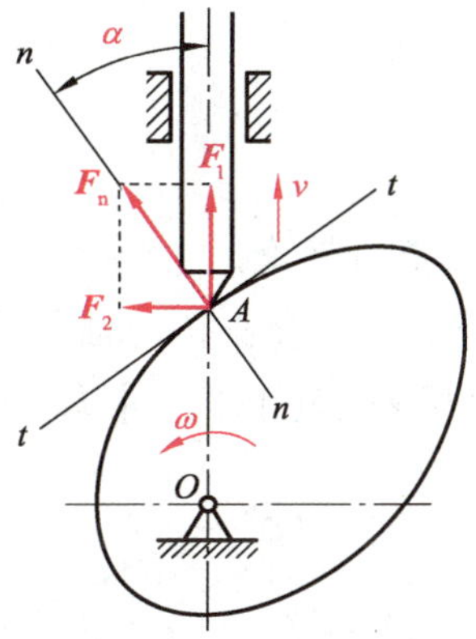

图 3-33　凸轮机构的压力角

由图 3-33 可知，$\boldsymbol{F}_1$ 为推动从动件运动的力，称为有效分力；$\boldsymbol{F}_2$ 为增大从动件与移动导路之间摩擦阻力的力，称为有害分力。由式（3-6）可知，当 $\boldsymbol{F}_n$ 一定时，压力角 α 越大，有害分力 $\boldsymbol{F}_2$ 越大，凸轮机构的工作表面磨损越严重，传动效率越低；当压力角达到一定值时，凸轮机构将出现自锁现象。因此，压力角 α 是衡量凸轮机构传动性能的重要参数。

为了保证凸轮机构具有良好的传动效率，需要对压力角的最大值进行限制，使其不得超过某一许用压力角 $[\alpha]$，即 $\alpha_{max} < [\alpha]$。一般情况下，移动式从动件的许用压力角 $[\alpha] = 30°$，摆动式从动件的许用压力角 $[\alpha] = 35° \sim 45°$。

知识链接

凸轮机构在工作时受到的冲击载荷，会使凸轮表面产生严重磨损。凸轮轮廓磨损后将导致从动件运动规律发生变化。因此，要求凸轮表面有较高的硬度和耐磨性，而心部韧性好。凸轮常用的材料有 45、40Cr、9SiCr、40CrMo 等。

4. 凸轮机构的应用

凸轮机构在汽车中主要应用于发动机配气机构（在凸轮轴上）。凸轮轴是汽车中不可缺少的、非常重要的零件。根据布置位置的不同，凸轮轴可分为上置式凸轮轴、中置式凸轮轴和下置式凸轮轴三种。根据凸轮轴数量的不同，凸轮轴可分为单顶置凸轮轴和双顶置凸轮轴两种。单顶置凸轮轴直接驱动进、排气门；双顶置凸轮轴一根控制进气门、一根控制排气门。双顶置凸轮轴是多气门发动机必不可少的配置，现在的发动机大都采用双顶置凸轮轴设计。有些 V 型气缸的发动机甚至会配备四根凸轮轴。

3.2.2 棘轮机构

间歇运动机构

棘轮机构在自动机械和仪表中有着广泛的应用，它可将主动件的连续转动或往复运动转换成从动件的单向间歇运动。

1. 棘轮机构的组成和工作原理

1）棘轮机构的组成

图 3-34 所示为典型的棘轮机构，它主要由棘轮、主动棘爪、摇杆、机架、止回棘爪和弹簧等组成。其中，棘轮通常固装在传动轴上，而摇杆通常空套在传动轴上并绕其转动，主动棘爪与摇杆之间、止回棘爪与机架之间均采用转动副连接，弹簧用来保证棘爪与棘轮的啮合。

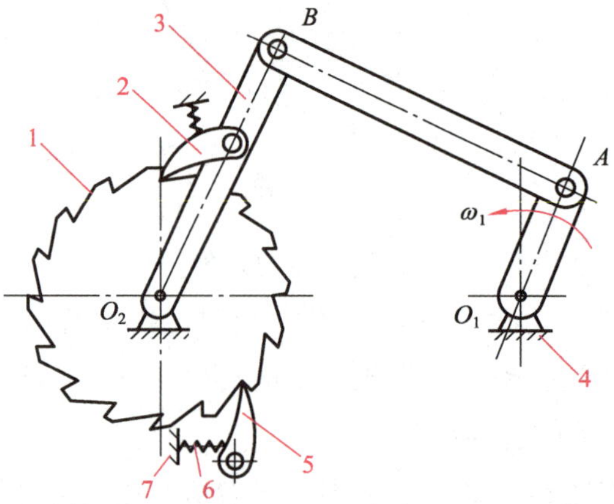

1—棘轮；2—主动棘爪；3—摇杆；4、7—机架；5—止回棘爪；6—弹簧。

图 3-34　棘轮机构的组成

2）棘轮机构的工作原理

在如图 3-34 所示的棘轮机构中，当摇杆逆时针摆动时，主动棘爪插入棘轮的齿槽中，并推动棘轮转过一定角度，而止回棘爪则在棘轮的齿面上滑过；当摇杆顺时针摆动时，主动棘爪会在棘轮的齿面上滑过，此时止回棘爪则会插入棘轮的齿槽中阻止其顺时针转动。因此，摇杆做连续往复摆动时，棘轮将做单向间歇转动。

笔记

2. 棘轮机构的分类

棘轮机构的种类很多，通常可根据止回原理、棘轮运动形式的不同进行分类。

1）根据止回原理的不同分类

根据止回原理的不同，棘轮机构可分为齿啮合式和摩擦式两种。其中，齿啮合式棘轮机构根据棘爪位置的不同又可分为外接棘轮机构、内接棘轮机构和棘条机构，如图 3-35 所示；摩擦式棘轮机构可分为外摩擦式棘轮机构、内摩擦式棘轮机构和滚子内接摩擦式棘轮机构，如图 3-36 所示。

（a）外接棘轮机构　（b）内接棘轮机构　（c）棘条机构

图 3-35 齿啮合式棘轮机构

（a）外摩擦式棘轮机构　（b）内摩擦式棘轮机构　（c）滚子内接摩擦式棘轮机构

图 3-36 摩擦式棘轮机构

2）根据棘轮运动形式的不同分类

根据棘轮运动形式的不同，棘轮机构可分为单动式棘轮机构、双动式棘轮机构和可变向式棘轮机构三种。

（1）单动式棘轮机构。

如图 3-34 所示，该棘轮机构中只有一个主动棘爪，当摇杆往复摆动一次时，棘轮只能间歇转动一次。

（2）双动式棘轮机构。

如图 3-37 所示，该棘轮机构中装有两个主动棘爪，当摇杆往复摆动一次时，两个主动棘爪分别拨动一次棘轮，使棘轮沿同一方向间歇转动两次。其中，主动棘爪根据形状的不同分为钩头形和直头形两种。

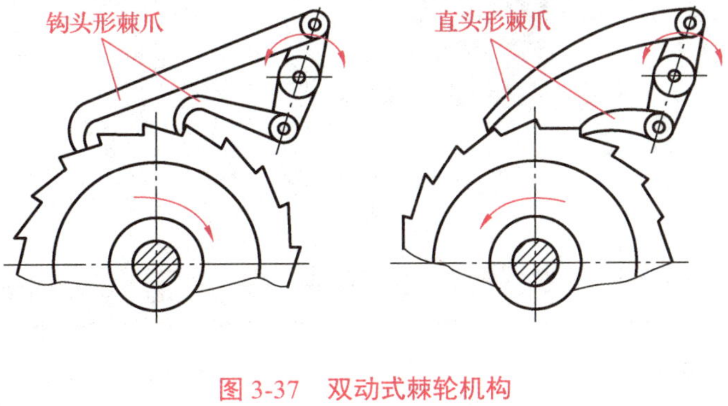

图 3-37 双动式棘轮机构

（3）可变向式棘轮机构。

如图 3-38（a）所示，该棘轮机构的棘轮轮齿为方形，当棘爪处于图示实线位置时，棘轮可以沿逆时针方向间歇运动；当棘爪处于双点画线位置时，棘轮可以沿顺时针方向间歇运动。图 3-38（b）所示为牛头刨床进给装置中所使用的棘轮机构，当棘爪处于图示位置时，棘轮能沿逆时针方向间歇运动；若将棘爪提起，绕其自身轴线旋转180°后再插入棘轮齿槽中，棘轮将沿顺时针方向间歇运动；若将棘爪提起后绕其自身轴线只转过90°后再插入棘轮齿槽中，棘爪将失去作用，棘轮静止不动。

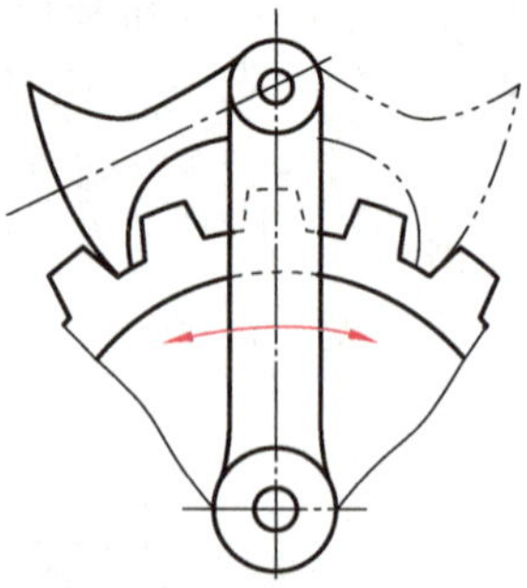

（a）棘轮轮齿为方形的棘轮机构

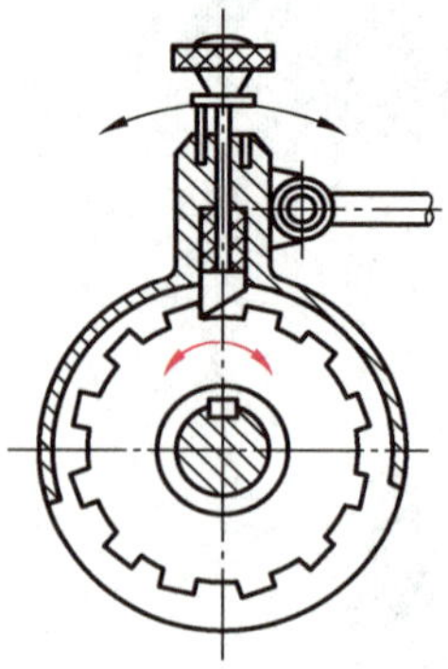

（b）牛头刨床进给装置中所使用的棘轮机构

图 3-38　可变向式棘轮机构

3. 棘轮机构的特点和应用

齿啮合式棘轮机构具有结构简单、棘轮和棘爪制造方便、运动可靠等优点，但它的棘爪在棘轮轮齿表面滑过时会产生较大的噪声，且容易造成磨损，因此它多用于低速、轻载的间歇运动场合。摩擦式棘轮机构具有噪声小、运动平稳、从动件转角可无级调节等特点，但工作时容易打滑，因此它多用于传动精度要求不高的间歇运动场合。

图 3-39 所示为汽车手刹棘轮机构，当拉动手柄时，手柄带动拉线使后轮的卡钳或指定蹄片锁紧车轮制动盘，实现刹车，而棘爪卡住棘轮使得手柄固定在相应位置不动；需要解除制动时，先按下按钮使棘爪张开，与棘轮脱离，然后放下手柄，即可解除制动。

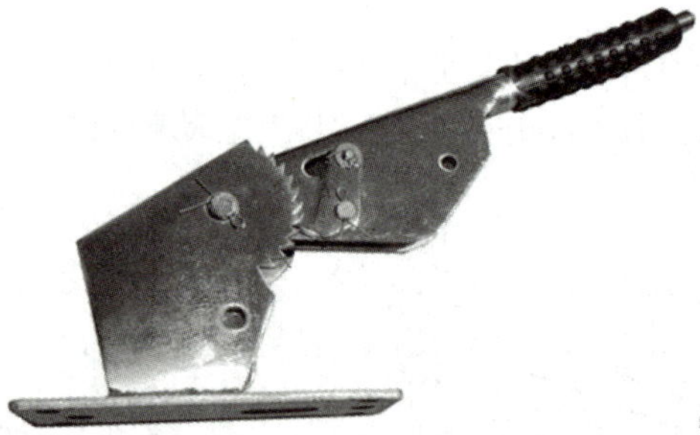

图 3-39　汽车手刹棘轮机构

任务实训——分析内燃机配气机构的工作原理

1. 任务描述

内燃机配气机构（见图 3-40）是发动机中的重要机构，工作时要求在一个工作循环内气门要迅速打开，随即迅速关闭，然后保持关闭不动。全班学生以 3～5 人为一组进行分组，以组为单位分析该内燃机配气机构的工作原理。

图 3-40 内燃机配气机构

2. 任务实训

该内燃机配气机构采用的是凸轮机构。它的工作过程主要是通过凸轮轴和气门来实现的，具体分为两个过程：进气过程和排气过程。进气过程是指气门从关闭到打开的过程，排气过程则是指气门从打开到关闭的过程。

（1）进气过程。在进气过程中，凸轮轴上的凸轮通过推杆将运动转化为气门的开启动作。凸轮的形状和凸轮轴的转速决定了气门的开启时间和幅度。当凸轮轴转动时，凸轮会顺时针或逆时针旋转，推动推杆运动。推杆的运动会将力传递给气门，使气门打开。此时，气缸内的活塞向下运动，形成负压，使空气和燃油混合物进入气缸。气门打开的时间和幅度会影响燃烧效率和动力输出。

（2）排气过程。在排气过程中，凸轮轴上的凸轮继续转动，推杆传递力给气门使气门打开。此时，活塞向上运动，将燃烧后的废气排出气缸。气门打开的时间和幅度也会影响燃烧效率和动力输出。

拓展阅读

2023 年 8 月，第二十六届成都国际汽车展览会（以下简称成都国际车展）在位于四川省成都市的中国西部国际博览城开幕，此次车展吸引了很多人的目光。毫无悬念的是，以造车新势力为代表的国产新能源车企成为车展上的亮点，中国老牌传统车企也在车展上带来了重磅车型，在成都国际车展上首次展出。中国车企取得今日成就的背后，是国家汽车工业发展的艰辛与努力。2023 年是中国汽车工业走过的第 70 个年头，从“蹒跚学步”到“昂首向前”，中国汽车工业实力稳固提升、位居世界前列。

作为现代工业皇冠上的“明珠”，一个国家的汽车工业发达程度，是国家综合实力的象征。中国车企近年来在全球市场大放光芒，正是我国经济实力与综合国力与日俱增的最好体现。汽车工业能够辐射人类社会几乎所有工业制造业类别，一辆汽车能够制造组装出厂，离不开上下游数千个产业链企业的支持。中国拥有最完整的产业链供应链，这是中国汽车工业发展得天独厚的优势所在。

更为重要的是，汽车工业是包括中国在内的世界多个经济实力靠前国家的支柱性产业。2022 年，我国汽车类消费品零售总额达 4.58 万亿元，同比增长 0.7%，占社会消费品零售总额的 10.41%，比 2021 年提高 0.48 个百分点。中国汽车工业的飞速发展，除了能够拉升国产汽车销量，并拉动整个汽车工业上下游产业链发展，还能够带动和辐射大量关联行业同步发展，提供大量就业岗位，吸引人才流入，推动科技创新和技术提升，拉动汽车工业及其产业链所在城市建设发展，进一步拉升消费和投资水平，从而形成经济社会发展的良性循环。

（资料来源：陈城，《汽车工业发展是综合国力提升的缩影》，人民网，2023 年 9 月 6 日）

学习知识检验

1. 填空题

（1）若组成平面机构的构件之间只能发生相对转动或滑动，则该平面机构称为________________。

（2）根据运动副元素类型的不同，运动副可分为低副和________两类。根据组成运动副的两构件之间相对运动形式的不同，低副又可分为________和移动副。

（3）在引入运动副后，构件的自由运动将受到限制，自由度将减少，这种对构件运动的限制称为________。

（4）平面四杆机构的工作特性主要包括___________和___________等。

（5）凸轮机构是一种由凸轮、________和________等构件组成的高副机构。

（6）棘轮机构主要由棘轮、_________、_________、_________、_________和_________等组成。

2. 选择题

（1）下列选项中，不属于平面机构组成部分的是（　　）。

A．连接件　　B．主动件

C．从动件　　D．机架

（2）下列物体之间的连接属于低副的是（　　）。

A．凸轮与从动件　　B．活塞与气缸

C．啮合的轮齿　　D．火车轮与钢轨

（3）下列选项中，不属于曲柄摇杆机构的是（　　）。

A．脚踏式人力脱粒机　　B．卫星天线

C．汽车转向机构　　D．缝纫机踏板

（4）凸轮机构的运动过程不包括（　　）。

A．推程　　B．远停程

C．回程　　D．间歇停程

（5）凸轮从动件常用的运动规律不包括（　　）。

A．等速运动规律　　B．间歇运动规律

C．等加速等减速运动规律　　D．余弦加速运动规律

3．判断题

（1）1 个低副会产生 1 个约束，使构件失去 1 个自由度；1 个高副会产生 2 个约束，使构件失去 2 个自由度。（　　）

（2）汽车刮水器摆动机构属于双曲柄机构。（　　）

（3）曲柄滑块机构可将主动件的转动转换为从动件的移动，也可将主动件的移动转换为从动件的转动，它广泛应用于活塞式内燃机中。（　　）

（4）尖顶从动件凸轮机构通常用于低速运动、载荷较小的场合。（　　）

（5）铰链四杆机构的压力角越大，有害分力越小，传动效率就越高。（　　）

4．简答题

（1）简述机构运动简图的绘制步骤。

（2）简述铰链四杆机构类型的判别方法。

（3）简述凸轮机构的特点和应用范围。

学习成果评价

指导教师根据学生的实际学习成果对其进行评价，学生配合指导教师共同完成学习成果评价表，如表 3-11 所示。

表 3-11　学习成果评价表

姓名：　　　　　　　组号：　　　　　　　指导教师：

<table>
<tr><th rowspan="2">评价项目</th><th rowspan="2">评价内容</th><th rowspan="2">满分/分</th><th colspan="3">评分/分</th></tr>
<tr><th>自评</th><th>互评</th><th>师评</th></tr>
<tr><td rowspan="8">知识
（50%）</td><td>掌握平面机构的组成和基本分析方法</td><td>7</td><td></td><td></td><td></td></tr>
<tr><td>掌握平面四杆机构的类型</td><td>7</td><td></td><td></td><td></td></tr>
<tr><td>了解平面四杆机构的工作特性</td><td>5</td><td></td><td></td><td></td></tr>
<tr><td>掌握凸轮机构的组成、特点及分类</td><td>7</td><td></td><td></td><td></td></tr>
<tr><td>掌握凸轮机构的运动过程和从动件的运动规律</td><td>7</td><td></td><td></td><td></td></tr>
<tr><td>熟悉凸轮机构的压力角和应用</td><td>5</td><td></td><td></td><td></td></tr>
<tr><td>掌握棘轮机构的组成、工作原理和分类</td><td>7</td><td></td><td></td><td></td></tr>
<tr><td>了解棘轮机构的工作特点和应用</td><td>5</td><td></td><td></td><td></td></tr>
<tr><td rowspan="2">技能
（30%）</td><td>分析汽车发动机曲柄连杆机构</td><td>15</td><td></td><td></td><td></td></tr>
<tr><td>分析内燃机配气机构的工作原理</td><td>15</td><td></td><td></td><td></td></tr>
<tr><td rowspan="4">素养
（20%）</td><td>积极参加教学活动，主动学习、思考、讨论</td><td>5</td><td></td><td></td><td></td></tr>
<tr><td>认真负责，按时完成学习任务</td><td>5</td><td></td><td></td><td></td></tr>
<tr><td>团结协作，与组员之间密切配合</td><td>5</td><td></td><td></td><td></td></tr>
<tr><td>服从指挥，遵守课堂纪律</td><td>5</td><td></td><td></td><td></td></tr>
<tr><td colspan="2">合计</td><td>100</td><td></td><td></td><td></td></tr>
<tr><td>总评</td><td colspan="2">自评（20%）＋互评（20%）＋师评（60%）＝</td><td colspan="3">综合等级：</td></tr>
<tr><td>自我评价</td><td colspan="5"></td></tr>
<tr><td>指导教师
评价</td><td colspan="5"></td></tr>
</table>

项目4　汽车常用机械传动

项目导读

机械传动是机械传递运动和动力的方式之一，汽车上很多地方都用到了机械传动。根据传动原理的不同，机械传动可分为两类：一类是靠机件间的摩擦力来传动的摩擦传动（如带传动）；一类是靠主动件与从动件啮合或借助中间件啮合来传动的啮合传动（如齿轮传动、链传动等）。机械传动的性能在很大程度上决定了汽车的工作性能。因此，掌握机械传动的基本原理，并合理选用机械传动，对于提高汽车的工作能力和效率具有重要意义。

知识目标

（1）掌握汽车常用机械传动的类型、优缺点及应用。

（2）掌握带传动和链传动的结构及工作原理。

（3）了解带传动的张紧、安装与维护及链传动的布置方式、张紧和润滑。

（4）掌握齿轮传动的基本参数及工作原理。

（5）熟悉斜齿圆柱齿轮传动和锥齿轮传动的基本知识。

（6）掌握蜗杆传动的基本参数及工作原理。

（7）了解齿轮传动和蜗杆传动的失效形式及润滑。

（8）熟悉齿轮系的功能。

技能目标

（1）能够计算带传动和链传动的传动比。

（2）能够计算齿轮传动的基本参数。

（3）能够计算蜗杆传动的传动比，确定蜗轮的转向。

（4）能够计算齿轮系的传动比，确定齿轮系传动件的转向。

素质目标

（1）培养勤学好问、脚踏实地的工作作风。

（2）培养严谨求实、爱岗敬业的工匠精神。

（3）培养同甘共苦、同心协力的团队精神。

任务 4.1　认识带传动和链传动

任务引入

周末，小陈的爸爸带着小陈骑自行车郊游，途中小陈的自行车链条脱落了。陈爸爸让小陈自己动手修理自行车，他在旁边指导。其间，小陈对自行车是怎么工作的产生了疑问，并疑惑：为什么链条脱落了自行车就不走了呢？这个链条的作用这么大吗？陈爸爸告诉他，自行车采用了链传动，链传动使得自行车脚踏板能够带动后轮转动。

链传动是通过链条将主动链轮的运动和动力传递到从动链轮的一种传动方式。带传动与之相似，但两者的工作特点有所不同，适用于不同的工作场合。

本任务要求学生从带传动和链传动的类型及优缺点、带传动和链传动的结构和工作原理、带传动和链传动的安装与维护等方面来认识带传动和链传动。本任务的知识与技能要求如表 4-1 所示。

表 4-1　知识与技能要求

任务内容	认识带传动和链传动	学习程度		
		识记	理解	应用
学习任务	带传动和链传动的类型及优缺点		●	
	带传动和链传动的结构及工作原理		●	
	带传动和链传动的安装与维护	●		
实训任务	计算带传动和链传动的传动比			●
自我勉励				

班级__________ 姓名__________ 学号__________

任务工单——认识带传动和链传动

1. 任务目标

（1）掌握带传动和链传动的类型及优缺点。

（2）掌握带传动和链传动的结构及工作原理。

（3）能够计算带传动和链传动的传动比。

2. 学生分组

以 3～5 人为一组，选出组长并进行任务分工，将小组成员及分工情况填入表 4-2 中。

表 4-2 小组成员及分工情况

小组成员	姓名	分工情况
组长		
组员		

3. 工作准备

（1）查阅相关资料，根据任务内容制订工作计划，并将其填入表 4-3 中。

表 4-3 工作计划

步骤	工作内容	负责人

（2）列出完成工作计划所需要的工具、材料等，并将其填入表 4-4 中。

表 4-4 完成工作计划所需要的工具、材料

序号	名称	型号与规格	单位	数量	备注

班级____________ 姓名____________ 学号____________

4. 工作实施

根据本组最佳工作计划展开实施。按实际操作过程，将实施内容、遇到的问题及解决办法填入表 4-5 中。

表 4-5 任务实施过程记录表

序号	实施内容	遇到的问题及解决办法

5. 课堂小结

____

____

____

____

____

____

____

4.1.1　带传动

1. 带传动的类型

带传动是利用挠性带与带轮之间的摩擦或啮合作用，将主动轮的运动和动力传递给从动轮的机械传动装置，它主要由主动轮、从动轮和传动带组成，如图 4-1 所示。

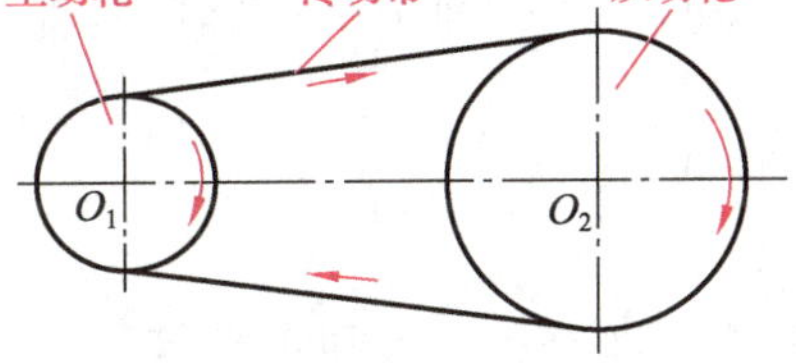

图 4-1　带传动的组成

带传动及其应用

根据传动原理的不同，带传动可分为摩擦带传动和啮合带传动两类。

1）摩擦带传动

根据传动带横截面形状的不同，摩擦带传动可分为平带传动、V 带传动、圆带传动和多楔带传动等，如图 4-2 所示。

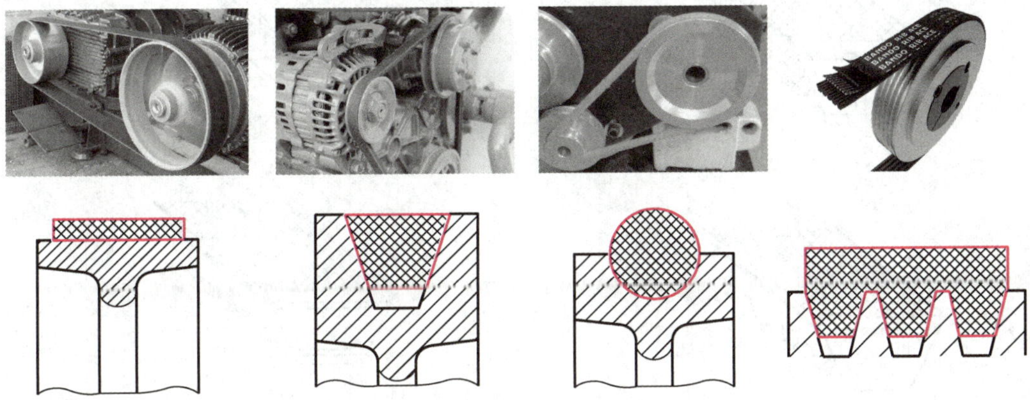

（a）平带传动　（b）V 带传动　（c）圆带传动　（d）多楔带传动

图 4-2　摩擦带传动的类型

平带传动：平带的横截面为扁平矩形，其工作面为与带轮接触的内表面，如图 4-2（a）所示。平带传动结构简单，带轮容易制造，在传动中心距较大的场合应用较多。

V 带传动：V 带的横截面为等腰梯形，带轮上也加工出相应的轮槽，其工作面为 V 带的两侧面，如图 4-2（b）所示。V 带传动能传递较大的载荷，且结构较为紧凑，应用非常广泛。

圆带传动：圆带的横截面为圆形，如图 4-2（c）所示。圆带传动一般用于低速轻载仪器及洗衣机、风扇等家用器具中。

多楔带传动：多楔带相当于多根 V 带的组合，如图 4-2（d）所示。多楔带传动兼有平带传动与 V 带传动的特点，适用于传递载荷较大且要求结构紧凑的场合。

2）啮合带传动

啮合带传动也可称为同步带传动，它通过传动带内表面上等距分布的横向齿与带轮上相应齿槽的啮合来传动，如图 4-3 所示。

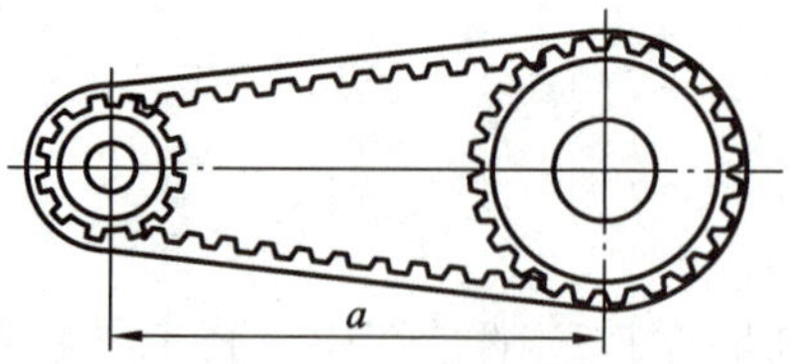

图 4-3　啮合带传动

由于啮合带传动的带轮和传动带之间没有相对滑动，因此它能够保证严格的传动比，但它对传动中心距的稳定性要求较高。

2. 汽车用传动带

汽车用传动带包括汽车 V 带、汽车多楔带和汽车同步带等。

1）汽车 V 带

根据结构的不同，汽车 V 带可分为包边 V 带和切边 V 带两种。其中，切边 V 带又分为普通切边 V 带、有齿切边 V 带和底胶夹布切边 V 带三种形式。汽车 V 带的结构中均包括顶胶、缓冲胶、抗拉体和底胶，具体结构如图 4-4 所示。

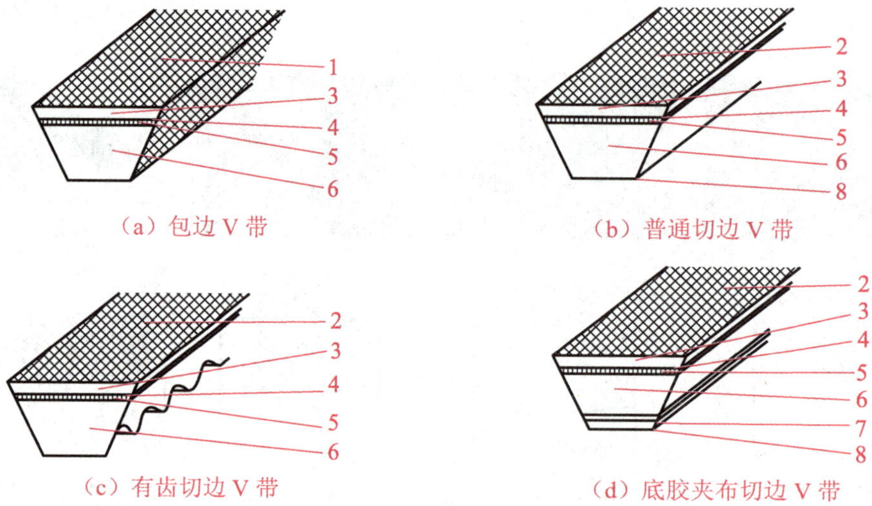

1—包布；2—顶布；3—顶胶；4—缓冲胶；5—抗拉体；6—底胶；7—底胶夹布；8—底布。

图 4-4　汽车 V 带的结构

汽车 V 带是标准件，GB/T 12732—2008《汽车 V 带》中规定，汽车 V 带根据顶宽的不同可分为 AV10、AV13、AV15、AV17、AV22 五种型号。其中，AV 后面的数字表示顶宽的大小，单位为 mm。

汽车 V 带的标记内容依次为型号、有效长度公称值、标准号。例如，AV13×1 000　GB/T 12732—2008 表示型号为 AV13、有效长度公称值为 1 000 mm、标准号是 GB/T 12732—2008 的汽车 V 带。

汽车 V 带具有传递功率大、结构紧凑、耐磨损、耐高温等特点，是一种高性能、高效率的机械传动带，适用于汽车发动机的机械传动。

知识链接

V 带传动中常用的 V 带还有普通 V 带、窄 V 带、宽 V 带和大楔角 V 带等。其中，普通 V 带的应用最为广泛。

普通 V 带都是无接头的环形带，由强力层、伸张层、压缩层和包布层等构成，如图 4-5 所示。伸张层和压缩层均为胶料；包布层为胶帆布；强力层是承受载荷的主体，分为帘布结构（由胶帘布组成）和线绳结构（由胶线绳组成）两种。其中，帘布结构的强力层抗拉强度高，一般用途的 V 带多采用这种结构；线绳结构的强力层比较柔软，弯曲疲劳强度较好，但拉伸强度低，常用于载荷不大、带轮直径较小和转速较高的场合。

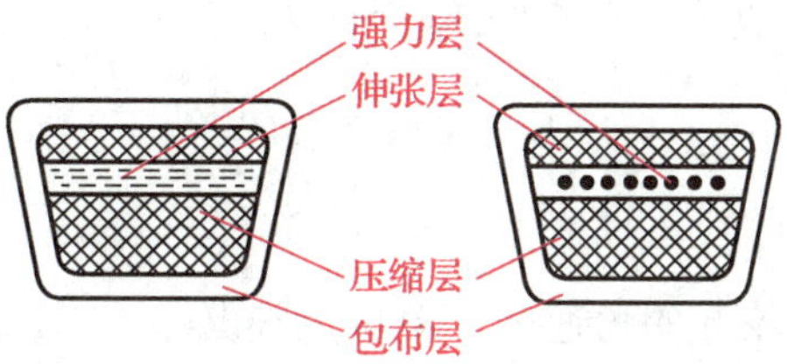

（a）帘布结构　　（b）线绳结构

图 4-5　普通 V 带的结构

GB/T 11544—2012《带传动　普通 V 带和窄 V 带　尺寸（基准宽度制）》中规定，根据横截面尺寸的不同，普通 V 带可分为 Y、Z、A、B、C、D、E 七种型号，窄 V 带可分为 SPZ、SPA、SPB、SPC 四种型号。

普通 V 带的型号和基准长度都压印在胶带表面，以供识别和选用。例如，A1430 GB/T 1171 表示符合 GB/T 1171、基准长度为 1 430 mm 的 A 型普通 V 带。

2）汽车多楔带

汽车多楔带主要由带背织物、抗拉体、粘合胶和楔胶组成，如图 4-6 所示。

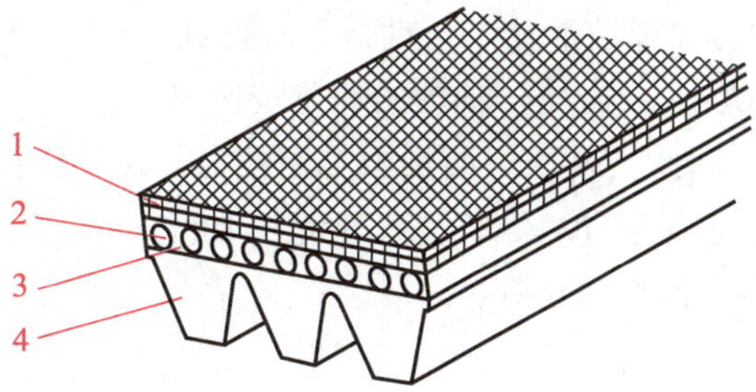

1—带背织物；2—抗拉体；3—粘合胶；4—楔胶。

图 4-6　汽车多楔带的结构

汽车多楔带的标记内容依次为楔数、型号和有效长度。例如，6PK1 500 表示楔数为 6、型号为 PK 型、有效长度为 1 500 mm 的汽车多楔带。

汽车多楔带具有传动效率高、噪声和振动小以及使用寿命长等优点，这是因为其楔形设计使其在机械传动过程中可以更好地抵抗滑动和磨损。汽车多楔带在汽车领域应用广泛。例如，汽车发动机的曲轴、发电机、空调压缩机等都需要使用汽车多楔带进行机械传动。

3）汽车同步带

汽车同步带分为 ZA 型（用于较轻负荷）和 ZB 型（用于较重负荷）两种型号。汽车同步带的标记内容依次为齿数、型号和宽度，用数字和字母标记。例如，80ZA19 表示齿数为 80、型号为 ZA 型、宽度为 19 mm 的汽车同步带。

汽车同步带具有结构紧凑、传递力矩大、噪声小等特点，在汽车中多用于传递曲轴和凸轮轴的转动，使发动机正常工作。

3. 带传动的传动比

传动比又称速比，是机械传动系统中始端主动轮与末端从动轮的角速度或转速的比值，常用 i 表示。同一机械传动系统中主动轮 a 与从动轮 b 的传动比为

$$i = \omega_a / \omega_b = n_a / n_b \tag{4-1}$$

式中：

ω_a、ω_b ——主动轮 a、从动轮 b 的角速度，单位为 rad/s；

n_a、n_b ——主动轮 a、从动轮 b 的转速，单位为 r/min。

笔记

当角速度为瞬时值时，求得的传动比为瞬时传动比；当角速度为平均值时，求得的传动比为平均传动比。

对于啮合带传动，传动比也可用轮 a 和轮 b 的齿数 z_a 和 z_b 表示，即 $i = z_b / z_a$；对于摩擦带传动，传动比也可用轮 a 和轮 b 的直径 D_a 和 D_b 表示，即 $i = D_b / D_a$。

4. 带传动的优缺点及应用

带传动具有以下优点和缺点。

优点：① 传动平稳、无噪声，能够缓冲、吸振；② 摩擦带在传动过载时会打滑，可防止损坏零件，起到保护作用；③ 结构简单，制造和维护方便，成本低；④ 适用于中心距较大的场合。

缺点：① 摩擦带在工作中存在弹性滑动，传动效率较低（一般为 0.90～0.94），传动比的精确度较差；② 传动装置的外廓尺寸较大；③ 带轮传动轴的载荷较大。

由于带传动具有上述特点，因此其多用于两轴中心距较大，传动比精确度要求不严格的机械中。一般情况下，带传动允许的传动比不大于 7，传动功率不大于 100 kW。带传动在汽车上的应用十分广泛，如发动机曲轴与冷却风扇、水泵之间的传动等。

5. 带传动的工作情况分析

1）带传动的受力分析

摩擦带传动是通过传动带与带轮工作面上的摩擦来传动的，因此传动带在工作前必须以一定的初始拉力 $\boldsymbol{F}_0$ 张紧在两个带轮上，使其在带轮的工作面产生正压力。此时，传动带任意横截面都受到大小相等的初始拉力 $\boldsymbol{F}_0$ 的作用，如图 4-7（a）所示。

带传动工作时，由于摩擦力 $\boldsymbol{F}_f$ 的作用，传动带两边的拉力不再相等，如图 4-7（b）所示。其中，传动带绕入主动轮的一边称为紧边，紧边的拉力大小由 F_0 增大为 F_1，$\boldsymbol{F}_1$ 称为紧边拉力；另一边称为松边，

松边的拉力大小由 F_0 减小为 F_2， $\boldsymbol{F_2}$ 称为松边拉力。

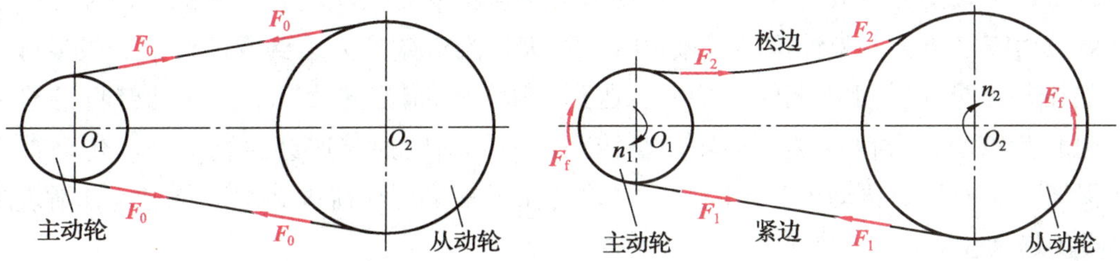

（a）工作前　（b）工作时

图 4-7　带传动的受力分析

紧边拉力与松边拉力的差值称为有效拉力，用 $\boldsymbol{F}$ 表示，其大小为

$$F = F_1 - F_2 \tag{4-2}$$

有效拉力的大小等于传动带与带轮接触面间产生的静摩擦力的总和 $\sum F_f$ 。有效拉力可在带传动中传递力矩。

带传动的功率可由传动带的有效拉力和运行速度进行计算，计算公式为

$$P = \frac{Fv}{1\,000} \tag{4-3}$$

式中：

P——带传动的功率，单位为 kW；

F——传动带中有效拉力的大小，单位为 N；

v——传动带的运行速度，单位为 m/s。

2）带传动的弹性滑动和打滑

（1）弹性滑动。

由于传动带存在弹性，因此其在紧边时会被拉长，到松边时又产生收缩，如图 4-8 所示。当传动带绕过主动轮进入松边时，其所受拉力逐渐减小，弹性变形量随之减小，从而沿主动轮转动的反方向收缩，在带轮工作面上出现轻微的滑动，这种现象称为弹性滑动。

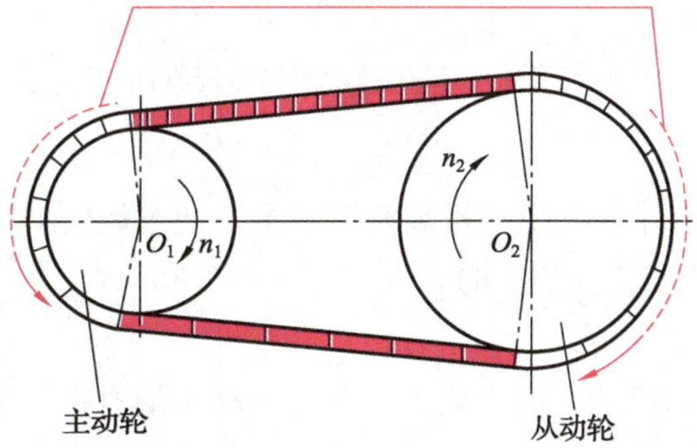

图 4-8　弹性滑动

弹性滑动不但会引起传动带的磨损，还会使传动带的线速度略低于带轮转动的圆周速度，从而使从动轮的圆周速度低于主动轮的圆周速度，导致传动比不准确。

（2）打滑。

当传递载荷较小时，弹性滑动只发生在传动带即将从主动轮或从动轮离开的一段弧上。当传递载荷增大时，有效拉力随之增大，弹性滑动区域也随之扩大。当有效拉力达到或超过某一极限值时，传动带与外径较小的带轮在整个接触弧上的摩擦力将达到极限，载荷若继续增大，传动带将沿整个接触弧滑动，这种现象称为打滑。此时虽然主动轮还在转动，但从动轮的转速会急剧下降，传动带会因迅速磨损、发热而损坏，从而导致传动失效。因此，带传动在正常工作载荷内必须避免出现打滑现象，设计时应设定传动带的最大拉力。

提　示

弹性滑动和打滑的区别：弹性滑动是由两边的拉力差引起的，不影响带传动的正常工作，且只要传递圆周力，就必然会产生弹性滑动，因此弹性滑动是不可避免的；打滑是由于过载而引起的全面滑动，会导致带传动失效，因此应当尽量避免。

6. 带传动的张紧、安装与维护

1）带传动的张紧

根据带传动的摩擦传动原理，在安装时需要对传动带进行张紧；带传动运行一段时间后，传动带因塑性变形和磨损会变得松弛，此时需要进行调整，使传动带重新张紧。带传动的张紧程度对其传动能力、使用寿命和传动轴的载荷等都有很大的影响。

带传动常用的张紧方法有移动法、摆动法和安装张紧轮法，如图 4-9 所示。

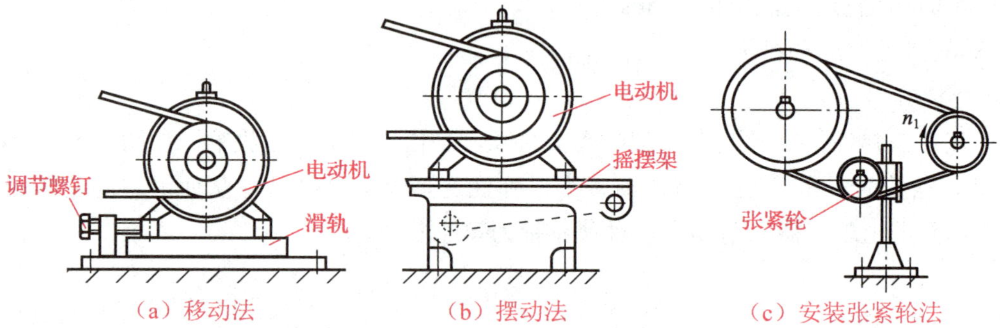

图 4-9　带传动常用的张紧方法

（1）移动法。

如图 4-9（a）所示，将装有带轮的电动机装在滑轨上，通过旋转调节螺钉移动电动机以增大或减小带传动的中心距，从而达到张紧或松弛的目的。

（2）摆动法。

如图 4-9（b）所示，将电动机装在摇摆架上，利用电动机的自重，使电动机轴心绕铰链中心摆动，从而拉大中心距，达到自动张紧的目的。

（3）安装张紧轮法。

如图 4-9（c）所示，当带传动的中心距不能调整时，可安装张紧轮，通过调整张紧轮的位置达到张紧传动带的目的。

2）带传动的安装与维护

正确安装与维护是保证带传动正常工作、延长传动带使用寿命的有效措施。带传动的安装与维护一般应注意以下几点。

（1）安装带轮时，应使两带轮的轴线保持规定的平行度，且对应轮槽的中心线应重合，否则传动带在运行时会出现扭曲，加剧传动带的磨损。

（2）对传动带进行套装时，不得强行撬入，应先将中心距缩小，将传动带套在带轮上，再逐渐调整中心距将传动带张紧。在实践中，对于中等中心距的 V 带传动，传动带的张紧度以大拇指能将其按下 10～15 cm 为宜。

（3）安装传动带时，传动带的顶面应与带轮的外缘对齐或比带轮外缘略高一点，底面与轮槽间应留有一定间隙，否则将会影响带传动的正常运行。

（4）传动带的主要材料是橡胶，应避免与酸、碱、油等化学物质接触。

（5）应定期检查并及时调整传动带；应及时更换损坏的传动带。

（6）不同种类、规格和新旧程度的传动带不能混合使用。当多根 V 带传动需要更换传动带时，为避免各根传动带的载荷分布不均，必须同时更换所有传动带。

（7）带传动必须安装安全防护罩。这样既可避免衣物绞入而使人受伤，又可防止灰尘、油、水或其他杂物飞溅到传动带上而影响传动。

4.1.2　链传动

1．链传动的组成和类型

链传动的类型

1）链传动的组成

链传动由装在平行轴上的主动链轮、从动链轮和绕在链轮上的链条组成，如图 4-10 所示。链传动是一种挠性啮合传动，它以链条作为中间挠性件，通过链条与链轮轮齿之间的啮合来传动。

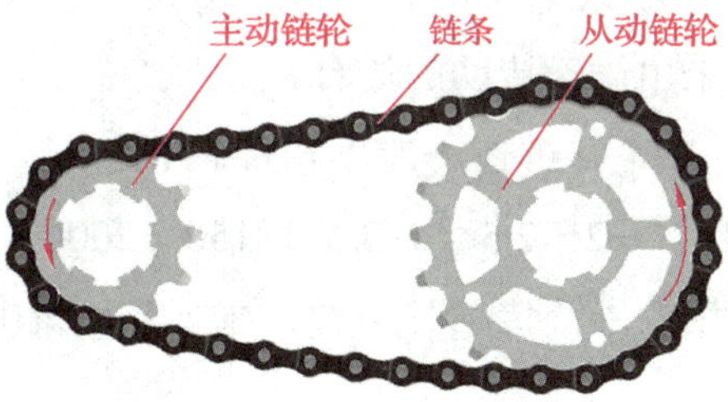

图 4-10　链传动的组成

2）链传动的类型

根据应用范围的不同，链传动可分为传动链、输送链和起重链，如图 4-11 所示。在一般机械传动中，传动链最为常用，输送链和起重链主要用于运输和起重机械。

（a）传动链　　（b）输送链　　（c）起重链

图 4-11　链传动的类型

根据结构形式的不同，链传动可分为滚子链传动、套筒链传动、齿形链传动和成形链传动等，其中滚子链传动的应用最为广泛。

2. 链传动的传动比

由于链传动是啮合传动，因此其传动比可用轮 a 和轮 b 的齿数 z_a 和 z_b 表示，即 $i = n_a/n_b = z_b/z_a$。

3. 链传动的优缺点及应用

与带传动相比，链传动具有以下优点和缺点。

优点：① 无弹性滑动和打滑现象，能保持准确的平均传动比；② 结构紧凑，传动效率较高；③ 张紧力小，作用于轴上的径向力也较小；④ 适合在高温、灰尘多、湿度大及腐蚀性环境等恶劣条件下工作。

缺点：① 只适用于平行轴之间的同向回转传动；② 瞬时传动比不恒定，传动不够平稳；③ 工作时有噪声，不宜用于载荷变化很大和急速反向的传动。

根据上述特点，链传动主要用于要求工作可靠、平均传动比准确、两轴相距较远，以及其他不宜采用齿轮传动的场合。

笔记

链传动的功率一般在 100 kW 以下，链速一般不超过 15 m/s，推荐使用的最大传动比 $i_{max} = 8$，常用 $i = 2 \sim 2.5$。GB/T 18150—2006《滚子链传动选择指导》中提供了滚子链传动的选择指导方法，可在应用滚子链传动时参考。汽车发动机中常用到链传动。

4. 链条和链轮

1）链条

根据结构的不同，传递动力用的链条主要分为滚子链和齿形链两种。

（1）滚子链。

滚子链由内链板、外链板、滚子、套筒和销轴等组成，如图 4-12 所示。内链板固连在套筒两端，销轴与外链板铆接，分别构成内、外链节。套筒和销轴之间为间隙配合，以保证内、外链节之间能够相对转动。滚子与套筒之间同样为间隙配合，当链传动工作时，套筒上的滚子可沿链轮齿廓滚动，从而减小链条和链轮轮齿的磨损。

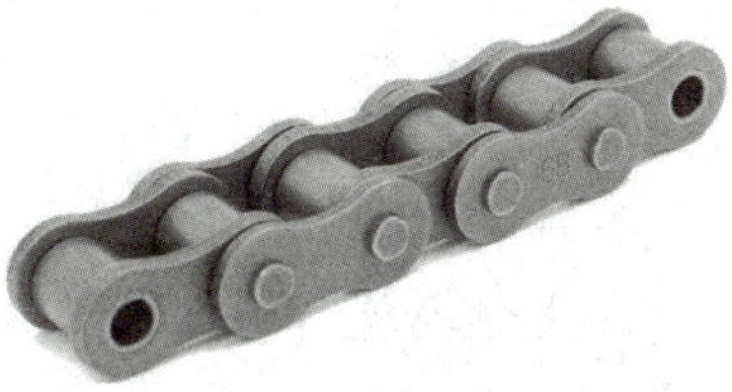

（a）实物图

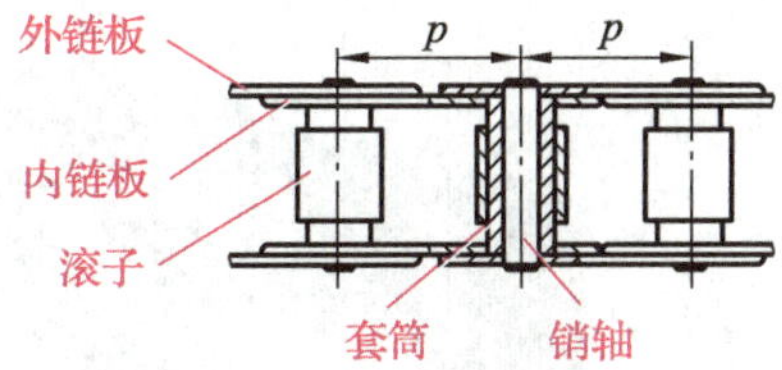

（b）示意图

图 4-12 滚子链的组成

知识链接

由于链条是由刚性链节通过销轴铰接而成的，当链条绕在链轮上时，其链节与相应的轮齿啮合后形成折线，相当于将链条绕在正多边形的轮子上。当主动链轮以等角速度回转时，从动链轮的角速度将周期性地变动，这种运动的不均匀性称为链传动的多边形效应。

链条相邻两个滚子（或销轴）轴线间的距离称为链节距，用 p 表示。链节距是链条的主要参数，它和链节数共同决定环形链条的长度。当链节数为偶数时，链条一端的外链板正好与另一端的内链板相连，其连接销轴可采用开口销或弹簧夹进行锁定，如图 4-13（a）和图 4-13（b）所示；当链节数为奇数时，接头处必须采用过渡链节进行连接，如图 4-13（c）所示。

（a）开口销

（b）弹簧夹

（c）过渡链节

图 4-13 链条的接头形式

提 示

链条接头采用过渡链节时，该处链条若处于受拉状态，过渡链节将会承受附加的弯曲载荷，这将降低链传动的承载能力，因此应尽量采用偶数链节以避免使用过渡链节。

滚子链的承载能力与链节距和链条排数成正比。但链节距越大，链传动的结构和尺寸越大，传动时的振动、冲击和噪声也越严重；链条排数越多，链条各排的受力越不均匀，容易加剧磨损。因此，应根据实际传动需求确定合适的链节距和链条排数。

（2）齿形链。

齿形链传动通过具有特定齿形的链板与链轮之间的啮合来传动。齿形链又称无声链，由铰接起来的齿形链板组成，如图 4-14 所示。为提高承载能力和传动的稳定性，齿形链一般采用多排链板。其中，链板两工作侧面间的夹角为 60°，相邻链节的链板左右错开排列，并通过销轴、轴瓦或滚柱连接在一起。

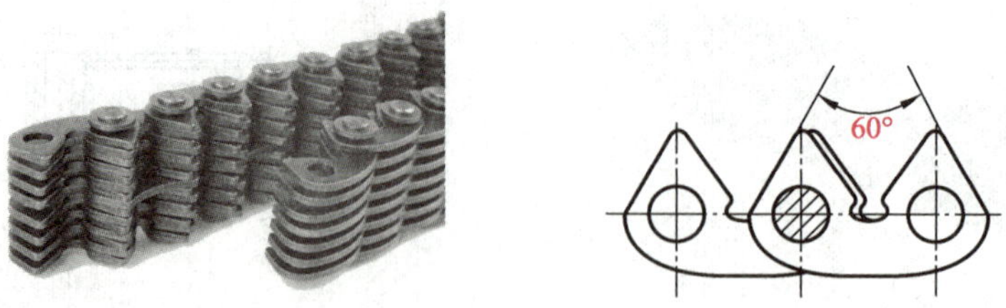

（a）实物图　　（b）示意图

图 4-14　齿形链

与滚子链传动相比，齿形链传动具有传动平稳、噪声小、承受冲击载荷能力强、轮齿受力较均匀等优点，但齿形链传动同时具有结构复杂、质量较大、制造成本高、装拆较困难等缺点，因此其多用于运动精度要求较高或传动速度较高的场合。

2）链轮

如图 4-15 所示，链轮是链传动的重要组成部分，链轮齿形也已经标准化。下面介绍链轮的结构形式及材料、链轮的齿形。

（1）链轮的结构形式及材料。

链轮的常见结构形式有整体式、孔板式和组合式等，如图 4-16 所示，它们分别适用于小、中、大直径的链轮。由于链轮的失效形式主要是轮齿磨损，因此对于直径较大的链轮，应尽量采用可以更换轮齿的组合式结构。

图 4-15　链轮

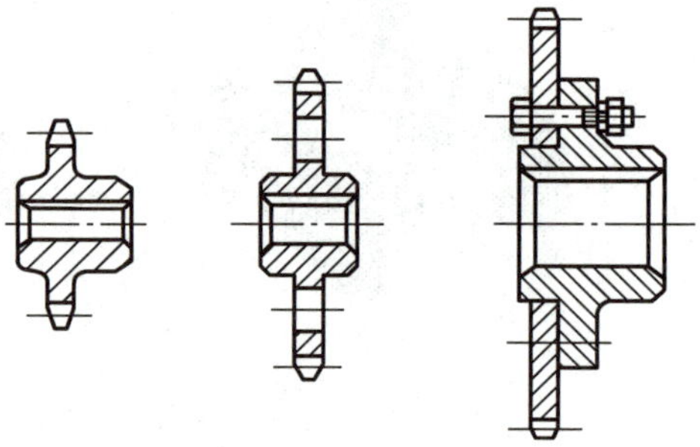

（a）整体式　　（b）孔板式　　（c）组合式

图 4-16　链轮的常见结构形式

链轮常用材料的性能和应用范围如表 4-6 所示。

表 4-6　链轮常用材料的性能和应用范围

材料类别	牌号示例	热处理方法	处理后齿面硬度	应用范围
普通碳素结构钢	Q215 Q255	焊接后退火	140 HBS	中速、中等功率、较大的链轮
优质碳素结构钢	15 20	渗碳、淬火、回火	50～60 HRC	齿数不超过 25 的高速、重载、承受冲击载荷的链轮
	35	正火	160～200 HBW	齿数超过 25 的低速、轻载、冲击较小的链轮
	45 50	淬火、回火	40～45 HRC	无剧烈冲击、振动的链轮

续表

材料类别	牌号示例	热处理方法	处理后齿面硬度	应用范围
合金结构钢	15Cr 20Cr	渗碳、淬火	50～60 HRC	齿数不超过 25 的大功率、高速、重载链轮
	35SiMn 40Cr 35CrMn	淬火、回火	40～45 HRC	连续工作、高速、重载、重要传动的链轮
铸铁	HT200	淬火、回火	260～280 HBS	齿数超过 50 的低速、传动平稳的链轮
非金属材料	夹布胶木			传递功率小、传动平稳、噪声小的高速链轮

经验传承

由于链轮在传动过程中需要承受各种振动和冲击，因此其轮齿应具有足够的强度和耐磨性。为提高其力学性能，链轮在制造过程中必须进行合理的热处理。由于小链轮在转动时的啮合次数比大链轮多，且承受的冲击较大，因此通常要求小链轮的材料性能高于大链轮。

（2）链轮的齿形。

链轮的齿形应满足：① 传动时链节能顺畅进入和退出啮合；② 啮合时，齿形能够与链节保持良好的接触；③ 对于因磨损而产生的链条节距变化有较好的适应能力；④ 形状尽量简单，以方便加工。

GB/T 1243—2006《传动用短节距精密滚子链、套筒链、附件和链轮》中规定了滚子链链轮的齿形和参数，只需要确定链节距 p、齿数 z、分度圆直径 d、齿顶圆直径 d_a 、齿根圆直径 d_f 等参数，即可参照标准进行选择。

笔记

5．链传动的布置方式、张紧和润滑

1）链传动的布置方式

链传动的布置方式有水平布置、倾斜布置和垂直布置三种，如图 4-17 所示。无论采用哪种布置方式，两链轮轴线均应平行，两链轮端面应位于同一铅垂平面内，否则易引起脱链和不正常磨损。两链轮为水平布置或倾斜布置时，均应使紧边在上，松边在下，以避免松边垂度增大后，链条和链轮卡死。采用倾斜布置时，应使倾角 φ 小于 45°。采用垂直布置时，链的垂度增大后，会使下方链轮与链的啮合齿数减少，使传动能力下降。链传动以水平布置方式为最好，应尽量避免垂直布置方式。

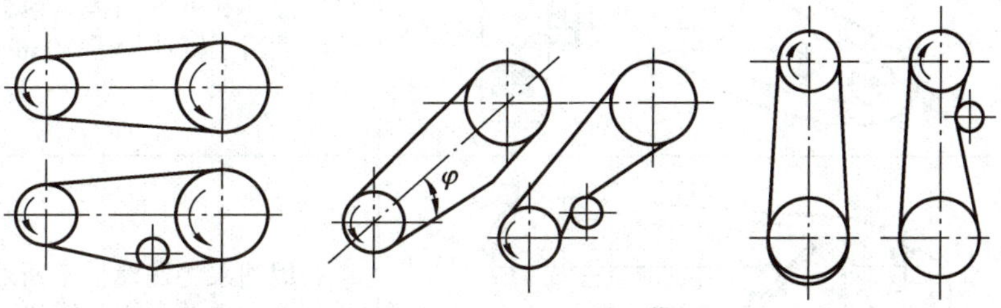

（a）水平布置　　（b）倾斜布置　　（c）垂直布置

图 4-17　链传动的布置方式

2）链传动的张紧

链传动的张紧主要是为了避免链条松边垂度过大而出现啮合不良和振动的现象，同时也可以增大链条与链轮的啮合包角。

链传动张紧的方法很多，若链轮的位置能够移动，则可通过移动法或摆动法对链条进行张紧，具体方法与带传动张紧的移动法和摆动法类似；若链轮的中心距不能调整，则可使用张紧轮进行张紧，具体方法如图 4-18 所示。此外，当两链轮轴心连线倾斜角大于 60°时，链传动也应使用张紧轮进行张紧。

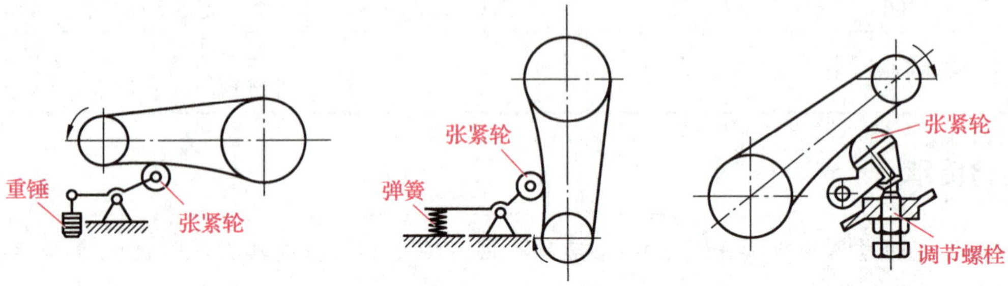

（a）利用重锤张紧　（b）利用弹簧张紧　（c）定期调节张紧

图 4-18　使用张紧轮对链传动进行张紧

3）链传动的润滑

良好的润滑可以减小链传动的磨损，有利于缓和冲击、延长链条的使用寿命。链传动常用的润滑方式有人工润滑、油浴润滑、滴油润滑和喷油润滑等，如表 4-7 所示。

表 4-7　链传动常用的润滑方式

润滑方式	示意图	特点及应用场合
人工润滑	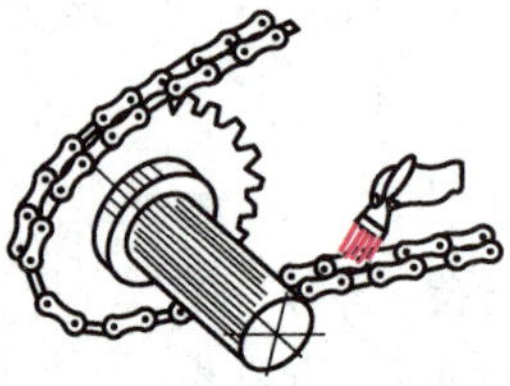	用油刷或油壶定期为链条刷油，适用于链速低于 4 m/s 的非重要链传动
油浴润滑	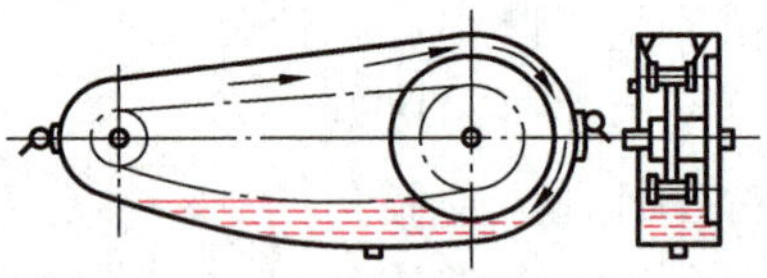	将链条浸在油池中或利用甩油盘将油甩到链条上，适用于链速为 6～12 m/s 的大功率链传动
滴油润滑	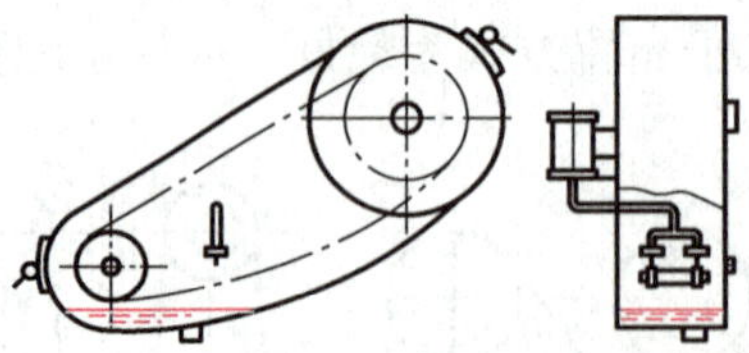	用油杯和油管向链条松边的内、外链板间隙滴油，适用于链速低于 10 m/s 的链传动
喷油润滑	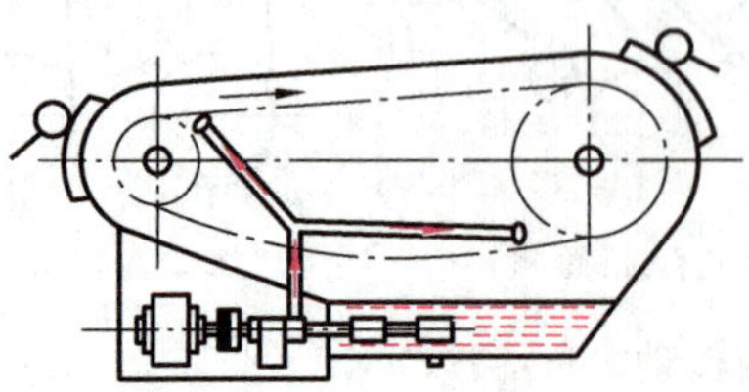	利用油泵将润滑油不断地喷射到链条上，适用于高速、大功率的链传动

任务实训——计算带传动和链传动的传动比

1. 任务描述

传动比在机械传动中具有重要作用。正确计算传动比可以确保传动效率和性能。全班学生以 3～5 人为一组进行分组，以组为单位分析以下问题。

（1）已知某带传动的主动轮转速 $n_a = 2\,000$ r/min，主动轮直径 $D_a = 18$ cm，从动轮直径 $D_b = 36$ cm，求传动比 i 及从动轮转速 n_b。

（2）某 491Q 发动机采用滚子链传动。已知主动链轮齿数为 18，从动链轮齿数为 36，求传动比 i，以及发动机在主动链轮的额定转速 4 800 r/min 和怠速 800 r/min 下运转时从动链轮的转速。

2. 任务实训

（1）根据带传动的传动比计算公式 $i = n_a/n_b = D_b/D_a$ 得

$$i = D_b/D_a = 36/18 = 2$$

从动轮转速为

$$n_b = n_a/i = 2\,000/2 = 1\,000\ (\text{r/min})$$

（2）根据链传动的传动比计算公式 $i = n_a/n_b = z_b/z_a$ 得

$$i = z_b/z_a = 36/18 = 2$$

当发动机在主动链轮的额定转速 4 800 r/min 下运转时，从动链轮的转速为

$$n_{额b} = n_{额a}/i = 4\,800/2 = 2\,400\ (\text{r/min})$$

当发动机在主动链轮的怠速 800 r/min 下运转时，从动链轮的转速为

$$n_{怠b} = n_{怠a}/i = 800/2 = 400\ (\text{r/min})$$

任务 4.2　认识齿轮传动

任务引入

小王是一名出租车司机，一天，他正常出车时，刚起步便发现汽车换挡困难。他停下车观察，听到变速箱有异响，随即联系了维修师傅检修。维修师傅检查之后，发现是变速器中的齿轮损坏了。维修师傅告诉小王，变速器是变速箱的核心部件，它通过齿轮的组合和调节，实现不同挡位的切换，从而改变汽车的速度。维修师傅更换齿轮后，汽车便恢复了正常。

本任务要求学生从齿轮传动的类型、齿轮传动的特点及应用、渐开线齿轮、斜齿圆柱齿轮传动、锥齿轮传动、齿轮传动的失效形式及润滑等方面来认识齿轮传动。本任务的知识与技能要求如表 4-8 所示。

表 4-8　知识与技能要求

任务内容	认识齿轮传动	学习程度		
		识记	理解	应用
学习任务	齿轮传动的类型	●		
	齿轮传动的特点及应用		●	
	渐开线齿轮		●	
	斜齿圆柱齿轮传动		●	
	锥齿轮传动		●	
	齿轮传动的失效形式及润滑	●		
实训任务	通过测量数据计算齿轮的模数			●
自我勉励				

班级＿＿＿＿＿＿　　姓名＿＿＿＿＿＿　　学号＿＿＿＿＿＿

任务工单——认识齿轮传动

1. 任务目标

（1）掌握齿轮传动的类型、特点及应用。

（2）熟悉渐开线齿轮齿廓的形成和性质。

（3）掌握齿轮传动的基本参数及工作原理。

（4）了解齿轮传动的失效形式及润滑。

2. 学生分组

以 3～5 人为一组，选出组长并进行任务分工，将小组成员及分工情况填入表 4-9 中。

表 4-9　小组成员及分工情况

小组成员	姓名	分工情况
组长		
组员		

3. 工作准备

（1）查阅相关资料，根据任务内容制订工作计划，并将其填入表 4-10 中。

表 4-10　工作计划

步骤	工作内容	负责人

（2）列出完成工作计划所需要的工具、材料等，并将其填入表 4-11 中。

表 4-11　完成工作计划所需要的工具、材料

序号	名称	型号与规格	单位	数量	备注

班级__________ 姓名__________ 学号__________

4. 工作实施

根据本组最佳工作计划展开实施。按实际操作过程，将实施内容、遇到的问题及解决办法填入表 4-12 中。

表 4-12 任务实施过程记录表

序号	实施内容	遇到的问题及解决办法

5. 课堂小结

____

____

____

____

____

____

____

4.2.1　齿轮传动的类型、优缺点及应用

齿轮是一种轮缘上有齿的机械零件，两个相互啮合的齿轮可组成一个齿轮副。利用齿轮副来传递运动和动力的机械传动称为齿轮传动。

1. 齿轮传动的类型

齿轮传动的种类很多，通常可按照齿轮轴线位置、齿轮外形、轮齿方向及啮合情况等进行分类。常用齿轮传动的类型及其特点与应用如表 4-13 所示。

表 4-13　常用齿轮传动的类型及其特点与应用

<table>
<tr><th colspan="4">类型</th><th rowspan="2">图示</th><th rowspan="2">特点</th><th rowspan="2">应用</th></tr>
<tr><th>齿轮轴线位置</th><th>齿轮外形</th><th colspan="2">轮齿方向及啮合情况</th></tr>
<tr><td rowspan="5">平行轴齿轮传动</td><td rowspan="5">圆柱齿轮传动</td><td rowspan="3">直齿圆柱齿轮传动</td><td>外啮合齿轮传动</td><td></td><td>直齿均匀分布在圆柱外表面，两齿轮转向相反</td><td>用于两平行轴之间的传动</td></tr>
<tr><td>内啮合齿轮传动</td><td></td><td>直齿均匀分布在圆环内表面，两齿轮转向相同</td><td>用于两平行轴之间的传动</td></tr>
<tr><td>齿轮齿条传动</td><td></td><td>直齿均匀分布在平面上，能将旋转运动转换成直线运动</td><td>主要用于大行程、高速、重载等场合</td></tr>
<tr><td colspan="2">斜齿圆柱齿轮传动</td><td></td><td>轮齿倾斜分布在圆柱面上，承载能力比直齿圆柱齿轮强</td><td>用于高速、重载等场合</td></tr>
<tr><td colspan="2">人字形圆柱齿轮传动</td><td></td><td>可看作由两个轮齿倾斜方向相反的斜齿圆柱齿轮组合而成</td><td>用于高速、重载等场合</td></tr>
</table>

续表

类型			图示	特点	应用
齿轮轴线位置	齿轮外形	轮齿方向及啮合情况			
相交轴齿轮传动	锥齿轮传动	直齿锥齿轮传动		直齿分布在圆锥表面上，齿形从大端到小端逐渐缩小，能改变轴的转动方向	用于两相交轴之间的传动
		斜齿锥齿轮传动		轮齿分布在圆锥表面上，齿形从大端到小端逐渐缩小，承载能力比直齿锥齿轮强，传动平稳	用于高速、重载等场合
交错轴齿轮传动	圆柱齿轮传动	交错轴斜齿轮传动		相当于轴线交错的斜齿轮传动	用于两交错轴之间的传动
		蜗杆传动		可看作一种特殊的交错轴圆柱齿轮传动	用于两轴交错、传动比较大、传递功率不大或间歇工作的场合

此外，根据传动时齿轮工作条件的不同，齿轮传动可分为开式、半开式和闭式传动三类。其中，闭式齿轮传动中各齿轮经过精确加工，放置于密封的箱体内，润滑条件良好，多用于汽车、机床等重要传动场合。

2．齿轮传动的优缺点及应用

齿轮传动具有以下优点和缺点。

优点：① 传动比准确，工作可靠；② 传动效率高，使用寿命长；③ 结构紧凑，所占空间小，可在空间任意两轴之间传递运动和动力；④ 传递的功率、速度和尺寸范围大。

缺点：① 制造齿轮需要专用设备，制造成本较高；② 安装精度要求较高，否则会出现较大的振动和噪声；③ 不适用于两轴中心距较大的传动。

齿轮传动广泛应用于汽车、飞机、船舶、机床、起重机械、矿山机械、轻工机械和仪器仪表等行业，是应用最为广泛的机械传动之一。其中，汽车上的齿轮传动，均为封闭式齿轮传动，如变速器、差速器等。

4.2.2　渐开线齿轮

齿轮传动的实质是主动齿轮的齿廓推动从动齿轮的齿廓运动，其基本要求是传动准确、连续并具有足够的承载能力。因此，齿轮的齿廓曲线必须满足一定的条件，即啮合传动的两个齿轮的齿廓曲线必须是一对共轭曲线。工程实际中，齿轮齿廓常用的共轭曲线有渐开线、摆线和圆弧，对应的齿轮分别称为渐开线齿轮、摆线齿轮和圆弧齿轮，其中应用最广的是渐开线齿轮。下面以渐开线直齿圆柱齿轮为例介绍渐开线齿轮的相关知识。

1. 渐开线齿廓的形成及性质

如图 4-19（a）所示，当一直线 BK 沿圆周从位置 I 做纯滚动到位置 II 时，直线上任一点 K 的轨迹形成一条曲线 AK，曲线 AK 就称为该圆的渐开线，该圆称为渐开线的基圆，直线 BK 称为渐开线的发生线。渐开线齿轮的齿廓就是由以同一基圆形成的两条反向渐开线组成的，如图 4-19（b）所示。

由渐开线的形成过程可知，渐开线具有下列性质。

（1）发生线上沿基圆滚过的线段长度等于基圆上被滚过的相应弧长，即 $BK = \overset{\frown}{BA}$。

（2）发生线 BK 即渐开线在 K 点的法线。由于发生线恒切于基圆，因此渐开线上任意点的法线必恒切于基圆。

笔记

（3）渐开线齿廓上 K 点的法线方向与该点速度方向所夹的锐角称为该点的压力角，用 α_K 表示，$\cos\alpha_K = OB/OK = r_b/r_K$。由此可见，齿廓上各点的压力角是变化的，$K$ 点离基圆圆心越远，压力角 α_K 越大。

（4）发生线与基圆的切点 B 也是渐开线在 K 点处的曲率中心，线段 BK 即渐开线在 K 点处的曲率半径。因此，渐开线上越接近基圆的部分曲率半径越小，在基圆上其曲率半径为零。

（5）渐开线的形状取决于基圆半径的大小。如图 4-19（c）所示，基圆半径越小，渐开线越弯曲；基圆半径越大，渐开线越平直。当基圆半径趋于无穷大时，渐开线将成为一条直线。

（6）基圆内无渐开线。

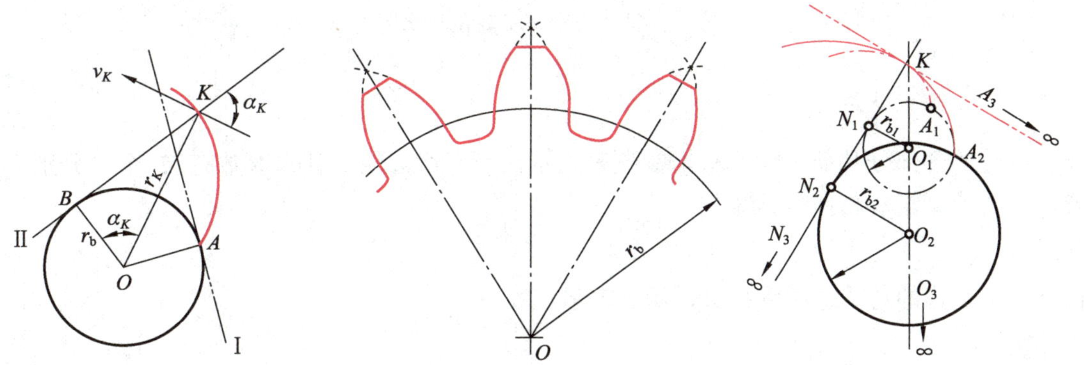

（a）渐开线的形成　　（b）渐开线齿廓　　（c）渐开线形状与基圆半径的关系

图 4-19　渐开线齿廓

2. 渐开线齿轮各部分的名称

1）齿宽、齿厚、齿槽宽和齿距

轮齿沿齿轮轴线方向的宽度称为齿宽，用 b 表示。在齿轮任意圆周上，一个轮齿两侧齿廓间的弧长称为该圆上的齿厚，用 s_k 表示；一个齿槽两侧齿廓间的弧长称为该圆上的齿槽宽，用 e_k 表示；相邻两齿同侧齿廓之间的弧长称为该圆上的齿距，用 p_k 表示。

2）齿顶圆、齿根圆和分度圆

过齿轮各齿顶所作的圆称为齿顶圆，其半径用 r_a 表示。过齿轮各齿槽底部所作的圆称为齿根圆，其半径用 r_f 表示。

为了便于计算齿轮各部分的尺寸，在齿轮上选择一个圆作为尺寸计算基准，这个圆称为分度圆，其半径、齿厚、齿槽宽和齿距分别以 r、s、e 和 p 表示，如图 4-20 所示。其中，齿距、齿厚和齿槽宽之间的关系为

$$p=s+e \tag{4-4}$$

3）齿顶高、齿根高和齿全高

轮齿上介于齿顶圆与分度圆之间的部分称为齿顶，其径向高度称为齿顶高，用 h_a 表示；轮齿上介于分度圆与齿根圆之间的部分称为齿根，其径向高度称为齿根高，用 h_f 表示；轮齿在齿顶圆和齿根圆之间的径向高度称为齿全高，用符号 h 表示，如图 4-20 所示。齿全高与齿根高、齿顶高之间的关系为

$$h=h_f+h_a \tag{4-5}$$

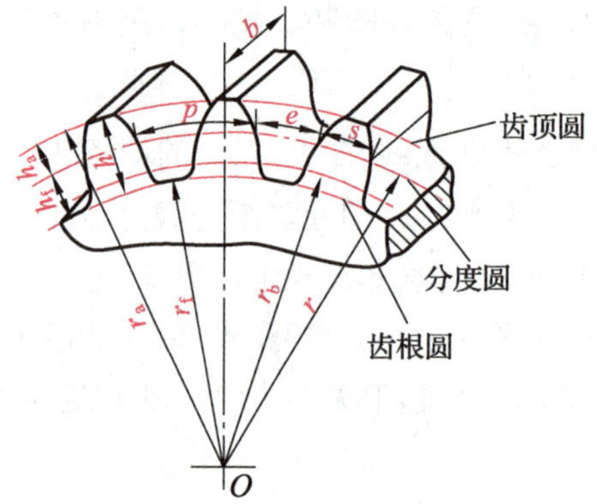

图 4-20 渐开线齿轮的一部分

3. 渐开线齿轮的基本参数

渐开线齿轮的各部分几何尺寸用基本参数来表示，渐开线齿轮的基本参数有 5 个，分别为齿数、模数、压力角、齿顶高系数和顶隙系数。

1）齿数

齿轮圆周上轮齿的总数量称为齿数，用 z 表示。

2）模数

齿轮分度圆的周长等于齿数 z 与齿距 p 的乘积，则分度圆的直径为

$$d=\frac{p}{\pi}z \tag{4-6}$$

由式（4-6）可知齿轮分度圆直径与齿数的关系。工程实际中，为便于进行齿轮的设计、计算、制造

和检验等，通常将 p/π 规定为标准值，并称其为齿轮的模数，用 m 表示，即 $m=p/\pi$，则有

$$d=mz \tag{4-7}$$

由上述内容可知，齿数相同的齿轮，模数 m 越大，齿距越大，轮齿也越大，齿轮的承载能力也就越强。

模数 m 的单位为 mm，GB/T 1357—2008《通用机械和重型机械用圆柱齿轮　模数》中规定了齿轮的标准模数系列，如表 4-14 所示。

表 4-14　齿轮的标准模数系列　　单位：mm

第 I 系列	1、1.25、1.5、2、2.5、3、4、5、6、8、10、12、16、20、25、32、40、50
第 II 系列	1.125、1.375、1.75、2.25、2.75、3.5、4.5、5.5、(6.5)、7、9、11、14、18、22、28、36、45

注：(1) 表中模数适用于渐开线直齿轮和斜齿轮，对于斜齿轮是指法向模数 m_n。

(2) 表中模数优先选用第 I 系列，其次是第 II 系列，括号内的模数尽量不用。

3）压力角

通常所说的压力角是指渐开线齿廓在分度圆上的压力角，用 α 表示，由于 $\cos\alpha=r_b/r$，因此齿轮的基圆半径为

$$r_b=r\cos\alpha=\frac{mz\cos\alpha}{2} \tag{4-8}$$

我国规定分度圆上的标准压力角为 $20°$。

4）齿顶高系数和顶隙系数

齿顶高 h_a 与模数 m 的比值称为齿顶高系数，用符号 h_a^* 表示。

一对齿轮啮合时，一个齿轮的齿顶与另一个齿轮的齿根之间沿半径方向的间隙称为顶隙，用 c 表示。顶隙能够避免一个齿轮的齿顶与另一个齿轮的齿根在啮合时发生触碰，还可以储存润滑油，以减小齿轮啮合时的摩擦。顶隙与模数的比值称为顶隙系数，用符号 c^* 表示。

h_a^* 和 c^* 均已标准化：对于正常齿，$h_a^*=1$，$c^*=0.25$；对于短齿，$h_a^*=0.8$，$c^*=0.3$。齿根高 h_f 的计算公式为

$$h_f=h_a+c=m(h_a^*+c^*) \tag{4-9}$$

4. 渐开线标准直齿圆柱齿轮几何尺寸的计算

当齿轮的模数 m、压力角 α、齿顶高系数 h_a^* 和顶隙系数 c^* 都取标准值，且分度圆上的齿厚 s 与齿槽宽 e 相等时，该齿轮称为标准齿轮。对于标准齿轮，有

$$s=e=p/2=\pi m/2 \tag{4-10}$$

渐开线标准直齿圆柱齿轮几何尺寸的计算公式如表 4-15 所示。

表 4-15　渐开线标准直齿圆柱齿轮几何尺寸的计算公式

名称	符号	计算公式	名称	符号	计算公式
模数	m	计算后从表 4-14 中选取	齿顶高系数	h_a^*	正常齿取 1.0
压力角	α	$\alpha=20°$	顶隙系数	c^*	正常齿取 0.25

续表

名称	符号	计算公式	名称	符号	计算公式
分度圆直径	d	$d=mz$	齿全高	h	$h=m(2h_a^*+c^*)$
齿顶圆直径	d_a	$d_a=m(z+2h_a^*)=d+2h_a$	齿距	p	$p=\pi m$
齿根圆直径	d_f	$d_f=m(z-2h_a^*-2c^*)=d-2h_f$	齿厚	s	$s=\pi m/2$
齿顶高	h_a	$h_a=h_a^*m$	齿槽宽	e	$e=\pi m/2$
齿根高	h_f	$h_f=m(h_a^*+c^*)$	标准中心距	a	$a=\dfrac{m(z_1+z_2)}{2}=\dfrac{d_1+d_2}{2}$

5. 渐开线齿轮的啮合传动

1）渐开线齿轮正确啮合的条件

为保证一对渐开线齿轮能连续顺利地传动，必须使各对轮齿依次正确啮合且互不干扰。因此，齿轮的齿厚必须无侧隙地啮入另一个齿轮的齿槽，这就要求一个齿轮的齿厚等于另一个齿轮的齿槽宽，即 $\pi m_1/2=\pi m_2/2$，故 $m_1=m_2$。同时，为保证两齿轮在啮合点处有一条公法线，使啮合线为一条直线，两齿轮的压力角必须相等，即 $\alpha_1=\alpha_2$。

由上述内容可知，一对渐开线齿轮正确啮合的条件是两齿轮的模数和压力角分别相等，即

$$m_1=m_2=m,\quad \alpha_1=\alpha_2=\alpha \tag{4-11}$$

2）渐开线齿轮传动的传动比

如图 4-21 所示，一对渐开线齿轮啮合时，两齿廓的公法线 n-n 与两齿轮圆心连线 O_1O_2 相交于 C 点，C 点称为节点。分别以 O_1、O_2 为圆心，以 O_1C、O_2C 为半径作圆，所得的圆称为节圆。可以证明，渐开线齿轮传动的传动比 $i=\omega_1/\omega_2=r_{b2}/r_{b1}$。由于传动过程中基圆半径不变，因此渐开线齿轮传动能保证精确的瞬时传动比。

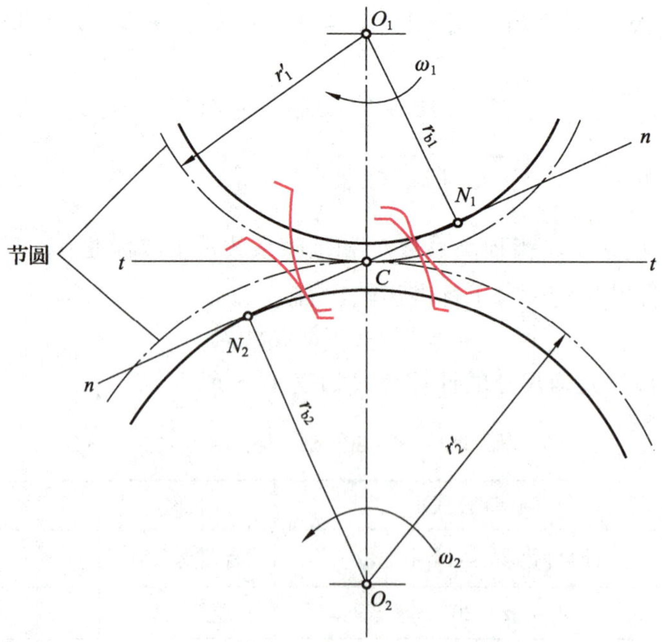

图 4-21　渐开线齿廓的啮合

3）渐开线齿轮传动的中心距

渐开线齿轮传动时，如果相互啮合的轮齿之间有侧隙，在传动过程中会出现振动和冲击。为实现无侧隙啮合，在安装齿轮时应保证分度圆与节圆重合，这种安装称为标准安装，如图 4-22 所示。标准安装时齿轮的中心距称为标准中心距，其大小为

$$a = r_2' \pm r_1' = r_2 \pm r_1 = m(z_2 \pm z_1)/2 \tag{4-12}$$

式（4-12）中的“±”表示啮合的类型，当齿轮为外啮合时取“+”，为内啮合时取“−”。

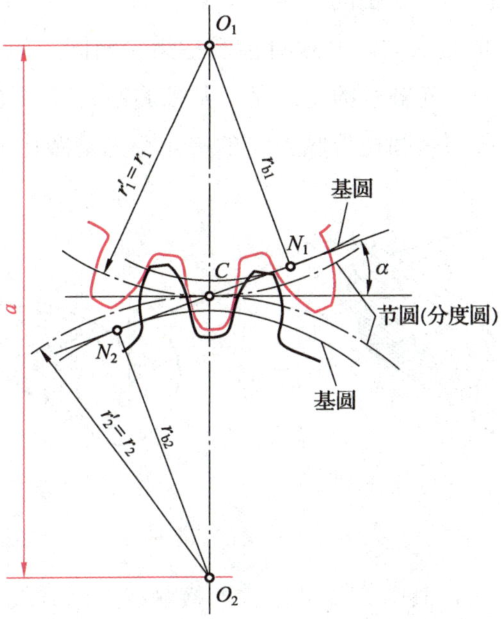

图 4-22　渐开线齿轮的标准安装

知识链接

当渐开线齿轮传动的中心距不等于标准中心距时，这种安装称为非标准安装。由于基圆半径为定值，因此渐开线齿轮非标准安装的传动比仍将保持不变，这种性质称为渐开线齿轮传动中心距的可分性，它为齿轮的加工和安装提供了很大的便利。

4）渐开线齿轮连续传动的条件

为保证一对渐开线齿轮能够连续传动，必须要求前一对啮合的轮齿完全脱离之前，至少有一对轮齿已进入啮合，即一对齿轮在任意啮合瞬间必须有另外一对或一对以上的轮齿处于啮合状态。

通常用重合度来描述任意瞬间处于啮合状态的轮齿对数，其符号为 ε。重合度 ε 越大，表示同时参与啮合的齿数越多，传动也越平稳。渐开线齿轮连续传动的条件为重合度 $\varepsilon \geqslant 1$。

笔记

4.2.3　其他常用齿轮传动简介

除了渐开线直齿圆柱齿轮传动，汽车常用齿轮传动还有斜齿圆

柱齿轮传动、锥齿轮传动等。

1．斜齿圆柱齿轮传动

1）斜齿圆柱齿轮传动的特点

由于齿轮是有一定宽度的，因此圆柱齿轮的齿廓实际上不是一条曲线，而是一个曲面。图 4-23（a）所示为渐开线直齿圆柱齿轮的齿廓曲面，它是一个渐开线柱面，该渐开线柱面和基圆柱的交线与齿轮轴线平行，在垂直于轴线的平面内其齿形完全相同。

斜齿圆柱齿轮齿廓曲面的形成方法与渐开线直齿圆柱齿轮相同，但由于斜齿圆柱齿轮的齿向与齿轮轴线不平行，因此生成的齿廓曲面与基圆柱的交线是一条螺旋曲线，如图 4-23（b）所示，该齿廓曲面称为渐开线螺旋面。螺旋曲线的切线与基圆柱母线 NN' 的夹角称为基圆柱上的螺旋角，用 β_b 表示。

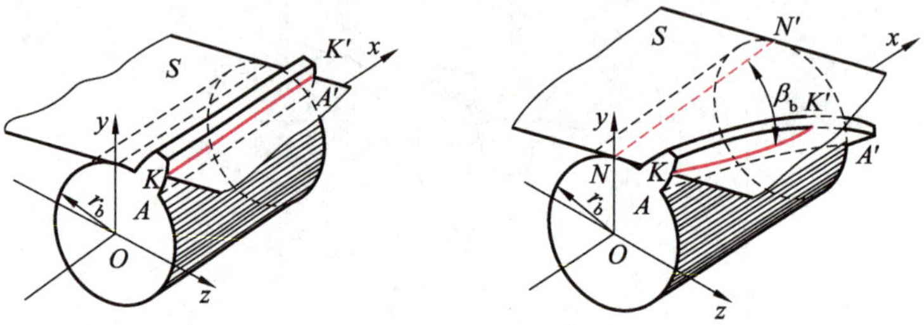

（a）渐开线直齿圆柱齿轮的齿廓曲面　　（b）斜齿圆柱齿轮的齿廓曲面

图 4-23　齿轮的齿廓曲面

由于斜齿圆柱齿轮存在螺旋角，其啮合传动的齿面接触线与渐开线直齿圆柱齿轮传动是不同的，渐开线直齿圆柱齿轮传动的齿面接触线是等长的，如图 4-24（a）所示；斜齿圆柱齿轮传动的齿面接触线不是等长的，而是由短变长，又由长变短的，如图 4-24（b）所示。这表明，斜齿圆柱齿轮的轮齿工作时承受的载荷是逐渐增大后再逐渐减小的，因此斜齿圆柱齿轮传动承载能力强、传动平稳、冲击及工作噪声小，适用于大功率、高速齿轮传动。汽车变速器中的齿轮传动普遍采用的是斜齿圆柱齿轮传动，如图 4-25 所示。

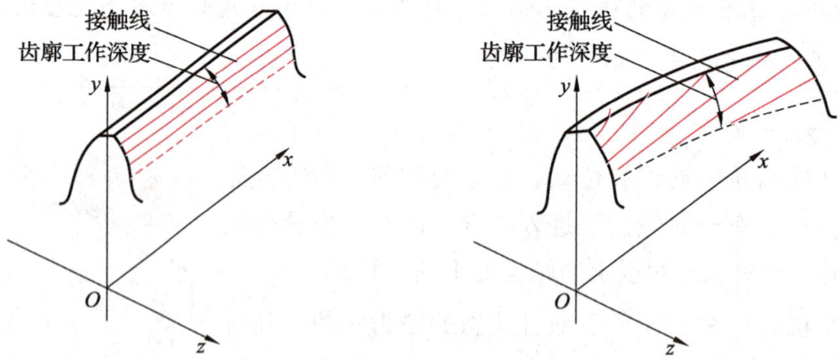

（a）渐开线直齿圆柱齿轮传动的齿面接触线　（b）斜齿圆柱齿轮传动的齿面接触线

图 4-24　齿轮传动的齿面接触线

图 4-25　汽车变速器中的齿轮传动

2）斜齿圆柱齿轮的基本参数

对于斜齿圆柱齿轮，由于垂直于其轴线的端面齿形和垂直于螺旋曲线方向的法面齿形是不相同的，因此其端面参数与法面参数也不相同。斜齿圆柱齿轮的基本参数有螺旋角、模数、压力角、齿顶高系数和顶隙系数等。

（1）螺旋角。

若将斜齿圆柱齿轮沿分度圆柱面展开，将得到一个矩形，分度圆上的螺旋线将变为一组斜直线，如图 4-26 所示。其中，斜直线与齿轮轴线所夹的锐角称为螺旋角，用 β 表示，它的大小表示轮齿的倾斜程度。一般情况下，β 值越大，传动的平稳性越高，但传动时产生的轴向力也越大，故螺旋角 β 不能过大，一般取 $8°\sim20°$。

根据螺旋线的旋向不同，斜齿圆柱齿轮可分为左旋和右旋两种，具体判断方法可使用右手定则。如图 4-27 所示，将右手手心面对自己，四根手指的指向与齿轮轴线方向保持一致，若斜齿圆柱齿轮的齿向与右手拇指指向相同，则为右旋；反之，则为左旋。

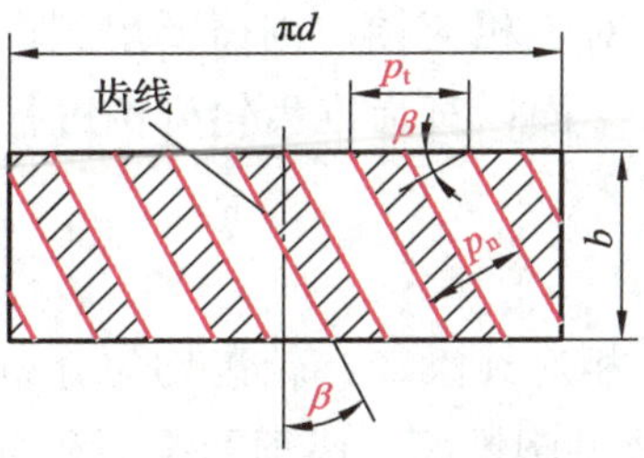

图 4-26　斜齿圆柱齿轮沿分度圆柱面展开图

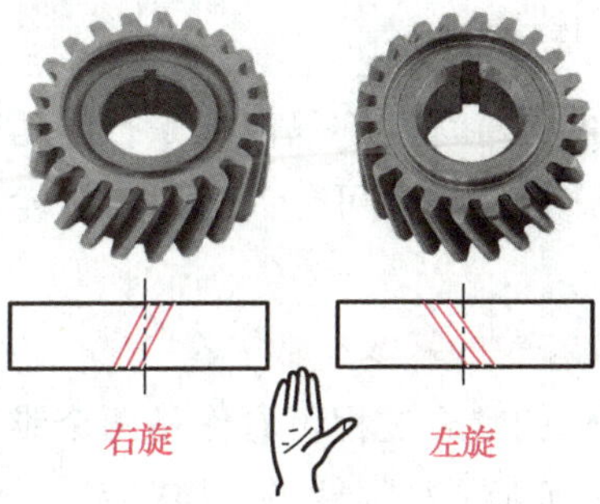

图 4-27　斜齿圆柱齿轮的旋向

（2）模数。

斜齿圆柱齿轮的模数分为端面模数 m_t 和法面模数 m_n。如图 4-26 所示，根据几何关系可知，端面齿距 p_t 与法面齿距 p_n 之间存在关系 $p_n = p_t \cos\beta$，由此可知

$$m_n = m_t \cos\beta \tag{4-13}$$

（3）压力角。

斜齿圆柱齿轮的分度圆在端面内的压力角称为端面压力角，用 α_t 表示；在法面内的压力角称为法面压力角，用 α_n 表示。如图 4-28 所示，根据几何关系推导可得

$$\tan\alpha_n = \cos\beta \tan\alpha_t \tag{4-14}$$

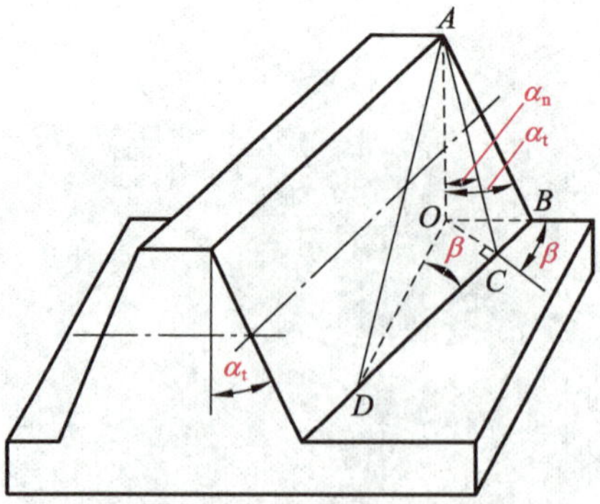

图 4-28　端面压力角和法面压力角

（4）齿顶高系数和顶隙系数。

斜齿圆柱齿轮的端面、法面齿顶高系数 h_{at}^*、h_{an}^*，端面、法面顶隙系数 c_t^*、c_n^* 之间的关系分别为

$$h_{at}^* = h_{an}^* \cos\beta，\quad c_t^* = c_n^* \cos\beta \tag{4-15}$$

3）斜齿圆柱齿轮正确啮合的条件

与渐开线齿轮传动类似，一对斜齿圆柱齿轮啮合时，必须要求两个斜齿圆柱齿轮的模数和压力角分别相等；此外还要求两斜齿圆柱齿轮的螺旋角相互匹配，即大小相等，外啮合时旋向相反，内啮合时旋向相同，即

$$\begin{cases} m_{n1} = m_{n2} = m_n \\ \alpha_{n1} = \alpha_{n2} = \alpha_n \\ \beta_1 = \pm\beta_2 \end{cases} \tag{4-16}$$

式（4-16）中，“－”表示两斜齿圆柱齿轮的轮齿旋向相反，用于外啮合；“＋”表示两斜齿圆柱齿轮的轮齿旋向相同，用于内啮合。

2．锥齿轮传动

前面介绍的圆柱齿轮都只能在平行的两轴之间进行传动，对于相交轴，则需要用到锥齿轮传动。根据齿形的不同，锥齿轮也可分为直齿锥齿轮和斜齿锥齿轮等，下面以直齿锥齿轮为例进行锥齿轮传动的介绍。

1）直齿锥齿轮的基本参数

直齿锥齿轮的啮合过程可看作是两个锥顶共点的圆锥体做相对纯滚动，轮齿均匀分布在锥体的表面上，如图 4-29 所示。与圆柱齿轮相对应，直齿锥齿轮中也有分度圆锥面、齿顶圆锥面和齿根圆锥面等。直齿锥齿轮的基本参数包括模数、分度圆锥角、轴交角、压力角、齿顶高系数和顶隙系数等。

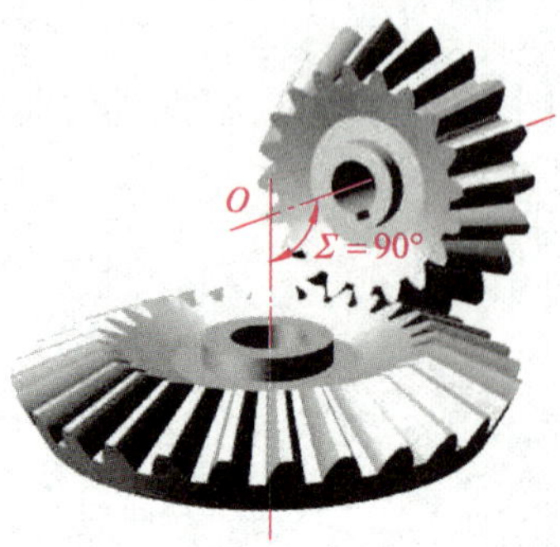

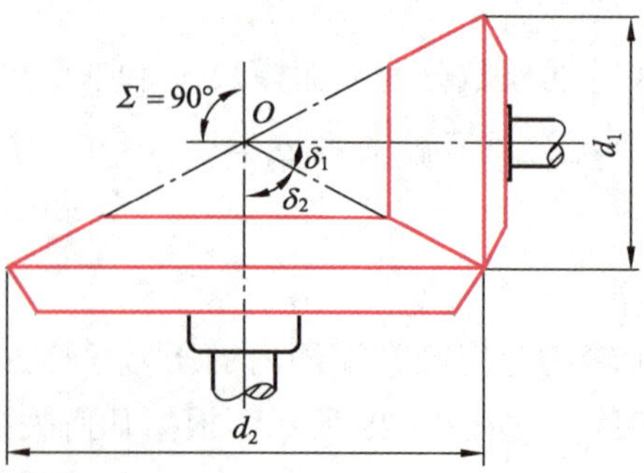

图 4-29　直齿锥齿轮传动

（1）模数。

直齿锥齿轮的模数 m 已由 GB/T 12368—1990《锥齿轮模数》规定，一般根据齿轮强度和结构的要求进行选取。

（2）分度圆锥角。

直齿锥齿轮轴线与分度圆锥面所夹的锐角称为分度圆锥角，用 δ 表示。

笔记

（3）轴交角。

相互啮合时，两直齿锥齿轮轴线之间的夹角称为轴交角，用 Σ 表示。一般机械中，通常采用 90°轴交角的直齿锥齿轮传动，即 $\Sigma=\delta_1+\delta_2=90°$，如图 4-29 所示。

（4）压力角、齿顶高系数和顶隙系数。

国家标准规定，标准直齿锥齿轮的压力角 $\alpha=20°$，正常齿的齿顶高系数 $h_a^*=1$，顶隙系数 $c^*=0.2$。

2）直齿锥齿轮正确啮合的条件

一对直齿锥齿轮正确啮合的条件：两个齿轮的大端模数相等、大端压力角相等，且锥距相等、锥顶重合。其中，锥距是指分度圆锥顶点到锥底的距离。

4.2.4　齿轮传动的失效形式及润滑

1. 齿轮传动的失效形式

常见齿轮传动的失效形式有轮齿折断和齿面损伤等，其中齿面损伤又可分为齿面点蚀、齿面磨损、齿面胶合和齿面塑性变形等。常见齿轮传动的失效形式如表 4-16 所示。

表 4-16　常见齿轮传动的失效形式

失效形式	图例	失效原因	失效后果	预防措施
轮齿折断		齿根受较大交变弯曲应力的反复作用或较大的冲击载荷作用而折断	齿轮无法工作，甚至引发事故	（1）提高轮齿的弯曲疲劳强度 （2）加大齿根过渡圆角以减少应力集中现象 （3）避免齿轮过载
齿面点蚀	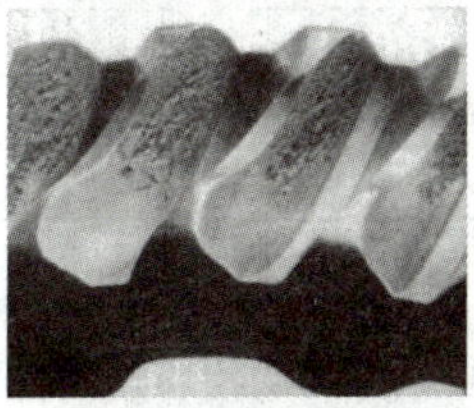	齿轮传动中，相互接触的齿面受到周期性变化的接触应力的作用，长时间工作后齿面出现小片金属剥落现象，并形成麻点状凹坑	传动不平稳，振动及噪声增大，甚至无法工作	（1）限制齿面间的接触应力 （2）提高齿面硬度，减小轮齿的表面粗糙度 （3）改善润滑条件
齿面磨损		齿轮传动中，尘土、砂粒、铁屑等杂物落入轮齿啮合面，导致齿面逐渐磨损，失去正确齿形	引起振动及噪声增大，甚至造成轮齿折断	（1）提高齿面硬度 （2）采用闭式传动，保持工作环境的清洁 （3）改善润滑条件

续表

失效形式	图例	失效原因	失效后果	预防措施
齿面胶合	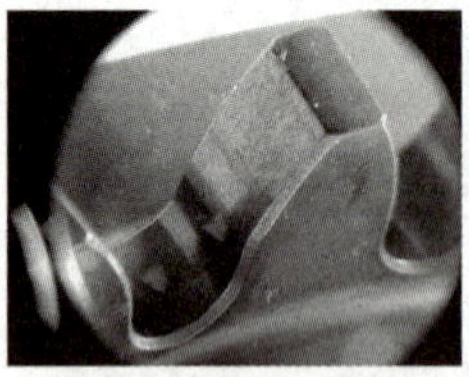	在高速、重载齿轮传动中，轮齿啮合区的局部温度升高，导致润滑失效，从而在啮合时引起两齿面金属直接接触并发生黏结，软齿面的部分金属被撕下形成沟纹	传动不平稳，振动及噪声增大，甚至无法工作	（1）提高齿面硬度，减小轮齿的表面粗糙度 （2）加强散热，选用合适的润滑油
齿面塑性变形		频繁启动、严重过载的齿轮传动中，轮齿材料由于屈服产生局部塑性变形，失去正确的齿形	传动不平稳，振动及噪声增大，甚至无法工作	（1）提高齿面硬度 （2）避免齿轮过载 （3）改善润滑条件

2．齿轮传动的润滑

为减少轮齿啮合时齿面间的摩擦和磨损，加强散热并延长齿轮的使用寿命，需要对齿轮传动进行必要的润滑。

齿轮传动主要通过润滑油进行润滑，其润滑方式有很多，通常需要根据齿轮传动的工作条件和圆周速度进行选择。其中，开式及半开式齿轮传动通常采用人工定期添加润滑油的方式进行润滑；闭式齿轮传动常用的润滑方式有浸油润滑、溅油润滑和喷油润滑等，如表 4-17 所示。

表 4-17　闭式齿轮传动常用的润滑方式

润滑方式	示意图	特点及应用
浸油润滑	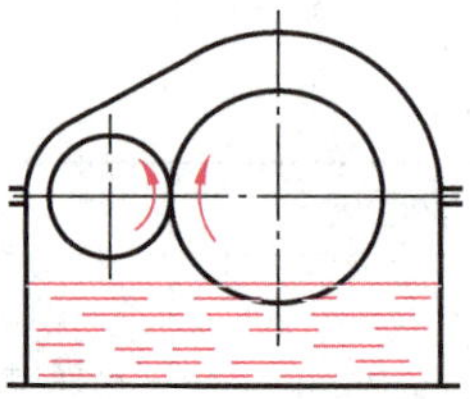	（1）将大齿轮的轮齿浸入油池中进行浸油润滑，齿轮浸入油中的深度视齿轮圆周速度大小而定，一般不低于 10 mm，但不宜超过一个齿高 （2）浸油润滑适用于齿轮圆周速度不超过 12 m/s 的齿轮传动
溅油润滑	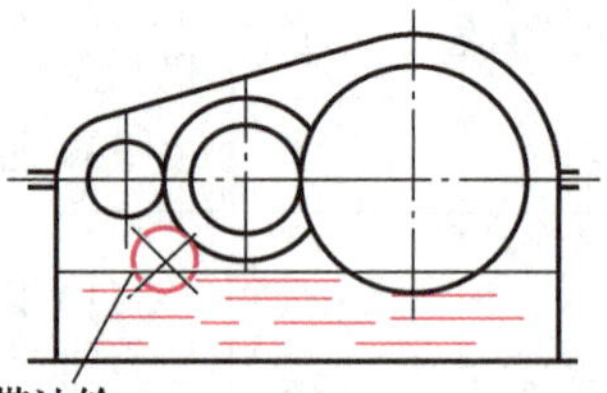	（1）采用带油轮将油甩溅到未浸入油池的齿面上进行润滑，油池中存油量的多少取决于齿轮传递功率的大小。对于单级传动，每传递 1 kW 的功率，存油量为 0.35～0.75 L；对于多级传动，存油量应按级数成倍增加 （2）溅油润滑适用于多级齿轮传动
喷油润滑	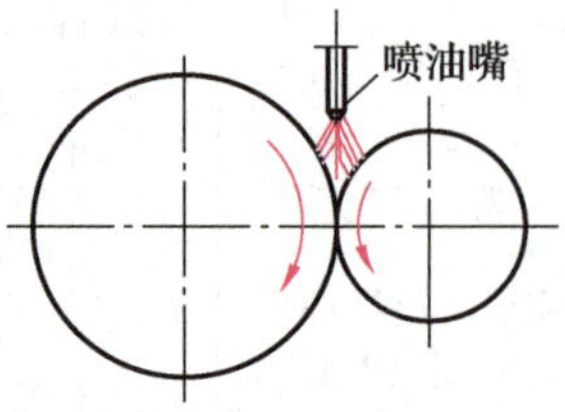	（1）油泵将具有一定压力的润滑油从喷嘴喷到齿轮啮合面上进行润滑 （2）喷油润滑适用于齿轮圆周速度大于 12 m/s 的齿轮传动

任务实训——通过测量数据计算齿轮的模数

1. 任务描述

齿轮是一个外形较为复杂的零件，其基本参数是对其进行设计和选用的最重要依据。例如，在某机器的齿轮箱中有一渐开线直齿圆柱齿轮，因其齿面磨损较为严重而需要更换。图 4-30 所示为该齿轮的测量示意图，用游标卡尺测量跨 2 个齿和跨 3 个齿的齿廓距离分别为$W_2 = 39.38\ \text{mm}$和$W_3 = 62.16\ \text{mm}$。全班学生以 3～5 人为一组进行分组，以组为单位计算该齿轮的模数 m。

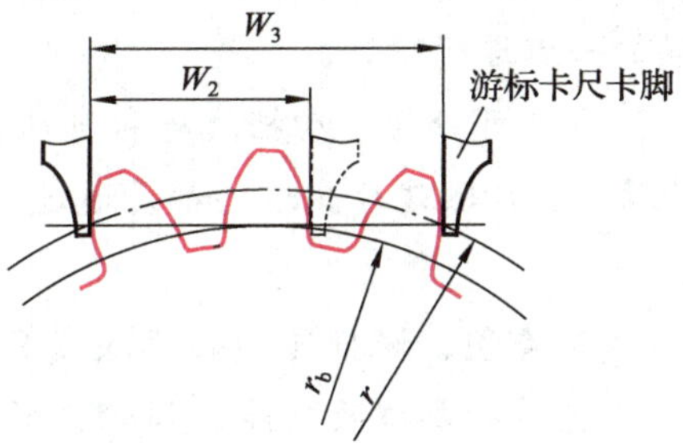

图 4-30　渐开线直齿圆柱齿轮测量示意图

2. 任务实训

由齿轮渐开线的性质可知，当游标卡尺两卡脚分别与两渐开线齿廓相切时，两切点的连线即为两渐开线的公法线，其长度与所对应基圆上圆弧的长度相等，即

$$W_3 = 2p_b + s_b\text{，}\quad W_2 = p_b + s_b$$

因此基圆上的齿距为

$$p_b = W_3 - W_2 = 62.16 - 39.38 = 22.78\ (\text{mm})$$

由齿轮基圆半径的计算公式及弧长与半径的关系可知

$$r_b = \frac{mz\cos\alpha}{2} = \frac{p_b z}{2\pi}$$

则有

$$m = \frac{p_b}{\pi\cos\alpha} = \frac{22.78}{3.14\times\cos 20^\circ} \approx 7.72\ (\text{mm})$$

因此，该齿轮模数 m 为 7.72 mm。根据 GB/T 1357—2008《通用机械和重型机械用圆柱齿轮　模数》中规定的标准模数，可选取$m = 8\ \text{mm}$。

任务 4.3　认识蜗杆传动和齿轮系

任务引入

齿轮传动在汽车中具有广泛的应用。在汽车减速器传动机构中，平行轴间的运动是通过圆柱齿轮传动来传递的，相交轴间的运动是通过锥齿轮传动来传递的，那么空间两交错轴间的运动是通过什么来传递的呢？这个问题需要利用蜗杆传动的知识进行解答。

大家都知道，根据变速箱的不同，汽车可分为手动挡汽车和自动挡汽车，它们都有若干“挡位”。通过切换变速箱的挡位可以调节汽车的动力和行驶速度。这些都是通过一系列齿轮所组成的传动系统——齿轮系实现的。

本任务要求学生从蜗杆传动的组成及类型、蜗杆传动的优缺点及应用、蜗杆传动的主要参数及工作原理、蜗杆传动的失效形式及润滑、齿轮系的类型及功能、齿轮系的传动比等方面来认识蜗杆传动和齿轮系。本任务的知识与技能要求如表 4-18 所示。

表 4-18　知识与技能要求

任务内容	认识蜗杆传动和齿轮系	学习程度		
		识记	理解	应用
学习任务	蜗杆传动的组成及类型	●		
	蜗杆传动的优缺点及应用		●	
	蜗杆传动的主要参数及工作原理		●	
	蜗杆传动的失效形式及润滑	●		
	齿轮系的类型及功能	●		
	齿轮系的传动比		●	
实训任务	分析齿轮系的传动			●
自我勉励				

班级____________　　姓名____________　　学号____________

任务工单——认识蜗杆传动和齿轮系

1．任务目标

（1）掌握蜗杆传动的主要参数及工作原理。

（2）熟悉齿轮系的功能。

（3）能够计算蜗杆传动的传动比，确定蜗轮的转向。

（4）能够计算齿轮系的传动比，确定齿轮系传动件的转向。

2．学生分组

以 3～5 人为一组，选出组长并进行任务分工，将小组成员及分工情况填入表 4-19 中。

表 4-19　小组成员及分工情况

小组成员	姓名	分工情况
组长		
组员		

3．工作准备

（1）查阅相关资料，根据任务内容制订工作计划，并将其填入表 4-20 中。

表 4-20　工作计划

步骤	工作内容	负责人

（2）列出完成工作计划所需要的工具、材料等，并将其填入表 4-21 中。

表 4-21　完成工作计划所需要的工具、材料

序号	名称	型号与规格	单位	数量	备注

班级____________ 姓名____________ 学号____________

4. 工作实施

根据本组最佳工作计划展开实施。按实际操作过程，将实施内容、遇到的问题及解决办法填入表 4-22 中。

表 4-22 任务实施过程记录表

序号	实施内容	遇到的问题及解决办法

5. 课堂小结

____

____

____

____

____

____

____

4.3.1　蜗杆传动

1. 蜗杆传动的组成和类型

1）蜗杆传动的组成

蜗杆传动由蜗杆、蜗轮和机架等组成，它主要用于空间两交错轴之间运动和动力的传递，如图 4-31 所示。蜗杆与蜗轮的轴线通常在空间成 90°角交错，一般以蜗杆为主动件，蜗轮为从动件。

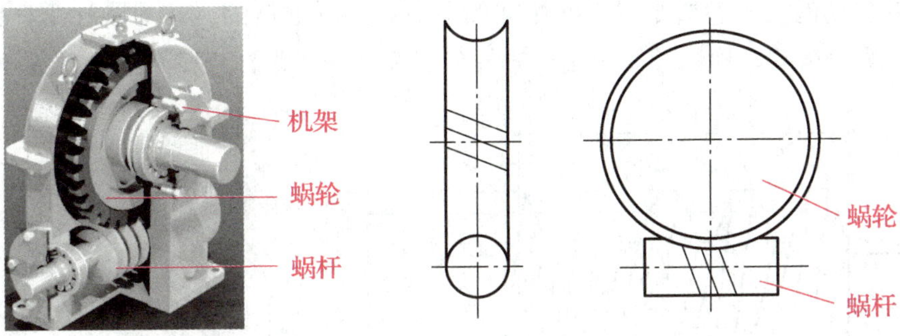

（a）实物图　（b）示意图

图 4-31　蜗杆传动的组成

2）蜗杆传动的类型

根据蜗杆外形的不同，蜗杆传动可分为圆柱蜗杆传动、环面蜗杆传动和锥蜗杆传动三类，如图 4-32 所示。

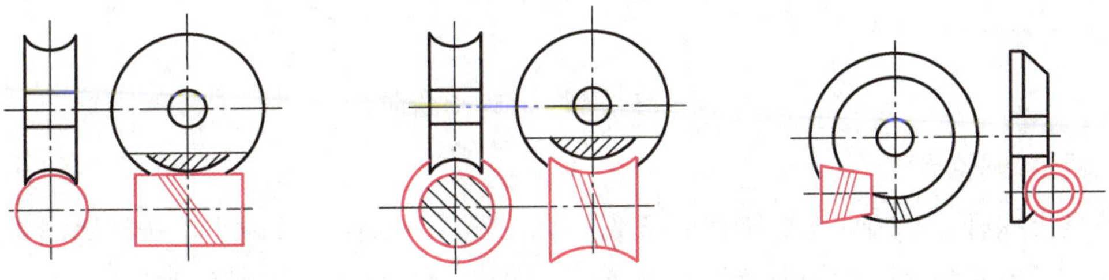

（a）圆柱蜗杆传动　（b）环面蜗杆传动　（c）锥蜗杆传动

图 4-32　蜗杆传动的类型

圆柱蜗杆传动可分为普通圆柱蜗杆传动和圆弧圆柱蜗杆传动。在普通圆柱蜗杆传动中，根据螺旋面形状的不同，普通圆柱蜗杆可分为阿基米德圆柱蜗杆、渐开线圆柱蜗杆、法向直廓圆柱蜗杆等。其中，阿基米德圆柱蜗杆具有加工方便、承载能力强等优点，应用最为广泛。下面以普通圆柱蜗杆传动为例介绍蜗杆传动的相关知识。

2. 蜗杆传动的优缺点及应用

与其他传动相比，蜗杆传动具有以下优点和缺点。

优点：① 传动比大（一般为 10～80）且准确，结构紧凑；② 传动平稳，噪声较小；③ 可实现自锁。

缺点：① 蜗轮与蜗杆之间的摩擦力较大，传动效率较低（一般为 0.7～0.9）；② 通常选用铜合金等材料，成本较高。

蜗杆传动常用于两轴交错、传动比较大、传递功率不太大和间歇工作的场合。蜗杆传动在汽车中的应用有变速器、转向器、制动器等，它可以实现高传动比和低速运转，从而提高汽车的行驶性能和安全性。

3．普通圆柱蜗杆传动的基本参数

普通圆柱蜗杆传动如图 4-33 所示，通过蜗杆轴线且垂直于蜗轮轴线的平面称为中间平面，它既是蜗杆的轴向截面，又是蜗轮的端面。在中间平面内，蜗轮与蜗杆的啮合相当于渐开线齿轮与齿条的啮合，因此普通圆柱蜗杆传动的基本参数是以中间平面的参数作为标准值的。普通圆柱蜗杆传动的基本参数主要包括蜗杆头数、蜗轮齿数、模数、压力角、蜗杆分度圆直径、蜗杆直径系数、导程角和中心距等。

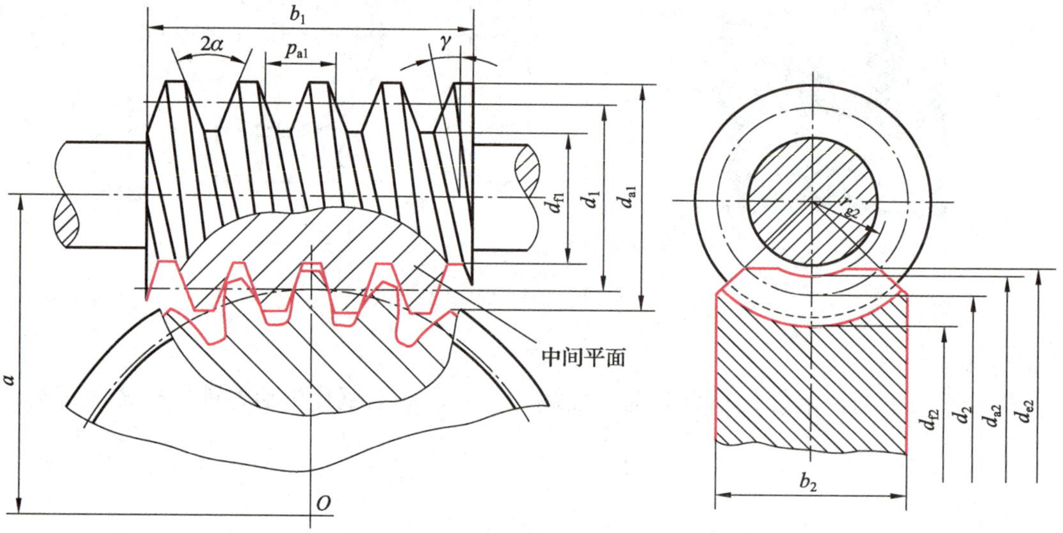

图 4-33　普通圆柱蜗杆传动

1）蜗杆头数和蜗轮齿数

蜗杆头数是指蜗杆分度圆柱上螺旋线的条数，用 z_1 表示。蜗杆头数越小，传动比越大，且越容易实现自锁，但传动效率将随之降低，摩擦发热量增大；蜗杆头数越大，传动效率越高，但传动比会变小，且加工困难。因此，工程实际中通常取 $z_1=1、2、4、6$。

蜗轮齿数 $z_2=iz_1$（i 为传动比）。若 z_2 太小，蜗杆传动的平稳性将变差，且蜗轮容易产生根切；若 z_2 太大，蜗轮的直径将增大，与之相啮合的蜗杆长度则会增加，导致蜗杆传动的刚度减小。因此，工程实际中通常取 $z_2=28\sim80$。

2）模数和压力角

蜗杆传动在中间平面内相当于齿轮齿条传动，且中间平面为蜗杆的轴面和蜗轮的端面，因此规定蜗杆的轴面模数 m_{a1} 和轴面压力角 α_{a1} 与蜗轮的端面模数 m_{t2} 和端面压力角 α_{t2} 分别相等（即 $m_{a1}=m_{t2}=m$，$\alpha_{a1}=\alpha_{t2}=\alpha$），以保证蜗杆与蜗轮的正确啮合。其中，蜗杆传动的模数一般取标准值，标准压力角为20°。

笔记

3）蜗杆分度圆直径和蜗杆直径系数

工程实际中，通常用与蜗杆尺寸相同的滚刀来加工蜗轮，以保证蜗轮与蜗杆的正确啮合，但这会导致模数相同而直径不同的蜗杆需要配制多种规格的蜗轮滚刀。从经济性考虑，为了减少滚刀的数目并实现滚刀的标准化，工程实际中对每个标准模数的蜗杆都规定了若干分度圆直径 d_1。

蜗杆分度圆直径 d_1 与模数 m 的比值称为蜗杆直径系数，用 q 表示，即

$$q = d_1/m \tag{4-17}$$

由式（4-17）可知，当模数 m 一定时，q 越大，蜗杆分度圆直径 d_1 越大，蜗杆的刚度越大。因此，对于小模数的蜗杆一般选择较大的 q，以保证其具有足够的刚度。

4）导程角

图 4-34（a）所示为蜗杆的分度圆柱，其上有两条螺旋线。如图 4-34（b）所示，将分度圆柱展开，相邻螺旋线之间的轴向距离称为齿距，用 p_{a1} 表示；同一条螺旋线相邻两齿间的轴向距离称为导程，用 p_z 表示，$p_z = p_{a1}z_1 = \pi m z_1$。

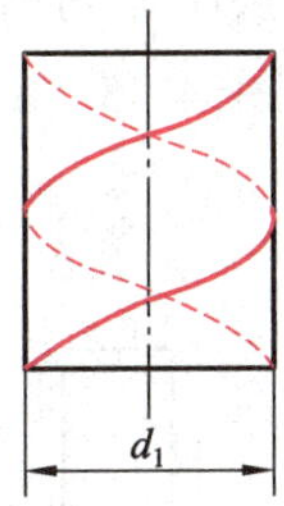

（a）分度圆柱

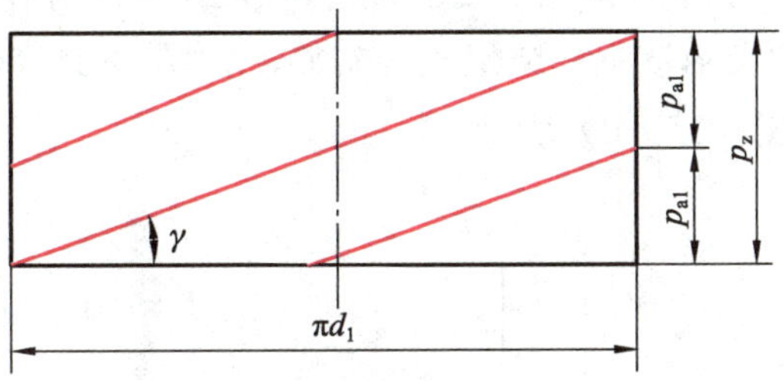

（b）展开面

图 4-34　蜗杆分度圆柱上的导程和导程角

螺旋线与蜗杆轴端面的夹角称为蜗杆分度圆柱上的导程角，简称导程角，用 γ 表示。由图 4-34（b）中几何关系可知

$$\tan\gamma = \frac{p_z}{\pi d_1} = \frac{m z_1}{d_1} = \frac{z_1}{q} \tag{4-18}$$

由式（4-18）可知，蜗杆直径 d_1 越小，导程角 γ 越大，传动效率越高。

根据导程角 γ 的旋向，蜗杆可分为左旋和右旋，其中右旋最为常用。为保证蜗轮与蜗杆的正确啮合，蜗杆的导程角 γ 与蜗轮的螺旋角 β 应大小相等、旋向相同。当导程角 γ 小于材料的当量摩擦角时，蜗杆传动即可实现自锁，此时一般取 $\gamma = 3°\sim5°$。

5）中心距

在蜗杆传动中，蜗轮与蜗杆的中心距为

$$a = \frac{d_1 + d_2}{2} = \frac{m(q + z_2)}{2} \tag{4-19}$$

4．普通圆柱蜗杆的啮合传动

1）蜗杆传动正确啮合的条件

根据上述分析，蜗杆传动正确啮合的条件为蜗杆的轴向模数 m_{a1} 与蜗轮的端面模数 m_{t2} 相等，蜗杆的轴面压力角 α_{a1} 与蜗轮的端面压力角 α_{t2} 相等；当蜗杆与蜗轮轴线交错成 90°角时，蜗杆分度圆柱的导程角

γ 与蜗轮分度圆的螺旋角 β 大小相等、旋向相同，即

$$\begin{cases} m_{a1} = m_{t2} = m \\ \alpha_{a1} = \alpha_{t2} = \alpha \\ \gamma = \beta \end{cases} \tag{4-20}$$

2）蜗杆传动的传动比

在蜗杆传动中，蜗杆通常为主动件，则蜗杆与蜗轮之间的传动比为

$$i = n_1/n_2 = z_2/z_1 \tag{4-21}$$

式中：

n_1、n_1——蜗杆和蜗轮的转速，单位为 r/min；

z_1、z_2——蜗杆头数和蜗轮齿数。

3）蜗轮与蜗杆的转向关系

蜗杆传动工作时，蜗杆与蜗轮的旋向应保持一致，即同为左旋或右旋，具体可通过右手定则进行判断。如图 4-35 所示，右手张开伸直，使手心朝向自己，四指指向蜗杆或蜗轮的轴线方向，若大拇指的指向与齿形方向一致，则表示该蜗杆或蜗轮为右旋，如图 4-35（a）和图 4-35（b）所示；反之，则为左旋，如图 4-35（c）和图 4-35（d）所示。

（a）右旋蜗杆　（b）右旋蜗轮　（c）左旋蜗杆　（d）左旋蜗轮

图 4-35　蜗杆与蜗轮旋向的判断方法

为了正确利用蜗杆传动，需要确定蜗轮的旋转方向。蜗轮的旋转方向与蜗杆的旋向和旋转方向有关，具体可通过左（右）手定则来判断。其中，左旋蜗杆用左手，右旋蜗杆用右手。如图 4-36 所示，伸出手掌，四指沿着蜗杆旋转方向弯曲，大拇指伸直代表蜗杆轴线，与大拇指指向相反的方向即为蜗轮上啮合点的线速度方向，即蜗轮的旋转方向。

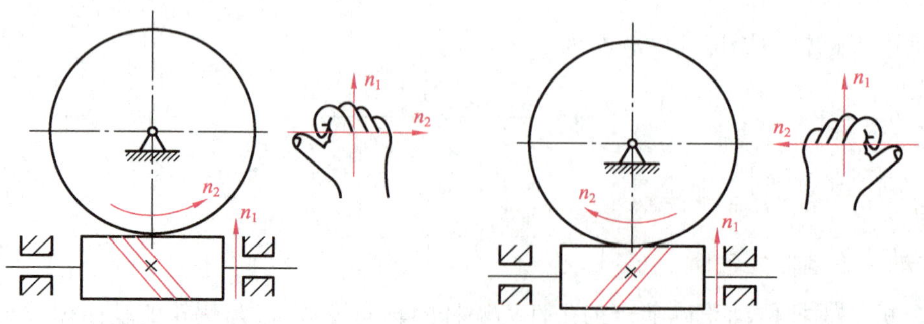

（a）右旋蜗杆　（b）左旋蜗杆

图 4-36　蜗轮旋转方向的判断方法

5. 蜗杆传动的失效形式及润滑

1）蜗杆传动的失效形式

与齿轮传动类似，蜗杆传动的失效形式主要包括轮齿折断、齿面点蚀、齿面磨损及齿面胶合等。由于材料和结构上的原因，蜗轮轮齿的强度往往低于蜗杆螺旋齿的强度，因此蜗杆传动的失效大多发生在蜗轮轮齿上。

2）蜗杆传动的润滑

蜗杆传动的相对滑动速度大、发热量大，若润滑不良则会显著降低工作效率，并且会带来严重的磨损，甚至出现齿面胶合，因此必须选择合适黏度的润滑油及润滑方式。蜗杆传动常用润滑油的黏度和润滑方式如表 4-23 所示。

笔记

表 4-23　蜗杆传动常用润滑油的黏度和润滑方式

适用滑动速度/（m/s）	0～1	0～2.5	0～5	5～10	10～15	15～25	>25
工作条件	重载	重载	中载				
润滑油运动黏度（40 ℃）/（mm^2/s）	900	500	350	220	150	100	80
润滑方式	浸油润滑			浸油润滑或喷油润滑	喷油润滑		

4.3.2　齿轮系

齿轮传动在汽车中应用广泛，但仅有一对齿轮往往难以满足实际需求，这时就需要采用由若干相互啮合的齿轮组成的传动系统——齿轮系（简称轮系），从而实现减速、增速及换向等功能。

齿轮系

1. 齿轮系的类型

根据工作时齿轮轴线是否固定，齿轮系可分为定轴轮系和周转轮系。

1）定轴轮系

传动时，各齿轮的几何轴线相对于机架都处于固定状态的齿轮系称为定轴轮系。按照各齿轮轴线是否在同一平面，定轴轮系又可分为平面定轴轮系和空间定轴轮系，如图 4-37 所示。

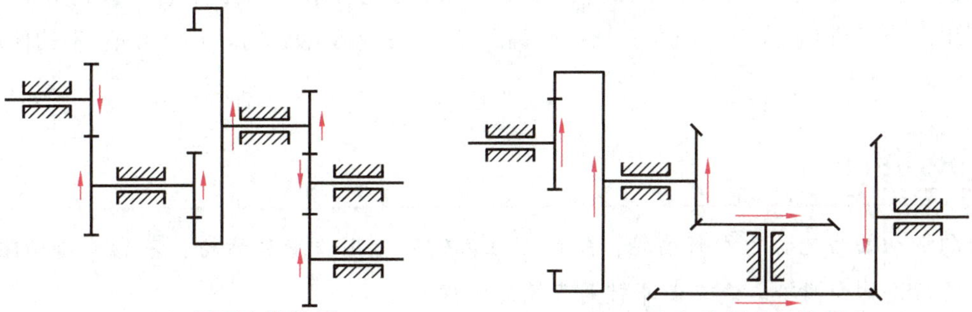

（a）平面定轴轮系　　（b）空间定轴轮系

图 4-37　定轴轮系

2）周转轮系

传动时，至少有一个齿轮的几何轴线相对于机架位置不固定的齿轮系称为周转轮系，它主要由太阳轮、行星轮、行星架和机架等组成，如图 4-38 所示。

周转轮系中，太阳轮轴线固定，它在绕自身轴线转动的同时，带动行星轮转动。行星轮安装在行星架上，既绕自身轴线转动，又带动行星架一起绕太阳轮轴线旋转。

根据机构自由度数目的不同，周转轮系可分为行星轮系和差动轮系。

行星轮系：一个太阳轮转动，另一个太阳轮不转动，自由度 $F=1$ 的周转轮系。如图 4-38（a）所示，太阳轮 1 转动，太阳轮 2 不转动。

差动轮系：两个太阳轮都可转动，自由度 $F=2$ 的周转轮系。如图 4-38（b）所示，太阳轮 1、太阳轮 2 均可转动。

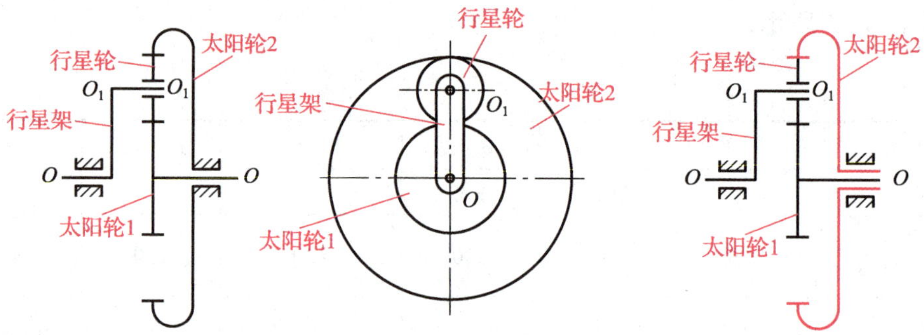

（a）行星轮系　　（b）差动轮系

图 4-38　周转轮系

2. 齿轮系的功能

在机械传动中，齿轮系的应用是十分广泛的，其主要功能有以下几个方面。

1）实现长距离传动

如图 4-39 所示，用四个小齿轮代替两个大齿轮进行传动，既可节约空间、材料，又便于制造和安装。

2）实现变速和换向传动

在输入轴转速和转向不变的情况下，利用齿轮系可以使输出轴获得若干不同的转速或反向的运动。例如，汽车行驶时换挡变速、倒车时改变转向等均可通过齿轮系实现。

图 4-40 所示为某简易汽车变速箱机构运动简图。齿轮 1 和齿轮 4 上分别装有离合器 A 的两部分，齿轮 4 和齿轮 6 为滑移齿轮，可沿轴向滑动。在图示位置，离合器处于分离状态，输出轴 II 静止，此时为空挡；通过操纵拨叉使齿轮 4 和齿轮 6 在轴上移动，可使齿轮 4 和齿轮 3 啮合、齿轮 6 和齿轮 5 啮合，当离合器接合时，汽车相应获得一挡和二挡；当齿轮 6 与惰轮 8 啮合时，由于惰轮 8 的作用，输出轴 II 将反转，便可实现倒挡。

知识链接

可以轴向滑动的齿轮称为滑移齿轮，斜齿圆柱齿轮不能用作滑移齿轮。不影响传动比大小，只改变传动方向的齿轮称为惰轮。汽车倒车就是靠惰轮实现的。

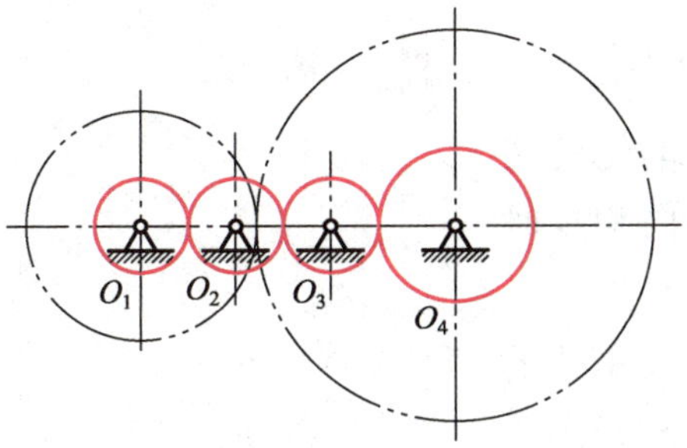

图 4-39　齿轮系实现长距离传动

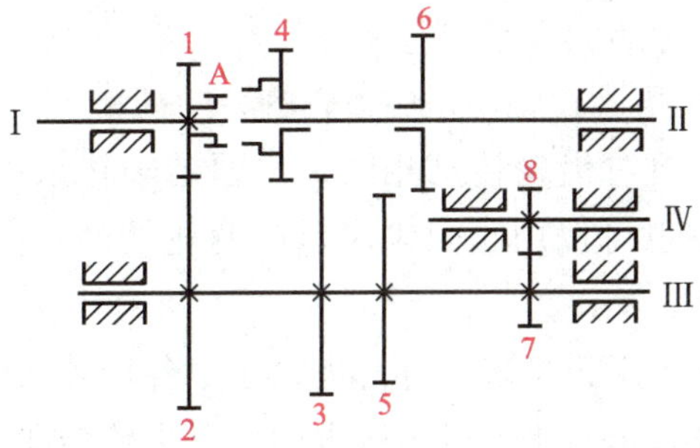

Ⅰ—输入轴；Ⅱ—输出轴；Ⅲ、Ⅳ—中间轴；
1、2、3、4、5、6、7—齿轮；8—惰轮；
A—离合器。

图 4-40　简易汽车变速箱机构运动简图

3）实现大传动比传动

单对齿轮传动的传动比一般不宜超过 5，否则大齿轮外径将成比例增大而过大，小齿轮也会因直径过小而容易损坏。采用齿轮系传动，通过多级累加，便可用较小的体积获得较大的传动比。特别是采用周转轮系，只需要几个齿轮就可以获得很大的传动比。例如，在如图 4-41 所示的行星轮系中，若各齿轮的齿数分别为 $z_1=100$、$z_2=101$、$z_{2'}=100$、$z_3=99$，则输入行星架对输出齿轮 1 的传动比 i 可达 10 000。

4）实现运动的合成与分解

利用差动轮系具有两个自由度的特点，可以实现运动的合成与分解。

运动的合成是指将两个输入运动合成为一个输出运动；运动的分解是指将一个输入运动分解为两个输出运动。如图 4-42 所示的汽车后桥差速器的差动轮系，它实现了运动的分解：汽车转弯时，发动机传递给齿轮 5 的运动通过差动轮系分别传递给左、右两个车轮，使车轮与地面间始终保持纯滚动，这可避免轮胎因与地面产生滑动摩擦而出现过度磨损。

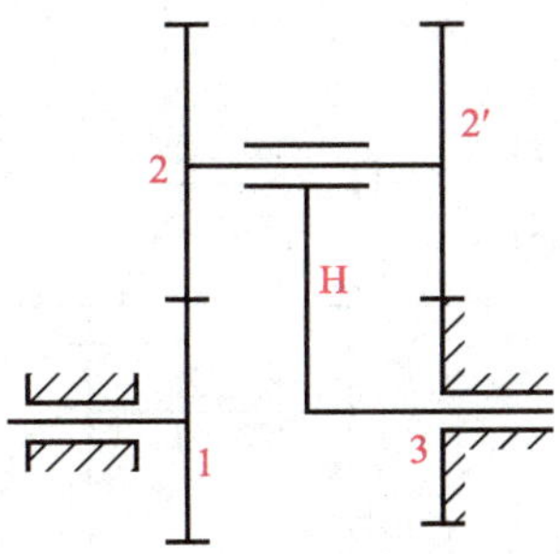

1、2、2′、3—齿轮；H—行星架。

图 4-41　行星轮系

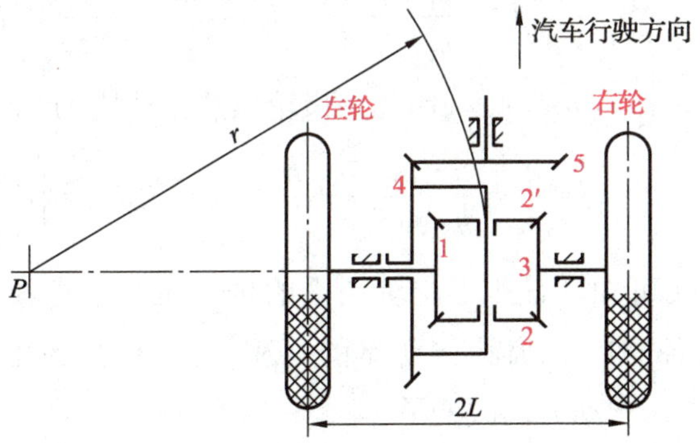

1、2、2′、3、4、5—齿轮。

图 4-42　汽车后桥差速器的差动轮系

3．齿轮系的传动比

齿轮系中主动轮与从动轮的转速之比称为齿轮系的传动比，用 i 表示。通常在 i 的右下角标注两个角标来表示主动轮和从动轮。例如，i_{15} 表示齿轮 1 与齿轮 5 的转速之比，即 $i_{15}=n_1/n_5$。通常情况下，计算齿轮系的传动比时，既要计算传动比的大小，又要确定从动轮的转向。下面以平面定轴轮系为例介绍齿轮系的传动比。

1）平面定轴轮系中齿轮的转向判断

与单对齿轮传动相同，平面定轴轮系中主动轮和从动轮的转向关系也可以用正负来表示：两轮转向相同时为正，转向相反时则为负。

除了用正负表示外，齿轮系中各轮转向的关系还可用画箭头的方法来表示：平行轴外啮合的两个齿轮转向相反，可用一对反向箭头表示，如图 4-43（a）所示；平行轴内啮合的两个齿轮转向相同，可用一对同向箭头表示，如图 4-43（b）所示；圆锥齿轮传动中两个齿轮的实际转向，可用一对同时背离或指向啮合处的箭头表示，如图 4-43（c）所示；蜗杆传动中，可根据左（右）手定则来判断蜗杆旋向和蜗轮的转动方向，如图 4-43（d）所示。

笔记

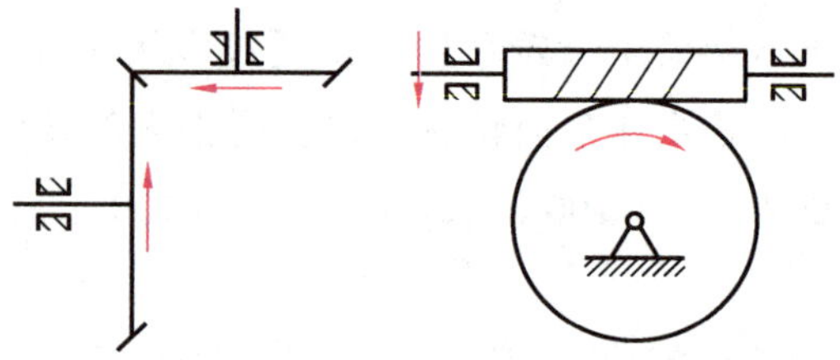

（a）平行轴外啮合传动　（b）平行轴内啮合传动　（c）圆锥齿轮传动　（d）蜗杆传动

图 4-43　一对齿轮啮合时的转动方向

2）平面定轴轮系传动比的计算

如图 4-44 所示的平面定轴轮系中，齿轮 1 为主动轮，齿轮 5 为从动轮，可用画箭头的方法表示各齿轮的转动方向。该齿轮系中，各对齿轮传动的传动比为

$$i_{12}=\frac{n_1}{n_2}=-\frac{z_2}{z_1},\quad i_{2'3}=\frac{n_{2'}}{n_3}=-\frac{z_3}{z_{2'}},\quad i_{34}=\frac{n_3}{n_4}=-\frac{z_4}{z_3},\quad i_{4'5}=\frac{n_{4'}}{n_5}=\frac{z_5}{z_{4'}}$$

其中，$n_2=n_{2'}$，$n_4=n_{4'}$，因此该齿轮系的传动比为

$$i_{15}=\frac{n_1}{n_5}=\frac{n_1}{n_2}\cdot\frac{n_{2'}}{n_3}\cdot\frac{n_3}{n_4}\cdot\frac{n_{4'}}{n_5}=i_{12}i_{2'3}i_{34}i_{4'5}=\left(-\frac{z_2}{z_1}\right)\left(-\frac{z_3}{z_{2'}}\right)\left(-\frac{z_4}{z_3}\right)\frac{z_5}{z_{4'}}=(-1)^3\frac{z_2z_3z_4z_5}{z_1z_{2'}z_3z_{4'}}$$

由上式可知，该平面定轴轮系的传动比等于组成该齿轮系的各对啮合齿轮传动比的乘积，$(-1)^3$ 表示经过 3 次外啮合，转动方向改变了 3 次。

如图 4-44 所示，齿轮 3 既是主动轮，又是从动轮，它的齿数 z_3 在计算传动比时可约去，不影响传动比的大小，只起改变转向的作用，故齿轮 3 为惰轮。

将上述分析过程推广到一般定轴轮系，设齿轮 1 为主动轮，齿轮 K 为从动轮，则定轴轮系传动比的计算公式为

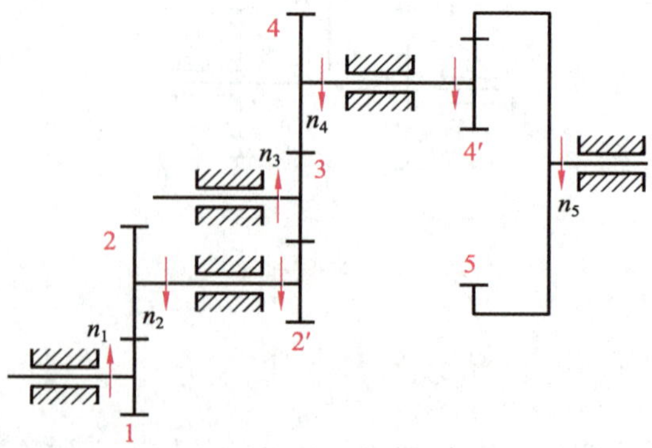

1、2、2′、3、4、4′、5—齿轮。

图 4-44　平面定轴轮系

$$i_{1K}=(-1)^m\frac{\text{从1到}K\text{间各对齿轮的所有从动轮齿数之积}}{\text{从1到}K\text{间各对齿轮的所有主动轮齿数之积}} \tag{4-22}$$

式中：

m——定轴轮系中外啮合齿轮的对数。

知识链接

周转轮系中，由于行星架的存在，行星轮既绕自身轴线转动，又绕太阳轮轴线转动，各轮间的传动比不再简单地与齿数成反比，因此其传动比不能使用定轴轮系的计算方法。为了计算周转轮系的传动比，需要将其转化为定轴轮系。

任务实训——分析齿轮系的传动

1. 任务描述

在如图 4-45 所示的齿轮系中，已知蜗杆的转速为 $n_1=900$ r/min（顺时针），$z_1=2$，$z_2=80$，$z_{2'}=20$，$z_3=30$，$z_{3'}=20$，$z_4=25$，$z_{4'}=30$，$z_5=40$，$z_{5'}=25$，$z_6=150$。全班学生以 3～5 人为一组进行分组，以组为单位分析该齿轮系中 n_6 的大小和转动方向。

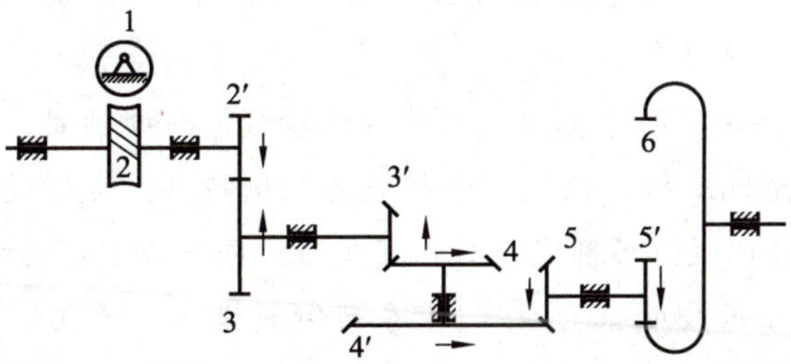

1—蜗杆；2—蜗轮；2′、3、3′、4、4′、5、5′、6—齿轮。

图 4-45　齿轮系

2. 任务实训

1）分析传动关系

指定蜗杆 1 为主动轮，齿轮 6 为最末端的从动轮，齿轮系的传动关系为 1→2，2′→3，3′→4，4′→5，5′→6。

2）计算传动比

根据式（4-22）计算该齿轮系的传动比 i_{15}，然后求出 n_6，即

$$i_{16}=\frac{n_1}{n_6}=\frac{z_2z_3z_4z_5z_6}{z_1z_{2'}z_{3'}z_{4'}z_{5'}}=\frac{80\times30\times25\times40\times150}{2\times20\times20\times30\times25}=600$$

$$n_6=\frac{n_1}{i_{16}}=\frac{900}{600}=1.5\ (\text{r/min})$$

3）确定 n_6 的方向

n_6 的方向可用画箭头的方法确定，如图 4-46 所示。

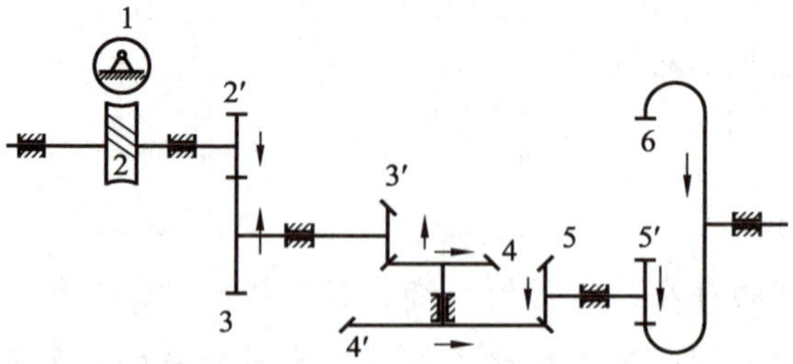

1—蜗杆；2—蜗轮；2′、3、3′、4、4′、5、5′、6—齿轮。

图 4-46　确定 n_6 的方向

拓展阅读

为进一步畅通高技能人才与工程技术人才职业发展通道，作为江苏省和中国中车产业工人队伍建设改革双试点单位，中车戚墅堰所自 2019 年起着手推进“产改”工作，建设“双师型”人才就是其中的重要内容。该所齿轮传动事业部维修工段副工段长董国节凭借高超技艺和精湛技能，先后获得“全国青年岗位能手”“江苏省杰出青年岗位能手”“江苏省五一创新能手”“江苏省企业首席技师”“中车资深技能专家”等荣誉，并顺利获评中级工程师。只有中专学历的他，利用业余时间走进课堂、图书馆，虚心求教、刻苦钻研，先后完成了大专、本科阶段的学习，从一名普通工人成长为中车技能专家、常州市企业首席技师。

2021 年，董国节参与了公司“高精度减速器疲劳试验台”科研项目，主要负责机械模块的制造和安装调试，以及电气模块的全包工程。他通过分析设备结构特点，自行设计了一种测量工装，解决了研发难题。董国节还参与了公司联轴节智能产线开发项目，同样以出色的水平完成了模块的研发。

从一名维修工转变为“车间发明家”，根据需求研制新设备、开拓新市场，董国节始终走在这条“以造代修”的创新路上，取得了一大批技术成果。自工作以来，董国节维修了数台大大小小的设备，解决了设备的各种疑难杂症，为中车戚墅堰所节约成本近千万元。他还依托公司平台不断研制新设备，以创新圆梦，完成了设备维修从“以养代修”到“以造养修”的转型。

董国节拥有多项省、市荣誉，但他从不自满，执着追求工匠精神，努力研制新设备、开拓新市场，为中车戚墅堰所、为中国高端装备制造业的发展贡献着自己的力量。

（资料来源：李霞，《车间出了个“发明家”》，中工网，2023 年 5 月 4 日）

学习知识检验

1．填空题

（1）带传动是指利用挠性带与带轮之间的________或________作用，将主动轮的运动和动力传递给从动轮的机械传动装置。

（2）传动比又称速比，是指机械传动系统中始端主动轮与末端从动轮的________或________的比值。

（3）汽车 V 带的组成均包括顶胶、________、________、________等。

（4）紧边拉力与松边拉力的差值称为________，它在带传动中传递________。

（5）渐开线齿廓上某点的________方向与该点速度方向所夹的锐角称为该点的压力角。

（6）________能够避免一个齿轮的齿顶与另一个齿轮的齿根在啮合时发生触碰，还可以储存润滑油，减小齿轮啮合时的摩擦。

（7）通常用________来描述齿轮传动中任意瞬间处于啮合状态的轮齿对数。

（8）常见齿轮传动的失效形式有轮齿折断和齿面损伤，其中齿面损伤又可分为________、齿面磨损、________和齿面塑性变形等。

（9）普通圆柱蜗杆传动的基本参数是以________的参数作为标准值的。

（10）根据工作时齿轮轴线是否固定，齿轮系可分为________和________。

2. 选择题

（1）下列不属于摩擦带传动的是（　　）。

A. 平带传动　　B. 圆带传动　　C. 同步带传动　　D. 多楔带传动

（2）安装带轮时，应使两带轮的轴线保持规定的（　　）。

A. 同轴度　　B. 平行度　　C. 角度　　D. 垂直度

（3）（　　）适用于高速、大功率的链传动。

A. 喷油润滑　　B. 人工润滑　　C. 油浴润滑　　D. 滴油润滑

（4）齿数相同的齿轮，（　　）越大，齿距越大，轮齿也越大，齿轮的承载能力也就越强。

A. 基圆直径　　B. 压力角　　C. 齿厚　　D. 模数

（5）对于渐开线齿轮传动，在安装齿轮时应保证（　　）与节圆重合，这种安装称为标准安装。

A. 基圆　　B. 齿顶圆　　C. 分度圆　　D. 齿根圆

3. 判断题

（1）同步带传动能够保证严格的传动比，且对传动中心距的稳定性要求不高。（　　）

（2）弹性滑动会使传动带的线速度略低于带轮转动的圆周速度，从而使从动轮的圆周速度低于主动轮的圆周速度，导致传动比不准确。（　　）

（3）链传动张紧的方法很多，若链轮的位置能够移动，则可使用张紧轮进行张紧。（　　）

（4）一对渐开线齿轮正确啮合的条件是两齿轮的模数相等。（　　）

（5）为保证蜗轮与蜗杆的正确啮合，蜗杆的导程角与蜗轮的螺旋角应大小相等、旋向相同。（　　）

4. 简答题

（1）简述带传动弹性滑动和打滑的区别。

（2）与带传动相比，链传动有哪些优点和缺点？

（3）与渐开线直齿圆柱齿轮相比，斜齿圆柱齿轮有哪些优点？

（4）简述蜗轮旋转方向的判断方法。

学习成果评价

指导教师根据学生的实际学习成果对其进行评价，学生配合指导教师共同完成学习成果评价表，如表 4-24 所示。

表 4-24 学习成果评价表

姓名： 组号： 指导教师：

评价项目	评价内容	满分/分	评分/分		
			自评	互评	师评
知识（50%）	掌握汽车常用机械传动的类型、优缺点及应用	7			
	掌握带传动和链传动的结构及工作原理	7			
	了解带传动的张紧、安装与维护及链传动的布置方式、张紧和润滑	5			
	掌握齿轮传动的基本参数及工作原理	7			
	掌握斜齿圆柱齿轮传动和锥齿轮传动的基本知识	7			
	掌握蜗杆传动的基本参数及工作原理	7			
	了解齿轮传动和蜗杆传动的失效形式及润滑	5			
	熟悉齿轮系的功能	5			
技能（30%）	计算带传动和链传动的传动比	10			
	通过测量数据计算齿轮的模数	10			
	分析齿轮系的传动	10			
素养（20%）	积极参加教学活动，主动学习、思考、讨论	5			
	认真负责，按时完成学习任务	5			
	团结协作，与组员之间密切配合	5			
	服从指挥，遵守课堂纪律	5			
合计		100			
总评	自评（20%）＋互评（20%）＋师评（60%）＝		综合等级：		
自我评价					
指导教师评价					

项目 5 汽车常用连接及轴系零部件

项目导读

汽车在运行时会依赖于其内部的各种传动机构和零部件的配合来传递运动和动力。这些零部件按照一定的设计要求和工作要求，使用不同的连接方法进行组合和配合。其中的零部件基本可归属为轴系零部件，如轴、轴承、联轴器、离合器和制动器等。它们是汽车机械的重要组成部分，在汽车中起着控制发动机与变速器之间的连接和断开等作用，其设计是否正确、选择是否合理将直接影响整辆汽车的工作性能。

知识目标

（1）掌握螺纹连接、键连接和销连接的类型、特点和应用。

（2）了解焊接、铆接、胶接和过盈配合连接的特点和应用。

（3）掌握轴的类型、结构和结构工艺性，了解轴的功用、材料和毛坯。

（4）掌握滚动轴承的结构、类型和代号。

（5）了解滚动轴承的固定方法、失效形式、润滑和密封。

（6）掌握滑动轴承的类型和特点，了解轴瓦的结构和轴承材料，以及滑动轴承的润滑。

（7）掌握联轴器的功用和类型，了解常用联轴器的特点和应用。

（8）掌握离合器的功用和类型，了解常用离合器的特点和应用。

（9）掌握制动器的功用和类型，了解常用制动器的特点和应用。

技能目标

（1）能够正确分析汽车典型零件的连接方式。

（2）能够正确拆装汽车手动变速器的输入轴和输出轴。

（3）能够正确选用滚动轴承。

（4）能够正确分析汽车典型轴系零部件的工作原理。

素质目标

（1）培养执着专注、拼搏创新的工作作风。

（2）培养勇于探索、追求真理的工匠精神。

（3）培养互帮互助、同甘共苦的团队精神。

任务 5.1 认识汽车常用连接

任务引入

一天，李先生下班后照常开车回家，行驶途中汽车突然发出“砰”的一声，让李先生不得不紧急停车。他下车检查，发现右侧后车轮完全脱落，原来是连接半轴的螺栓断裂了。随后他联系了维修人员，将车拖到了附近的修理厂。维修师傅检查后发现，这个连接半轴的螺栓已经严重磨损和腐蚀，应该是长期缺乏维护导致的。经过一番修理，李先生有惊无险地解决了这个问题。

本任务要求学生从螺纹连接、键连接、销连接和不可拆连接等方面来认识汽车常用连接。本任务的知识与技能要求如表 5-1 所示。

表 5-1 知识与技能要求

任务内容	认识汽车常用连接	学习程度		
		识记	理解	应用
学习任务	螺纹连接		●	
	键连接		●	
	销连接		●	
	不可拆连接	●		
实训任务	分析汽车发动机活塞连杆组采用的连接方式			●
自我勉励				

班级____________ 姓名____________ 学号____________

任务工单——认识汽车常用连接

1. 任务目标

（1）掌握螺纹连接、键连接和销连接的类型、特点和应用。

（2）了解焊接、铆接、胶接和过盈配合连接的特点和应用。

2. 学生分组

以 3～5 人为一组，选出组长并进行任务分工，将小组成员及分工情况填入表 5-2 中。

表 5-2 小组成员及分工情况

小组成员	姓名	分工情况
组长		
组员		

3. 工作准备

（1）查阅相关资料，根据任务内容制订工作计划，并将其填入表 5-3 中。

表 5-3 工作计划

步骤	工作内容	负责人

（2）列出完成工作计划所需要的工具、材料等，并将其填入表 5-4 中。

表 5-4 完成工作计划所需要的工具、材料

序号	名称	型号与规格	单位	数量	备注

班级____________ 姓名____________ 学号____________

4. 工作实施

根据本组最佳工作计划展开实施。按实际操作过程，将实施内容、遇到的问题及解决办法填入表 5-5 中。

表 5-5 任务实施过程记录表

序号	实施内容	遇到的问题及解决办法

5. 课堂小结

____

____

____

____

____

____

为了满足制造、装配、维修和运输等方面的要求，机械都是由若干零部件通过各种连接方法组合起来的。根据零部件是否可拆，连接可分为可拆连接和不可拆连接两大类。其中，可拆连接主要包括螺纹连接、键连接和销连接等；不可拆连接主要包括焊接、铆接、胶接和过盈配合连接等。

5.1.1　螺纹连接

螺纹连接由螺纹连接件和被连接件组成，具有结构简单、连接可靠、装卸方便和成本低廉等特点，是汽车中广泛应用的可拆连接。

1. 螺纹的形成和分类

将一倾斜角为 φ 的直线旋绕在圆柱体上可形成一条螺旋线，沿着螺旋线加工出具有相同平面图形的连续凸起或沟槽便可形成螺纹，如图 5-1 所示。其中，在圆柱体外表面上形成的螺纹称为外螺纹，在圆柱体孔壁上形成的螺纹称为内螺纹，如图 5-2 所示。

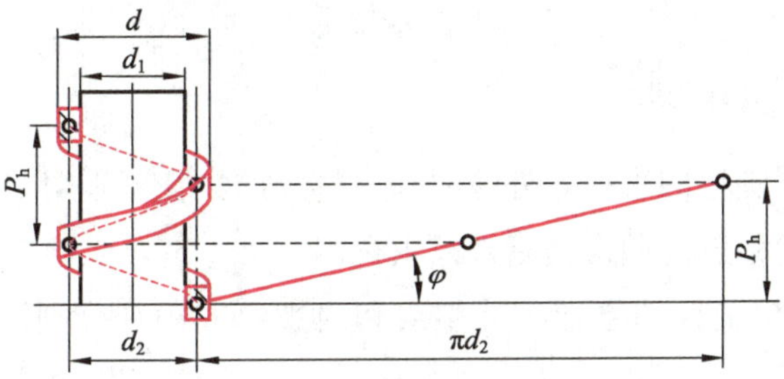

图 5-1　螺纹的形成

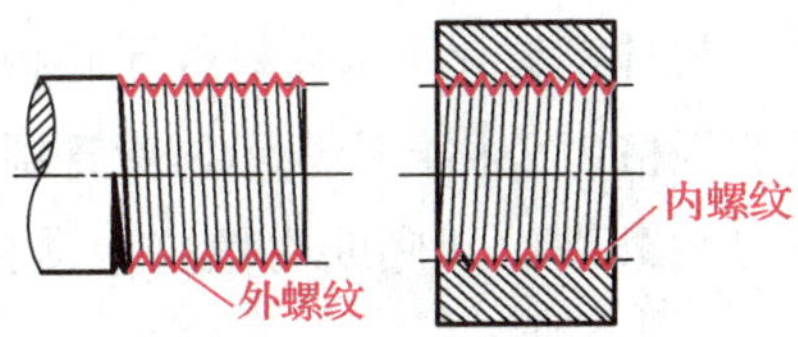

图 5-2　外螺纹和内螺纹

螺纹在其轴线平面的轮廓称为螺纹的牙型，形成螺纹的平面图形不同，螺纹的牙型就不同。据此，螺纹可分为矩形螺纹、三角形螺纹、梯形螺纹和锯齿形螺纹等，如图 5-3 所示。

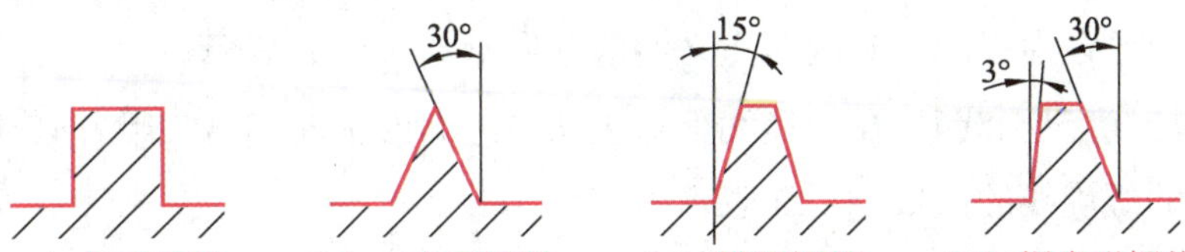

（a）矩形螺纹　（b）三角形螺纹　（c）梯形螺纹　（d）锯齿形螺纹

图 5-3　不同牙型的螺纹

如图 5-4 所示，根据螺旋线旋向的不同，螺纹可分为右旋螺纹和左旋螺纹；根据螺旋线数目的不同，螺纹又可分为单线螺纹和多线螺纹（沿两条或两条以上螺旋线形成的螺纹），其中，单线螺纹既可以用于连接，也可以用于传动，而多线螺纹常用于传动。

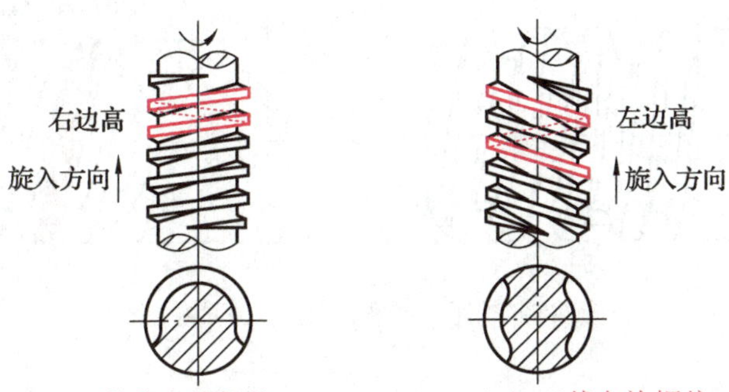

（a）单线右旋螺纹　（b）双线左旋螺纹

图 5-4　不同旋向和线数的螺纹

2. 螺纹的基本参数

在各种牙型的螺纹中，三角形螺纹的强度较高，具有良好的自锁性能，在工程中应用最为广泛。下面以三角形螺纹为例介绍螺纹的基本参数。

1）直径

直径是螺纹的主要参数之一，它包括大径、中径和小径，如图 5-5 所示。

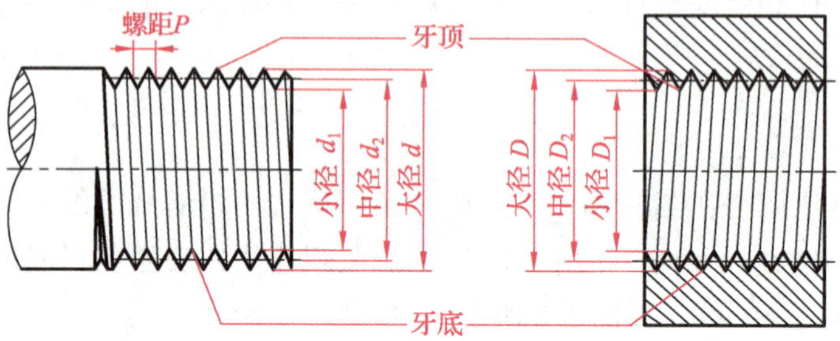

（a）外螺纹　　（b）内螺纹

图 5-5　螺纹的直径

大径： 与外螺纹牙顶或内螺纹牙底相切的假想圆柱的直径。外螺纹和内螺纹的大径分别用 d 和 D 表示。螺纹的规格由公称直径表示，除管螺纹外，公称直径通常是指螺纹大径。

小径： 与外螺纹牙底或内螺纹牙顶相切的假想圆柱的直径。外螺纹和内螺纹的小径分别用 d_1 和 D_1 表示。

中径： 某个假想圆柱的直径，该圆柱的母线通过牙型上沟槽和凸起宽度相等的地方。外螺纹和内螺纹的中径分别用符号 d_2 和 D_2 表示。

2）螺距、导程和线数

螺距： 螺纹相邻两牙在中径线上对应两点之间的轴向距离，用 P 表示。

导程： 同一条螺旋线上相邻两牙在中径线上对应两点之间的轴向距离，用 P_h 表示。

线数： 形成螺纹的螺旋线的条数，用 n 表示。

如图 5-6 所示，单线螺纹的导程 P_h 等于螺距 P，而对于多线螺纹，其导程 P_h 等于螺距 P 与线数 n 的乘积，即

$$P_h = nP \tag{5-1}$$

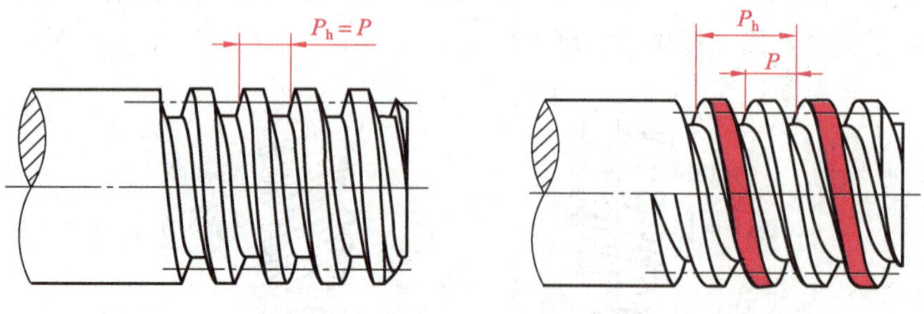

图 5-6　螺距、导程和线数之间的关系

3）螺纹升角

螺纹升角是指在中径圆柱上螺旋线的切线与垂直于螺纹轴线的平面之间的夹角，用 φ 表示，如图 5-1

所示。螺纹升角 φ 与导程 P_h、中径 d_2 的关系为

$$\tan\varphi = \frac{P_h}{\pi d_2} \tag{5-2}$$

3. 连接用螺纹

机械中用于连接的螺纹大多为单线右旋的三角形螺纹，它通常分为普通螺纹和管螺纹两种。

1）普通螺纹

普通螺纹多用于紧固连接，其基本参数由 GB/T 196—2003《普通螺纹　基本尺寸》进行规定。设外螺纹的公称直径为 d，则小径 $d_1 = d - 1.0825P$、中径 $d_2 = d - 0.6495P$。公称直径相同的普通螺纹可以有多种螺距，其中螺距最大的为粗牙普通螺纹，其余为细牙普通螺纹。例如，M12 规格的普通螺纹，螺距可以选 1 mm、1.25 mm、1.5 mm 和 1.75 mm，其中 1.75 mm 对应的螺纹为粗牙普通螺纹。

笔记

粗牙普通螺纹：对于某一公称直径，螺距取规定最大值时的普通螺纹，广泛应用于各种连接。

细牙普通螺纹：螺距比同规格的粗牙普通螺纹小、螺纹升角小、自锁性好，常用于薄壁零件和需要自锁或承受振动冲击的场合。

2）管螺纹

管螺纹主要用于管件的连接，常用的管螺纹有公制管螺纹、55°管螺纹（又称英制管螺纹）和 60°管螺纹（又称美制管螺纹）等。其中，55°和 60°是牙型角（螺纹牙型上两相邻牙侧间的夹角）的值。

根据应用范围的不同，管螺纹可分为密封管螺纹、干密封管螺纹和非密封管螺纹三种。其中，密封管螺纹和干密封管螺纹具有连接和密封两种功能，而非密封管螺纹只有连接功能。密封管螺纹在使用中要在螺纹副内加入密封填料，其特点是比较经济，加工精度要求适中；干密封管螺纹在使用中不需要加入任何密封填料，完全依靠螺纹自身形成密封，属精密型螺纹，常用于有特殊要求的场合。

知识链接

在图样上，螺纹需要用规定的螺纹代号进行标注。普通螺纹的特性代号为 M，如标注为 M24×1.5－LH 的螺纹表示公称直径为 24 mm、螺距为 1.5 mm、旋向为左旋的细牙普通螺纹。对于粗牙普通螺纹，其螺纹代号可省略螺距项。

4. 螺纹连接的应用

1）螺纹连接的基本类型

螺纹连接有螺栓连接、双头螺柱连接、螺钉连接和紧定螺钉连接等四种基本类型，它们的结构、特点及应用如表 5-6 所示。

表 5-6　不同类型螺纹连接的结构、特点及应用

类型	结构	特点及应用	类型	结构	特点及应用
螺栓连接	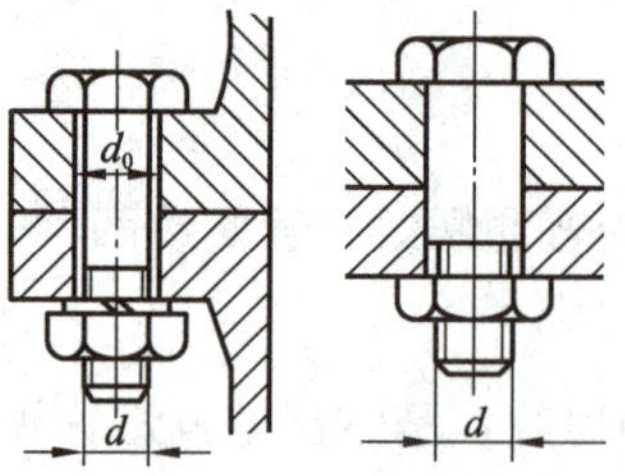 普通螺栓连接　铰制孔用螺栓连接	普通螺栓连接的螺杆和孔之间存在间隙，使用时需拧紧螺母；孔的加工精度要求低且装卸方便，应用广泛。铰制孔用螺栓连接对孔的加工精度要求较高，适用于承受横向载荷或需要精确固定的场合	螺钉连接	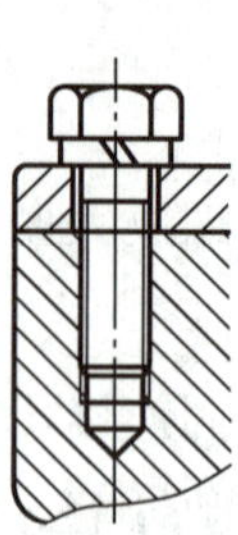	结构简单，不需要螺母，直接将螺钉旋入被连接件体内的螺纹孔中，但不宜经常装拆，适用于受力不大或不经常装拆的场合
双头螺柱连接	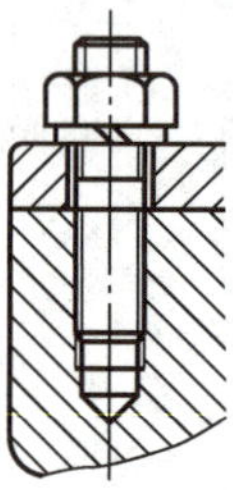	螺柱一端旋入被连接件中不再卸下，适用于被连接件之一太厚、不便穿孔并经常装拆的场合，拆卸时只需拧下螺母	紧定螺钉连接	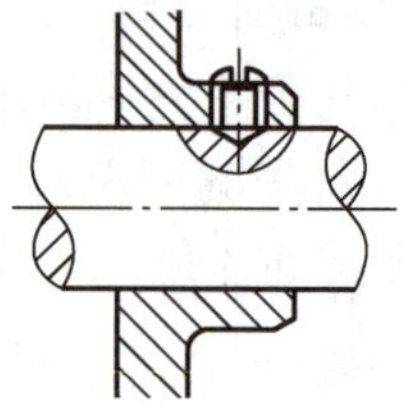	利用螺钉末端顶住零件表面或顶入对应的凹坑中以固定两个零件的相对位置，并传递一定大小的力和转矩，常用于调整零件位置并加以固定

2）螺纹连接件

螺纹连接件的类型很多，机械中常用的有螺栓、双头螺柱、螺钉、螺母和垫圈等，如图 5-7 所示。螺纹连接件大多已经标准化，可根据有关国家标准选用。

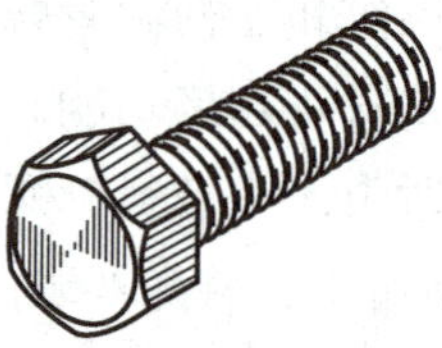
（a）六角头螺栓

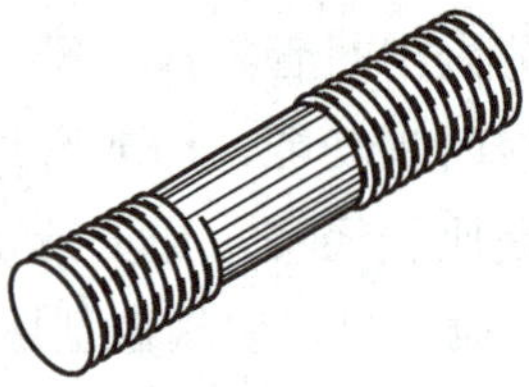
（b）双头螺柱

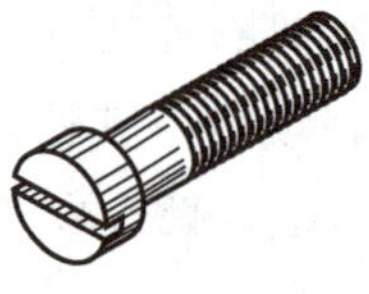
（c）开槽盘头螺钉

（d）内六角圆柱头螺钉

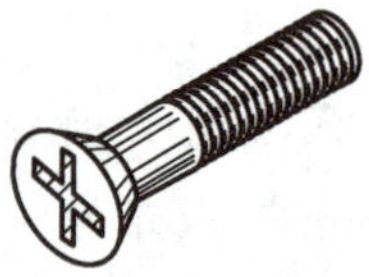
（e）十字槽沉头螺钉

（f）开槽锥端紧定螺钉

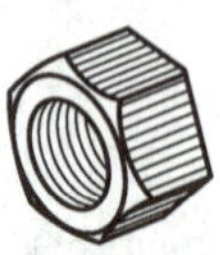
（g）六角螺母

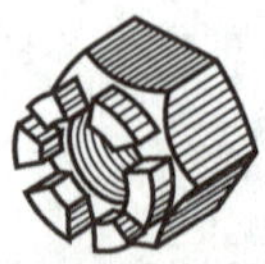
（h）六角开槽螺母

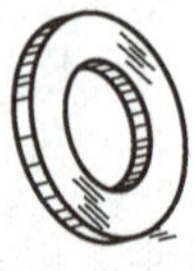
（i）平垫圈

（j）弹簧垫圈

图 5-7　常用的螺纹连接件

3）螺纹连接的预紧

在工程中，大部分螺纹连接在装配过程中需要拧紧，使螺纹连接在承受载荷前预先受到力的作用，这个过程称为预紧，螺纹连接预先受到的力称为预紧力。预紧的目的在于保证螺纹连接件的正常工作，

提高螺纹连接的可靠性、紧密性和防松能力。

预紧时需要控制预紧力的大小，因为预紧力过大容易造成螺纹失效，过小则达不到预紧的效果。在工程中，预紧力的大小一般根据载荷性质、连接刚度等具体工作条件确定；对于某些重要的螺纹连接，其预紧力的大小则需要通过测力矩扳手或定力矩扳手（见图 5-8）进行严格控制。

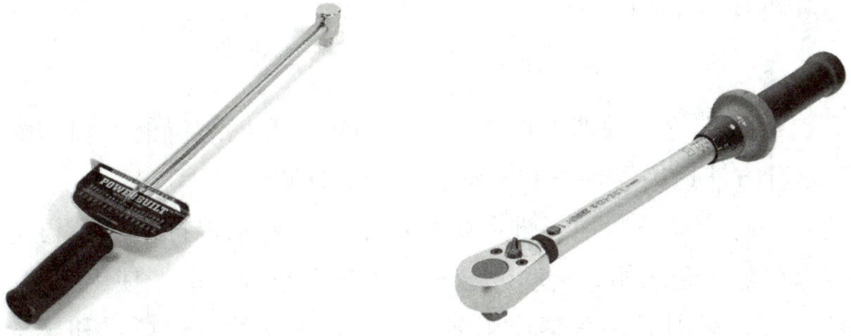

（a）测力矩扳手　　（b）定力矩扳手

图 5-8　测力矩扳手和定力矩扳手

4）螺纹连接的防松

常用螺纹连接件的螺纹升角都比较小，一般能满足自锁条件，因此螺纹连接在静载荷和恒温条件下通常不会松动；但在冲击、振动或变化载荷的作用下，以及温度变化较大的场合中，螺纹连接的预紧力可能瞬间减小或消失，从而引起螺纹松脱并导致连接失效，甚至造成严重事故。因此，使用螺纹连接时必须采取必要的防松方式。

螺纹连接的防松方式有很多，根据工作原理的不同可分为摩擦防松、机械防松和永久防松三大类。

（1）摩擦防松。

摩擦防松常用的方法有采用弹簧垫圈防松、采用自锁螺母防松和采用对顶螺母防松等，如图 5-9 所示。

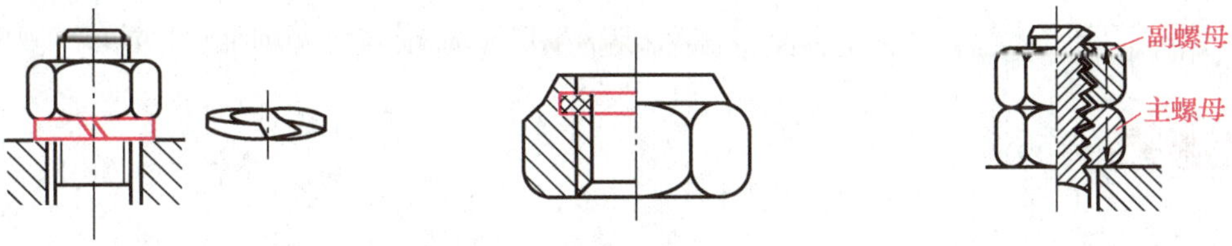

（a）采用弹簧垫圈防松　　（b）采用自锁螺母防松　　（c）采用对顶螺母防松

图 5-9　摩擦防松常用的方法

采用弹簧垫圈防松：弹簧垫圈被压平后，其反弹力能使螺纹间保持一定的压紧力和摩擦力。这种方法具有结构简单、使用方便的特点，但防松效果较差，一般用于不重要的连接。

采用自锁螺母防松：螺母一端嵌有尼龙圈或带有收口，当螺母拧紧后尼龙圈被螺栓箍紧，或利用已胀开收口的弹力压紧螺纹。这种方法具有结构简单、防松可靠的特点，可多次装拆而不降低防松性能。

采用对顶螺母防松：两个螺母对顶使用，使螺栓始终受到附加拉力和附加摩擦力的作用。这种方法具有结构简单、防松效果好的特点，适用于平稳、低速和重载的场合。

（2）机械防松。

机械防松常用的方法有采用开槽螺母与开口销防松、采用止动垫片防松和采用串联钢丝防松等，如图 5-10 所示。

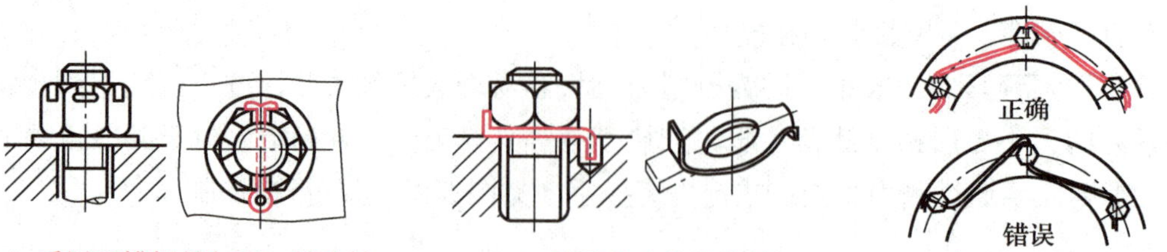

（a）采用开槽螺母与开口销防松　（b）采用止动垫片防松　（c）采用串联钢丝防松

图 5-10　机械防松常用的方法

采用开槽螺母与开口销防松：开槽螺母拧紧后，开口销从开槽螺母的槽口与螺栓尾部的孔中穿过，具有很好的防松效果。这种方法适用于冲击和振动较大的高速机械。

采用止动垫片防松：先将止动垫片内翅嵌入螺栓的槽内，待螺母拧紧后，再将止动垫片的外翅翻入螺母的一个槽内，使螺母和螺栓无法相对转动。这种方法具有结构简单、使用方便、防松可靠的特点。

采用串联钢丝防松：螺栓紧固后，在螺栓头部小孔中串入钢丝，使螺母和螺栓无法相对转动。这种方法适用于螺栓组连接，防松可靠，但装拆不便，使用时要注意串孔方向为旋紧方向。

（3）永久防松。

螺纹连接的永久防松用于装配连接后不再拆开的场合，其常用方法有冲点、点焊和胶接等，如图 5-11 所示。

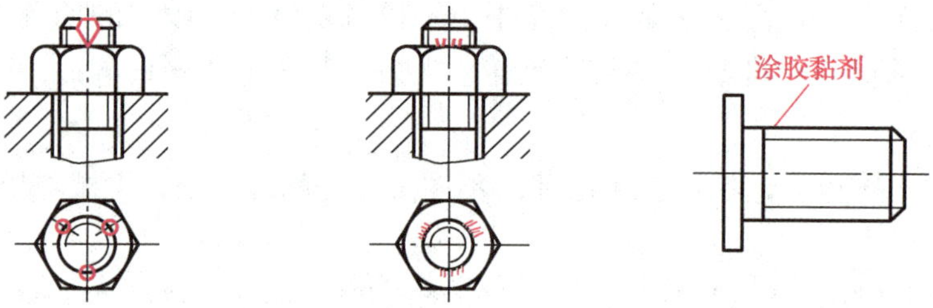

（a）冲点　（b）点焊　（c）胶接

图 5-11　永久防松常用的方法

5.1.2　键连接

1. 键连接的特点

键连接（见图 5-12）主要应用在传动轴上，可实现轴与轮毂（如带轮、链轮和齿轮等）的周向固定，以传递运动和转矩。键连接结构简单、装拆方便、工作可靠，有的键连接还可实现轮毂的轴向固定或轴向滑动的导向。

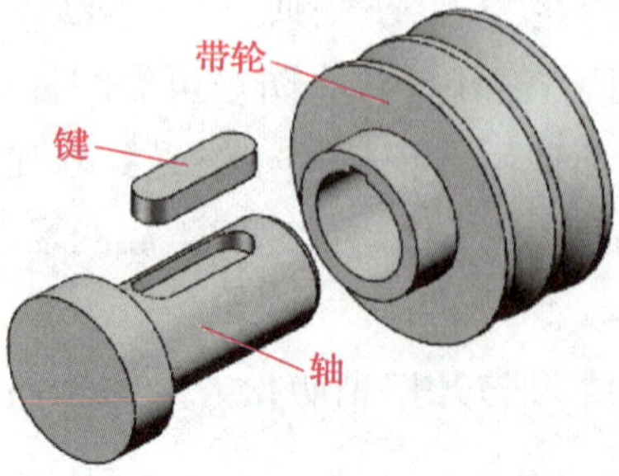

图 5-12　键连接

2. 键连接的类型

键连接的主要类型有平键连接、花键连接、半圆键连接、楔键连接和切向键连接等。

笔记

1）平键连接

根据应用范围的不同，平键连接可分为普通平键连接、导向平键连接和滑键连接等三种。

（1）普通平键连接。

图 5-13 所示为普通平键连接，键的上表面与键槽底面之间存在一定空隙，为非工作面；键的两个侧面为工作面，工作时依靠键与键槽的挤压传递转矩。

根据形状的不同，普通平键可分为圆头平键（A 型）、平头平键（B 型）和单圆头平键（C 型）三类，如图 5-14 所示。其中，圆头平键在键槽中固定良好，应用最广，但轴上键槽端部的应力集中较大；平头平键可避免圆头平键的缺点，但当其尺寸较大时通常需要螺钉固定；单圆头平键多用于轴端连接。

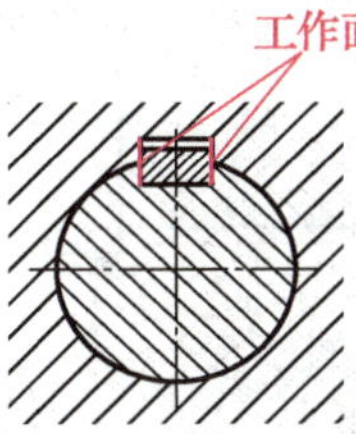

图 5-13　普通平键连接

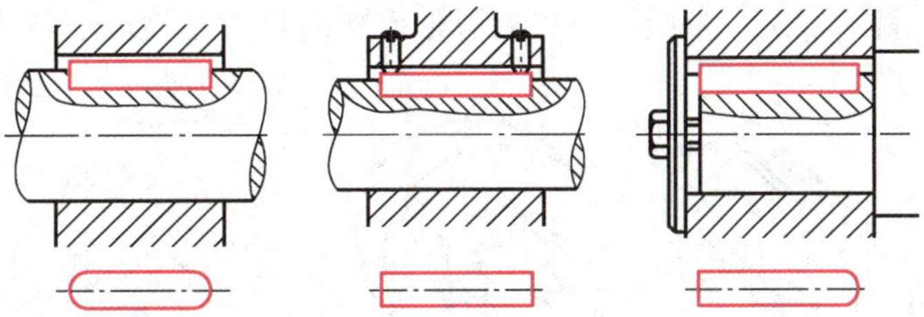

（a）圆头平键　（b）平头平键　（c）单圆头平键

图 5-14　普通平键的分类

经验传承

在选择普通平键时，首先要根据工作要求选择合适的类型，然后根据连接处的轴径 d 从国家标准中选取对应的键宽 b 和键高 h，再根据轮毂宽度在标准长度系列中选择合适的键长 L，注意键长 L 应比轮毂的宽度略小。

普通平键连接对中性好、结构简单、装拆方便，适用于高精度、高速，或承受变载、冲击的场合，应用非常广泛。但由于不能承受轴向力，因此普通平键连接不能实现轮毂的轴向固定。

（2）导向平键连接。

对于需要沿轴向移动的轮毂（如变速箱中的滑移齿轮），可采用导向平键连接，如图 5-15 所示。采用导向平键连接时，为防止导向平键因尺寸较长而在键槽中松动，通常用螺钉将导向平键固定在轴的键槽中，工作时轮毂可沿导向平键做轴向移动。

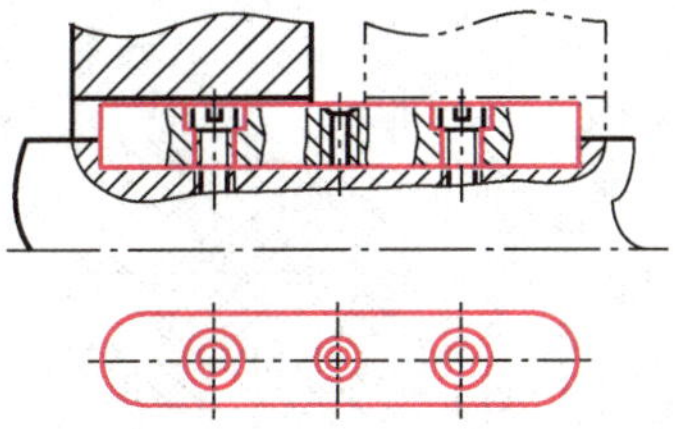

图 5-15　导向平键连接

（3）滑键连接。

当轮毂沿轴向的移动量较大时，由于所需导向平键尺寸太长，不易制造，因此宜选择滑键连接。滑键主要有双钩头滑键和单圆钩头滑键两种，如图 5-16 所示。采用滑键连接时，滑键固定在轮毂上，轮毂带动滑键在轴上的键槽内做轴向滑动。

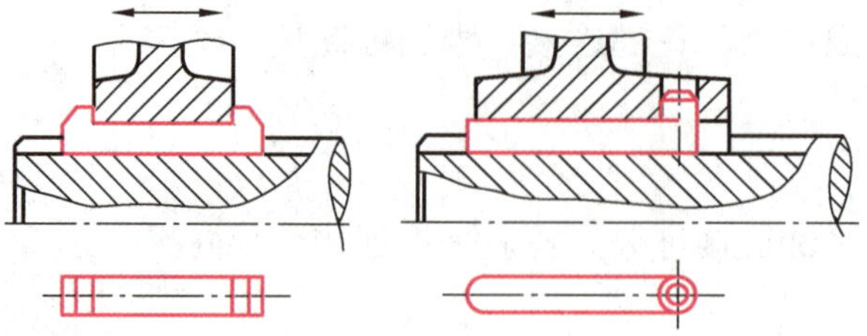

（a）双钩头滑键　　（b）单圆钩头滑键

图 5-16　滑键的分类

2）花键连接

由轴和轮毂孔上的多个键齿组成的连接称为花键连接，如图 5-17 所示。花键连接可看作多个平键连接的组合，它的承载能力高、定心性和导向性好，对轴和轮毂的强度削弱较少，但需要专用设备才能加工，制造成本较高。花键连接适用于载荷较大、定心精度要求较高和经常滑移的连接，如汽车变速器等。

3）半圆键连接

图 5-18 所示为半圆键连接，其工作面为两个侧面。装配时，半圆键可在键槽内绕自身轴线转动，以适应轮毂的倾斜。但是，半圆键连接的弧形键槽对轴的强度削弱较大，因此多用于轴端及轻载场合。

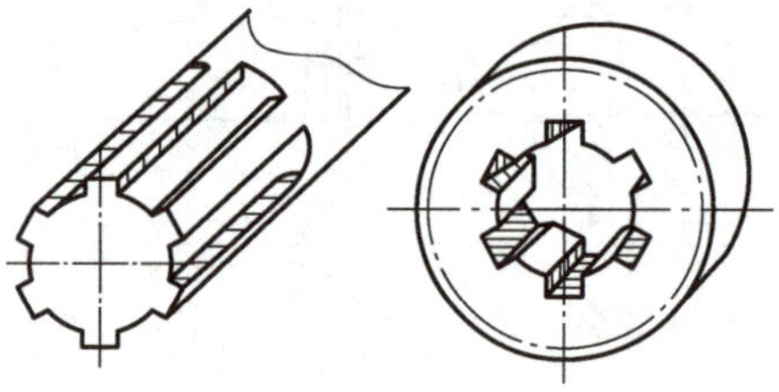

图 5-17　花键连接

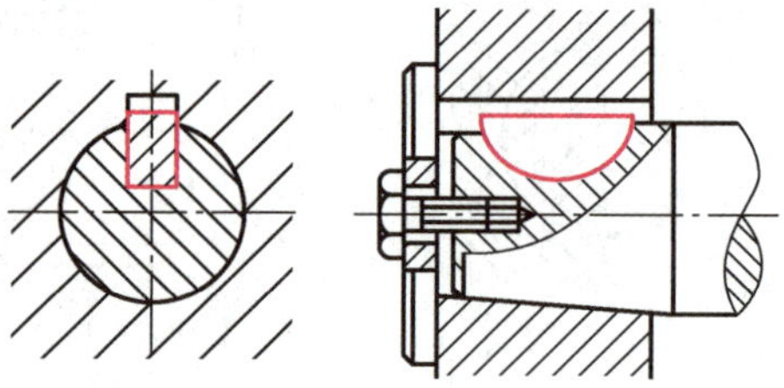

图 5-18　半圆键连接

4）楔键连接

图 5-19 所示为楔键连接，楔键的上下表面为工作面。由于楔键的上表面与键槽贴合面均有 1∶100 的斜度，楔键可楔紧在轮毂槽和轴槽之间，依靠楔键与轮毂和键槽工作面间的摩擦传递转矩，因此楔键可实现轴向固定，并承受单向轴向力。

根据结构的不同，楔键可分为普通楔键和钩头楔键，如图 5-20 所示。其中，钩头楔键用于不能从钩头另一端打出的场合，其钩头供键的拆卸用。钩头楔键安装在轴端时应注意加装保护罩。

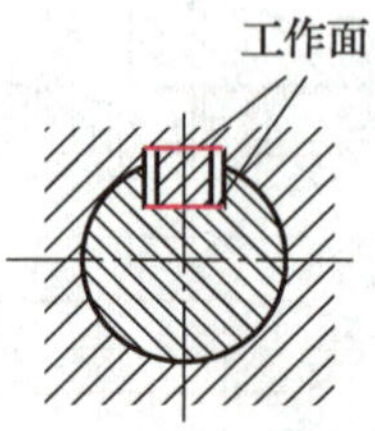

图 5-19　楔键连接

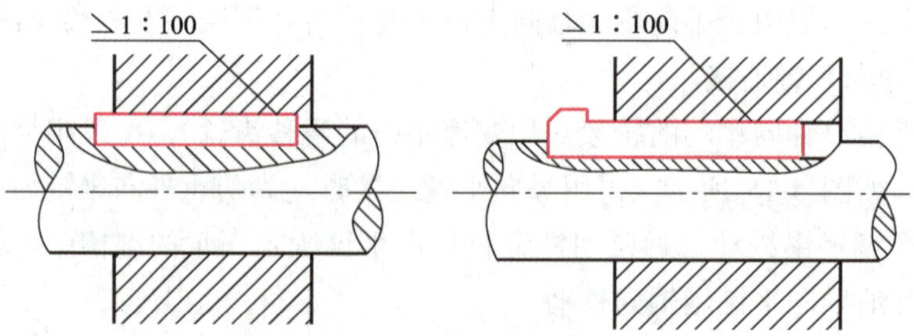

（a）普通楔键　　（b）钩头楔键

图 5-20　楔键的分类

由于楔键在装配时会产生偏心，降低了定心精度，因此楔键连接适用于低速、轻载及旋转精度要求不高的场合。

5）切向键连接

如图 5-21 所示，切向键由一对斜度为 1∶100 的楔键沿斜面拼合而成，这对楔键共同楔紧在轮毂和轴之间，依靠工作面的挤压、轴与轮毂之间的摩擦来传递转矩，其工作面为拼合后相互平行的两个窄面。由于单个切向键只能传递单向转矩，因此传递双向转矩时，必须使用一对方向相反、在周向呈 120°～135°布置的切向键，如图 5-22 所示。

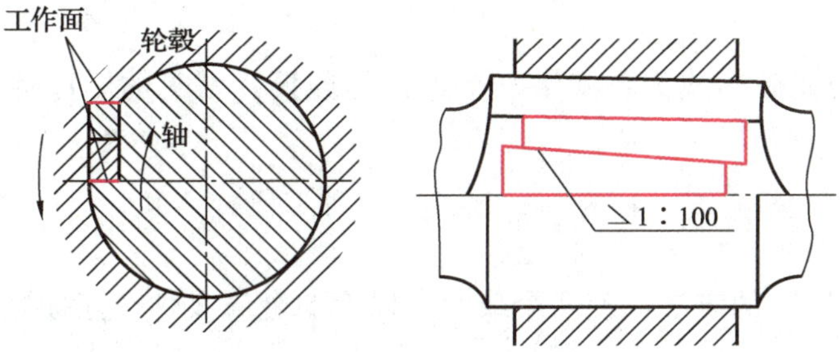

图 5-21　切向键连接

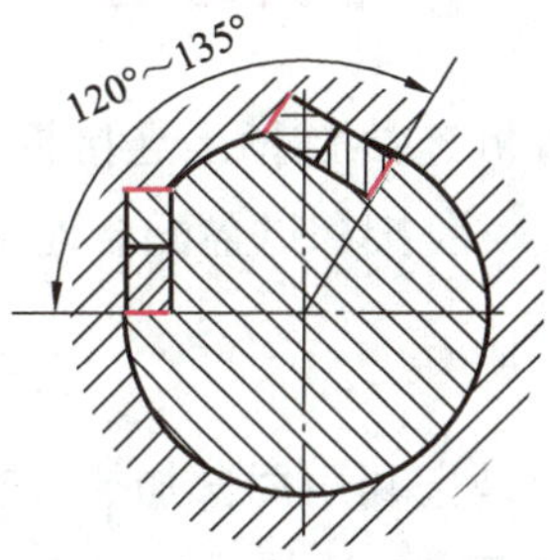

图 5-22　两个切向键连接

切向键连接适用于载荷很大、对中精度要求不高的场合。由于切向键连接的键槽对轴的强度影响较大，因此切向键连接多用于直径大于 100 mm 的轴上。

5.1.3　销连接

销连接在工程中的应用较为广泛，它可以用来确定零件间的相互位置，称为定位销，如图 5-23（a）所示；也可以用来传递运动或较小的转矩，称为连接销，如图 5-23（b）所示；还可用在过载保护装置中，称为安全销，如图 5-23（c）所示。

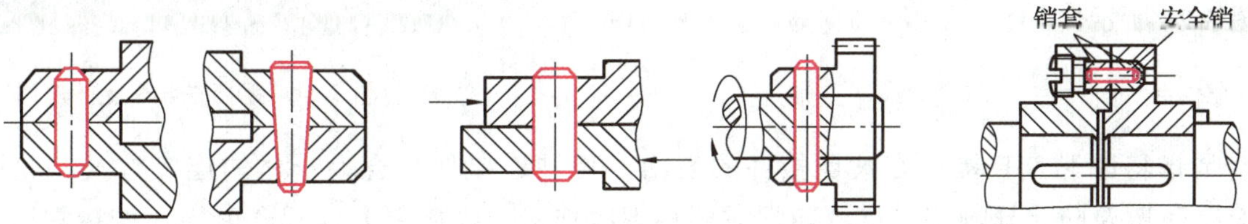

（a）定位销　（b）连接销　（c）安全销

图 5-23　销连接

在销连接的各种应用中，定位销通常不能承受载荷或只能承受很小的载荷，其直径一般根据结构的需要确定，其数目一般不少于两个；连接销可承受较小的载荷，常用于轻载或非动力传输结构中，其尺寸可根据连接件的结构特点按经验或规范确定；安全销在机械动力过载时会被剪断，其尺寸应根据剪切强度条件计算。

销的形状很多，常用的销可分为圆柱销、圆锥销和开口销三大类，它们的尺寸参数均已标准化，在设计时可根据需要查阅有关标准或手册。

经验传承

圆柱销利用较小的过盈量固定在销孔中，多次装拆会降低定位精度和可靠性；圆锥销的定位精度和可靠性较高，且多次装拆不会影响定位精度。因此，需要经常装拆的场合不宜采用圆柱销，而应选用圆锥销。

5.1.4 不可拆连接

不可拆连接是指当连接拆开时，至少要破坏或损伤其中一个零件的连接。常见的不可拆连接有焊接、铆接、胶接和过盈配合连接等。

1. 焊接

焊接是指利用局部加热（有时还要加压）的方法，使两个或两个以上的金属零件在连接处形成原子间结合的不可拆连接。

焊接是汽车整体车身中最常用的连接方式，通过焊接可将车身纵梁、横梁、车顶、地板、门槛和立柱等众多钣金件连接在一起。焊接具有生产率高、不受形状限制、焊接后可保持车身的整体性、不增加车身质量、对空气和水的密封性能好等优点。

2. 铆接

铆接是将具有钉杆和预制头的铆钉通过被连接件的预制孔，然后利用铆枪施压制出另一端的铆头而构成的不可拆连接。铆接主要用于不同材质、厚度等部位的连接，在汽车上常用于车架、车身蒙皮和铝板等部位的连接，如图 5-24 所示。

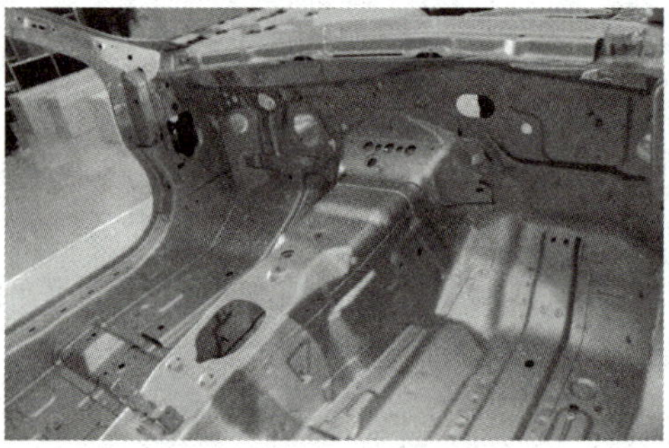

图 5-24　铆接在汽车上的应用

3. 胶接

胶接是指将胶黏剂直接涂在被连接件的表面，使被连接件黏合为一体的连接方式。胶接具有密封、降噪、防腐及防止异响等特点，通常需要与螺纹连接、铆接等方式配合使用。胶接常用于汽车车身的内、外层钣金件折边咬接部位，铝板结构件的连接部位，车顶、地板、立柱、前挡泥板、后挡泥板、纵梁和横梁等双层或多层需要密封的连接部位，还可用于装饰车身外观及固定一些橡胶密封条、玻璃绒槽等。

4. 过盈配合连接

过盈配合连接是指借助轴和轮毂孔之间的过盈配合将它们组合在一起的连接，其连接配合面多为圆柱面，也有圆锥面，分别称为圆柱面过盈配合连接和圆锥面过盈配合连接。过盈配合连接的两零件在装配后，会在配合面间产生很大的径向压力，工作时可依靠径向压力引起的摩擦力来传递载荷。过盈量越大，连接越牢固，传递的载荷就越大。

过盈配合连接结构简单、对中性好、连接强度高，常用于轴与轮毂、蜗轮和齿轮的齿圈与轮心的连接等；但装拆时会损伤配合面，并在配合边缘产生应力集中，且装拆较为困难。

任务实训——分析汽车发动机活塞连杆组采用的连接方式

1．任务描述

汽车发动机活塞连杆组将活塞的往复运动变为曲轴的旋转运动，同时将作用于活塞上的力转变为曲轴对外输出的转矩，以驱动汽车车轮转动。图 5-25 所示为汽车发动机活塞连杆组。全班学生以 3～5 人为一组进行分组，以组为单位分析该发动机活塞连杆组采用的连接方式。

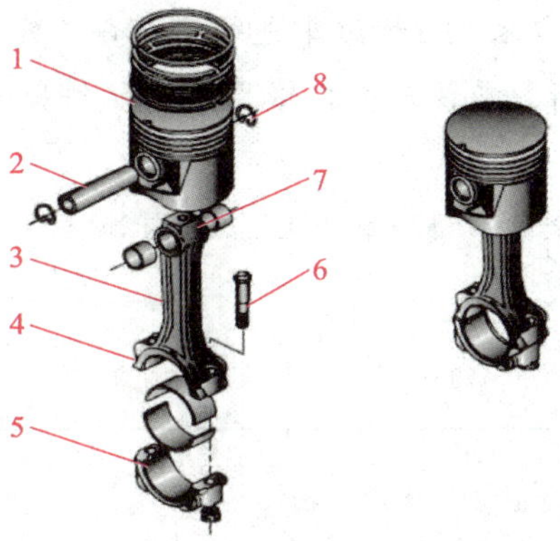

1—活塞；2—活塞销；3—连杆；4—连杆大头；5—连杆盖；
6—连杆螺栓；7—连杆小头；8—活塞销卡环。

图 5-25　汽车发动机活塞连杆组

2．任务实训

汽车发动机活塞连杆组是发动机的传动件，主要由活塞、活塞销、连杆及连杆螺栓等组成。

如图 5-25 所示的汽车发动机活塞连杆组采用了两种连接类型。一种是活塞与连杆小头之间采用的销连接，另一种是连杆大头和连杆盖之间采用的螺纹连接。其中，活塞销用来连接活塞和连杆，并将活塞承受的力传给连杆或将连杆承受的力传给活塞。连杆螺栓是螺栓头部和螺杆连接在一起的连接件，需要与配合螺母一起使用。

任务 5.2 认识汽车上的轴

任务引入

陈先生前段时间买了一辆二手的汽车，一天在高速公路上行驶时，车子突然发生巨响，剧烈抖动后停了下来。随后他和 4S 店联系，对方派人对故障车进行了检查，发现竟然是传动轴断了。陈先生的车没有遭到外力撞击，初步勘验传动轴断裂应该是由机械原因、配件失效引起的。维修人员对断裂的传动轴进行更换后，汽车恢复正常。

本任务要求学生从轴的功用和分类、材料和毛坯、结构和结构工艺性等方面来认识汽车上的轴。本任务的知识与技能要求如表 5-7 所示。

表 5-7 知识与技能要求

任务内容	认识汽车上的轴	学习程度		
		识记	理解	应用
学习任务	轴的功用和分类		●	
	轴的材料和毛坯	●		
	轴的结构和结构工艺性		●	
实训任务	认识手动变速器的输入轴和输出轴			●
自我勉励				

班级____________ 姓名____________ 学号____________

任务工单——认识汽车上的轴

1. 任务目标

（1）熟悉轴的功用和分类。

（2）了解轴的材料和毛坯。

（3）掌握轴的结构和结构工艺性。

2. 学生分组

以 3～5 人为一组，选出组长并进行任务分工，将小组成员及分工情况填入表 5-8 中。

表 5-8 小组成员及分工情况

小组成员	姓名	分工情况
组长		
组员		

3. 工作准备

（1）查阅相关资料，根据任务内容制订工作计划，并将其填入表 5-9 中。

表 5-9 工作计划

步骤	工作内容	负责人

（2）列出完成工作计划所需要的工具、材料等，并将其填入表 5-10 中。

表 5-10 完成工作计划所需要的工具、材料

序号	名称	型号与规格	单位	数量	备注

班级______________ 姓名______________ 学号______________

4. 工作实施

根据本组最佳工作计划展开实施。按实际操作过程，将实施内容、遇到的问题及解决办法填入表 5-11 中。

表 5-11 任务实施过程记录表

序号	实施内容	遇到的问题及解决办法

5. 课堂小结

5.2.1　轴的功用和分类

轴及其应用

1. 轴的功用

轴是组成机械的主要零件之一，它主要用于支承旋转零件，并传递运动和动力。汽车中常见的轴有发动机曲轴、变速器输入轴及输出轴、汽车传动轴、里程表用软轴等。

2. 轴的分类

轴的种类很多，通常可根据所受载荷的不同和几何形状的不同进行分类。

1）根据所受载荷的不同分类

根据所受载荷的不同，轴可分为转轴、传动轴和心轴。

（1）转轴。

工作时同时承受弯矩和转矩的轴称为转轴。工程中，大多数轴都属于转轴，如减速器中的齿轮轴（见图 5-26）、电动机的输出轴（见图 5-27）、变速器输入轴及输出轴等。

（2）传动轴。

工作时只承受转矩，不承受弯矩或承受很小弯矩的轴称为传动轴，如汽车中连接变速箱与驱动后桥的传动轴（见图 5-28）等。

图 5-26　减速器中的齿轮轴

图 5-27　电动机的输出轴

图 5-28　汽车传动轴

（3）心轴。

工作时只承受弯矩而不承受转矩的轴称为心轴。根据自身是否转动，心轴又可分为转动心轴和固定心轴，如图 5-29 所示。

（a）转动心轴——火车轮轴　　（b）固定心轴——自行车后轮轴

图 5-29　心轴

2）根据几何形状的不同分类

根据几何形状的不同，轴可分为直轴、曲轴和挠性轴。

（1）直轴。

直轴的轴线呈直线。根据外形的不同，直轴又可分为光轴、阶梯轴和空心轴等，如图 5-30 所示。其中，光轴各处直径相同，容易加工，但轴上零件定位困难；阶梯轴由若干直径不同的轴段组成而呈阶梯状，轴上零件容易安装和定位；空心轴可实现减重或满足特殊的结构要求。

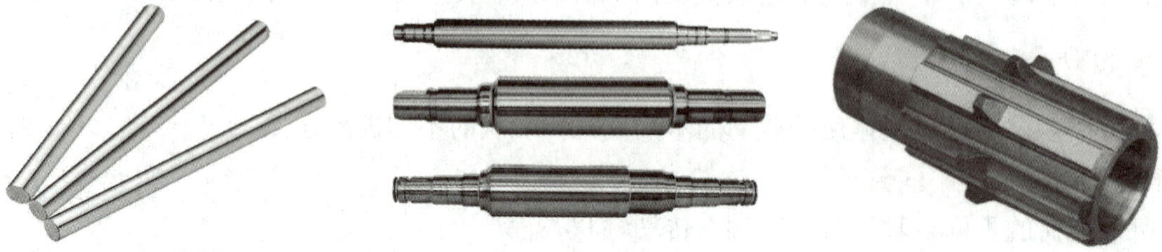

（a）光轴　　（b）阶梯轴　　（c）空心轴

图 5-30　直轴

（2）曲轴。

曲轴的各轴段相互平行但轴线不在同一条直线上，如图 5-31 所示。曲轴多用于往复式发动机和空气压缩机。

（3）挠性轴。

挠性轴具有良好的挠性，可将回转运动和转矩灵活传递到空间的任意位置。挠性轴通常由多层钢丝分层卷绕而成，故又称钢丝挠性轴，如图 5-32 所示。

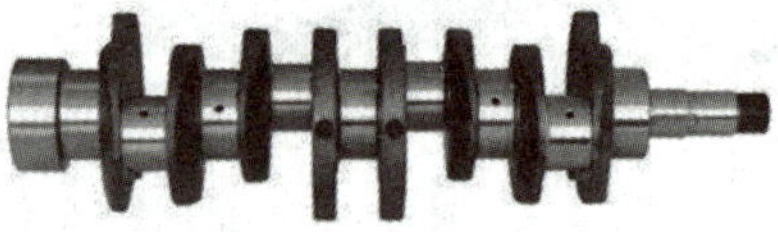

图 5-31　曲轴

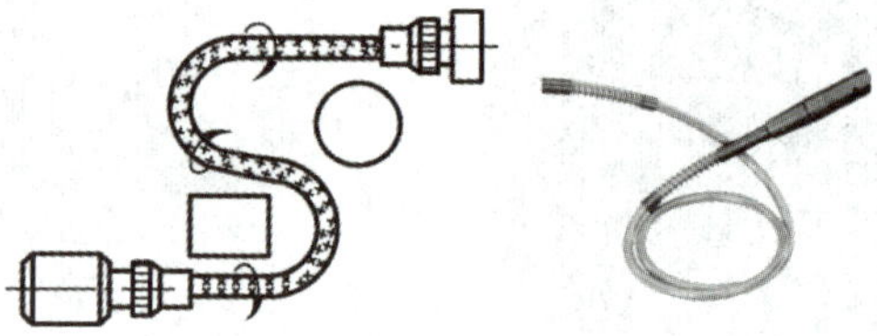

图 5-32　钢丝挠性轴

透过现象看问题

汽车发动机凸轮轴属于哪种类型的轴？请与同组同学讨论，并在课后查阅资料验证讨论结果。

5.2.2　轴的材料和毛坯

1. 轴的材料

轴在工作时通常需要承受交变载荷，为了保证轴的正常工作，在为其选择材料时需要考虑：① 轴的强度、刚度及耐磨性要求；② 轴的加工工艺要求；③ 轴的材料来源和经济性等要求。

轴常用的材料有碳素钢、合金钢和球墨铸铁等。

1）碳素钢

碳素钢价格低廉，应力集中敏感度小，同时具有良好的力学性能，广泛用于非重要或承受载荷较小的轴。轴常用的碳素钢材料有 35、45、50 等优质碳素结构钢，这些材料可通过正火或调质等热处理方法来改善和提高力学性能。轴也可用碳素结构钢作材料，如 Q235、Q255 等，这些材料一般不需要进行热处理。

2）合金钢

合金钢的力学性能和热处理性能比碳素钢好，但价格较贵，对应力集中较敏感，因此常用于高速、重载和有耐磨、耐高温等特殊要求的轴。轴常用的合金钢材料有 20Cr、40CrNi、38CrMoAl 等。

笔记

3）球墨铸铁

球墨铸铁具有吸振性和耐磨性好、对应力集中敏感度小、价格低廉等优点，常用于曲轴、凸轮轴等尺寸大、外形复杂的轴。轴常用的球墨铸铁材料有 QT450-10、QT600-3 和 QT800-3 等。

2. 轴的毛坯

轴的毛坯一般采用热轧圆钢或锻件，其中热轧圆钢常用于各轴段直径相差不大的轴，锻件常用于各轴段直径相差较大或力学性能要求较高的轴。此外，对于形状复杂的轴，还可采用球墨铸铁或高强度铸铁材料。

5.2.3　轴的结构

轴的结构是指轴的形状和尺寸，它主要取决于：① 轴在机械中的安装位置及形式；② 轴上零件的类型、尺寸、数量，以及轴上零件与轴的连接方法；③ 轴所受载荷的性质、大小、方向及分布情况；④ 轴的加工工艺。

由于影响结构的因素很多，因此轴没有标准的结构形式。通常情况下，轴的结构应满足以下要求：① 轴及轴上零件有准确的定位和可靠的固定；② 轴上零件能方便地进行装拆和调整；③ 轴的受力合理，尽量避免应力集中；④ 轴具有良好的工艺性能。

下面以阶梯轴为例，介绍轴的结构。

1. 轴的组成部分

阶梯轴主要由轴头、轴颈、轴身、轴肩和轴环等部分组成，如图 5-33 所示。其中，安装旋转零件（如齿轮、联轴器等）的轴段称为轴头，支承或安装轴承的轴段称为轴颈，连接轴头与轴颈的轴段称为轴身，轴上两段不同直径之间用来固定零件的台阶端面称为轴肩，直径大于左、右两段的轴段称为轴环，其作用与轴肩相同。

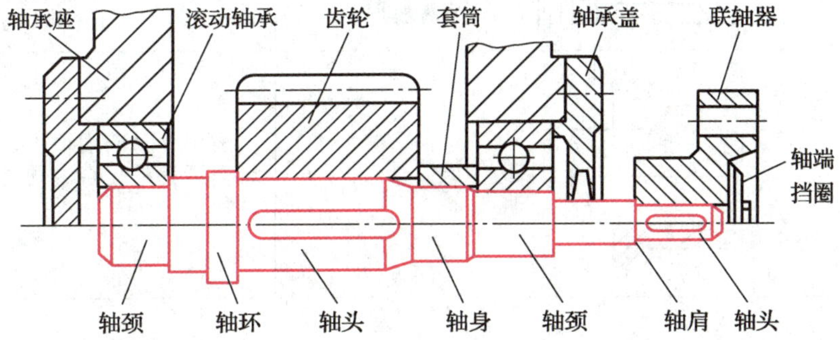

图 5-33　阶梯轴的组成部分

2. 轴上零件的定位及固定

为了保证轴在工作时保持准确的位置，防止轴上零件因受力而发生沿轴向和周向的相对运动，轴上零件必须进行轴向和周向定位，并固定牢靠。

1）轴向定位及固定

轴向定位及固定通常通过轴肩（轴环）、套筒、弹性挡圈、圆螺母、轴端挡圈、紧定螺钉（销）及圆锥形轴头等实现，其简图、特点及应用如表 5-12 所示。

表 5-12 常见轴向定位方法的简图、特点及应用

定位方法	简图	特点及应用
通过轴肩（轴环）定位	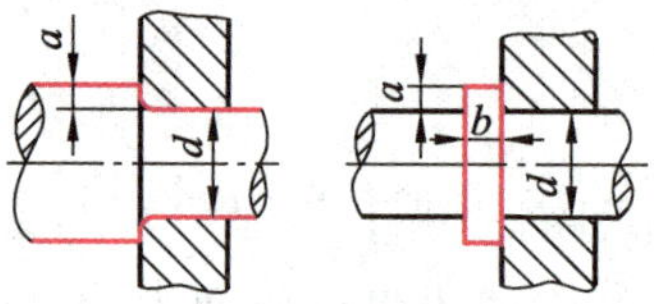	结构简单、固定可靠，可承受较大的轴向力，常用于齿轮、带轮、链轮和联轴器等的轴向定位
通过套筒定位	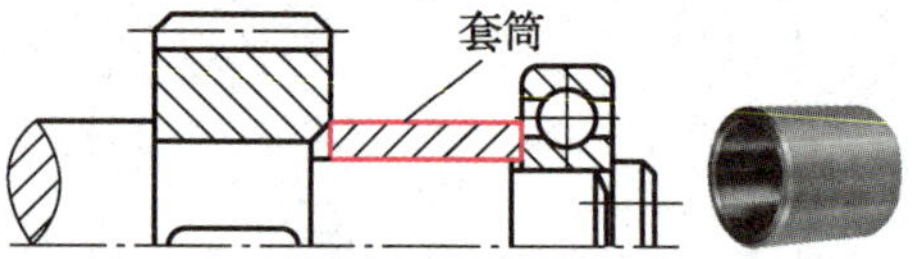	固定可靠，可承受较大的轴向力，轴上不需要钻孔、切削螺纹，对轴的强度影响小，一般用于零件间距较小的定位，但不宜用在转速较高的场合
通过弹性挡圈定位	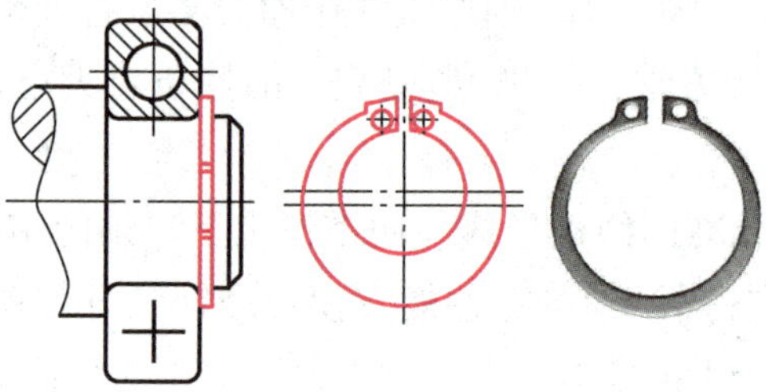	结构简单、紧凑，但只能承受较小的轴向力，一般用于滚动轴承的轴向定位
通过圆螺母定位	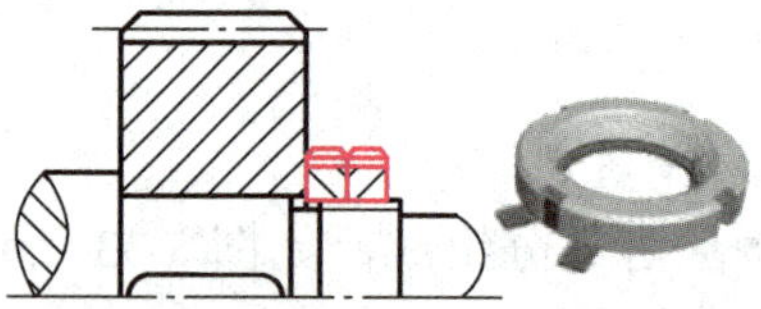	固定可靠，可承受较大的轴向力，但轴上切削螺纹后会使轴的强度降低，常用双圆螺母或圆螺母与止动垫圈配合来定位轴端零件
通过轴端挡圈定位	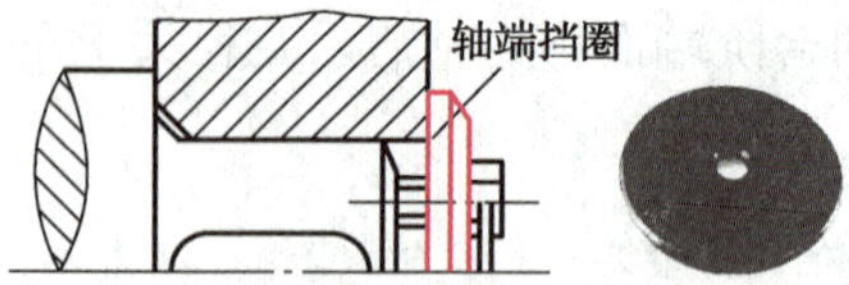	常用于固定轴端零件，可承受剧烈的振动和冲击载荷
通过紧定螺钉（销）定位	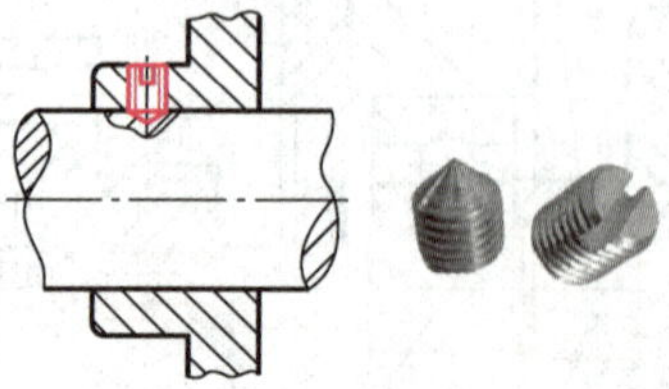	适用于轴向力很小、转速很低或防止偶然轴向滑移的场合，同时也可以起到周向固定的作用

续表

定位方法	简图	特点及应用
通过圆锥形轴头定位	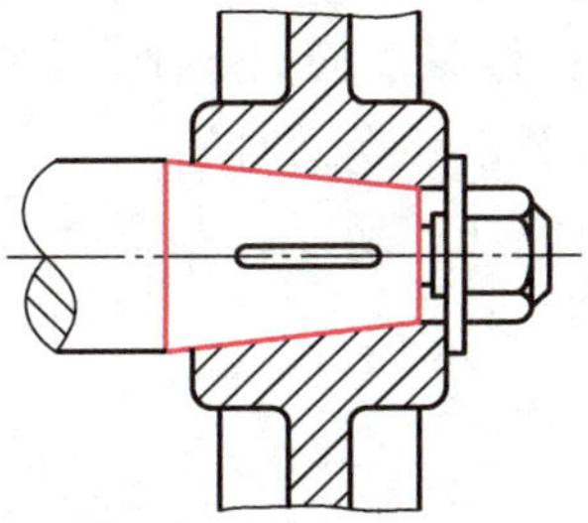	可以消除轴与轮毂间的间隙，装拆方便，还可以兼顾周向固定，承受较大的冲击载荷，常用于轴端零件的固定

2）周向定位及固定

周向定位及固定是为了保证轴上零件与轴之间不发生相对转动，常用的周向定位方法包括平键连接、花键连接、销连接、型面连接和过盈配合连接等，如图 5-34 所示。

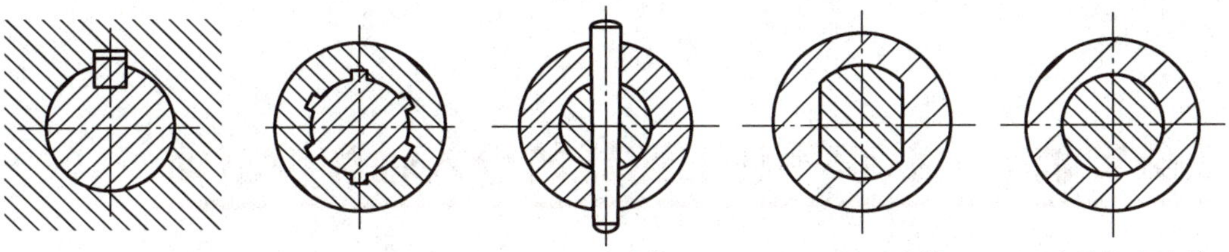

（a）平键连接　（b）花键连接　（c）销连接　（d）型面连接　（e）过盈配合连接

图 5-34　常用的周向定位方法

5.2.4　轴的结构工艺性

轴具有良好的结构工艺性，不仅可以提高机械装配、维修等作业的生产效率，而且可以大大降低生产成本。通常情况下，轴的结构应满足以下工艺要求。

1. 便于轴上零件的装拆

图 5-35 所示为减速器齿轮轴的装配简图。为了便于轴上零件的装拆，该轴设计成阶梯形，使齿轮、套筒、左端轴承、轴承盖、带轮等能够很方便地从轴的左端依次安装在轴上，右端轴承从轴的右端装入。对于装有零件的轴端，装入端需要加工 45°倒角，以方便轴上零件导入并避免划伤配合表面。套筒或轴肩的高度应低于滚动轴承的内圈高度，以保证滚动轴承能够有效定位。

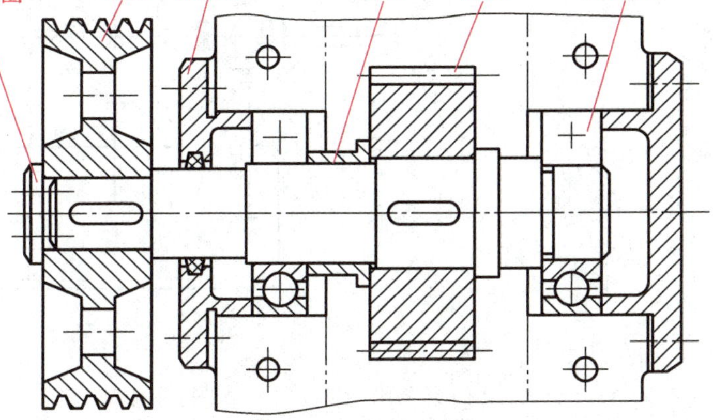

图 5-35　减速器齿轮轴的装配简图

2. 便于轴的加工

为了便于轴的加工，在对轴进行结构设计时应注意以下几点。

（1）轴的结构应尽量简单，在保证足够定位的情况下，应尽量控制阶梯的数量，以减少轴的加工时间和应力集中。

（2）轴上沿轴向有多个键槽时，应尽可能采用相同的规格尺寸，并布置在同一条直线上，以避免加工时更换刀具和多次装夹。例如，图 5-35 中轴上的两个键槽尺寸相同且在一条直线上。

（3）轴上直径发生变化的地方应设置圆弧过渡，以减少应力集中，如图 5-36（a）所示。同一轴上的过渡圆弧半径应尽量统一，以减少加工时所需刀具数量和换刀时间。

（4）轴上有螺纹时，应设置退刀槽，如图 5-36（b）所示；在需要进行磨削的轴段，应留有越程槽，如图 5-36（c）所示。

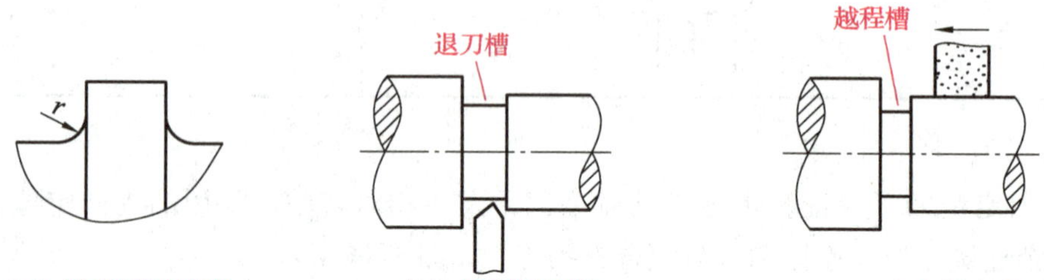

（a）设置圆弧过渡　（b）设置退刀槽　（c）留有越程槽

图 5-36　轴的加工工艺性

任务实训——认识手动变速器的输入轴和输出轴

1. 任务描述

全班学生以 3～5 人为一组进行分组，以组为单位拆装东风 EQ1092 手动变速器的输入轴和输出轴，认识轴的结构、轴上零部件的装配关系。

2. 任务实训

指导教师可借助多媒体等手段讲解东风 EQ1092 手动变速器的组成（见图 5-37），并示范该手动变速器输入轴、输出轴的拆装步骤（至取下输入轴、输出轴总成为止）。

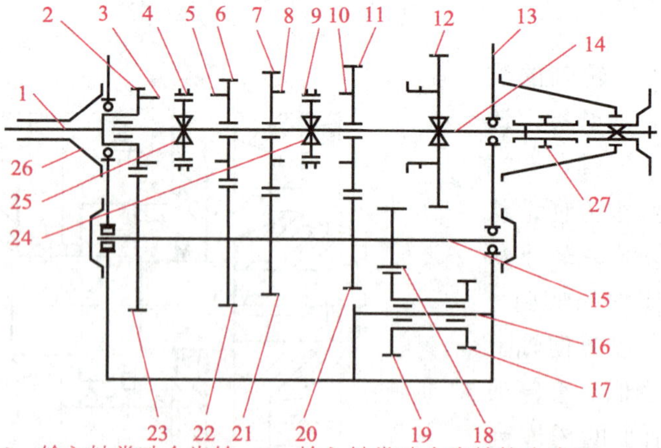

1—输入轴；2—输入轴常啮合齿轮；3—输入轴常啮合齿轮接合齿圈；4、9—接合套；
5—四挡齿轮接合齿圈；6—输出轴四挡齿轮；7—输出轴三挡齿轮；8—三挡齿轮接合齿圈；
10—二挡齿轮接合齿圈；11—输出轴二挡齿轮；12—输出轴一挡、倒挡直齿滑动齿轮；13—变速器壳体；
14—输出轴；15—中间轴；16—倒挡轴；17、19—倒挡中间齿轮；18—中间轴一挡、倒挡齿轮；
20—中间轴二挡齿轮；21—中间轴三挡齿轮；22—中间轴四挡齿轮；23—中间轴常啮合齿轮；
24、25—花键毂；26—输入轴轴承盖；27—里程表传动齿轮。

图 5-37　EQ1092 手动变速器的组成

（1）将变速器总成固定在拆装架上，拆下变速器盖固定螺栓，取下变速器上盖。

（2）拆下后轴承盖及轴承油封、挡圈、里程表驱动机构等零部件，然后拆下输入轴轴承盖，取出输入轴总成。对照图 5-38，仔细观察输入轴上各零件，注意区分零件在轴上的定位及固定方法。

（3）分离输出轴轴承与箱体的连接，拆下输出轴轴承，取出输出轴总成。对照图 5-39，仔细观察输出轴上各零件，注意区分零件在轴上的定位及固定方法。

（4）按照与拆卸相反的步骤，参照维修手册，复装该变速器总成。

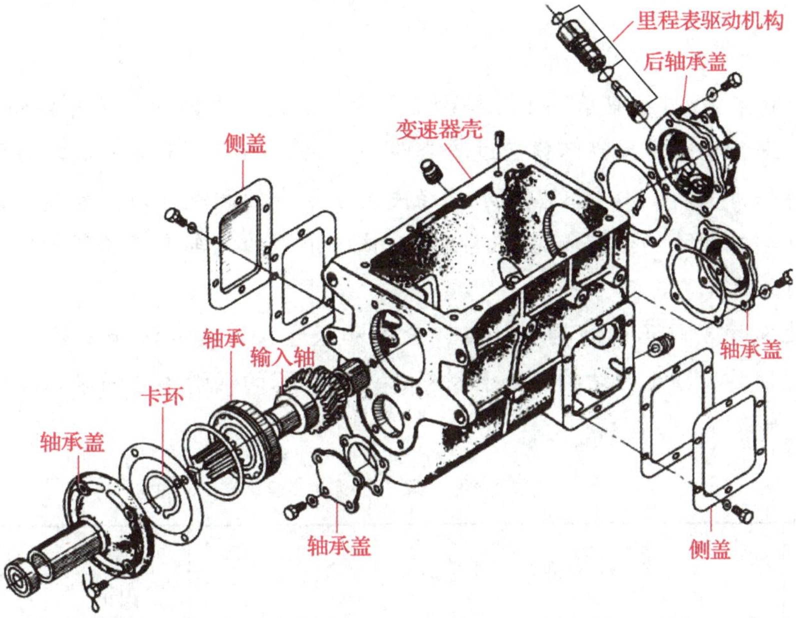

图 5-38　输入轴总成

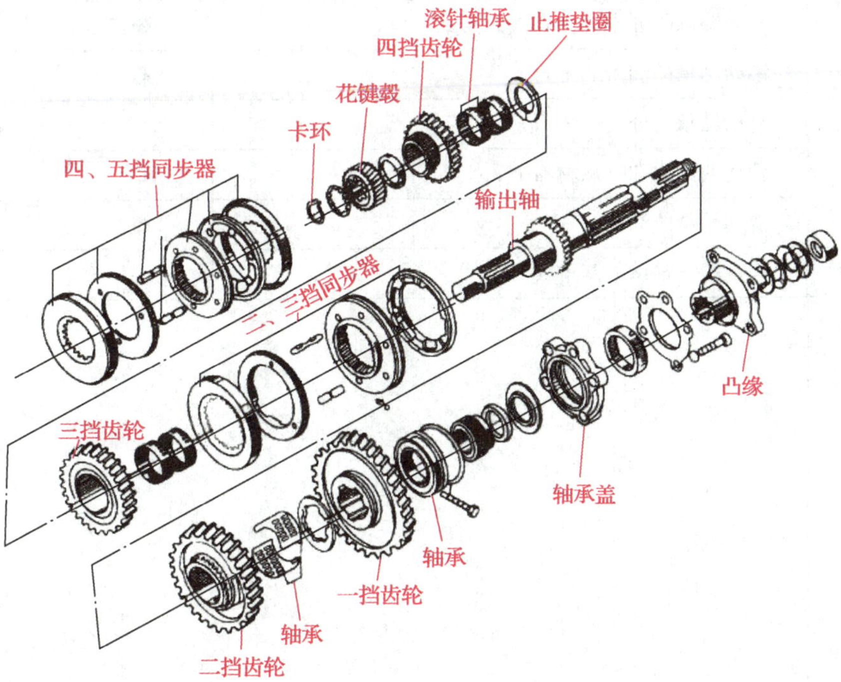

图 5-39　输出轴总成

任务 5.3 认识汽车常用轴承

任务引入

小刘的汽车在行驶了 10 万公里后，出现转向盘转向不灵活、车轮行驶时有异响等现象。于是，他将汽车送到汽车维修厂进行检查。维修师傅经过检查发现，汽车的转向节轴承和轮毂轴承已经磨损严重，需要更换。维修师傅告诉小刘，由于这些轴承已经失去了正常的润滑作用，金属表面磨损严重，如果不及时更换，将会给汽车的行驶安全造成隐患。随即，他给小刘的汽车更换了新的轴承，更换后汽车的转向恢复了正常，异响也消失了。

本任务要求学生从滚动轴承的结构和特点、分类和代号、固定方法和失效形式、润滑和密封等方面，以及滑动轴承的分类、轴瓦的结构和轴承材料、滑动轴承的润滑等方面来认识汽车常用轴承。本任务的知识与技能要求如表 5-13 所示。

表 5-13 知识与技能要求

任务内容	认识汽车常用轴承	学习程度		
		识记	理解	应用
学习任务	滚动轴承的结构和特点		●	
	滚动轴承的分类和代号		●	
	滚动轴承的固定方法和失效形式	●		
	滚动轴承的润滑和密封	●		
	滑动轴承的分类		●	
	轴瓦的结构和轴承材料	●		
	滑动轴承的润滑	●		
实训任务	确定滚动轴承的基本代号			●
自我勉励				

班级＿＿＿＿＿＿＿　姓名＿＿＿＿＿＿＿　学号＿＿＿＿＿＿＿

任务工单——认识汽车常用轴承

1. 任务目标

（1）掌握滚动轴承的结构、类型和代号。
（2）了解滚动轴承的固定方法、失效形式、润滑和密封。
（3）掌握滑动轴承的类型和特点。
（4）了解轴瓦的结构和轴承材料，以及滑动轴承的润滑。

2. 学生分组

以 3～5 人为一组，选出组长并进行任务分工，将小组成员及分工情况填入表 5-14 中。

表 5-14　小组成员及分工情况

小组成员	姓名	分工情况
组长		
组员		

3. 工作准备

（1）查阅相关资料，根据任务内容制订工作计划，并将其填入表 5-15 中。

表 5-15　工作计划

步骤	工作内容	负责人

（2）列出完成工作计划所需要的工具、材料等，并将其填入表 5-16 中。

表 5-16　完成工作计划所需要的工具、材料

序号	名称	型号与规格	单位	数量	备注

班级____________ 姓名____________ 学号____________

4. 工作实施

根据本组最佳工作计划展开实施。按实际操作过程，将实施内容、遇到的问题及解决办法填入表 5-17 中。

表 5-17 任务实施过程记录表

序号	实施内容	遇到的问题及解决办法

5. 课堂小结

____

____

____

____

____

____

____

轴承在汽车的动力系统和传动系统上有着广泛的应用，其作用是支承轴，并保持轴的旋转精度，减少轴与支承之间的摩擦和磨损。根据工作时摩擦性质的不同，轴承可分为滚动轴承和滑动轴承两类。

5.3.1 滚动轴承

1. 滚动轴承的结构和特点

滚动轴承及其应用

滚动轴承是指在承受载荷和彼此相对运动的零件间有滚动体做滚动运动的轴承，它一般由外圈、滚动体、内圈和保持架等组成，如图5-40所示。其中，外圈和内圈分别与轴承座和轴颈装配在一起。通常情况下，轴承内圈随轴回转，而外圈不动。也有轴不旋转而外圈旋转的，如汽车轮毂轴承。当轴承内、外圈相对转动时，滚动体在内、外圈的滚道中滚动，使相对运动表面间的滑动摩擦变为滚动摩擦。保持架的作用是使滚动体均匀分布，防止滚动体脱落或相互碰撞。

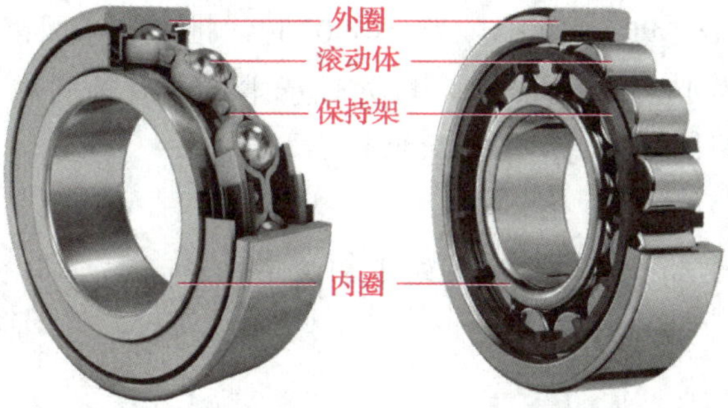

图5-40 滚动轴承的结构

常见的滚动体形状有球形、圆柱形、圆锥形、鼓形和滚针形等，如图5-41所示。

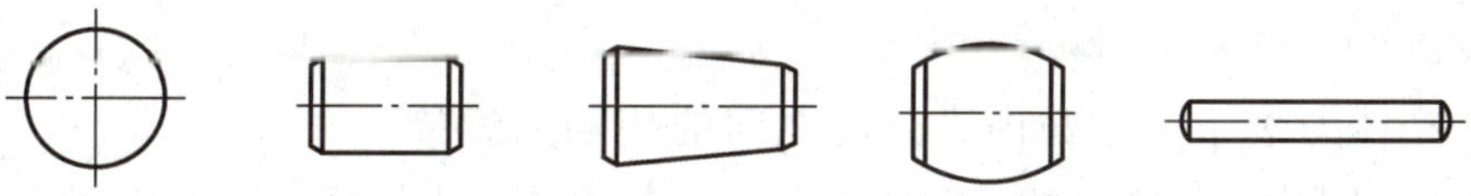

（a）球形 （b）圆柱形 （c）圆锥形 （d）鼓形 （e）滚针形

图5-41 常见的滚动体形状

滚动轴承摩擦阻力小、机械效率高、运转精度高、结构紧凑、润滑方便，并且因尺寸标准化而具有较好的互换性，应用非常广泛。它的缺点是抗冲击能力较差，高速重载工况下使用寿命较短，变速时或磨损后运转噪声和振动较大。

2. 滚动轴承的分类

滚动轴承的类型很多，GB/T 271—2017《滚动轴承 分类》对滚动轴承的分类方法进行了详细的规定。下面简单介绍几种常见的分类方法。

1）根据承受载荷的方向分类

轴承径向平面（垂直于轴承轴心线的平面）与滚动体、外圈滚道接触点处法线之间的夹角称为公称接触角，简称接触角，用α表示，如图5-42所示。由于滚动轴承接触角的大小直接影响其承受不同方向载荷的能力，因此滚动轴承根据承受载荷方向的分类也可看作其根据接触角大小的分类。

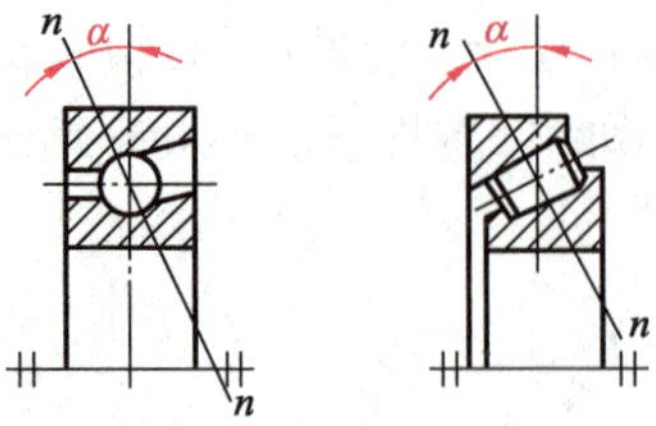

图 5-42　接触角

根据接触角大小的不同，滚动轴承可分为向心轴承和推力轴承。

（1）向心轴承。

向心轴承的接触角为$0° \leqslant \alpha \leqslant 45°$。其中，当$\alpha = 0°$时，除深沟球轴承能承受很小的轴向载荷之外，大部分向心轴承只能承受径向载荷（如圆柱滚子轴承、滚针轴承），称为径向接触轴承；当$0° < \alpha \leqslant 45°$时，向心轴承除了可以承受径向载荷，也可以承受一定的轴向载荷，称为角接触向心轴承（如角接触球轴承、圆锥滚子轴承等）。

（2）推力轴承。

推力轴承的接触角为$45° < \alpha \leqslant 90°$。其中，当$\alpha = 90°$时，推力轴承只能承受轴向载荷，称为轴向接触轴承（如推力球轴承等）；当$45° < \alpha < 90°$时，推力轴承主要承受轴向载荷，也能承受一定的径向载荷，称为角接触推力轴承（如角接触推力滚子轴承等）。

2）根据滚动体的形状分类

根据滚动体形状的不同，滚动轴承可分为球轴承和滚子轴承两大类。

（1）球轴承。

球轴承的滚动体为球体，它与内、外圈之间的接触为点接触，滚动时摩擦力小，因此球轴承的极限转速高，但容易磨损，承载能力较弱。

（2）滚子轴承。

滚子轴承的滚动体为滚子，它与内、外圈之间的接触为线接触，滚动时摩擦力大，因此滚子轴承的极限转速不高，但承载能力较强。根据滚子形状的不同，滚子轴承可分为圆柱滚子轴承、滚针轴承、圆锥滚子轴承、调心滚子轴承和长弧面滚子轴承等。

笔记

3）其他分类方法

根据能否调心，滚动轴承可分为调心轴承和非调心轴承；根据滚动体列数的不同，滚动轴承可分为单列轴承、双列轴承和多列轴承；根据主要用途的不同，滚动轴承可分为通用轴承和专用轴承。

滚动轴承的主要类型如表 5-18 所示。

表 5-18　滚动轴承的主要类型（部分摘自 GB/T 271—2017）

类型名称	简图	受载方向	极限转速	允许偏差角	主要特性及应用
深沟球轴承	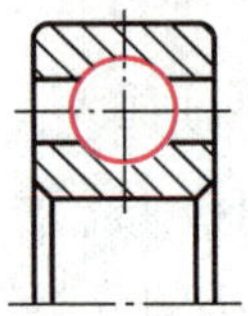		极高	8′～16′	主要承受径向载荷，也可承受一定的双向轴向载荷；摩擦系数最小，适用于刚度较大和转速高的轴；当转速很高且轴向载荷不太大时，可替代推力轴承

续表

类型名称	简图	受载方向	极限转速	允许偏差角	主要特性及应用
双列深沟球轴承	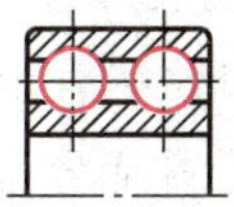		高	2′	具有深沟球轴承的特性，比深沟球轴承的承载能力和刚度更好，可用于比深沟球轴承要求更高的场合
调心球轴承	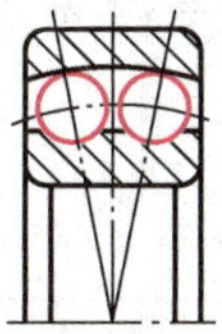		中	2°～3°	主要承受径向载荷，也可承受较小的轴向载荷，调心性好，适用于刚度较小及对中性较差的轴
角接触球轴承	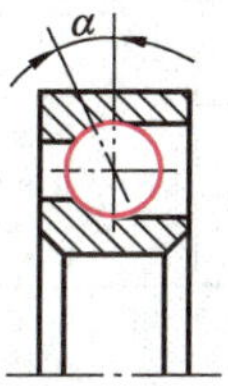		高	2′～10′	能同时承受径向载荷和轴向载荷；α 为 15°、25°和 40°，轴向承载能力随 α 增大而增大；通常成对使用，适用于刚度较大、跨距较小的轴
双列角接触球轴承	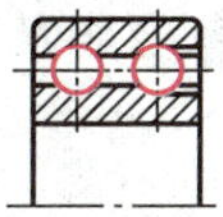		极高	2′～10′	能同时承受径向载荷和双向轴向载荷，相当于一对角接触球轴承背对背安装，适用于刚度较大的轴
推力球轴承	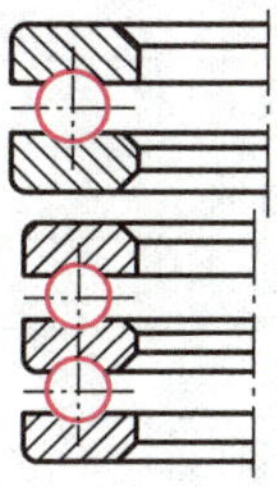		低	不允许	套圈和滚动体是分离的，只能承受轴向载荷（单列单向，双列双向）；高速时滚动体离心力较大，使用寿命较短，适用于轴向载荷较大、转速较低的场合
圆柱滚子轴承	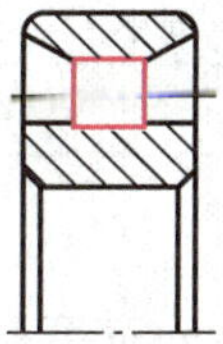		较高	2′～4′	能承受较大的径向载荷，但不能承受轴向载荷；承载能力大、耐冲击，适用于刚度较大、对中性较好的轴
圆锥滚子轴承	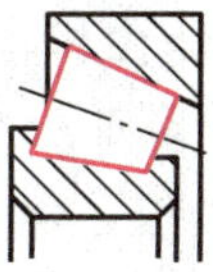		中	2′	通常成对使用，能同时承受较大的径向与轴向载荷，内、外圈可分离，游隙可调，装拆方便，适用于刚度较大的轴
调心滚子轴承	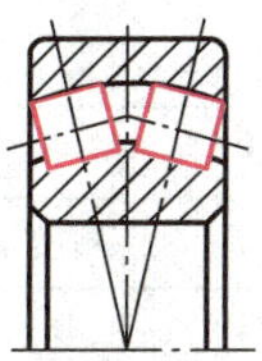		中	0.5°～2°	能承受较大的径向载荷和较小的轴向载荷，耐振动及冲击，能自动调心，加工要求高，常用于其他轴承无法满足要求的重载场合
推力圆柱滚子轴承	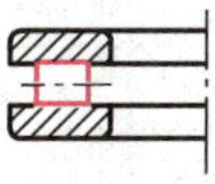		较高	不允许	能承受很大的单向轴向载荷，承载能力比推力球轴承大，适用于轴向载荷大且不需要调心的场合

注：极限转速是指滚动轴承在一定载荷和润滑条件下允许的最高转速，具体数值可参考有关手册。

3．滚动轴承的代号

为了规范滚动轴承的制造、使用和维护，GB/T 272—2017《滚动轴承　代号方法》对滚动轴承代号的构成及其所表示的内容做了统一的规定。轴承代号一般印在轴承端面上，以方便识别。

滚动轴承的代号由基本代号、前置代号和后置代号三部分组成，用字母和数字表示。其中，基本代号由类型代号、尺寸系列代号和内径代号组成，如表 5-19 所示；前置代号和后置代号都是基本代号的补充，只有在对滚动轴承的结构、形状、材料、公差等级、技术要求等有特殊要求时才使用。下面主要详细介绍滚动轴承的基本代号。

表 5-19　滚动轴承基本代号的组成

基本代号			
轴承系列			内径代号
类型代号	尺寸系列代号		
	宽度（或高度）系列代号	直径系列代号	

1）类型代号

类型代号代表滚动轴承的类型，用数字或字母表示。常见滚动轴承的类型代号如表 5-20 所示。

表 5-20　常见滚动轴承的类型代号

轴承类型	类型代号	轴承类型	类型代号
双列角接触球轴承	0	角接触球轴承	7
调心球轴承	1	推力圆柱滚子轴承	8
调心滚子轴承和推力调心滚子轴承	2	圆柱滚子轴承	N
圆锥滚子轴承	3	外球面球轴承	U
双列深沟球轴承	4	四点接触球轴承	QJ
推力球轴承	5	长弧面滚子轴承（圆环轴承）	C
深沟球轴承	6		

2）尺寸系列代号

尺寸系列代号由两位数字组成，后一位数字为直径系列代号，前一位数字为宽度系列（向心轴承）或高度系列（推力轴承）代号。其中，直径系列代号表示结构和内径相同而外径和宽度不同的轴承系列，宽（高）度系列代号表示结构、内径和外径相同而宽（高）度不同的轴承系列。滚动轴承的尺寸系列代号如表 5-21 所示。

表 5-21　滚动轴承的尺寸系列代号

直径系列代号		向心轴承								推力轴承			
		宽度系列代号								高度系列代号			
		8	0	1	2	3	4	5	6	7	9	1	2
外径尺寸依次递增	7	—	—	17	—	37	—	—	—	—	—	—	—
	8	—	08	18	28	38	48	58	68	—	—	—	—
	9	—	09	19	29	39	49	59	69	—	—	—	—
	0	—	00	10	20	30	40	50	60	70	90	10	—

续表

直径系列代号		向心轴承								推力轴承			
		宽度系列代号								高度系列代号			
		8	0	1	2	3	4	5	6	7	9	1	2
外径尺寸依次递增	1	—	01	11	21	31	41	51	61	71	91	11	—
	2	82	02	12	22	32	42	52	62	72	92	12	22
	3	83	03	13	23	33	—	—	—	73	93	13	23
	4	—	04	—	24	—	—	—	—	74	94	14	24
	5	—	—	—	—	—	—	—	—	—	95	—	—

提 示

在滚动轴承尺寸系列代号中，直径和宽（高）度系列代号并不代表具体的直径和宽（高）度数值。其中，直径系列代号不能省略；对于宽度系列代号，大多数窄系列代号 0 可以省略，但圆锥滚子轴承和调心滚子轴承的窄系列代号 0 不可省略。

3）内径代号

内径代号表示滚动轴承的内径尺寸，用数字表示，其含义如表 5-22 所示。

表 5-22　滚动轴承内径代号的含义

轴承公称内径/mm		内径代号	示例
0.6～10（非整数）		用公称内径毫米数直接表示，与尺寸系列代号之间用“/”分开	深沟球轴承 617/0.6，$d = 0.6$ mm
1～9（整数）		用公称内径毫米数直接表示，对深沟及角接触球轴承直径系列 7、8、9，内径与尺寸系列代号之间用“/”分开	深沟球轴承 625，$d = 5$ mm 深沟球轴承 618/5，$d = 5$ mm
10～17	10	00	深沟球轴承 6200，$d = 10$ mm
	12	01	调心球轴承 1201，$d = 12$ mm
	15	02	圆柱滚子轴承 NU 202，$d = 15$ mm
	17	03	推力球轴承 51103，$d = 17$ mm
20～480（22、28、32 除外）		公称内径除以 5 的商数，若商数为个位数，则需要在商数左边加“0”	调心滚子轴承 22308，$d = 40$ mm
≥500 及 22、28、32		用公称内径毫米数直接表示，与尺寸系列之间用“/”分开	深沟球轴承 62/22，$d = 22$ mm

课上练习

【例 5-1】解释滚动轴承代号 7320 和 23218 的含义。

【解】(1) 滚动轴承代号 7320：“7”为类型代号，表示轴承类型为角接触球轴承；“3”为尺寸系列代号，其中宽度系列代号为 0（省略）、直径系列代号为 3；“20”为内径代号，表示滚动轴承的

公称内径为 $d=20\times5=100\,(\mathrm{mm})$。

（2）滚动轴承代号 23218："2" 为类型代号，表示轴承类型为调心滚子轴承；"32" 为尺寸系列代号，其中宽度系列代号为 3、直径系列代号为 2；"18" 为内径代号，表示滚动轴承的公称内径为 $d=18\times5=90\,(\mathrm{mm})$。

4．滚动轴承的固定方法

滚动轴承的正常工作需要其在周向及轴向都具有可靠的固定。其中，滚动轴承的周向固定主要依靠其内圈与轴之间、外圈与机座孔之间的配合来保证；滚动轴承的轴向固定有多种方法，需要根据不同的情况来选择，如表 5-23 所示。

表 5-23　滚动轴承的轴向固定方法

固定方法	图示	特点及适用场合
采用止动环固定	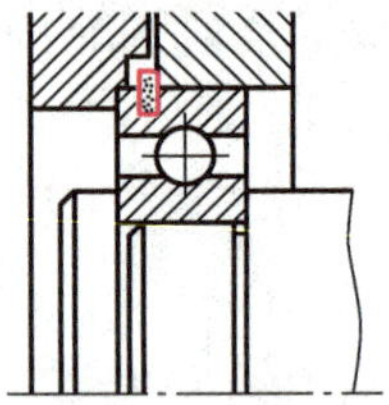	结构简单、固定可靠、轴向尺寸小，但不能承受较大的轴向载荷，适用于外圈带止动槽的推力轴承
采用轴承端盖固定	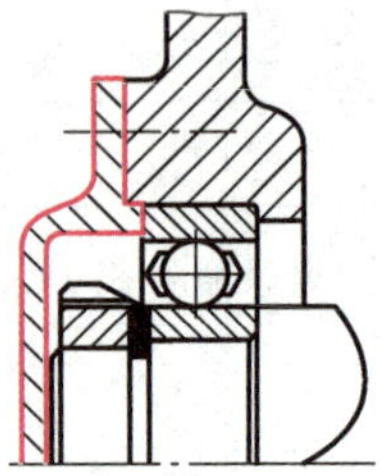	用于向心轴承和角接触推力轴承在轴端的固定，端盖可以做成各种形式，当端盖为通孔状时，还可带有各种密封装置，适用于高速、轴向载荷较大的场合
采用孔用弹性挡圈固定	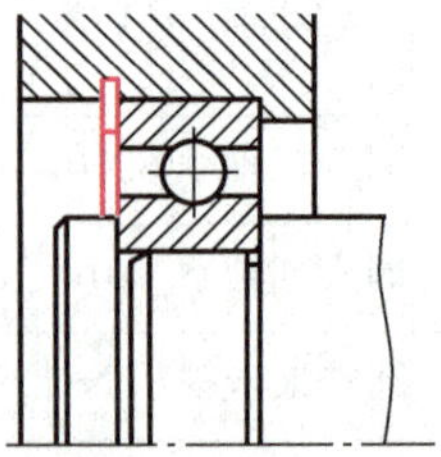	结构简单、装拆方便、轴向尺寸小，在轴承端面和挡圈之间加调整环还可调整轴承的轴向位置，补偿加工、装配误差，适用于转速不高、轴向载荷不大的场合
采用带螺纹的端盖固定	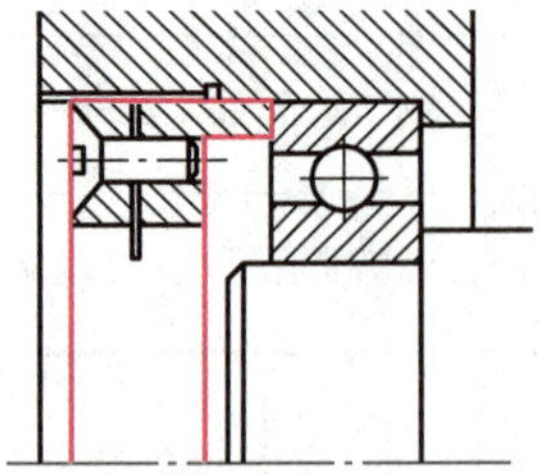	采用带螺纹的端盖固定时，可调节角接触推力轴承面对面排列的轴承游隙，但螺纹环应有防松措施，适用于转速高、轴向载荷较大的场合

5．滚动轴承的失效形式

影响滚动轴承使用寿命的主要因素有载荷情况、润滑情况、装配情况、环境条件及材质或制造精度等。滚动轴承常见的失效形式有疲劳点蚀、塑性变形和磨粒磨损等，如图 5-43 所示。

（a）疲劳点蚀　（b）塑性变形　（c）磨粒磨损

图 5-43　滚动轴承常见的失效形式

疲劳点蚀：滚动体与轴承内圈、外圈的接触表面在接触应力的反复作用下产生的麻点状点蚀或剥落现象。

塑性变形：在重载或冲击载荷的作用下，滚动体与滚道表面接触处的局部应力超过材料的屈服强度而产生的永久性凹坑等。

磨粒磨损：在润滑不良、密封不当等情况下，外界硬颗粒物（如粉尘、沙砾等）进入轴承滚道内造成的滚动体或滚道表面磨损。

6．滚动轴承的润滑和密封

1）滚动轴承的润滑

为了减少摩擦和磨损，延长使用寿命，滚动轴承在工作时需要进行充分合理润滑。此外，润滑还具有冷却降温、吸收振动、防锈和降低噪声等作用。

润滑剂和润滑方式的选择通常用轴承内径 d 和转速 n 的乘积 dn 作为参考指标。常用的润滑剂有润滑脂和润滑油等。其中，润滑脂的特点是不易流失、便于密封、油膜强度高、承载能力强，且不需要经常添加，适用于 dn 值较小的场合；润滑油的特点是摩擦系数小，润滑可靠，同时可进行冷却散热，适用于 dn 值较大的场合。

滚动轴承润滑脂和润滑油的适用范围如表 5-24 所示。

表 5-24　滚动轴承润滑脂和润滑油的适用范围

滚动轴承类型	$dn/(\mathrm{mm \cdot r \cdot min^{-1}})$				
	润滑脂	润滑油			
		飞溅润滑	滴油润滑	喷油润滑	油雾润滑
深沟球轴承 角接触球轴承 圆柱滚子轴承	1.6×10^5	2.5×10^5	4×10^5	6×10^5	$>6\times10^5$
圆锥滚子轴承	1.0×10^5	1.6×10^5	2.3×10^5	3×10^5	
推力球轴承	4×10^4	0.6×10^5	1.2×10^5	1.5×10^5	

2）滚动轴承的密封

为防止外部灰尘、水分和油污等杂质进入滚动轴承内部，并防止润滑剂的流失，需要对滚动轴承进行合理密封。滚动轴承的密封可分为接触式密封、非接触式密封和组合式密封等类型，通常根据滚动轴承的润滑类型、工作温度，以及密封表面的圆周速度等来选择。滚动轴承常用的密封类型如表 5-25 所示。

表 5-25　滚动轴承常用的密封类型

密封类型		图示	密封原理	适用场合
接触式密封	毛毡圈密封	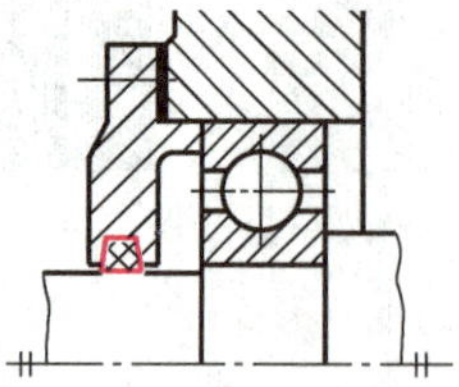	利用毛毡的弹性和吸油性，与轴颈紧密贴合而起到密封作用	可用于润滑油和润滑脂的密封，适用于轴颈圆周速度 ≤4 m/s 、工作温度不超过 90 ℃的场合
	唇型密封圈密封	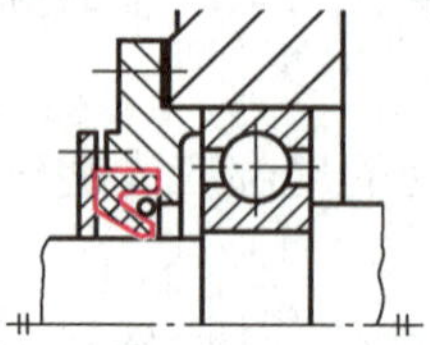 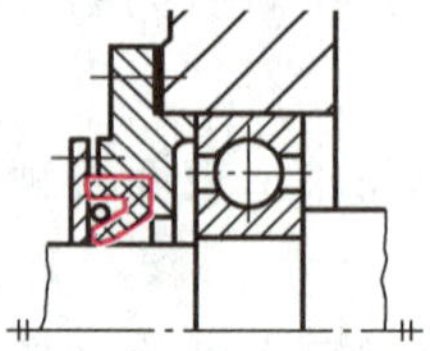	利用唇口与轴接触阻断泄漏间隙，以防止泄漏和灰尘、杂质侵入	可用于润滑油和润滑脂的密封，适用于轴颈圆周速度 ≤7 m/s 、工作温度为−40～100 ℃的场合
非接触式密封	间隙式密封	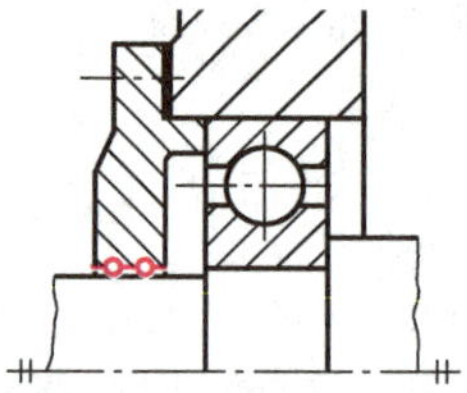	利用流体经过曲折通道多次节流产生的阻力，抑制流体的流失，间隙越小越长，密封效果越好	主要用于密封润滑脂和防尘，要求环境保持干燥清洁
	迷宫式密封	 径向 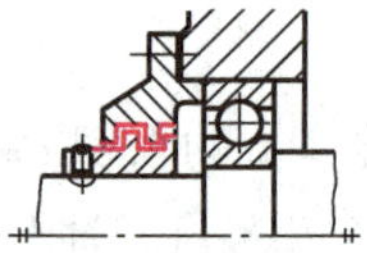 轴向	利用曲折的间隙进行密封，在间隙内充以润滑油或润滑脂以提高密封效果，分径向和轴向两种	用于密封润滑油和润滑脂，要求工作温度不高于密封用润滑剂滴点，密封可靠
组合式密封		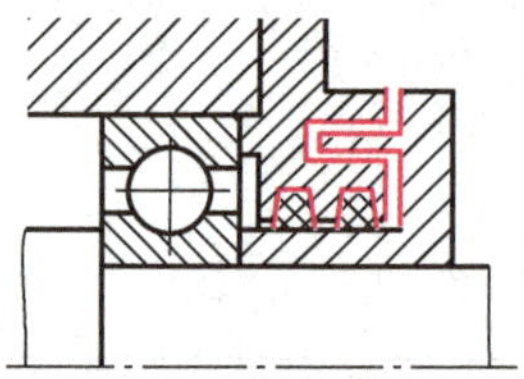	利用毛毡圈和迷宫式密封的优点，提高密封效果	用于密封润滑油和润滑脂，特别适合要求密封效果较好的场合

5.3.2　滑动轴承

工作时，轴承和轴颈的支承面间形成直接或间接滑动摩擦的轴承，称为滑动轴承。滑动轴承主要应用于高速、重载、高精度及振动和冲击力都较大的场合。

笔记

1. 滑动轴承的分类

根据承受载荷方向的不同，滑动轴承可分为径向滑动轴承和推力滑动轴承。

1）径向滑动轴承

径向滑动轴承工作时主要承受径向载荷，其结构形式有整体式和剖分式两种。

整体式径向滑动轴承主要由轴承座和轴瓦组成（见图 5-44），其结构简单、制造成本低。但由于轴瓦在磨损后与轴颈间的间隙无法调整，必须重新更换，且装拆时轴或径向滑动轴承必须轴向移动，非常不便，因此径向滑动轴承适用于轻载、低速且不需要经常装拆的场合。

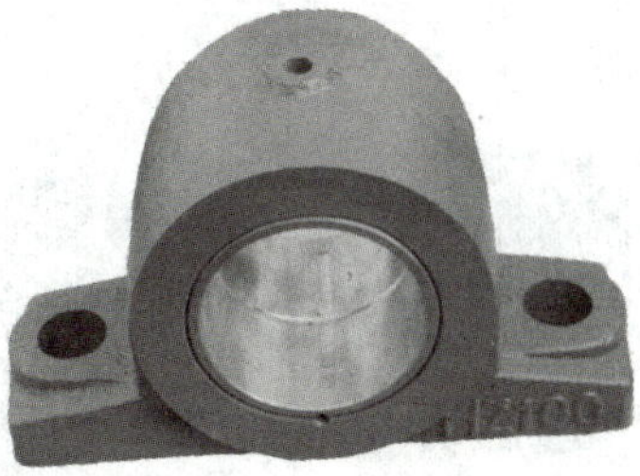

（a）实物图

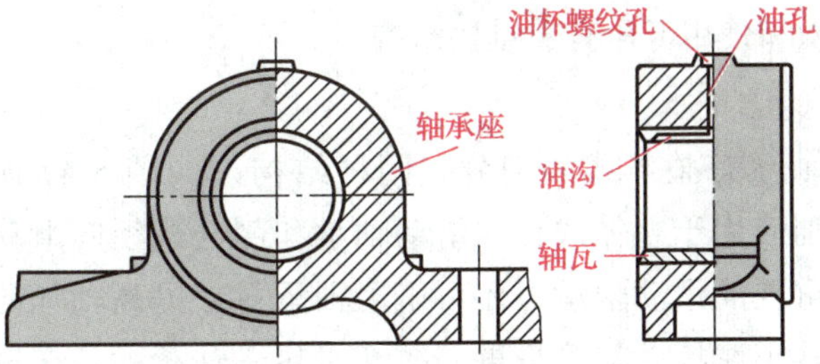

（b）结构图

图 5-44　整体式径向滑动轴承

剖分式径向滑动轴承主要由轴承座、上轴瓦、下轴瓦、轴承盖和连接螺栓等组成，如图 5-45 所示。其中，上、下两片半圆形轴瓦可组合成一个圆筒形轴瓦，连接螺栓将轴承盖和组合后的轴瓦紧固在轴承座上；轴承盖和轴承座的剖分面通常加工成阶梯状，以避免两者之间发生相对错动，便于装配时对中；上、下轴瓦之间可安装垫片，以方便轴瓦磨损后调整轴颈与轴瓦之间的间隙。这种可拆分的结构还可在不移动轴的情况下更换轴瓦。

（a）实物图

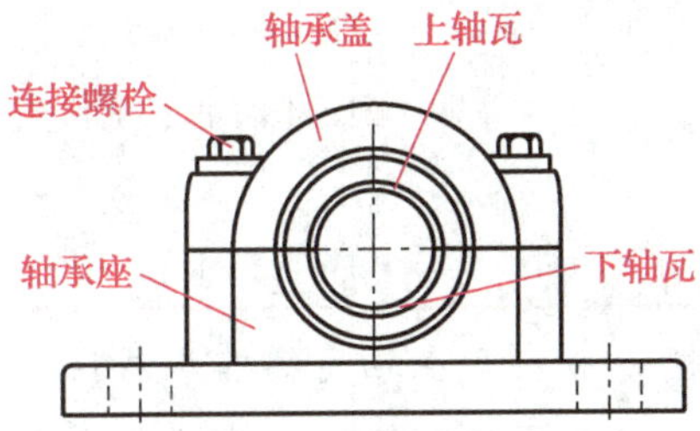

（b）结构图

图 5-45　剖分式径向滑动轴承

此外，剖分式径向滑动轴承还可将轴瓦的瓦背制成凸球面，并将其支承面制成凹球面，从而使其具有调心功能，用于支承挠度较大或多支点的长轴。

2）推力滑动轴承

推力滑动轴承可承受轴向载荷，它主要由轴承座、套筒、径向轴瓦和止推轴瓦等组成。推力滑动轴承可用轴的端面或轴环的轴肩作为止推面，常见的止推面有实心端面轴颈、空心端面轴颈、单环形端面轴颈和多环形端面轴颈四种，如图 5-46 所示。其中，以多环形端面轴颈为止推面的推力滑动轴承，能承受较大的双向轴向载荷。

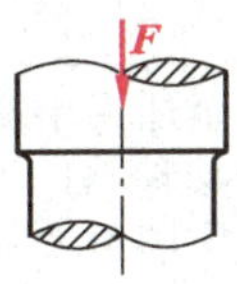

（a）实心端面轴颈

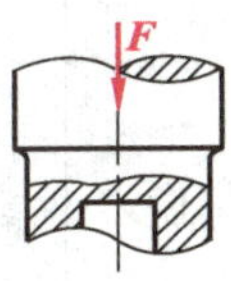

（b）空心端面轴颈

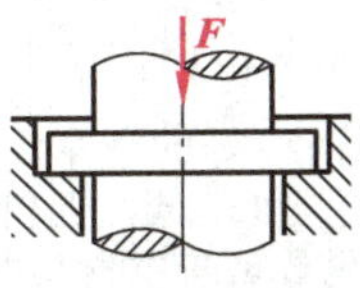

（c）单环形端面轴颈

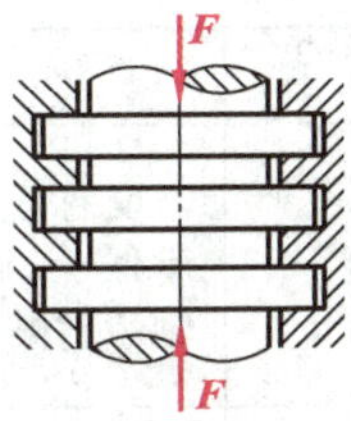

（d）多环形端面轴颈

图 5-46　推力滑动轴承的止推面

2．轴瓦的结构和轴承材料

滑动轴承中轴瓦与轴直接接触并发生滑动摩擦，因此轴瓦的结构设计及选材对滑动轴承的工作效率、承载能力和使用寿命有着重要影响。

1）轴瓦的结构

常用的轴瓦有整体式和剖分式两种结构，如图 5-47 所示，它们分别应用于整体式径向滑动轴承和剖分式径向滑动轴承。对于重要的滑动轴承，还可采用轴承衬来提高轴瓦的承载能力、减小摩擦并节约贵重的减摩材料。轴承衬是在轴瓦的内表面浇铸一层或多层很薄的减摩材料（如巴氏合金等）形成的，其厚度一般为 0.5～0.6 mm。

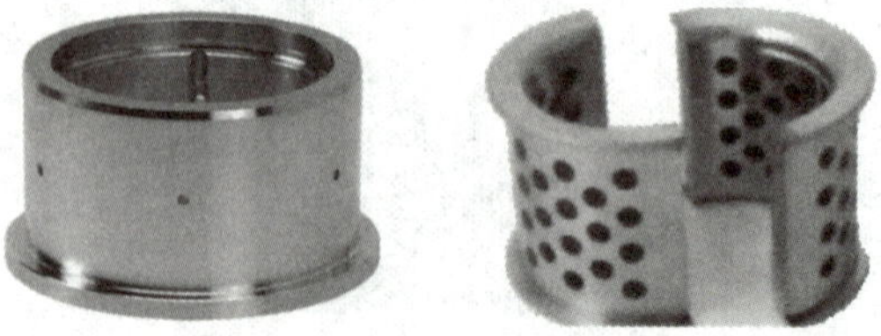

（a）整体式　（b）剖分式

图 5-47　常用轴瓦结构

轴瓦工作时，需要向轴瓦工作表面注入足够的润滑剂，以减少工作表面的摩擦。为了使润滑剂顺利地进入并布满整个轴瓦工作表面，轴瓦工作表面上通常开设油孔和油槽，它们的常见形式如图 5-48 所示。

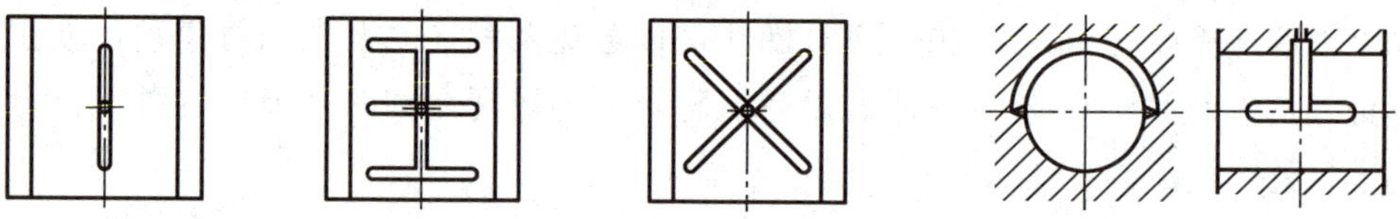

（a）轴向　（b）周向　（c）斜向　（d）开在剖分面上

图 5-48　轴瓦工作表面上油孔和油槽的常见形式

提　示

油孔和油槽一般应开在轴瓦的非承载区，否则会破坏承载区油膜的连续性，降低油膜的承载能力。同时，油槽不能贯通轴瓦，其轴向长度一般为轴瓦宽度的 80%，以免润滑油从油槽端部大量流失。

2）轴承材料

通常将轴瓦和轴承衬的材料称为滑动轴承的轴承材料。轴瓦作为滑动轴承中的重要零件，其主要失效形式为磨损和胶合，有时也会出现疲劳破坏和刮伤等。根据上述失效形式，并结合滑动轴承的工作特点，可知轴承材料应具有的特性为良好的减摩性和耐磨性、足够的强度和塑性、良好的导热性和抗腐蚀性、优异的抗胶合性。

滑动轴承常用轴承材料的特性及应用场合如表 5-26 所示。

表 5-26　滑动轴承常用轴承材料的特性及应用场合

名称	特性	应用场合
轴承合金	又称巴氏合金，具有良好的减摩性，熔点低，工作温度低于 150 ℃，机械强度较低，但价格较高，通常作为轴承衬贴附在软钢、铸铁或青铜材料的轴瓦上	锡基轴承合金适用于高速、重载工作条件下的滑动轴承；铅基轴承合金适用于中速、中载、无显著冲击工作条件下的滑动轴承
青铜	铜与锡、铅、铝的合金，强度、导热性、耐磨性和承载能力都优于轴承合金，且价格低于轴承合金，但可塑性较差，不易跑合	适用于低速、重载工作条件下的滑动轴承

续表

名称	特性	应用场合
粉末冶金材料	内含较多孔隙，其中充满润滑油，具有良好的自润滑性，故又称含油轴承；耐磨性好，强度低，容易制造，但韧性较差	适用于低速、轻载及不方便添加润滑油的滑动轴承
轴承塑料	具有自润滑性，减摩性好、抗冲击能力强、塑性好，但导热性差、线性膨胀系数大	适用于用水润滑的滑动轴承

3．滑动轴承的润滑

滑动轴承工作时需要进行充分的润滑，其目的是减小摩擦和磨损，同时具有冷却、吸振、防锈和降噪等功能。因此，为了保证滑动轴承的正常工作，延长其使用寿命，必须合理选择润滑剂。

根据物理状态的不同，滑动轴承常用的润滑剂分为液体润滑剂（主要为润滑油）、半液体润滑剂（润滑脂）、固体润滑剂和气体润滑剂等。其中，最常用的是润滑油和润滑脂。

1）润滑油润滑

润滑油的性能主要由黏度来表示。润滑油黏度的大小不仅直接影响摩擦副的运动阻力，而且对润滑油膜的形成及承载能力有决定性作用。

润滑油可按轴承压强、滑动速度和工作温度选择（具体可参考有关手册），其一般原则是：滑动轴承在低速、重载、工作温度高的场合时，应选黏度较高的润滑油，反之应选黏度较低的润滑油。

2）润滑脂润滑

润滑脂主要用于工作要求不高、难以经常供油的滑动轴承的润滑。在为滑动轴承选择润滑脂时，主要考虑其针入度和滴点。

滑动轴承润滑脂选择的一般原则是：① 轻载高速时选择针入度较大的润滑脂，反之选择针入度较小的润滑脂；② 所选润滑脂的滴点一般应比滑动轴承的工作温度高出 25 ℃；③ 在有水淋或潮湿的环境下，应选择抗水性好的钙基脂或锂基脂；④ 工作温度较高时应选择耐热性好的钠基脂或锂基脂。

任务实训——确定滚动轴承的基本代号

1．任务描述

轴承是有使用寿命的，工程中通常会依据轴承的使用寿命对其进行定期更换。对于滚动轴承，在更换前需要确定其代号并据此进行采购。全班学生以 3～5 人为一组进行分组，以组为单位测量滚动轴承的尺寸，并查阅机械手册来确定滚动轴承的基本代号。

2．任务实训

1）确定滚动轴承的类型代号

观察滚动轴承内、外圈的结构及滚动体的形状，确定其类型代号。

2）确定滚动轴承的内径代号

测量出滚动轴承的内径尺寸，确定其内径代号。

3）确定滚动轴承的基本代号

测量出滚动轴承的外径和宽度尺寸。根据滚动轴承的类型代号和内径代号在机械手册中找出相应的滚动轴承规格表，对照外径和宽度尺寸，即可在表中找出该滚动轴承的基本代号。

任务 5.4 认识汽车常用联轴器、离合器和制动器

任务引入

某汽车维修厂接到一辆出现故障的汽车，驾驶员反映汽车行驶时出现了强烈的震动和异常响声。维修师傅经过检查，发现汽车的联轴器存在故障，导致动力传递不稳定。这种故障不仅影响了汽车的行驶性能和安全性能，也给驾驶员的行车体验带来了极大的不适。针对这种故障，维修师傅采取了相应的维修措施，调整了松动的联轴器。经过维修，汽车恢复正常。

本任务要求学生从联轴器的功用和分类、离合器的功用和分类、制动器的功用和分类等方面来认识汽车常用联轴器、离合器和制动器。本任务的知识与技能要求如表 5-27 所示。

表 5-27 知识与技能要求

任务内容	认识汽车常用联轴器、离合器和制动器	学习程度		
		识记	理解	应用
学习任务	联轴器的功用和分类		●	
	离合器的功用和分类		●	
	制动器的功用和分类		●	
实训任务	分析离合器的工作原理			●
自我勉励				

班级____________　　姓名____________　　学号____________

任务工单——认识汽车常用联轴器、离合器和制动器

1. 任务目标

（1）掌握联轴器的功用和类型，了解常用联轴器的特点和应用。
（2）掌握离合器的功用和类型，了解常用离合器的特点和应用。
（3）掌握制动器的功用和类型，了解常用制动器的特点和应用。

2. 学生分组

以 3～5 人为一组，选出组长并进行任务分工，将小组成员及分工情况填入表 5-28 中。

表 5-28　小组成员及分工情况

小组成员	姓名	分工情况
组长		
组员		

3. 工作准备

（1）查阅相关资料，根据任务内容制订工作计划，并将其填入表 5-29 中。

表 5-29　工作计划

步骤	工作内容	负责人

（2）列出完成工作计划所需要的工具、材料等，并将其填入表 5-30 中。

表 5-30　完成工作计划所需要的工具、材料

序号	名称	型号与规格	单位	数量	备注

班级____________ 姓名____________ 学号____________

4．工作实施

根据本组最佳工作计划展开实施。按实际操作过程，将实施内容、遇到的问题及解决办法填入表 5-31 中。

表 5-31 任务实施过程记录表

序号	实施内容	遇到的问题及解决办法

5．课堂小结

5.4.1 联轴器

1. 联轴器的功用

联轴器主要用于连接两轴，并传递运动和动力，有时也可作为传动系统中的安全装置，起过载保护作用。由于制造及安装误差、承载后的变形及温度变化的影响等，联轴器所连接的两轴会存在某种程度的相对位移，如图 5-49 所示，这就要求联轴器具有适应一定相对位移的性能。

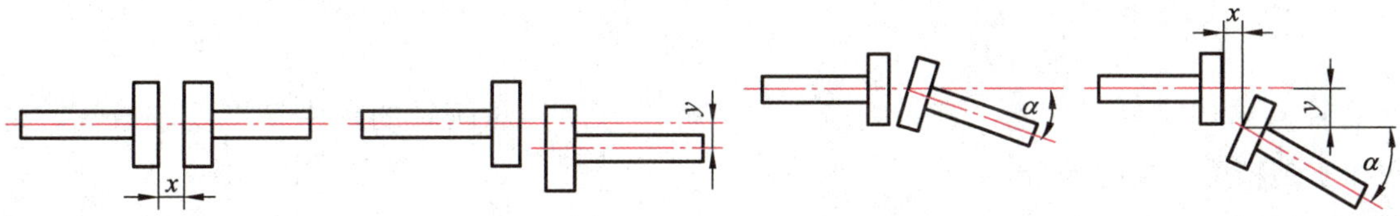

（a）轴向位移 （b）径向位移 （c）角度位移 （d）综合位移

图 5-49 轴间的相对位移

2. 联轴器的分类

根据对相对位移有无补偿能力，联轴器可分为刚性联轴器（无补偿能力）和挠性联轴器（有补偿能力）两大类。

1）刚性联轴器

刚性联轴器不能补偿两轴的相对位移，因而要求被连接两轴的轴线严格对中。常用的刚性联轴器有凸缘联轴器和套筒联轴器等。

（1）凸缘联轴器。

凸缘联轴器是应用最广泛的一种刚性联轴器，如图 5-50（a）所示，它采用螺栓连接两个带凸缘的半联轴器，半联轴器与轴之间采用键连接，从而实现两轴之间的刚性连接。

凸缘联轴器对两轴的对中精度要求较高，一般采用 GY 型和 GYS 型两种对中方式。

GY 型：用配合螺栓对中，如图 5-50（b）所示，两个凸缘半联轴器上的螺栓孔须铰制，工作时依靠螺栓的剪切和螺栓杆与孔壁间的挤压传递转矩。

GYS 型：用凸肩和凹槽进行对中，如图 5-50（c）所示，它采用普通螺栓连接，工作时依靠两个半联轴器间的摩擦力传递转矩。这种对中方式的对中精度高，但装拆时轴必须进行轴向移动。

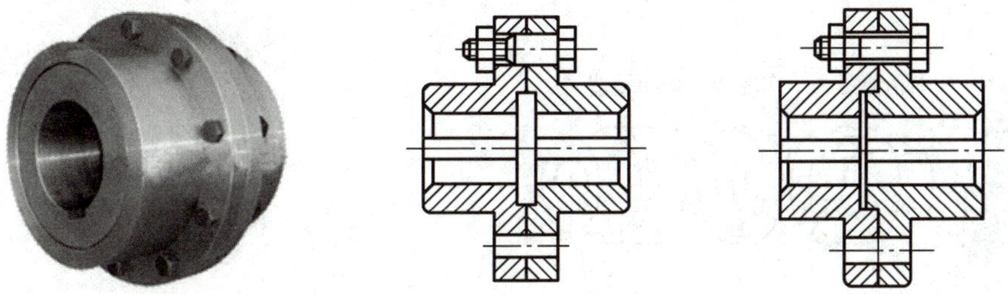

（a）实物图 （b）GY 型 （c）GYS 型

图 5-50 凸缘联轴器

凸缘联轴器结构简单、连接可靠、刚性好、安装和维护方便，工作时能传递较大的转矩，但由于对两轴的对中性要求较高，因此多用于转速不高、载荷变化平稳及对中精度良好的场合。

（2）套筒联轴器。

套筒联轴器与所连接的两轴端之间通常用键或销连接，如图 5-51 所示。其中，采用键连接时，轴可传递较大的转矩，但需要用紧定螺钉进行轴向固定；仅采用销连接时，轴只能传递较小的转矩。

（a）实物图

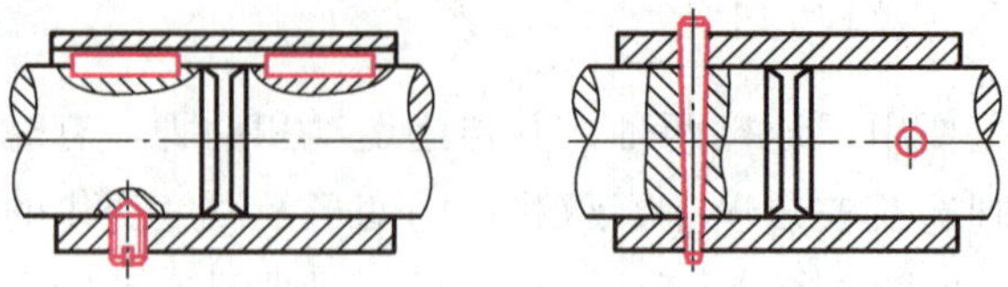

（b）结构图

图 5-51　套筒联轴器

套筒联轴器结构简单而紧凑，容易制造，但装拆不方便，对两轴的对中精度要求较高，适用于低速、轻载和安装精度较高的场合。

2）挠性联轴器

根据是否含有弹性元件，挠性联轴器可分为无弹性元件的挠性联轴器和有弹性元件的挠性联轴器。

笔记

（1）无弹性元件的挠性联轴器。

无弹性元件的挠性联轴器通过两个半联轴器间的相对运动来补偿两轴的偏移，但因无弹性元件而不能缓冲减振。这种联轴器常用的类型有十字滑块联轴器、齿式联轴器和万向联轴器等。

十字滑块联轴器： 如图 5-52 所示，十字滑块联轴器由两个端面开有径向凹槽的半联轴器和两端各有凸榫（两端榫头互相垂直）的十字滑块构成。工作时，十字滑块随两轴转动，滑块上的两榫可在两个半联轴器的凹槽中滑动，以补偿两轴间的径向位移。

十字滑块联轴器具有结构简单、制造方便、可补偿两轴间综合位移等优点，但十字滑块会产生偏心转动，因此该联轴器适用于低速、无剧烈冲击、轴线偏移较大的场合。

齿式联轴器： 如图 5-53 所示，齿式联轴器的半联轴器由带内齿的凸缘外壳和带外齿的内套筒组成，两个半联轴器通过凸缘外壳螺栓连接，两个内套筒分别通过键与主、从动轴连接，凸缘外壳的内齿轮与内套筒的外齿轮齿数相等且相互啮合，工作时靠齿的啮合传递转矩。

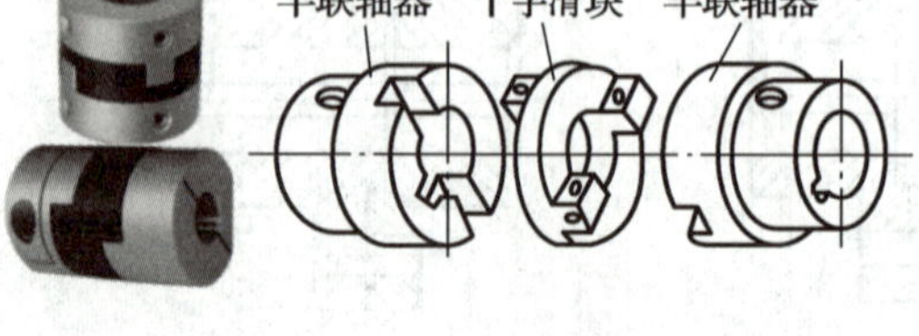

图 5-52　十字滑块联轴器

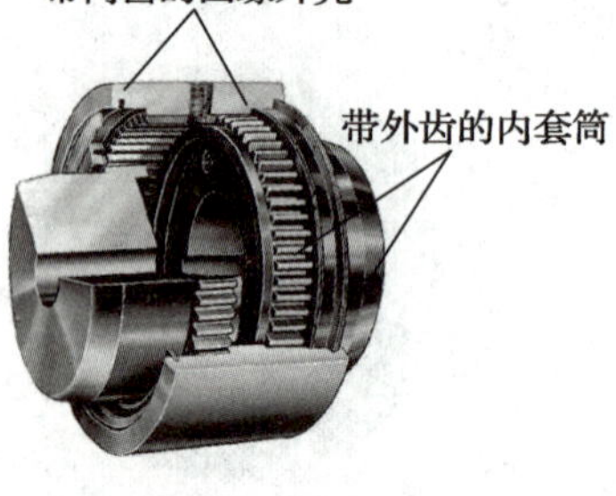

图 5-53　齿式联轴器

为了补偿两轴在传动时的综合位移，通常把齿式联轴器外齿的齿顶制成椭圆面，并使齿式联轴器外齿与内齿啮合后留有适当的顶隙和侧隙。齿式联轴器工作时，其内、外齿会因相对滑动而产生磨损，因此要保证轮齿部位具有可靠的润滑及密封。

齿式联轴器工作可靠、安装精度要求不高、承载能力强，但结构复杂、制造成本高，适用于需要频繁启动、经常正反转的重型机械。

万向联轴器：如图 5-54（a）所示，万向联轴器由两个叉形套筒和一个十字轴组成，叉形套筒与两轴间一般采用销连接，且套筒可绕十字轴转动，从而允许两轴间产生较大的夹角（$\alpha = 40° \sim 45°$）。采用单十字万向联轴器工作时，当主动轴做等角速度转动时，从动轴会因夹角的存在而做变角速度转动，从而在传动时引起附加载荷。为克服这一缺点，可将两个单十字万向联轴器串联起来，得到双十字万向联轴器，如图 5-54（b）所示，这样能够保证两轴同步转动。

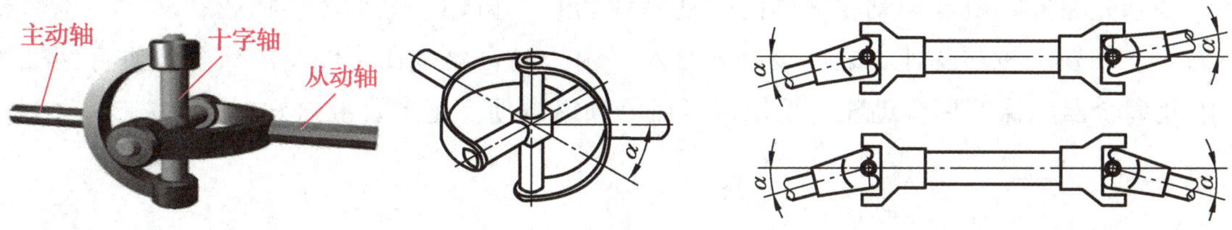

（a）单十字万向联轴器　　（b）双十字万向联轴器

图 5-54　万向联轴器

万向联轴器结构紧凑、使用和维护方便，广泛应用于汽车、工程机械的传动系统中。

（2）有弹性元件的挠性联轴器。

有弹性元件的挠性联轴器因装有弹性元件，不仅可以补偿两轴间的相对位移，而且具有缓冲减振的能力。这种联轴器常用的类型有弹性套柱销联轴器和弹性柱销联轴器等。

弹性套柱销联轴器：如图 5-55 所示，弹性套柱销联轴器的结构与凸缘联轴器类似，只是用带弹性套的柱销代替了连接螺栓。弹性套的材料大多采用橡胶。

弹性套柱销联轴器具有结构简单、装拆方便、制造容易等特点，能补偿一定的轴线偏移，多用于传递中小转矩的轴，以及启动频繁或经常正反转的场合。弹性套柱销联轴器的尺寸参数已经标准化，具体可查阅 GB/T 4323—2017《弹性套柱销联轴器》。

弹性柱销联轴器：如图 5-56 所示，弹性柱销联轴器中安装有尼龙材料制成的柱销，可实现两轴间运动和转矩的传递。为防止柱销从弹性柱销联轴器的凸缘孔中滑出，柱销两端必须安装挡板。使用中，应注意在销柱与挡板间留出一定间隙。

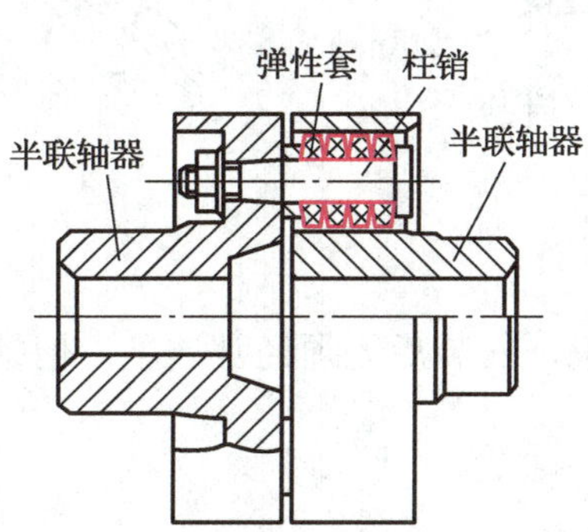

图 5-55　弹性套柱销联轴器

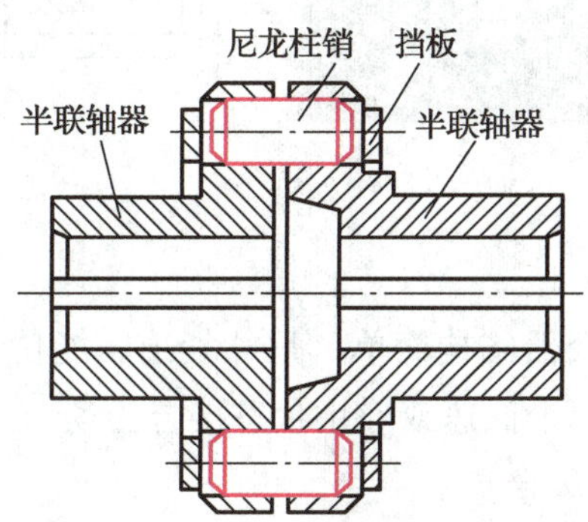

图 5-56　弹性柱销联轴器

弹性柱销联轴器不仅结构简单、制造容易、柱销更换方便，而且能传递较大的转矩，适用于启动频繁、需要正反转且转速较高的传动轴。弹性柱销联轴器的尺寸参数也已经标准化，具体可查阅 GB/T 5014—2017《弹性柱销联轴器》。

5.4.2 离合器

1. 离合器的功用

离合器是用来连接两轴，以传递运动和转矩，并且在机器运转过程中能随时使两轴进行接合或分离的一种机械装置。

在汽车传动系统中，离合器直接与发动机相连。由于内燃机只能在无载荷的情况下启动，因此汽车在起步前，必须先将发动机与驱动轮之间的传动路线切断。另外，汽车在换挡和制动前，也需要切断动力传递。为此，在发动机与变速器之间设有离合器。由于离合器是在不停车的状况下进行两轴的接合与分离的，因此离合器应保证离合迅速、平稳、可靠，操纵方便，耐磨且散热好。

2. 离合器的分类

离合器的种类很多，根据离合原理的不同可分为牙嵌式离合器和摩擦式离合器。

1）牙嵌式离合器

牙嵌式离合器由两个端面带牙的半离合器组成，如图 5-57 所示。其中，半离合器与轴之间采用平键连接。工作时，移动操纵滑环使半离合器沿轴向移动，从而控制离合器的接合或分离。当两个半离合器端面的牙相互嵌合时即可传递运动和转矩。为方便对中，在主动轴端的半离合器中安装有对中环，从动轴端可在对中环内自由移动。

牙嵌式离合器中常用的牙形有三角形、梯形和锯齿形，如图 5-57（c）所示。其中，三角形牙常用于传递中小转矩的低速离合器；梯形牙能够自动补偿磨损后产生的牙侧间隙，因而具有广泛的应用；锯齿形牙具有很高的强度和承载能力，但只能单向工作。

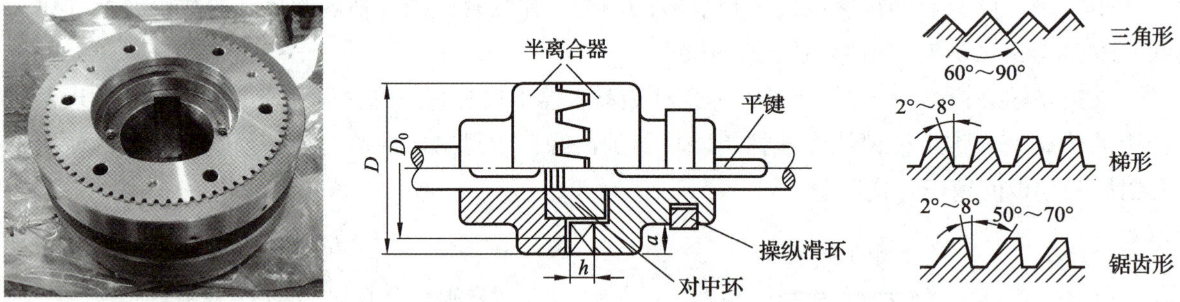

（a）实物图　　（b）结构图　　（c）牙形

图 5-57　牙嵌式离合器

牙嵌式离合器结构简单、尺寸紧凑，能传递较大的转矩，安装后无须经常调整，但接合时存在冲击和噪声，故多用于低速或静止状态接合的场合。

2）摩擦式离合器

摩擦式离合器是通过摩擦盘接触面之间的摩擦力来传递运动和动力的。它基本上由主动部分、从动部分、压紧机构和操纵机构四部分组成。主动部分、从动部分和压紧机构是保证离合器处于接合状态并能传递动力的基本结构，而操纵机构主要是使离合器分离的装置。在分离过程中，踩下离合器踏板，在自由行程内首先消除离合器的自由间隙，然后在工作行程内产生分离间隙，离合器分离。在接合过程中，逐渐松开离合器踏板，压盘在压紧弹簧的作用下向前移动，首先消除分离间隙，并在压盘、从动盘和飞轮工作表面上作用足够的压紧力；之后分离轴承在复位弹簧的作用下向后移动，产生自由间隙，离合器接合。摩擦式离合器如图 5-58 所示。

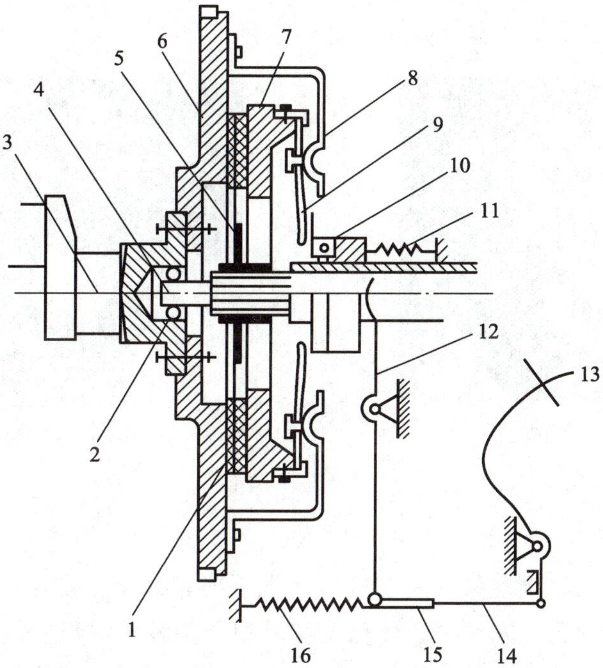

1—从动盘摩擦片；2—轴承；3—曲轴；4—从动轴；5—从动盘；6—飞轮；7—压盘；8—离合器盖；9—膜片弹簧；10—分离轴承和分离套筒；11、16—回位弹簧；12—分离叉；13—离合器踏板；14—分离拉杆；15—调节叉。

图 5-58　摩擦式离合器

根据从动盘数目的不同，摩擦式离合器可分为单片离合器、双片离合器和多片离合器；根据压紧弹簧形式的不同，摩擦式离合器可分为膜片弹簧离合器、周布弹簧离合器和中央弹簧离合器。

与牙嵌式离合器相比，摩擦式离合器能在任何转速差下实现两轴的接合或分离，能有效减小接合时的振动和冲击，并在转矩过大时通过打滑实现过载保护，其缺点主要是结构复杂，制造成本高，工作时容易造成发热和磨损。摩擦式离合器适用的载荷范围大，应用广泛，如在汽车传动系统中，通常采用摩擦式离合器实现发动机转轴与变速箱输入轴之间的接合或分离。

笔记

5.4.3　制动器

1. 制动器的功用

制动器是具有使运动部件或机械减速、停止或保持停止状态等功能的装置。它主要用于降低正在运行着的机器或机构的速度或使其停止，有时也用于调节或限制速度。

制动器在汽车中的功用如下：① 使行驶中的汽车按照驾驶员的要求进行强制减速甚至停车；② 使已停驶的汽车在各种道路条件下稳定驻车；③ 使下坡行驶的汽车速度保持稳定。对汽车起制动作用的只能是作用在汽车上且方向与汽车行驶方向相反的外力，而这些外力的大小都是随机不可控的，因此汽车上必须装设专门装置以实现上述功能。

2. 制动器的分类

制动器作为制动系统中起制动作用的装置，可分为行车制动器和驻车制动器两大类。其中，行车制动器主要包括鼓式制动器和盘式制动器两种，如图 5-59 所示。

（a）鼓式制动器

（b）盘式制动器

图 5-59　制动器

1）鼓式制动器

鼓式制动器主要由制动蹄、制动鼓、制动底板、支承销等组成。鼓式制动器利用制动蹄挤压制动鼓产生摩擦力矩，从而获得制动力。它可分为内张型和外束型两种。内张型鼓式制动器以制动鼓的内圆柱面为工作表面，在现代汽车上应用较为广泛；外束型鼓式制动器则以制动鼓的外圆柱面为工作表面，目前应用较少。

图 5-60 所示为内张型鼓式制动器的结构简图。两个制动蹄的外表面安装了摩擦片，并分别通过支承销与机架铰接。压力油通过双向作用制动轮缸推动左右两个活塞，使两个制动蹄向外张开，压紧制动鼓，达到制动的目的。压力油卸载后，两个制动蹄在复位弹簧的作用下复位，与制动鼓分离。

鼓式制动器结构紧凑，制动力较大，适用于结构尺寸受限制的机械及各种汽车。

2）盘式制动器

盘式制动器由制动盘、制动钳、制动块等组成。盘式制动器的旋转件为制动盘，其工作表面为端面。制动盘用合金钢制造，并固定在车轮上，随车轮转动。盘式制动器有钳盘式制动器、全盘式制动器和圆锥制动器三种。钳盘式制动器更常用，它包括固定钳盘式制动器和浮动钳盘式制动器两种。钳盘式制动器的旋转件是制动盘，固定件是制动钳。

图 5-61 所示为浮动钳盘式制动器的结构简图。制动钳支架固定在转向节上，制动钳体与制动钳支架可沿导向销轴向滑动。制动时，活塞在液压力的作用下，将活动制动块推向制动盘。与此同时，作用在制动钳体上的反作用力推动制动钳体沿导向销右移，使固定在制动钳体上的固定制动块压靠到制动盘上。于是，制动盘两侧制动块在液压力和反作用力的作用下夹紧制动盘，在制动盘上产生与运动方向相反的制动力矩，促使汽车制动。

与鼓式制动器相比，盘式制动器的工作面是平坦的，热量在两侧传递，制动性能稳定。盘式制动器已广泛应用于汽车上，但除了在一些高性能汽车上用于全部车轮，大都只用作前轮制动器，与后轮的鼓式制动器配合，使汽车在有较高制动力的同时，也能保持方向稳定性。

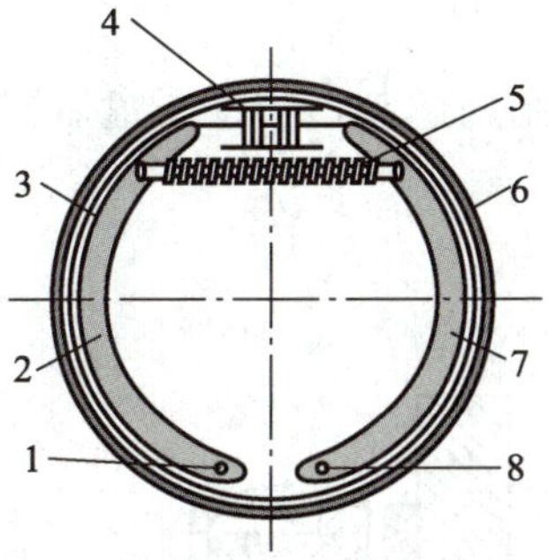

1、8—支承销；2、7—制动蹄；
3—摩擦片；4—制动轮缸；5—复位弹簧；6—制动鼓。

图 5-60　内张型鼓式制动器的结构简图

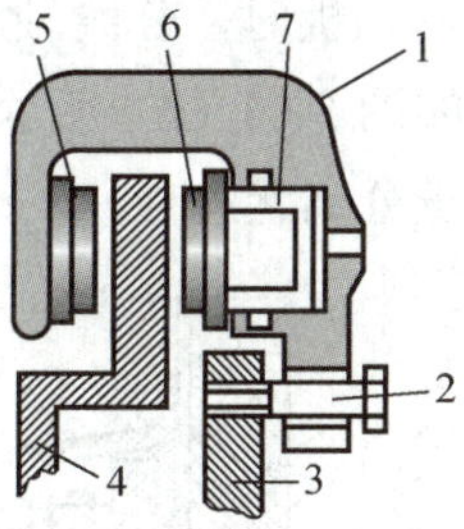

1—制动钳体；2—导向销；3—制动钳支架；
4—制动盘；5—固定制动块；6—活动制动块；7—活塞。

图 5-61　浮动钳盘式制动器的结构简图

3）驻车制动器

驻车制动器通常是指机动汽车安装的手制动器，简称手刹，在汽车停稳后用于稳定汽车，避免汽车在斜坡路面停车时由于溜车造成事故。常见的驻车制动器操纵杆一般置于驾驶人右手下垂位置，以便于使用。目前市场上的部分自动挡车型在驾驶人左脚外侧设计了功能与普通驻车制动器相同的脚踩式驻车制动器，个别先进车型还加装了电子驻车制动系统。

任务实训——分析离合器的工作原理

1. 任务描述

离合器在汽车中起着至关重要的作用，它可以保证汽车平稳起步，保证变速器平顺换挡，防止传动系统过载。全班学生以 3～5 人为一组进行分组，以应用较为广泛的膜片弹簧离合器（见图 5-62）为例，分析离合器的工作原理。

1—摩擦片；2—减震弹簧；3—膜片弹簧；4—压盘；5—飞轮；6—飞轮齿圈。

图 5-62　膜片弹簧离合器

2. 任务实训

1）未踩离合器踏板时

当离合器盖未被固定到飞轮上时，膜片弹簧不受力而处于自由状态，此时离合器盖与飞轮之间有一距离 t，如图 5-63（a）所示。

将离合器盖通过固定螺钉固定在飞轮上后，未踩离合器踏板时，膜片弹簧在支承环处受压产生弹性变形，此时膜片弹簧的外圆周对压盘产生压紧力使离合器处于接合状态，如图 5-63（b）所示。

离合器处于接合状态时，发动机能够将动力传递至传动系统。

2）踩下离合器踏板时

踩下离合器踏板时，分离轴承推动膜片弹簧，使膜片弹簧外圆周翘起，拉动压盘后移，使离合器处于分离状态，如图 5-63（c）所示。

离合器处于分离状态时，发动机不能将动力传递至传动系统。

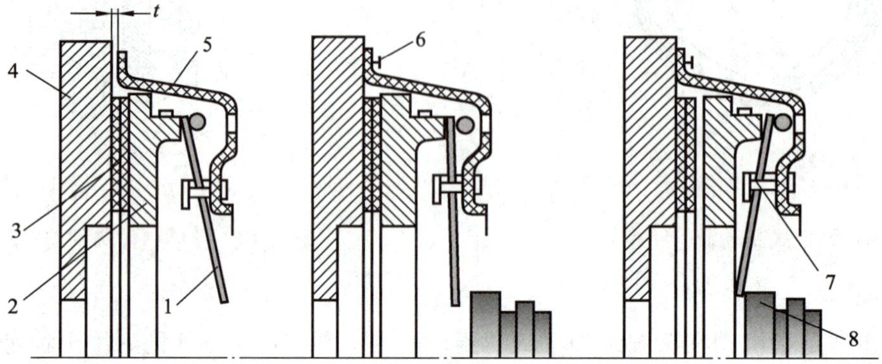

（a）离合器盖未被固定状态　（b）接合状态　（c）分离状态

1—膜片弹簧；2—压盘；3—从动盘；4—飞轮；5—离合器盖；6—固定螺钉；7—支承环；8—分离轴承。

图 5-63　膜片弹簧离合器的工作原理

拓展阅读

杨永修，共产党员，大学本科学历，现任中国第一汽车集团有限公司研发总院（简称中国一汽研发总院）试制所加工中心高级技师、高级工程师。他是集“全国技术能手”“全国五一劳动奖章”等诸多殊荣于一身的“大国工匠”，他是被业内称为“数控宝藏男孩”“机床老中医”的第四代汽车人，他是数控江湖名不虚传的“绣春刀”。

天道酬勤，做知行合一的拼搏者。从 2010 年起，杨永修一直在中国一汽研发总院试制车间，主要从事汽车核心精密零部件的数控加工。37 岁的他，已荣获 60 余项荣誉。近几年，他先后完成 30 多项国家级、集团级重点项目的加工任务，并和团队出色完成匹配大红旗检阅车的国内首款自主研发 V12 发动机的试制加工任务，加工水平达到国际领先，结束了多缸发动机核心部件需由国外加工的历史，填补了国内 V 型发动机制造的空白，使大红旗检阅车拥有“中国心”。他累计攻克 170 余项技术难题，节创价值 2 000 余万元。

岗位创新，做关键技术的攻坚者。杨永修说：“0.015 毫米对许多人来说没有一个清晰的概念，却早已刻进了我的大脑。为了保证发动机更强的动力性和稳定性，要在近 1 米长的缸体上保证主轴承孔精度控制在 0.015 毫米以内，相当于头发丝的五分之一。”一汽研发总院试制车间内，一张张试制图纸、一排排“神兵利器”，是杨永修在创新研发路上最好的见证。

示范引领，做工匠精神的传承者。作为第四代中国一汽工匠中的佼佼者，杨永修积极发挥示范引领作用。这位国家级技能大师工作室带头人，累计培训 2 000 多人次，培养出全国操作技术能手、吉林省技术能手等 100 多人次，获奖 110 余项。他走入中央党校、多个企业和院校做宣讲 40 余场，覆盖职工和学生近 2 万人，激发更多一线技能工人产业报国、工业强国的动能。

中国一汽新红旗自主产品的战略蓝图已经铺开。杨永修说：“我会牢记殷殷嘱托，持续发挥好劳模工匠示范引领作用，围绕红旗品牌 All in 新能源战略，坚守匠心、苦练匠艺，与广大产业工人一道，承担起国家和企业赋予我们的担当和使命，为提升自主产业核心竞争力、创新力，劈波斩浪，勇往直前。”

（资料来源：吉林省总工会，《杨永修：毫厘之间显匠心》，人民网，2024 年 1 月 19 日）

学习知识检验

1. 填空题

（1）螺纹的规格由公称直径表示，除管螺纹外，公称直径通常是指螺纹________。

（2）多线螺纹的导程等于________与________的乘积。

（3）细牙普通螺纹常用于薄壁零件和需要________或承受振动冲击的场合。

（4）螺纹连接的防松方式有很多，根据工作原理的不同可分为摩擦防松、__________和__________三大类。

（5）由于单个切向键只能传递单向转矩，传递双向转矩时，必须使用一对方向相反、在周向呈________（角度）布置的切向键。

（6）对于过盈配合连接，___________越大，连接越牢固，传递的载荷就越大。

（7）为了保证轴在工作时保持准确的位置，防止轴上零件因受力而发生沿轴向和周向的相对运动，轴上零件必须进行________和________定位。

（8）根据工作时摩擦性质的不同，轴承可分为___________和___________两类。

（9）滚动轴承的类型代号中，3 表示___________，7 表示___________。

（10）滚动轴承常见的失效形式有疲劳点蚀、___________和___________。

（11）______________多用于转速不高、载荷变化平稳及对中精度良好的场合。

（12）摩擦式离合器基本上由主动部分、___________、___________和___________四部分组成。

（13）制动器是具有使运动部件或机械________、________或____________等功能的装置。

2. 选择题

（1）下列属于可拆连接的是（　　）。

A. 焊接　　B. 铆接　　C. 销连接　　D. 胶接

（2）下列适用于受力不大或不经常装拆的场合的是（　　）。

A. 螺栓连接　　B. 螺钉连接

C. 双头螺柱连接　　D. 紧定螺钉连接

（3）下列不属于平键连接的主要类型的是（　　）。

A. 普通平键连接　　B. 导向平键连接

C. 楔键连接　　D. 滑键连接

（4）下列不属于阶梯轴的组成部分的是（　　）。

A. 轴颈　　B. 轴头

C. 轴套　　D. 轴环

（5）变速器中输入轴、输出轴属于（　　）。

A. 转轴　　B. 传动轴

C. 心轴　　D. 均不对

（6）基本代号为 23214 的轴承，其公称内径为（　　）mm。

A．140　　B．14

C．28　　D．70

（7）下列不属于挠性联轴器的是（　　）。

A．十字滑块联轴器　　B．套筒联轴器

C．齿式联轴器　　D．万向联轴器

3．判断题

（1）胶接在汽车上常用于车架、车身蒙皮和铝板等部位的连接。（　　）

（2）通过轴肩（轴环）定位常用于齿轮、带轮、链轮和联轴器等的轴向定位。（　　）

（3）毛毡圈密封适用于轴颈的圆周速度≤4 m/s、工作温度不超过 90 ℃的场合。（　　）

（4）径向滑动轴承适用于轻载、高速且不需要经常装拆的场合。（　　）

（5）在汽车传动系统中，通常采用摩擦式离合器实现发动机转轴与变速箱输入轴之间的接合或分离。（　　）

4．简答题

（1）一般情况下，轴的结构应满足哪些要求？

（2）简述球轴承和滚子轴承的区别。

（3）简述联轴器和离合器的区别。

学习成果评价

指导教师根据学生的实际学习成果对其进行评价，学生配合指导教师共同完成学习成果评价表，如表 5-32 所示。

表 5-32　学习成果评价表

姓名：　　　　组号：　　　　指导教师：

<table>
<tr><th rowspan="2">评价项目</th><th rowspan="2">评价内容</th><th rowspan="2">满分/分</th><th colspan="3">评分/分</th></tr>
<tr><th>自评</th><th>互评</th><th>师评</th></tr>
<tr><td rowspan="9">知识
（50%）</td><td>掌握螺纹连接、键连接和销连接的类型、特点和应用</td><td>6</td><td></td><td></td><td></td></tr>
<tr><td>了解焊接、铆接、胶接和过盈配合连接的特点和应用</td><td>5</td><td></td><td></td><td></td></tr>
<tr><td>掌握轴的类型、结构和结构工艺性，了解轴的功用、材料和毛坯</td><td>6</td><td></td><td></td><td></td></tr>
<tr><td>掌握滚动轴承的结构、类型和代号</td><td>5</td><td></td><td></td><td></td></tr>
<tr><td>了解滚动轴承的固定方法、失效形式、润滑和密封</td><td>4</td><td></td><td></td><td></td></tr>
<tr><td>掌握滑动轴承的类型和特点，了解轴瓦的结构和轴承材料，以及滑动轴承的润滑</td><td>6</td><td></td><td></td><td></td></tr>
<tr><td>掌握联轴器的功用和类型，了解常用联轴器的特点和应用</td><td>6</td><td></td><td></td><td></td></tr>
<tr><td>掌握离合器的功用和类型，了解常用离合器的特点和应用</td><td>6</td><td></td><td></td><td></td></tr>
<tr><td>掌握制动器的功用和类型，了解常用制动器的特点和应用</td><td>6</td><td></td><td></td><td></td></tr>
<tr><td rowspan="4">技能
（30%）</td><td>分析汽车发动机活塞连杆组采用的连接方式</td><td>7</td><td></td><td></td><td></td></tr>
<tr><td>认识手动变速器的输入轴和输出轴</td><td>8</td><td></td><td></td><td></td></tr>
<tr><td>确定滚动轴承的基本代号</td><td>7</td><td></td><td></td><td></td></tr>
<tr><td>分析离合器的工作原理</td><td>8</td><td></td><td></td><td></td></tr>
<tr><td rowspan="4">素养
（20%）</td><td>积极参加教学活动，主动学习、思考、讨论</td><td>5</td><td></td><td></td><td></td></tr>
<tr><td>认真负责，按时完成学习任务</td><td>5</td><td></td><td></td><td></td></tr>
<tr><td>团结协作，与组员之间密切配合</td><td>5</td><td></td><td></td><td></td></tr>
<tr><td>服从指挥，遵守课堂纪律</td><td>5</td><td></td><td></td><td></td></tr>
<tr><td colspan="2">合计</td><td>100</td><td></td><td></td><td></td></tr>
<tr><td>总评</td><td colspan="2">自评（20%）＋互评（20%）＋师评（60%）＝</td><td colspan="3">综合等级：</td></tr>
<tr><td>自我评价</td><td colspan="5"></td></tr>
<tr><td>指导教师
评价</td><td colspan="5"></td></tr>
</table>

项目6 汽车中的液压及液力传动

项目导读

液压传动与液力传动都是以液体为工作介质，利用液体的压力进行能量传递与控制的传动方式。由于以液体为工作介质，液压传动与液力传动相较于机械传动、电气传动等，在传动与控制方面具有独特的物理性能和优势。液压传动与液力传动在汽车中具有广泛的应用，学习液压传动与液力传动知识，对于从事汽车设计、汽车制造和汽车维修具有重要意义。

知识目标

（1）掌握液压传动的工作原理和特点，以及液压传动系统的组成和基本参数。

（2）了解液压传动系统的图形符号，以及液压油的性质、性能要求和选用原则。

（3）掌握液压动力元件、液压执行元件的分类和工作原理。

（4）掌握液压控制元件、液压辅助元件的分类和工作原理。

（5）掌握方向控制回路、压力控制回路、速度控制回路的组成、工作原理和应用。

（6）掌握液力传动的工作原理、组成和特点。

（7）了解液力传动在汽车上的应用。

技能目标

（1）能够根据应用场合正确选用液压油。

（2）能够分析液压元件。

（3）能够分析典型液压传动系统。

（4）能够描述液力传动在汽车上的典型应用及工作原理。

素质目标

（1）培养坚持不懈、刻苦钻研的工作作风。

（2）培养崇尚技艺、求实创新的工匠精神。

（3）培养认真负责、团结协作的团队精神。

任务 6.1　认识液压传动

任务引入

小黄的汽车在路上爆胎了，同行的小王从后备箱取出千斤顶，顶起了汽车，很快就换好了备胎。“为什么小小的千斤顶能顶起几吨重的汽车呢？”小黄既感叹又困惑道。

小王回答说：“因为千斤顶采用了液压传动的原理。”

小黄困惑之余不禁又想，在我们身边还有哪些液压设备使我们的生活、生产变得更加便利呢?这些液压设备是由哪些机构组成的，又是如何工作的呢？

本任务要求学生从液压传动的工作原理和特点、液压传动系统的组成和基本参数、液压传动系统的图形符号，以及液压油的性质、性能要求和选用原则等方面来认识液压传动系统。本任务的知识与技能要求如表 6-1 所示。

表 6-1　知识与技能要求

任务内容	认识液压传动	学习程度		
		识记	理解	应用
学习任务	液压传动的工作原理和特点		●	
	液压传动系统的组成和基本参数		●	
	液压传动系统的图形符号	●		
	液压油的性质、性能要求和选用原则	●		
实训任务	正确使用液压千斤顶			●
自我勉励				

班级__________ 姓名__________ 学号__________

任务工单——认识液压传动

1. 任务目标

（1）掌握液压传动的工作原理和特点。

（2）掌握液压传动系统的组成和基本参数。

（3）了解液压传动系统的图形符号。

（4）了解液压油的性质、性能要求和选用原则。

2. 学生分组

以 3～5 人为一组，选出组长并进行任务分工，将小组成员及分工情况填入表 6-2 中。

表 6-2 小组成员及分工情况

小组成员	姓名	分工情况
组长		
组员		

3. 工作准备

（1）查阅相关资料，根据任务内容制订工作计划，并将其填入表 6-3 中。

表 6-3 工作计划

步骤	工作内容	负责人

（2）列出完成工作计划所需要的工具、材料等，并将其填入表 6-4 中。

表 6-4 完成工作计划所需要的工具、材料

序号	名称	型号与规格	单位	数量	备注

班级____________ 姓名____________ 学号____________

4. 工作实施

根据本组最佳工作计划展开实施。按实际操作过程，将实施内容、遇到的问题及解决办法填入表 6-5 中。

表 6-5 任务实施过程记录表

序号	实施内容	遇到的问题及解决办法

5. 课堂小结

____

____

____

____

____

____

____

6.1.1 液压传动的工作原理和特点

1. 液压传动的工作原理

汽车维修中常用的液压千斤顶是一个简单的液压传动装置，如图 6-1（a）所示。下面以液压千斤顶为例，介绍液压传动的工作原理。

图 6-1（b）所示为液压千斤顶的工作原理示意图。当提起手柄时，小活塞向上移动，液压缸 1 内部形成局部真空，油压压力差将液压油从油箱经止回阀 1 吸入液压缸 1；当压下手柄时，小活塞向下移动，液压缸 1 内油压升高，液压缸 1 内的液压油经止回阀 2 流入液压缸 2，并推动大活塞向上移动，从而顶起重物。不断反复提压手柄，即可将重物顶起至所需高度。打开放油阀时，液压缸 2 内的液压油经放油阀流回油箱，重物同大活塞一起下降。

（a）实物图

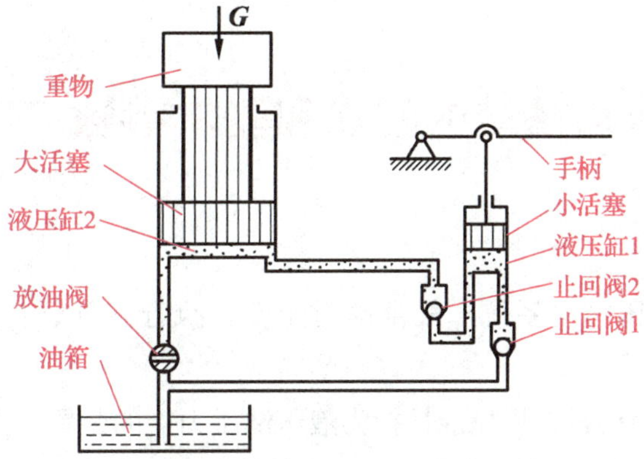

（b）工作原理示意图

图 6-1 液压千斤顶

提 示

> 从以上液压千斤顶的工作原理可以看出：液压传动是以液体为工作介质，利用液体的压力，通过密封容积的变化来实现动力传递的。液压千斤顶工作时首先将手柄（或者泵）的机械能转换为液体的压力能，然后通过液压缸将液体的压力能转换为机械能，以顶起重物。液压传动的过程就是一个机械能→压力能→机械能的能量转换过程。

2. 液压传动的特点

1）液压传动的优点

与机械传动相比，液压传动具有以下优点。

（1）利用油管连接各元件，可方便灵活地布置传动装置。

（2）调速范围大，可方便地实现无级调速，还可在运行过程中进行调速。

（3）在同等输出功率下，液压传动装置体积小、质量小、结构紧凑。

（4）传动过程平稳、均匀，可自动适应负载的变化，并能实现过载保护。

（5）液压元件已实现了标准化、系列化和通用化，便于设计、制造和推广使用。

（6）采用液压油作为工作介质，相对运动表面可自行润滑，使用寿命长。

2）液压传动的缺点

（1）由于泄漏等因素，不能保证严格的传动比，会影响运动的准确性。

（2）对液压油温度的变化比较敏感，因此不适合温度变化较大的场合。

（3）为了减少泄漏，以及满足某些性能上的要求，液压元件的加工精度要求较高，加工工艺较复杂，制造成本较高。

（4）液压传动依靠封闭油路进行工作，发生故障后不易排查。

（5）工作时，液体流动的阻力损失和泄漏较大，因此传动效率低，不适合远距离传动。

（6）液压油中的杂质对液压元件的正常工作影响较大，容易造成液压元件的磨损和堵塞，致使液压传动装置性能变坏、使用寿命缩短，甚至损坏。

笔记

6.1.2 液压传动系统的组成和基本参数

1. 液压传动系统的组成

一个完整的液压传动系统一般由动力元件、执行元件、控制元件、辅助元件及工作介质五大部分组成。

动力元件：将原动机的机械能转换为液压油压力能的装置，为液压传动系统提供原动力，如液压泵。

执行元件：将液压油的压力能转换为机械能的装置，用以实现最终的工作目的，如液压缸和液压马达。

控制元件：控制液压油的流动方向、压力、流量的装置，以满足液压传动系统的工作要求，主要指各种阀类元件，如流量控制阀、压力控制阀、方向控制阀等。

辅助元件：液压传动系统中担负液压油输送、储存、净化及散热等任务的元件，如油箱、油管、滤油器等。

工作介质：液压传动中用来传递能量的液体，即液压油。

2. 液压传动系统的基本参数

液压传动系统的基本参数包括压力、流量、流速和功率等。

1）压力

液体处于静止状态时，单位面积上所受的作用力称为液体的静压力，用 p 表示，单位为 Pa 或 MPa。静压力在液压传动系统中简称为压力（在物理学中则称为压强），其表达式为

$$p=\frac{F}{A} \tag{6-1}$$

式中：

F——作用力，单位为 N；

A——面积，单位为 m^2。

知识链接

在密闭容器内的静止液体中，任意点处的压力如有变化，这个压力的变化将传递给液体中的各点且大小不变。这就是静压传递原理，又称为帕斯卡原理。液压传动系统的基本原理就是帕斯卡原理。

2）流量

单位时间内流过某通流截面的液体的体积称为流量，用字母 q 表示，单位为 m^3/s 、L/min 或者 mL/s 。若在时间 t 内流过某通流截面的液体的体积为 V，则流量 $q=\dfrac{V}{t}$ 。

在液压传动系统中不可避免地会出现泄漏，包括内泄漏和外泄漏。内泄漏是液压元件内部高压区与低压区之间的泄漏，外泄漏是系统内部向系统外部的泄漏。泄漏必然引起流量损失，使得液压泵输出的液体不能全部进入执行元件，最终影响执行元件的运动速度。

3）流速

流速是指液体质点在单位时间内流过的距离。由于液体具有黏性，液体流动时同一截面上各质点的流速不可能完全相同，因此通常以平均流速进行计算。平均流速为流过通流截面的流量除以截面积所得的商，即

$$v=\frac{q}{A} \tag{6-2}$$

式中：

v——液体的平均流速，单位为 m/s；

A——有效作用面积或管道截面积，单位为 m^2 。

4）功率

液体在单位时间内所做的功称为功率。在力学中，功率 $P=Fv$ 。在液压传动系统中，活塞所受的作用力 $F=pA$ 。因此，液压传动系统的功率为

$$P=pAv=pq \tag{6-3}$$

式中：

P——液压传动系统的功率，单位为 W 。

6.1.3 液压传动系统的图形符号

为了简化液压原理图的绘制，GB/T 786《流体传动系统及元件 图形符号和回路图》中规定了液压传动系统的元件图形符号和回路图的画法。其中，元件图形符号只表示元件的功能或操作方法，不表示元件的实际结构，并以静止状态或零位状态来表示。液压千斤顶的回路图如图 6-2 所示。

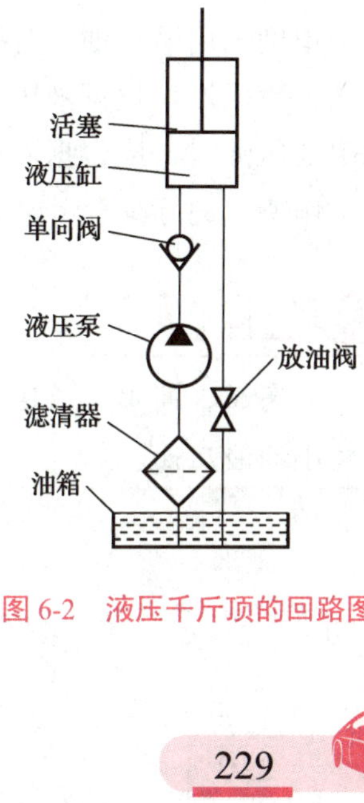

图 6-2 液压千斤顶的回路图

6.1.4 液压油的性质、性能要求和选用原则

液压油作为液压传动的工作介质，在液压传动系统中起着能量传递、润滑、防腐、防锈、冷却等作用。合理选用液压油对液压元件是非常重要的。

1. 液压油的性质

1）密度

液压油的主要性质包括密度、可压缩性和热膨胀性、黏性等。

汽车常用液压油的密度为 850～960 kg/m³。液压油的密度会随着压力的增大而增大，随着温度的升高而减小，但变化幅度很小，一般情况下可忽略不计。

2）可压缩性和热膨胀性

液压油随着压力的增大而发生体积缩小的性质称为可压缩性。液压油随着温度的升高而发生体积增大的性质称为热膨胀性。在一般的汽车液压传动系统中，液压油的可压缩性和热膨胀性不明显，可忽略不计。

3）黏性

液体在外力的作用下流动时，会由于分子间内聚力的作用而产生一种阻止流动的力，这种性质称为液体的黏性。黏性的大小用黏度表示。黏度是液压油的重要性质，是选择液压油的重要依据之一。液体的黏度越大，流动性越差。

笔记

2. 液压油的性能要求

不同工作场合和使用条件对液压油的性能要求有很大的差别，为适应液压传动要求，液压油应具备以下性能。

（1）具有合适的黏度和良好的黏温特性。

（2）具有良好的润滑性、抗氧化性、抗磨性和防腐防锈性。

（3）纯度高，杂质少。

（4）对金属和密封材料有良好的相容性。

（5）具有良好的抗泡沫性和空气释放性。

（6）燃点和闪点高，流动点和凝点低。

（7）对人体无害，对环境污染小，成本低廉。

3. 液压油的选用原则

正确选用液压油，对提高汽车各液压传动系统的工作性能和可靠性，延长汽车使用寿命具有重要的意义。液压油可根据液压设备说明书或使用手册中规定的品种、牌号和黏度等级等进行选用。需要自行选用液压油时，应根据液压传动系统的工作情况，如元件种类、工作压力和工作温度等，并结合各机构的工作特点进行综合考虑。

提 示

高压、高温、低速情况下，应选用黏度较大的液压油；低压、低温、高速情况下，应选用黏度较小的液压油。

任务实训——正确使用液压千斤顶

1. 任务描述

液压千斤顶是指采用柱塞或液压缸作为刚性顶举件的千斤顶。它具有结构紧凑、工作平稳、顶撑力大、可自锁等特点。在汽车的维修过程中，液压千斤顶是必不可少的一件工具。图6-3所示为液压千斤顶顶起汽车的场景。全班学生以3～5人为一组进行分组，以组为单位观察并使用液压千斤顶顶起汽车，进一步了解液压传动系统的工作原理。

图6-3 液压千斤顶顶起汽车的场景

2. 任务实训

指导教师讲解液压千斤顶的使用注意事项，并示范顶起汽车的步骤。

（1）将汽车停放在平整、坚硬的地面上，拉紧手刹，并将三角垫块塞在车轮前后。

（2）将液压千斤顶放置在汽车顶起位置的下方，沿逆时针方向转动调节螺杆，使刚性顶举件接近所需高度并对准车底的金属支承边，注意保持液压千斤顶直立。

（3）通过液压千斤顶手柄沿顺时针方向转动放油阀，将其关闭；上下提压手柄，使液压千斤顶刚性顶举件缓慢接触车架底部；然后继续提压手柄，直到汽车上升到所需高度后，立即在车架下放置安全支架；沿逆时针方向缓慢转动放油阀，将其打开，使汽车平缓地下降到安全支架上。

（4）按照相同的步骤再次顶起汽车，从车底移走安全支架，然后缓慢打开放油阀，使汽车平稳地下降到地面上。

任务 6.2 认识液压元件

任务引入

小李是某汽车维修厂的维修工，他对汽车的液压传动系统充满了兴趣，总是喜欢研究液压泵、液压缸、液压阀等各种液压元件的工作原理，并尝试自己动手进行维修和保养。一天，小李接到一辆液压传动系统无法正常工作的汽车。经过一番检查，小李发现是液压泵的一个小零件损坏了。他仔细地更换了零件，然后调试了整个液压传动系统。在他的努力下，汽车的液压传动系统恢复了正常。

本任务要求学生从液压动力元件、液压执行元件、液压控制元件和液压辅助元件等方面来认识液压元件。本任务的知识与技能要求如表 6-6 所示。

表 6-6 知识与技能要求

任务内容	认识液压元件	学习程度		
		识记	理解	应用
学习任务	液压动力元件		●	
	液压执行元件		●	
	液压控制元件		●	
	液压辅助元件		●	
实训任务	分析液压助力转向器的液压元件			●
自我勉励				

班级____________ 姓名____________ 学号____________

任务工单——认识液压元件

1. 任务目标

（1）掌握液压动力元件、液压执行元件的分类和工作原理。

（2）掌握液压控制元件、液压辅助元件的分类和工作原理。

2. 学生分组

以 3～5 人为一组，选出组长并进行任务分工，将小组成员及分工情况填入表 6-7 中。

表 6-7 小组成员及分工情况

小组成员	姓名	分工情况
组长		
组员		

3. 工作准备

（1）查阅相关资料，根据任务内容制订工作计划，并将其填入表 6-8 中。

表 6-8 工作计划

步骤	工作内容	负责人

（2）列出完成工作计划所需要的工具、材料等，并将其填入表 6-9 中。

表 6-9 完成工作计划所需要的工具、材料

序号	名称	型号与规格	单位	数量	备注

班级____________ 姓名____________ 学号____________

4. 工作实施

根据本组最佳工作计划展开实施。按实际操作过程，将实施内容、遇到的问题及解决办法填入表 6-10 中。

表 6-10 任务实施过程记录表

序号	实施内容	遇到的问题及解决办法

5. 课堂小结

____

____

____

____

____

____

____

6.2.1　液压动力元件

液压泵是液压动力元件，是液压传动系统的重要组成部分。它将原动机（电动机或内燃机）输入的机械能转换为工作介质的压力能输出，为液压传动系统提供足够流量的液压油。

液压系统动力元件

1. 液压泵的工作原理和特点

1）液压泵的工作原理

液压泵是依靠密封容积变化的原理来进行工作的，故一般称为容积式液压泵。图 6-4 所示为单柱塞液压泵的工作原理。

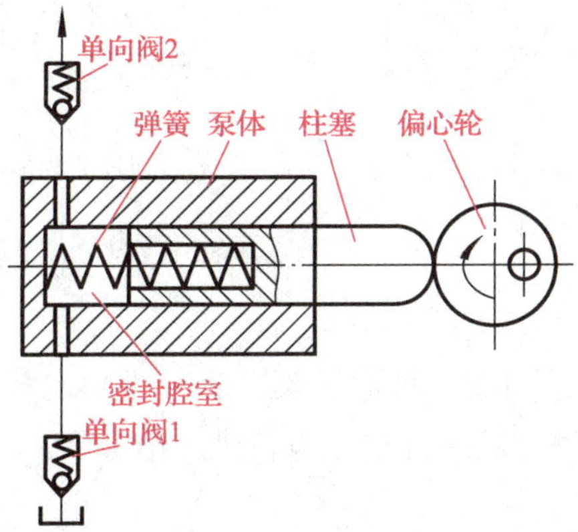

图 6-4　单柱塞液压泵的工作原理

在图 6-4 中，柱塞装在泵体中使其内部形成一个密封腔室，柱塞在弹簧的作用下始终压紧在偏心轮上。原动机驱动偏心轮旋转使柱塞做往复运动，从而使密封腔室的容积大小发生周期性的交替变化。当密封腔室的容积由小变大时，密封腔室内就形成部分真空，使油箱中的液压油在大气压力的作用下顶开单向阀 1 进入密封腔室而实现吸油；当密封腔室的容积由大变小时，其中的液压油将顶开单向阀 2 流入液压传动系统。这样液压泵就将原动机输入的机械能转换成液压油的压力能。原动机驱动偏心轮不断旋转，液压泵就不断地吸油和压油。

笔记

2）液压泵的特点

由单柱塞液压泵可知容积式液压泵的基本特点，具体如下。

（1）具有若干个可以周期性变化的密封腔室，其容积由小变大时吸油，由大变小时压油。液压泵的输油量只取决于密封腔室容积的变化量及变化频率。

（2）具有相应的配流机构，以保证吸油和压油过程能各自独立完成。

（3）油箱内液压油的压力必须等于或大于大气压力，这是容积式液压泵能够吸入液压油的必要外部条件。

提　示

液压泵正常工作的三个必备条件：① 具有一个由运动件和非运动件所构成的密封腔室；② 密封腔室的大小随运动件的运动做周期性的变化；③ 具有相应的配流机构。

2. 液压泵的分类

液压泵的种类很多，按结构不同可分为齿轮泵、叶片泵和柱塞泵等；按输出流量能否调节可分为定量泵和变量泵；按输油方向能否改变可分为单向泵和双向泵；按额定压力的高低可分为低压泵、中压泵和高压泵等。液压泵的图形符号如图 6-5 所示。

（a）单向定量泵　（b）单向变量泵　（c）双向定量泵　（d）双向变量泵

图 6-5　液压泵的图形符号

1）齿轮泵

齿轮泵是液压传动系统中广泛采用的一种液压泵，它一般为定量泵。根据结构的不同，齿轮泵可分为外啮合齿轮泵和内啮合齿轮泵两种，其中外啮合齿轮泵应用最广。

（1）外啮合齿轮泵。

外啮合齿轮泵的外形和内部结构如图 6-6 所示。

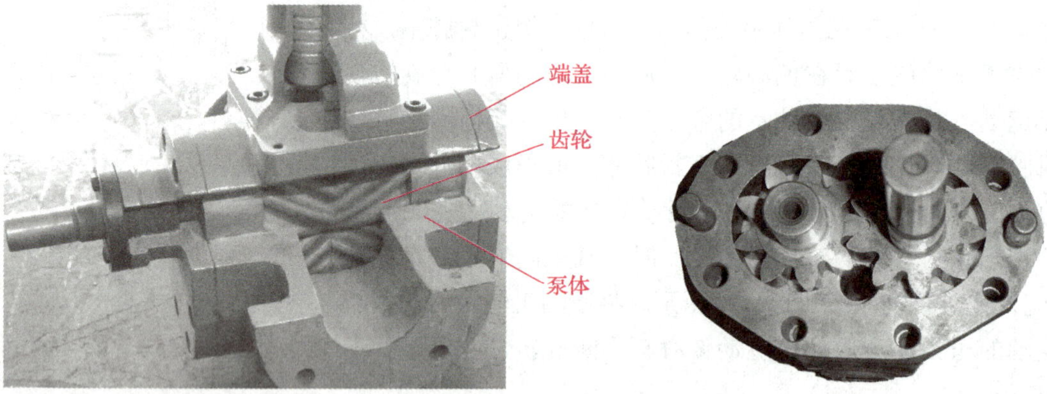

（a）外形　（b）内部结构

图 6-6　外啮合齿轮泵的外形和内部结构

外啮合齿轮泵一般采用一对齿数相同的渐开线直齿圆柱齿轮啮合，其工作原理如图 6-7 所示。

齿轮泵的泵体、端盖和齿轮的各个齿间槽组成了许多密封工作腔。当齿轮按图 6-7 所示的方向旋转时，吸油腔由于相互啮合的轮齿逐渐脱离，密封工作腔的容积逐渐增大，形成部分真空。此时油箱中的液压油被吸入吸油腔，并将齿间槽充满，完成吸油。

随着齿轮的旋转，齿间槽中的液压油被带到压油腔。由于压油腔轮齿逐渐啮合，密封工作腔的容积不断减小，齿间槽中的液压油便从压油腔中被挤出，输送到压油管中，完成压油。两轮齿的啮合线将吸油腔和压油腔隔开，起到了配流的作用，因此，齿轮泵没有专门的配流机构。

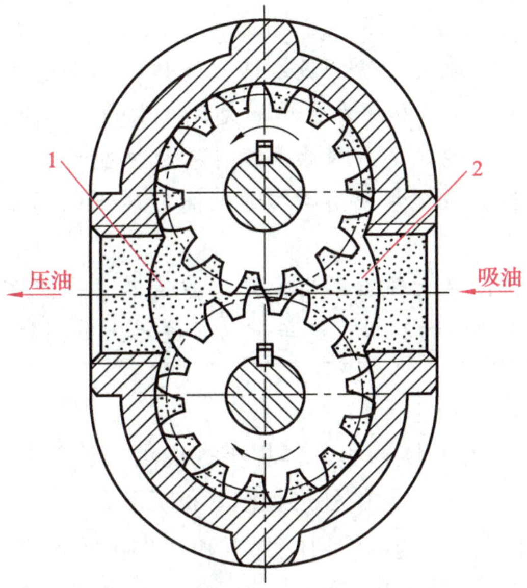

1—压油腔；2—吸油腔。

图 6-7　外啮合齿轮泵的工作原理

（2）内啮合齿轮泵。

内啮合齿轮泵有渐开线齿轮泵和摆线齿轮泵（又称摆线转子泵）两种，它们的工作原理与外啮合齿轮泵基本相同，如图 6-8 所示。

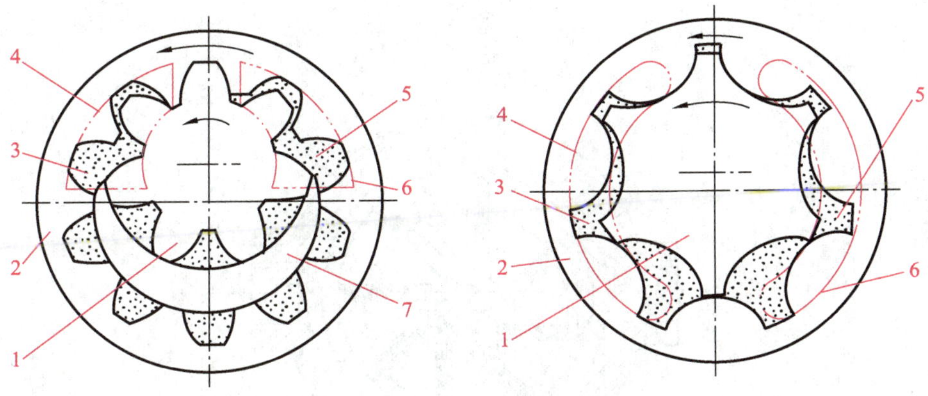

（a）渐开线齿轮泵　　（b）摆线齿轮泵

1—小齿轮；2—内齿轮；3—吸油腔；4—吸油窗口；5—压油腔；6—压油窗口；7—月牙形隔板。

图 6-8　内啮合齿轮泵的工作原理

在渐开线齿轮泵中，小齿轮和内齿轮之间有一个月牙形隔板，以便把吸油腔和压油腔隔开；在摆线齿轮泵中，小齿轮和内齿轮相差一个齿，因而不需设置隔板。当小齿轮带动内齿轮绕各自的中心同向旋转时，左上部轮齿脱离啮合，工作腔密封容积增大，形成真空，从吸油窗口吸油；进入齿槽的液压油被带到压油腔，右上部轮齿进入啮合，工作腔密封容积减小，从压油窗口压油。

知识链接

外啮合齿轮泵具有结构简单、制造方便、成本低、体积小、质量小、自吸性能好、对液压油的污染不敏感和工作可靠等优点，但其流量和压力脉动率大、产生的噪声大，且流量不可以调节。

内啮合齿轮泵具有结构简单、噪声小、输油平稳、自吸性能好、转速高等优点，可作为动力泵、润滑泵和冷却泵使用。内啮合齿轮泵允许使用高转速（高转速下的离心力能使液压油更好地充入密封工作腔），可获得较高的容积效率。

目前汽车润滑系统安装的机油泵大多数是齿轮泵，滤清器发生阻塞时，旁通阀打开，机油不经滤清器直接进入主油道，保证对各部件的润滑。汽车自动变速器上采用的液压泵大多是摆线齿轮泵。

2）叶片泵

叶片泵具有流量均匀、运转平稳、噪声小、体积小等优点，但其对液压油的污染较敏感，且转速不能太高。它的外形如图 6-9 所示。

图 6-9　叶片泵的外形

根据工作方式的不同，叶片泵可分为单作用叶片泵和双作用叶片泵两种。单作用叶片泵输出压力较小，输出流量可以改变，又称变量叶片泵，常用于低压和需要改变流量的液压传动系统中；双作用叶片泵转子输出压力较小，输出流量不能改变，又称定量叶片泵，较单作用叶片泵应用更为广泛。

（1）单作用叶片泵。

图 6-10 所示为单作用叶片泵的工作原理。

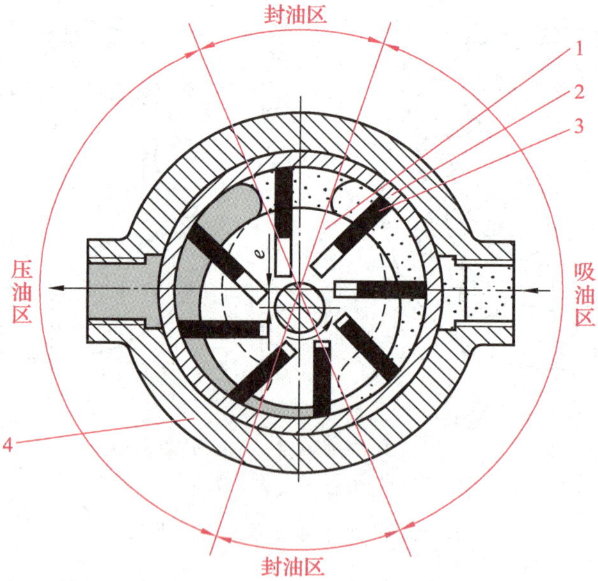

1—转子；2—定子；3—叶片；4—泵体。

图 6-10　单作用叶片泵的工作原理

单作用叶片泵是由转子、定子、叶片、泵体和配流盘（位于泵体两侧，图中未画出）等组成的。定子的内表面为圆柱面；转子与定子不同心，之间有一偏心距 e；配流盘开有一个吸油窗口和一个压油窗口（图中虚线弧形槽）。叶片装在转子的叶片槽内，可在槽内灵活地往复滑动。当转子转动时，由于离心力的作用，叶片顶部将始终压在定子内圆柱表面上。

定子、转子和两侧配流盘间能形成密封工作腔，位于上、下封油区的两个叶片将密封工作腔分成左右两个。当转子按图 6-10 所示的方向旋转时，其右侧叶片外伸，使右侧密封工作腔的容积逐渐加大，产生真空，油箱中液压油由吸油口经配流盘吸油窗口进入该密封工作腔，完成吸油。同时，左侧叶片被定子内表面压入叶片槽内，使左侧密封工作腔的容积逐渐变小，液压油经配流盘压油窗口被压出，进入液压传动系统中，完成压油。

在图 6-10 中，吸油区与压油区由两段封油区隔开，当前一个叶片离开封油区时，与之相邻的后一个叶片进入封油区，可保证吸油区与压油区始终隔离。在转子每转动一周的过程中，每个密封工作腔完成吸油和压油各一次，单作用叶片泵中的“单作用”即因此而来。

（2）双作用叶片泵。

图 6-11 所示为双作用叶片泵的工作原理。

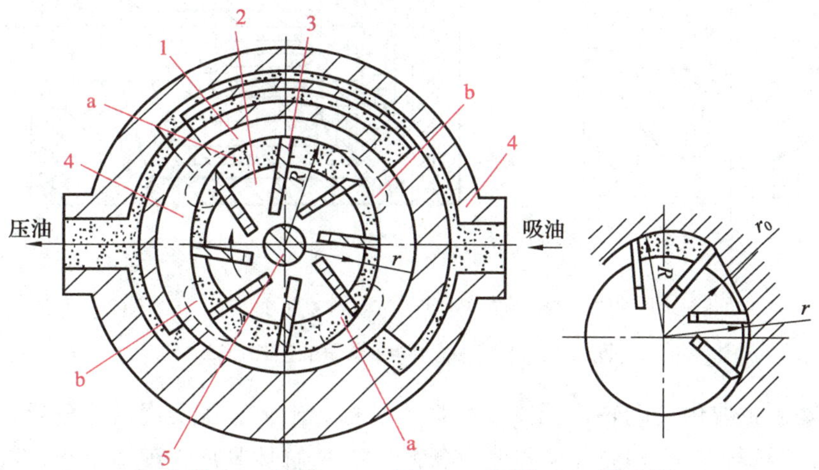

1—定子；2—转子；3—叶片；4—泵体；5—传动轴。

图 6-11　双作用叶片泵的工作原理

双作用叶片泵是由定子、转子、叶片、配流盘、传动轴、泵体等组成的。定子内表面由两段半径为 R 的大圆弧、两段半径为 r 的小圆弧和四段过渡曲线组成；转子上沿圆周均匀分布有若干叶片，叶片在槽内可灵活地往复滑动。定子与转子同心。在配流盘上对应于定子过渡曲线的位置开有四个配流窗口，窗口 a 通吸油口，窗口 b 通压油口，定子内表面、转子外表面、叶片和配流盘构成密封容积。

当转子按图 6-11 所示方向旋转时，叶片在根部液压油和离心力的作用下压向定子内表面，并随定子曲线的变化在槽内往复滑动，在窗口 a 处密封工作腔的容积增大，通过窗口 a 吸油；在窗口 b 处密封工作腔的容积减小，通过窗口 b 压油。转子每转一周，每个密封工作腔完成两次吸油和压油，双作用叶片泵中的“双作用”即因此而来。

提　示

> 单作用叶片泵的输出流量可变，双作用叶片泵的输出流量不可变。

3）柱塞泵

柱塞泵是依靠柱塞在缸体孔内做往复运动时工作腔产生的容积变化进行吸油和压油的。由于柱塞和缸体孔都是圆柱表面，容易实现高精度的配合，工作腔的密封性能好，在高压下仍能保持较高的容积效率和总效率，因此，柱塞泵应用非常广泛，并发展出众多类型。

根据柱塞的布置和运动方向与传动轴相对位置的不同，柱塞泵可分为轴向柱塞泵和径向柱塞泵两类。

（1）轴向柱塞泵。

轴向柱塞泵因柱塞与传动轴轴线平行而得名，它可分为斜盘式轴向柱塞泵和斜轴式轴向柱塞泵两种。下面主要以斜盘式轴向柱塞泵为例进行详细介绍。

斜盘式轴向柱塞泵的工作原理如图 6-12 所示。

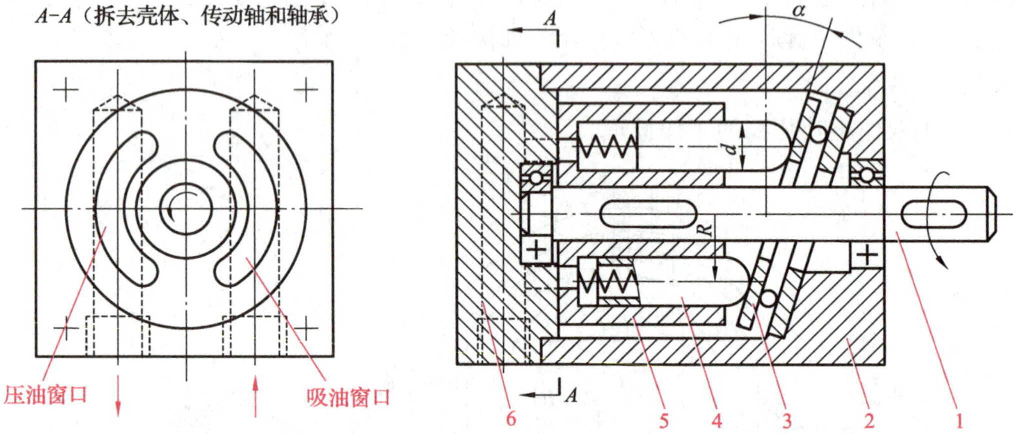

1—传动轴；2—壳体；3—斜盘；4—柱塞；5—缸体；6—配流盘。

图 6-12　斜盘式轴向柱塞泵的工作原理

斜盘式轴向柱塞泵主要由传动轴、壳体、斜盘、柱塞、缸体、配流盘等零件组成。柱塞安装在沿缸体均布的柱塞孔中，弹簧使柱塞与斜盘始终紧密接触，并使缸体紧压在配流盘上。配流盘上两个腰形窗口分别与泵的吸油口、压油口相通，斜盘倾角为α。

当缸体在传动轴的带动下按图 6-12 所示的方向旋转时，柱塞在斜盘的作用下在缸体的柱塞孔内做往复运动。当柱塞向缸体外伸出时，对应的工作腔密封容积不断增大，形成局部真空，通过配流盘吸油窗口从泵的吸油口吸油；当柱塞向缸体内缩回时，对应的工作腔密封容积不断减小，通过配流盘压油窗口从泵的压油口压油。缸体每旋转一周，各柱塞往复运动一次，完成一次吸油和压油。若改变斜盘倾角方向，则泵的进出口方向随之改变。

笔记

（2）径向柱塞泵。

柱塞相对于传动轴轴线径向布置的柱塞泵称为径向柱塞泵，其工作原理如图 6-13 所示。

径向柱塞泵主要由定子、转子、配流轴（或配流阀）、衬套和柱塞等零件组成。其中，转子上有沿径向均匀分布的柱塞孔，柱塞孔内装有柱塞；衬套镶在转子的中心孔中，随转子一起转动；而配流轴是不动的，它将衬套内孔分隔成上、下两个分油室 a、b。

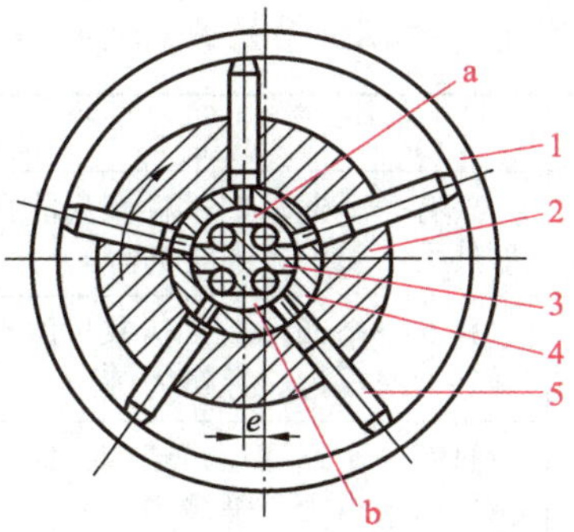

1—定子；2—转子；3—配流轴；4—衬套；5—柱塞。

图 6-13 径向柱塞泵的工作原理

提 示

径向柱塞泵的柱塞装在转子中时一般采用配流轴配流，柱塞装在定子中时一般采用配流阀配流。改变定子与转子的偏心距即可改变泵的输出流量，改变偏心方向即可改变输油方向，因此该泵可制成单向或双向变量泵。

当电动机带动转子按图 6-13 所示的方向旋转时，柱塞随转子一同转动的同时，又在离心力的作用下从柱塞孔伸出，其头部紧压在定子的内表面上。由于定子和转子之间存在偏心距 e，所以柱塞在转动到上半周时向外伸出，转子径向孔内工作腔的容积逐渐增大，产生局部真空，从而通过配流轴上的轴向孔吸油；柱塞在转动到下半周时，定子内表面迫使柱塞缩回柱塞孔中，转子径向孔内工作腔的容积逐渐减小，工作腔内的液压油通过配流轴上的轴向孔压出。转子每转一周，每个柱塞完成一次吸油和压油。转子不停旋转，液压泵便不断地吸油和压油。

知识链接

（1）轴向柱塞泵具有结构紧凑、体积小、输出压力大、易于实现变量等优点，但对液压油污染较敏感，对零件材质和加工精度的要求较高，对使用和维护要求较严格，且价格较高。

（2）径向柱塞泵具有性能稳定、工作可靠、耐冲击性好等优点，但其径向尺寸较大、自吸能力差、结构较复杂，且配流轴受到径向不平衡力的作用容易磨损，这些限制了径向柱塞泵的转速和输出压力，目前径向柱塞泵已逐渐被轴向柱塞泵替代。

6.2.2 液压执行元件

液压执行元件是将压力能转换为机械能的元件，它也是一个能量转换装置。液压传动系统的执行元件一般有液压缸和液压马达两大类。其中，液压缸主要用于实现机构的直线往复运动；液压马达主要向外输出转矩和转速，以实现机构的连续旋转运动。液压马达是液压泵的逆装置，它与液压泵在结构上相似，工作原理上互逆。下面主要介绍液压缸的相关知识。

1. 液压缸的种类

液压缸结构多样、性能各异，可满足各类机械的不同需要。常用液压缸的类型及特点如表 6-11 所示。

表 6-11　常用液压缸的类型及特点

<table>
<tr><th colspan="3">类型及名称</th><th>特点</th></tr>
<tr><td rowspan="7">推力液压缸</td><td rowspan="3">单作用液压缸</td><td>柱塞式</td><td>只有一个通油口，柱塞只能在液压油压力的作用下单向运动，返回行程靠外力（重力、弹簧力等）</td></tr>
<tr><td>活塞式</td><td>只有一个通油口，活塞只能在液压油压力的作用下单向运动，返回行程靠外力（重力、弹簧力等）</td></tr>
<tr><td>伸缩式</td><td>只有一个通油口，活塞只能在液压油压力的作用下单向运动，返回行程靠外力（重力、弹簧力等）</td></tr>
<tr><td rowspan="4">双作用液压缸</td><td>单活塞式</td><td>有两个通油口，活塞在液压油压力的作用下可做双向往复直线运动</td></tr>
<tr><td>双活塞式</td><td>两个活塞同时做相反方向的运动</td></tr>
<tr><td>双活塞杆式</td><td>活塞同向运动，速度、行程、牵引力均相等</td></tr>
<tr><td>伸缩式</td><td>活塞杆为多段套筒式，具有较大的行程，返回行程速度受控制</td></tr>
<tr><td colspan="2" rowspan="2">摆动液压缸</td><td>单叶片式</td><td>摆动角度小于 360°</td></tr>
<tr><td>双叶片式</td><td>摆动角度大于 180°</td></tr>
</table>

2．典型液压缸简介

1）活塞式液压缸

活塞式液压缸在液压传动系统中应用最为广泛，按作用方式的不同可分为单作用活塞式液压缸和双作用活塞式液压缸。其中，双作用活塞式液压缸按活塞杆数目的不同又可分为单活塞杆液压缸和双活塞杆液压缸。下面以单活塞杆液压缸为例介绍活塞式液压缸的相关知识。

单活塞杆液压缸主要由缸体、活塞、活塞杆、端盖板和密封圈等组成，如图 6-14 所示。当液压油从左端进入缸体内部时，可推动活塞杆向右移动；反之，当液压油从右端进入缸体内部时，可推动活塞杆向左移动。

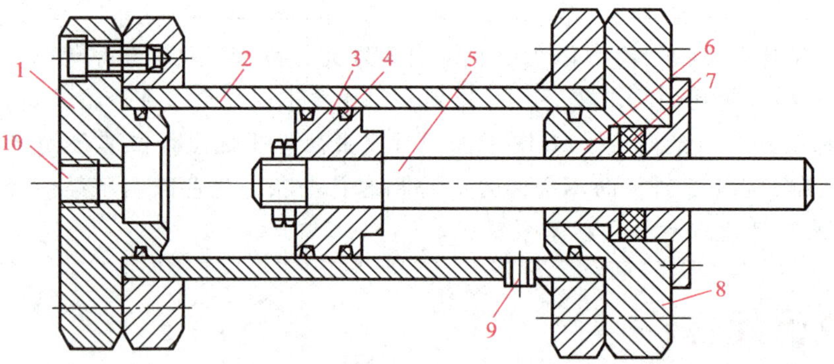

1—端盖板；2—缸体；3—活塞；4—密封环；5—活塞杆；6—导向套；7—密封圈；8—压盖；9、10—进出油口。

图 6-14　单活塞杆液压缸

在实际应用中，单活塞杆液压缸的油路有三种连接方式，如图 6-15 所示。由于活塞杆两侧的有效面积不同，因此采用不同连接方式时活塞的速度和输出力都不相同。

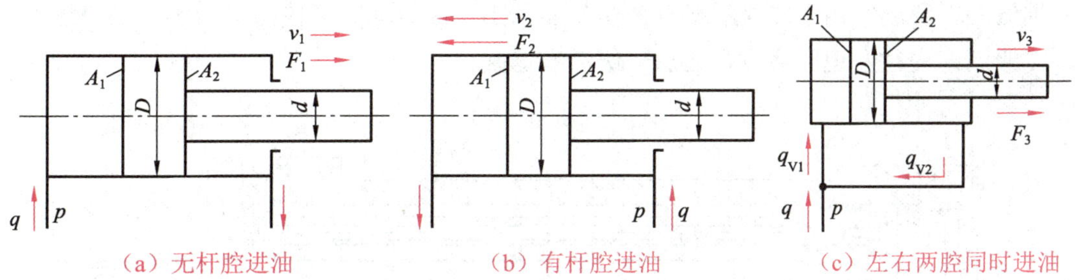

图 6-15　单活塞杆液压缸油路的三种连接方式

(1) 在伸出行程，即液压油从液压缸左腔（无杆腔）进入时，如图 6-15（a）所示，活塞的速度 v_1 和输出力 F_1 为

$$v_1 = \frac{q}{A_1} = \frac{4q}{\pi D^2} \tag{6-4}$$

$$F_1 = pA_1 = \frac{\pi D^2}{4} p \tag{6-5}$$

(2) 在缩回行程，即液压油从液压缸右腔（有杆腔）进入时，如图 6-15（b）所示，活塞的速度 v_2 和输出力 F_2 为

$$v_2 = \frac{q}{A_2} = \frac{4q}{\pi(D^2 - d^2)} \tag{6-6}$$

$$F_2 = pA_2 = \frac{\pi(D^2 - d^2)}{4} p \tag{6-7}$$

(3) 在液压缸左右两腔同时通入液压油（该连接方法称为差动连接）时，如图 6-15（c）所示，活塞的速度 v_3 和输出力 F_3 为

$$v_3 = \frac{4q}{A_1 - A_2} = \frac{4q}{\pi d^2} \tag{6-8}$$

$$F_3 = \frac{\pi d^2}{4} p \tag{6-9}$$

式中：

D——液压缸内径，单位为 m；

d——活塞杆直径，单位为 m。

知识链接

当单活塞杆液压缸两腔同时通入液压油时，利用两端面积差进行工作的连接形式称为差动连接。在实际应用中，液压传动系统常通过控制阀来改变单活塞杆液压缸的油路连接，可在不增加液压泵输出流量的前提下，使液压缸有不同的工作方式，从而实现“快进→工进→快退”的工作要求。

2) 伸缩式液压缸

伸缩式液压缸由两个或多个活塞式液压缸套装而成。图 6-16 所示为两级伸缩式液压缸，其缸体两端均设有进、出油口。当液压油从 A 口进入缸体时，首先推动一级活塞（即套筒活塞）向右移动。由于一级活塞的有效横截面积大，故运动速度慢而推力大。一级活塞运动到右端终点时，液压油推动二级活塞

（即活塞）继续向右移动。由于二级活塞有效横截面积小，故运动速度快而推力小。当液压油从 B 口进入缸体时，二级活塞先往左退回终点，之后一级活塞退回。

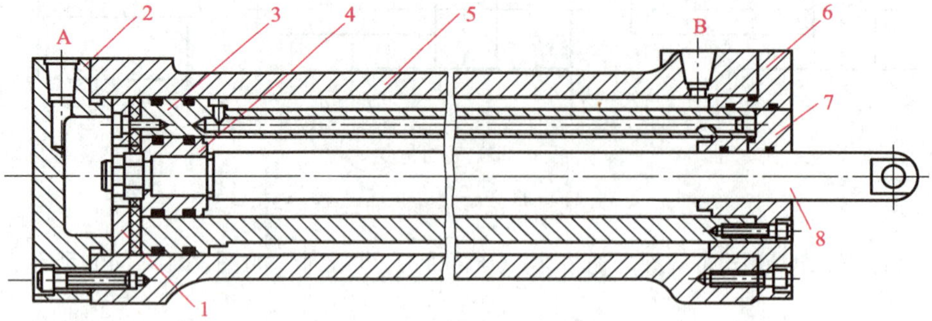

1—压板；2、6—端盖；3—套筒活塞；4—活塞；5—缸体；7—套筒活塞端盖；8—推杆。

图 6-16　两级伸缩式液压缸

在伸缩式液压缸中，套筒活塞既是一级活塞，又是二级活塞的缸体。同理，在多级伸缩式液压缸中，前一级活塞是后一级活塞的缸体。各级活塞杆由大到小依次伸出，由小到大依次缩回。因此，伸缩式液压缸可以获得很长的工作行程，常用于各类工程机械中，如自卸汽车、起重机等。

3. 液压缸的密封

液压缸是依靠密封油腔的容积变化进行工作的，因此密封性的好坏直接影响液压缸的工作性能与效率。液压缸必须具有良好的密封性，且其密封性最好能够随着压力的增大而提高；此外，密封元件应具有结构简单、寿命长、摩擦阻力小等特性。

液压缸的密封形式主要有间隙密封和接触密封两种。

1）间隙密封

间隙密封是指通过精密的加工方式使零件获得较高的精度，从而使相对运动的两零件配合面之间的间隙极小而实现密封的密封形式。

间隙密封的优点是结构简单，摩擦阻力小，能耐高温；缺点是密封效果较差，密封性不能随着压力的增大而提高，且一旦磨损即无法对间隙进行填补。因此，这种密封形式仅用于尺寸较小、油压较低、运动速度较高的液压缸。

笔记

2）接触密封

接触密封是指利用密封元件的弹性变形来挤紧零件的配合面，消除间隙而实现密封的密封形式，能在零件磨损后自动对间隙进行填补。接触密封采用的密封元件多为由耐油橡胶制成的密封圈，密封圈按其截面形状的不同可分为 O 形密封圈和唇形密封圈两类。

O 形密封圈是一种截面形状为圆形的密封元件，它安装在沟槽里，利用预压变形和油压变形来实现密封，如图 6-17 所示。

唇形密封圈是一种截面形状特殊的密封圈，有 V、U、L、Y、J 等形状，适用于运动零件间的密封。它在安装时唇口与压力方向相对，利用唇边的变形挤紧密封表面来消除间隙。图 6-18 所示为 Y 形密封圈和 V 形密封圈。

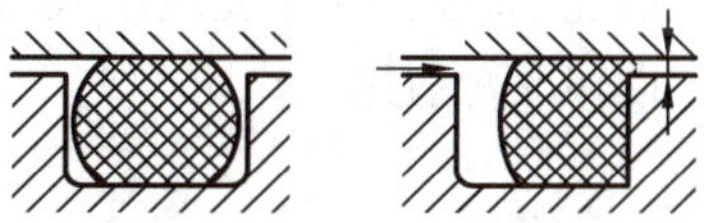

图 6-17　O 形密封圈

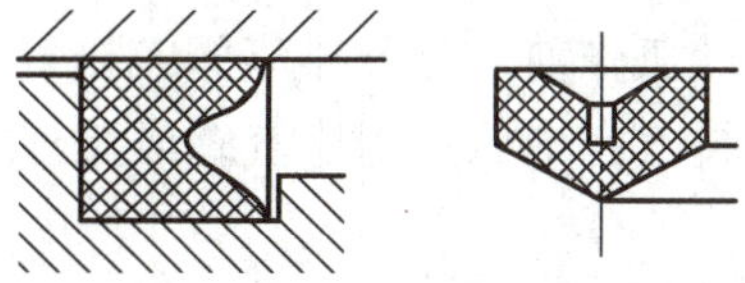

（a）Y 形密封圈　（b）V 形密封圈

图 6-18　唇形密封圈

唇形密封圈变形量大，对运动零件的摩擦阻力较大，但是密封性好，且油压越高，密封性越好。

4. 液压缸的缓冲、排气装置

1）液压缸的缓冲装置

液压缸的缓冲装置主要用于防止活塞在到达行程终点时，由于惯性力太大而发生机械碰撞。液压缸常用的缓冲装置如图 6-19 所示，它们都是利用节流作用实现缓冲的。当活塞即将到达行程终点时，活塞端部的缓冲柱塞逐渐插入导向孔，使液压油只能通过缝隙流出，增大了阻力，从而实现减速缓冲。

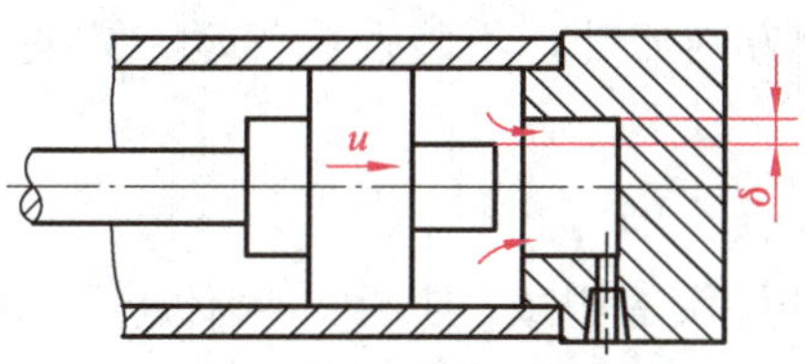

（a）圆柱形环隙式

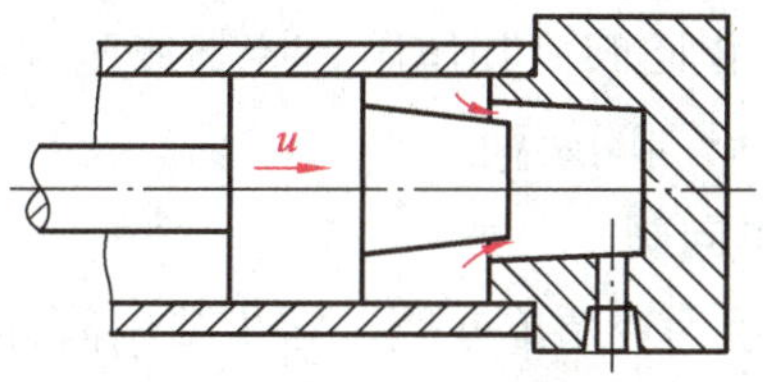

（b）圆锥形环隙式

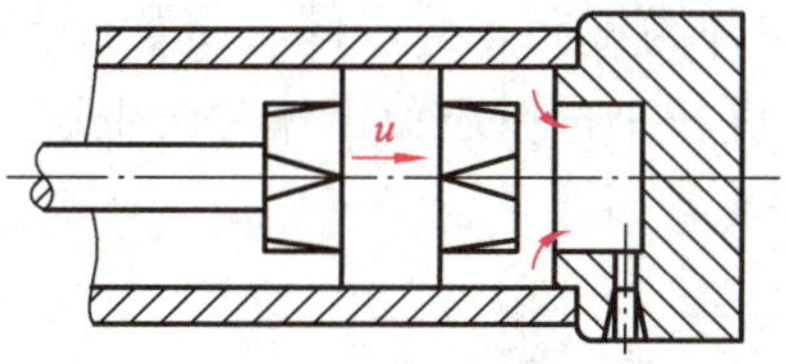

（c）可变节流槽式

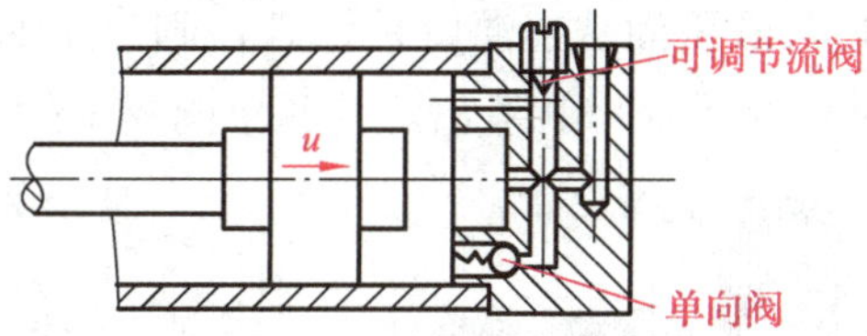

（d）可调节流孔式

图 6-19　液压缸常用的缓冲装置

2）液压缸的排气装置

液压缸中如果有空气残留，将会严重影响液压缸的工作平稳性，使其在低速运行时出现爬行，在启动时出现冲击，在换向时出现精度下降的情况，甚至使整个系统不能正常工作，因此液压缸必须设置排气装置。

液压缸常用的排气装置有两种形式：一种是在液压缸的最高部位开排气孔，如图 6-20（a）所示；另一种是在缸盖的最高部位处直接安装排气塞，如图 6-20（b）所示。

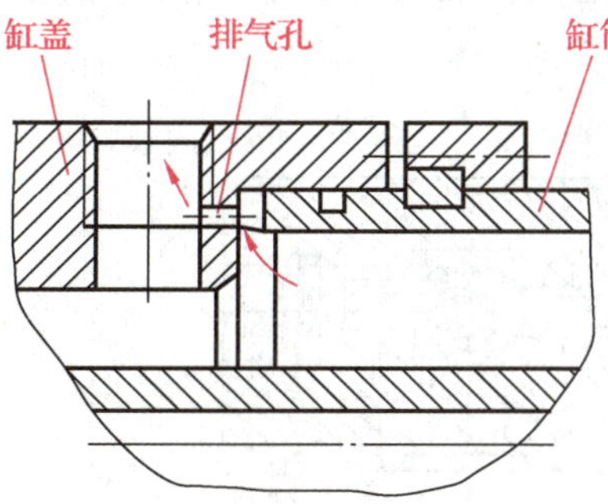

（a）排气孔

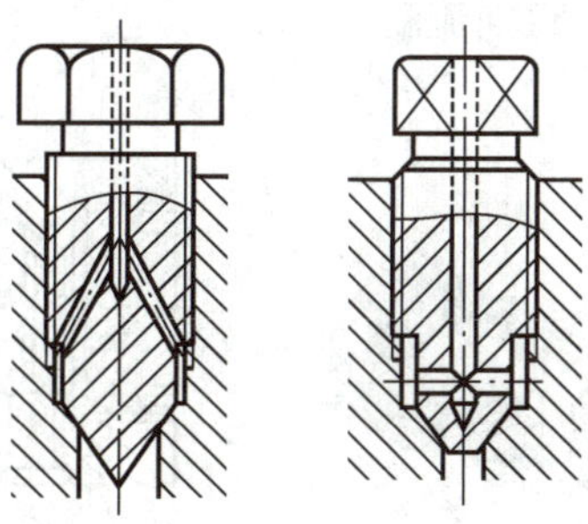

（b）排气塞

图 6-20　液压缸常用的排气装置

在液压传动系统工作前，打开排气阀或排气塞，让液压缸全行程空载往复运动 8～10 次，液压缸中的空气即可排出。排气完毕后关闭排气阀或排气塞，液压缸便可正常工作。

6.2.3　液压控制元件

液压控制元件（即液压控制阀）可以控制液压传动系统中液压油的压力大小、流量大小及流动方向，以实现对液压执行元件工作状态的控制。

液压控制元件按其作用可分为方向控制阀、压力控制阀和流量控制阀三大类。

1．方向控制阀

方向控制阀的作用是控制液压传动系统中液压油的流动方向。根据用途的不同，方向控制阀可分为单向阀和换向阀两类。

1）单向阀

单向阀又称止回阀，其作用是控制液压油只按一个方向流动，不能反向流动。常见的单向阀分为普通单向阀和液控单向阀两种。

（1）普通单向阀。

图 6-21 所示为普通单向阀，它主要由阀体、阀芯和弹簧等组成。其中，阀体上开有阀口，分别为进油口 P_1 和出油口 P_2。普通单向阀工作时，液压油由进油口 P_1 流入，克服弹簧弹力并顶开阀芯后从出油口 P_2 流出。若液压油从出油口 P_2 流入，则液压油压力和弹簧弹力方向相同，阀芯将紧压在阀口上，从而使液压油无法从进油口 P_1 流出。普通单向阀中的弹簧一般刚度较小，以避免工作时产生过大的压力损失。

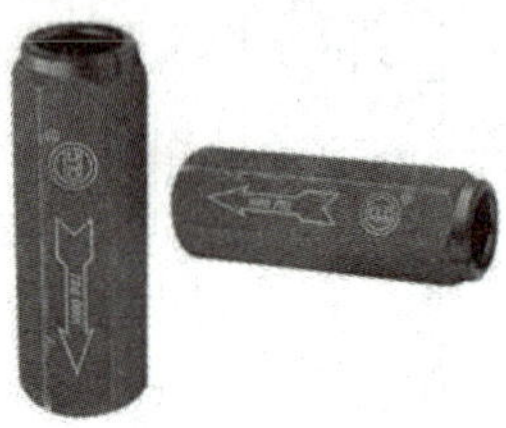

（a）实物图

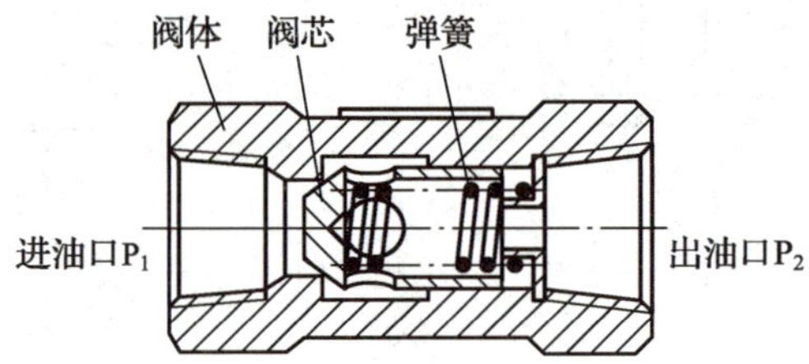

（b）结构图

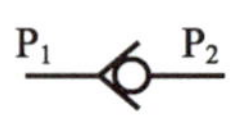

（c）图形符号

图 6-21　普通单向阀

（2）液控单向阀。

液控单向阀多用作“液压锁”，它在普通单向阀的基础上增加了一个控制阀口 K，如图 6-22 所示。当控制阀口 K 无液压油通入时，液控单向阀相当于普通单向阀，液压油可从 A 口流入，从 B 口流出，不能反向流通。当控制阀口 K 通入液压油后，控制活塞通过顶杆推动阀芯往右移动，使 A 口和 B 口处于连通状态，液压油可双向流动。

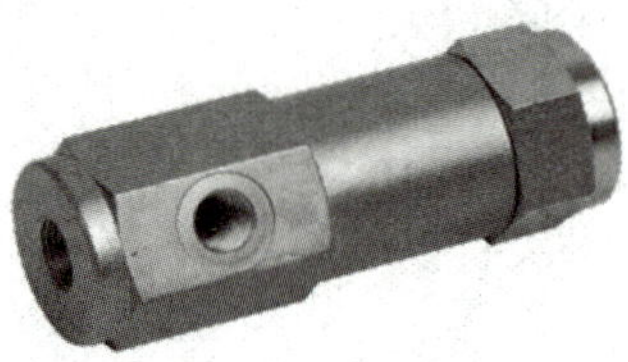

（a）实物图

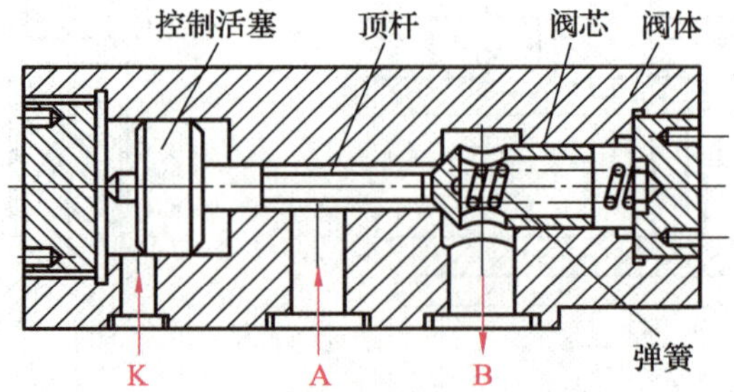

（b）结构图

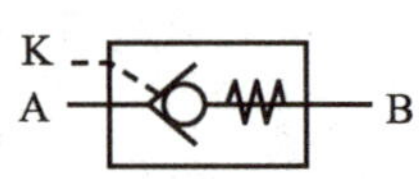

（c）图形符号

图 6-22　液控单向阀

2）换向阀

换向阀的作用是利用阀芯在阀体内的轴向移动，通过改变阀芯和阀体的相对位置，来变换液压油的流动方向，以及接通或关闭油路，从而控制执行元件的换向、启动和停止。

（1）换向阀的分类。

根据阀体与阀芯运动方式的不同，换向阀可分为转阀式换向阀和滑阀式换向阀等；根据操作方式的不同，换向阀可分为手动换向阀、机动换向阀、电磁换向阀和液动换向阀等；根据阀芯工作位数的不同，换向阀可分为二位阀、三位阀和四位阀等；根据阀体上主阀口数目的不同，换向阀可分为二通阀、三通阀和四通阀等。

（2）换向阀的图形符号。

换向阀的图形符号一般用方格来表示位数，2 个方格表示二位，3 个方格表示三位。单个方格内箭头“↿”和封闭符号“⊥”与方格框线的交点数目即为主阀口数。其中，“↿”表示两阀口连通，“⊥”表示该阀口封闭。阀口 P 为进油口，阀口 T 为出油口，阀口 A、B 分别连通执行元件的两个工作腔。

常见换向阀的图形符号如表 6-12 所示。

表 6-12　常见换向阀的图形符号

名称	图形符号	名称	图形符号
二位二通	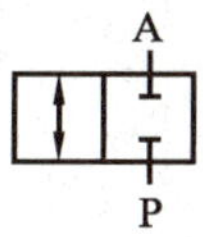	二位五通	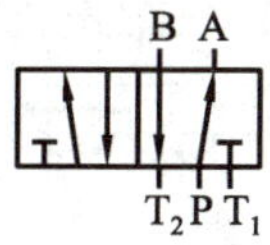
二位三通	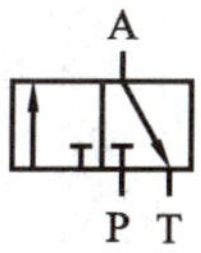	三位四通	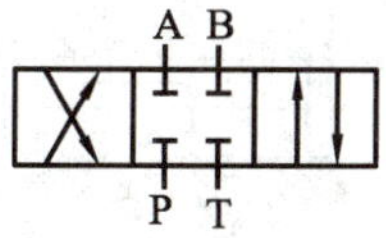
二位四通	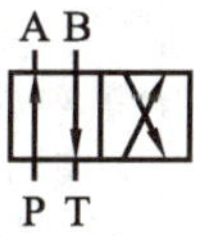	三位五通	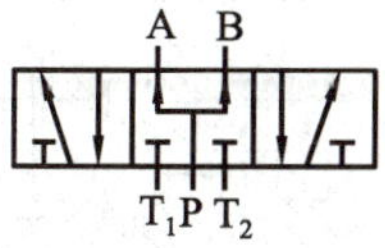

（3）换向阀的工作原理。

下面以二位四通电磁换向阀为例介绍换向阀的工作原理。

图 6-23 所示为二位四通电磁换向阀的工作原理和图形符号。其中，阀芯为具有 3 段环形槽的圆柱体，可在阀体内移动，以实现不同阀口的连通与封闭。当电磁铁处于断电状态时，阀芯处于图 6-23（a）所示的位置，此时阀口 P、B 和 A、T 分别处于连通状态，液压油经阀口 B 进入液压缸推动活塞向右运动；当电磁铁处于通电状态时，衔铁在电磁力的作用下带动阀芯往右移动，使阀芯处于图 6-23（b）所示的位置，此时阀口 P、A 和 B、T 分别处于连通状态，液压油经阀口 A 进入液压缸推动活塞向左运动。因此，通过改变电磁阀的通电状态，即可实现活塞运动方向的切换。

（4）换向阀的中位机能及其特点。

三位换向阀的阀芯在阀体中有左、中、右三个工作位置，阀芯处于不同位置时，可得到不同的阀口连通方式。三位换向阀在常态位置（中位）时各阀口的连通方式称为中位机能，其机能型号均用大写英文字母来表示。中位机能不同的同规格换向阀，其阀体通用，但阀芯的结构不同。

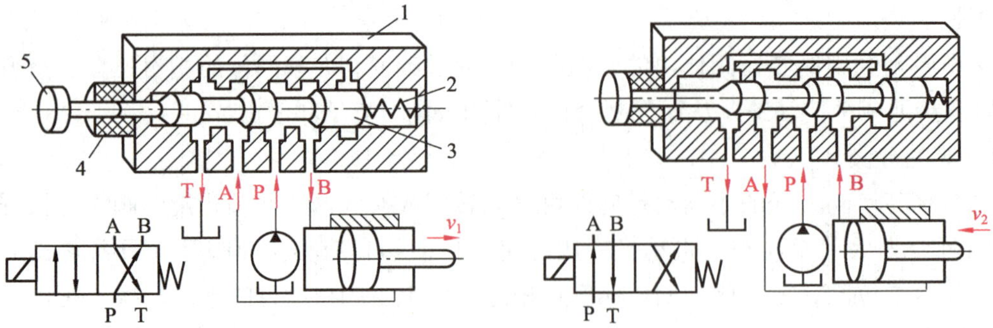

（a）电磁铁处于断电状态　　（b）电磁铁处于通电状态

1—阀体；2—弹簧；3—阀芯；4—电磁铁；5—衔铁。

图 6-23　二位四通电磁换向阀的工作原理和图形符号

三位四通/五通换向阀常见的中位机能型号、图形符号及其特点等如表 6-13 所示。

表 6-13　三位四通/五通换向阀常见的中位机能型号、图形符号及其特点等

中位机能型号	结构图	中位图形符号		特点
		三位四通	三位五通	
O	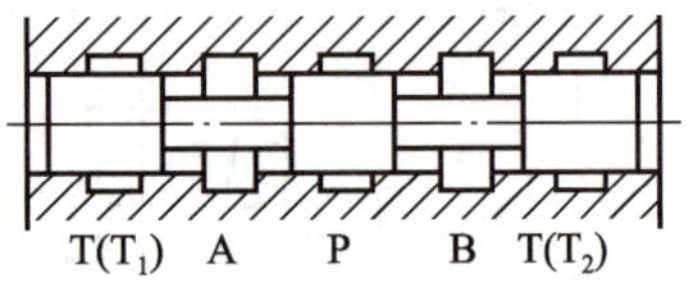	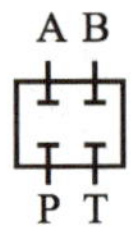		各阀口全部封闭，液压缸两工作腔封闭，系统不卸载。液压缸充满液压油，从静止到启动较平稳；制动时由运动惯性引起的液压冲击大；换向位置精度高
P	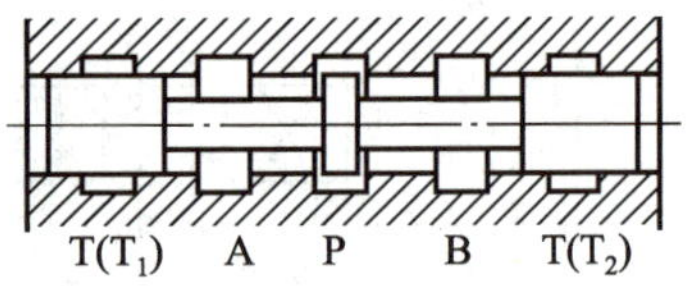	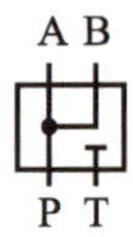		进油口 P 与液压缸两工作腔相连通，出油口封闭，从静止到启动较平稳；制动时液压缸两腔均通液压油，故制动平稳；换向位置变动比 H 型的小，应用较为广泛
H	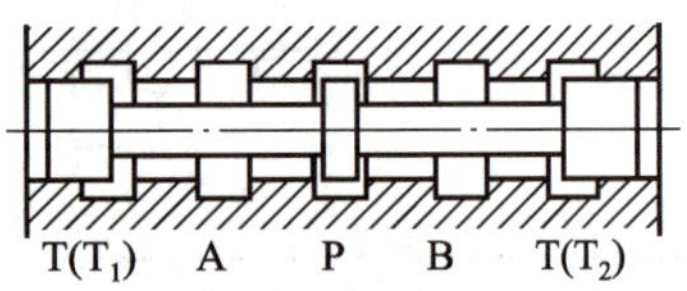			各阀口全部连通，系统卸载，液压缸呈浮动状态。液压缸两工作腔接油箱，从静止到启动有冲击，制动时阀口互通，故制动较 O 型平稳，但换向位置变动大
Y	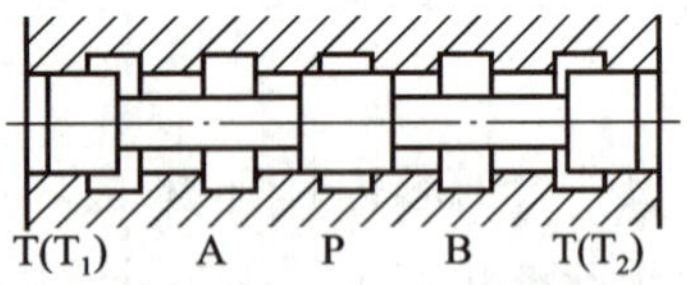		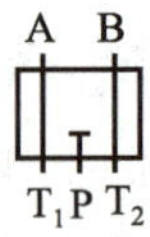	液压泵不卸载，液压缸两工作腔接回油路，液压缸呈浮动状态；液压缸两工作腔接油箱，从静止到启动有冲击，制动性能介于 O 型与 H 型之间
K	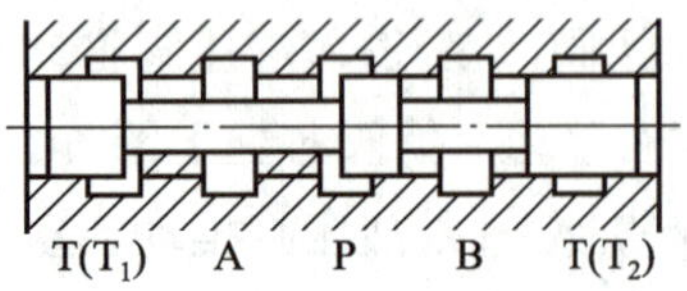		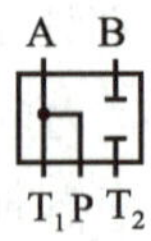	液压泵卸载，液压缸一工作腔封闭，一工作腔接回油路，两个方向换向时性能不同
M	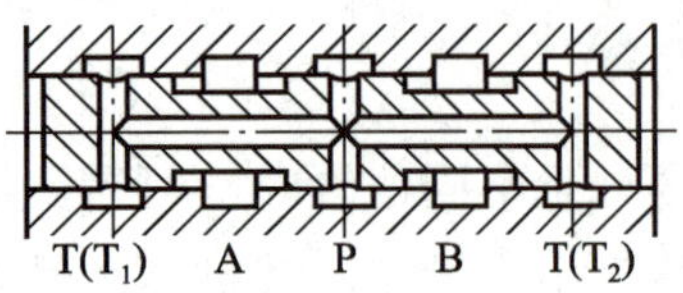	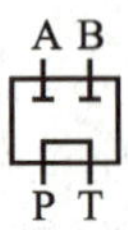	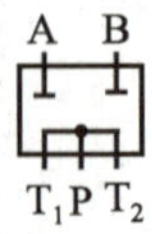	液压泵卸载，液压缸两工作腔封闭，从静止到启动较平稳，制动性能与 O 型相同，可用于液压泵卸载、液压缸锁紧的液压回路中

2. 压力控制阀

压力控制阀的作用是控制液压传动系统中的压力，或利用压力作为信号来控制其他元件的动作。常见的压力控制阀包括溢流阀、减压阀和顺序阀。

1）溢流阀

溢流阀又称安全阀，是液压传动系统中必不可少的控制元件，其主要作用是保持液压传动系统中液体压力的稳定，并限制液压传动系统中的最大压力，实现过载保护。

笔记

溢流阀按结构不同可分为直动型和先导型两种。

图 6-24 所示为直动型溢流阀的结构示意图和图形符号。当油压不大时，阀芯在弹簧的作用下顶住阀座孔，阀口 P 关闭；当液压油对阀芯的作用力大于弹簧压力时，阀口 P 打开，多余的液压油从阀口 T 流回油箱，使得阀口 P 的油压保持恒定，该过程称为溢流。旋转调压螺杆，可改变弹簧压力的大小，即可调整溢流阀的溢流油压，从而限制液压传动系统中的最大压力。

图 6-25 所示为先导型溢流阀的结构示意图和图形符号。它主要由先导阀和主阀两部分组成。其中，先导阀用于调节压力，主阀用于控制溢流阀的开启和关闭，从而稳定系统压力。由于调压轻便，先导型溢流阀适用于高压大流量的液压传动系统。

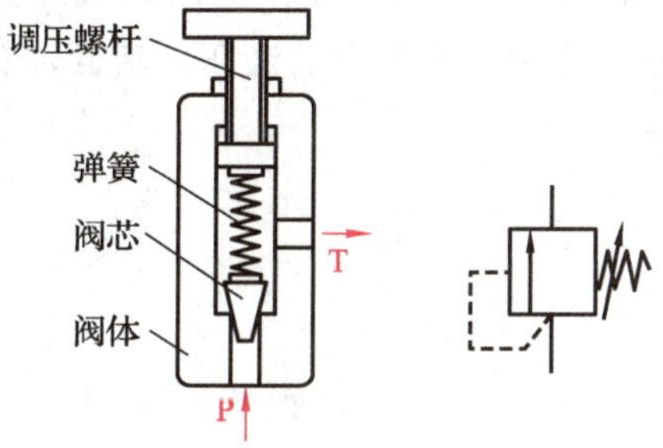

（a）结构示意图　（b）图形符号

图 6-24　直动型溢流阀的结构示意图和图形符号

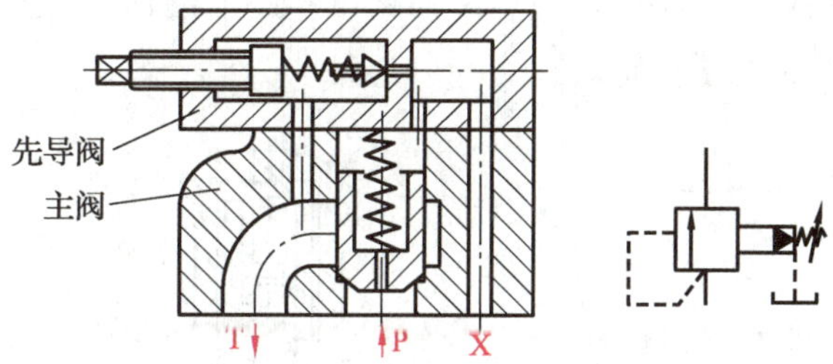

（a）结构示意图　（b）图形符号

图 6-25　先导型溢流阀的结构示意图和图形符号

2）减压阀

减压阀在液压传动系统中的作用是降低系统某一支路液压油的压力，使同一系统有两个或多个不同的压力。减压阀按结构不同可分为直动型和先导型两种。其中，先导型减压阀的应用较为广泛。

图 6-26 所示为先导型减压阀的结构示意图和图形符号。它主要由主阀（包含阀体、主阀芯等）和先导阀组成。其中，先导阀相当于一个溢流阀。液压油从阀口 P_1 进入，经过主阀芯与阀体的间隙减压后，从阀口 P_2 流出。此时，出口液压油可流入主阀芯的上、下油腔，并有一部分流入先导阀。

当出口液压油压力未达到先导阀的溢流压力时，先导阀阀口关闭，主阀芯上、下油腔油压相等，主阀芯在弹簧的作用下位于最下端，阀口 P_1、P_2 全开，入口油压和出口油压相等；当出口液压油压力大于先导阀的溢流压力时，先导阀阀口打开，主阀芯上油腔的液压油经先导阀的泄油口 L 流回油箱。液压油在主阀芯的轴向阻尼孔内流动，导致主阀芯上、下油腔的液压油产生压力差，并使主阀芯向上移动，阀口 P_2 减小，出口油压减小；当出口油压与先导阀的溢流压力相等时，出口油压保持恒定。

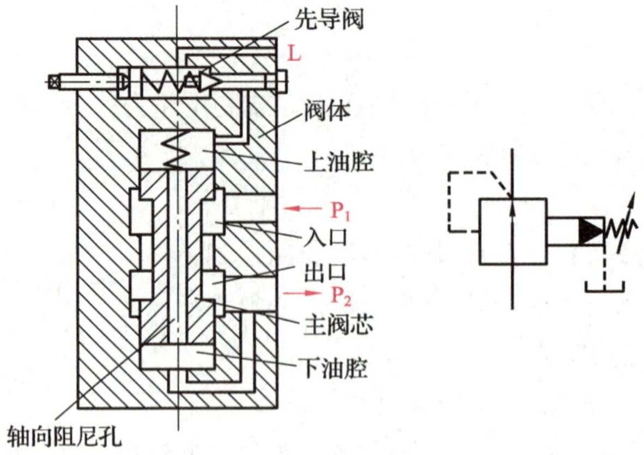

（a）结构示意图　　（b）图形符号

图 6-26　先导型减压阀的结构示意图和图形符号

3）顺序阀

顺序阀的作用是利用液压传动系统中流体压力的变化来控制管路的通断，从而控制某些执行元件动作的顺序。根据结构的不同，顺序阀可分为直动型和先导型两种。下面以直动型顺序阀为例介绍顺序阀的相关知识。

图 6-27 所示为直动型顺序阀的结构示意图和图形符号。液压油从阀口 P_1 进入顺序阀，阀芯在弹簧的作用下处于最下端的位置。当入口油压较小，液压油对阀芯下端的作用力不足以克服弹簧阻力时，阀口 P_2 关闭，油路不通；当入口油压增大，液压油对阀芯下端的作用力足以克服弹簧阻力时，阀口 P_2 打开，液压油从阀口 P_2 流出，使后续油路工作。泄油口 L 通过油管连通油箱，使多余的液压油流回油箱，以保证阀口 P_2 的油压稳定。

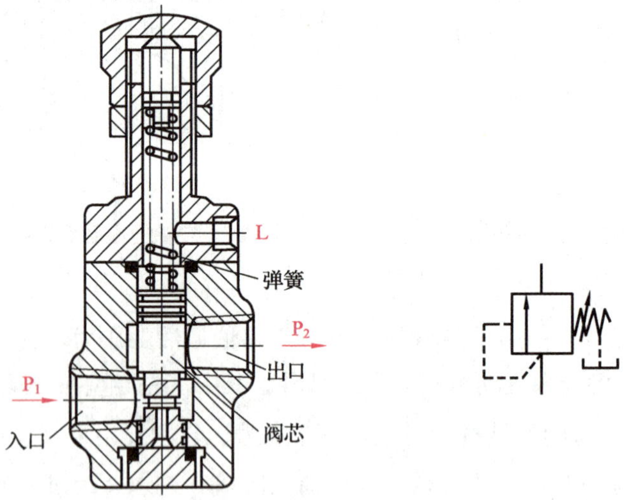

（a）结构示意图　　（b）图形符号

图 6-27　直动型顺序阀的结构示意图和图形符号

3．流量控制阀

流量控制阀简称流量阀，它通过改变阀口通流截面来调节液压传动系统中液压油的流量，从而控制执行元件的运动速度。常用的流量控制阀包括节流阀和调速阀。

1）节流阀

图 6-28 所示为节流阀的结构示意图和图形符号。液压油从阀口 A 流入，经过阀芯下部的轴向三角形节流槽，从阀口 B 流出。通过旋转调整螺杆，改变节流口的通流截面，即可调节阀口 B 的流量。

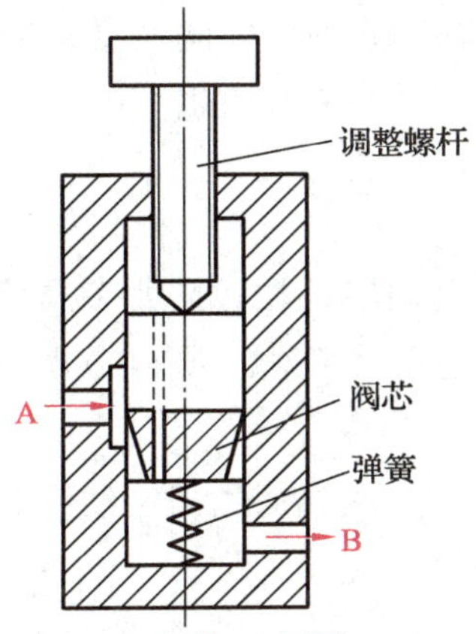

（a）结构示意图

（b）图形符号

图 6-28　节流阀的结构示意图和图形符号

改变通流截面的大小，就可以改变节流阀的流量，这种可以改变大小的通流截面称为节流口。节流口是节流阀的重要部位，常见的形式有针状式、偏心式、轴向缝隙式和周向缝隙式等，如图 6-29 所示。

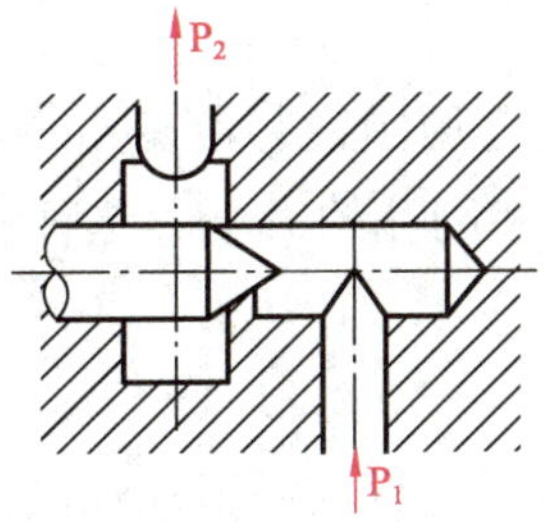

（a）针状式

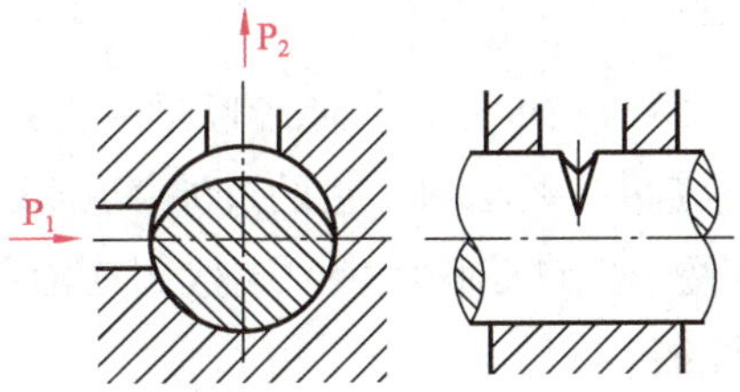

（b）偏心式

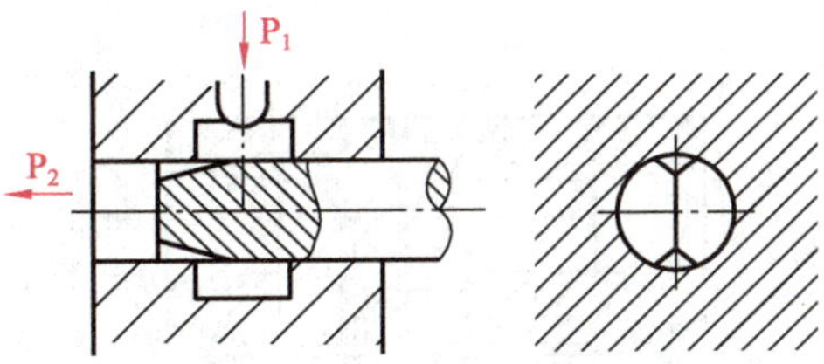

（c）轴向缝隙式

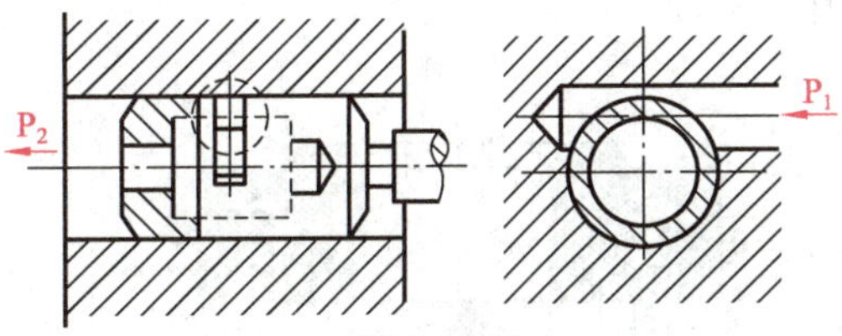

（d）周向缝隙式

图 6-29　节流口的形式

2）调速阀

调速阀是由减压阀和节流阀串联而成的组合阀，它主要利用减压阀的自动调节功能，控制节流阀前后压差保持恒定，从而在节流口通流截面一定的条件下，使阀口的流量不因外部负载变化而变化。因此，调速阀具有调速和稳速的功能，常用于负载变化大且速度稳定性要求较高的场合，如加工汽车零部件所用的车床、铣床等设备的液压传动系统。

6.2.4 液压辅助元件

在液压传动系统中，虽然液压动力元件、液压执行元件和液压控制元件十分重要，但要使液压传动系统正常工作，还需要借助各种各样的液压辅助元件，如滤油器、油箱、蓄能器、油管和管接头等。液压辅助元件对整个系统的性能、效率、噪声、寿命有很大的影响。

1. 滤油器

滤油器的作用是过滤液压油中的灰尘、磨屑等杂质，防止杂质堵塞油路和磨损液压元件，从而保证液压传动系统的正常工作。图 6-30 所示为滤油器的图形符号。

根据材质和过滤方式的不同，滤油器可分为网式滤油器、线隙式滤油器、纸芯式滤油器、烧结式滤油器和磁性滤油器等。

图 6-30 滤油器的图形符号

知识链接

根据过滤精度的不同，滤油器可分为粗滤器（滤除杂质直径≥0.1 mm）、普通滤器（滤除杂质直径≥0.01 mm）、精滤器（滤除杂质直径≥0.005 mm）、特精滤器（滤除杂质直径≥0.001 mm）。

1）网式滤油器

图 6-31 所示为网式滤油器，其滤芯以铜网为过滤材料，在滤芯周围设有带多孔的塑料或金属筒形骨架，其上包着一层或两层铜丝网。它的过滤精度取决于铜网层数和网孔的大小。这种滤油器结构简单、流通性好、清洗方便，但过滤精度低，一般用在液压泵的吸油口。

2）线隙式滤油器

图 6-32 所示为线隙式滤油器，它用钢线或铝线密绕在筒形骨架的外部来组成滤芯，依靠铜丝间的微小间隙滤除液压油中的杂质。该滤油器结构简单，过滤精度较高，但不易清洗，一般用在低压管道中或辅助回路中。

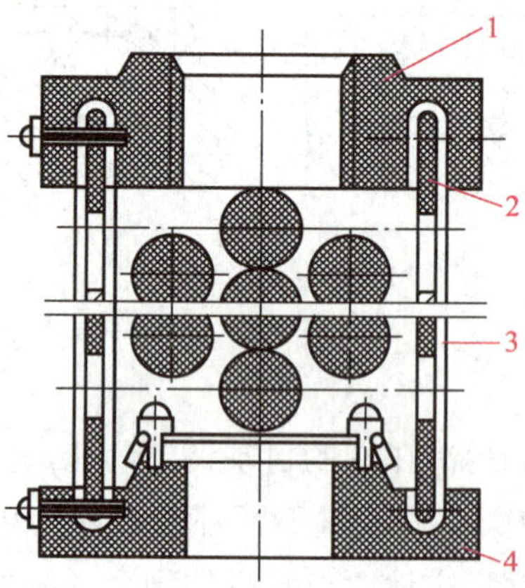

1—上端盖；2—圆筒；3—铜网；4—下端盖。

图 6-31 网式滤油器

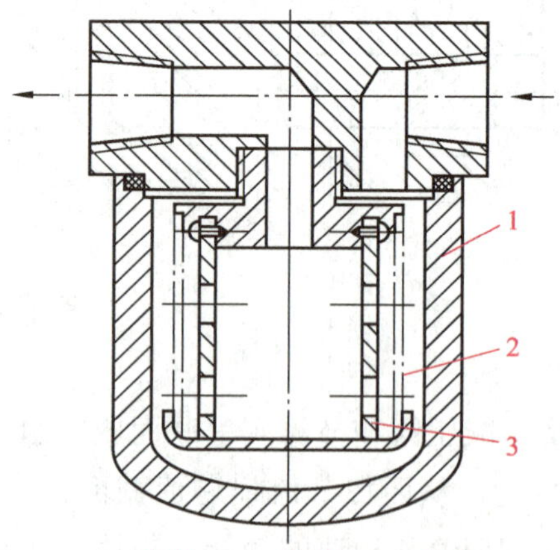

1—壳体；2—滤芯；3—芯架。

图 6-32 线隙式滤油器

3）纸芯式滤油器

图 6-33 所示为纸芯式滤油器，它主要由堵塞状态发讯装置、滤芯外层、滤芯中层、滤芯内层、支承

弹簧组成，其滤芯由 0.35～0.7 mm 厚的平纹或波纹酚醛树脂或木浆微孔滤纸组成。这种滤油器过滤效果好，但易堵塞，无法清洗，需要经常更换滤芯，可作为精滤器使用。

4）烧结式滤油器

图 6-34 所示为烧结式滤油器，它的滤芯用青铜粉末烧结而成，依靠其颗粒间的间隙滤油。这种滤油器过滤精度高，抗腐蚀，滤芯强度大，能在高温下工作，但易堵塞，难清洗，滤芯颗粒易脱落。这种滤油器主要用于过滤要求较高的液压传动系统中。

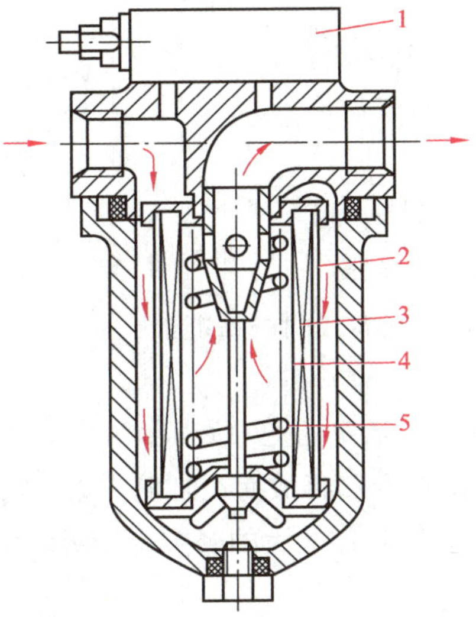

1—堵塞状态发讯装置；2—滤芯外层；
3—滤芯中层；4—滤芯内层；5—支承弹簧。

图 6-33　纸芯式滤油器

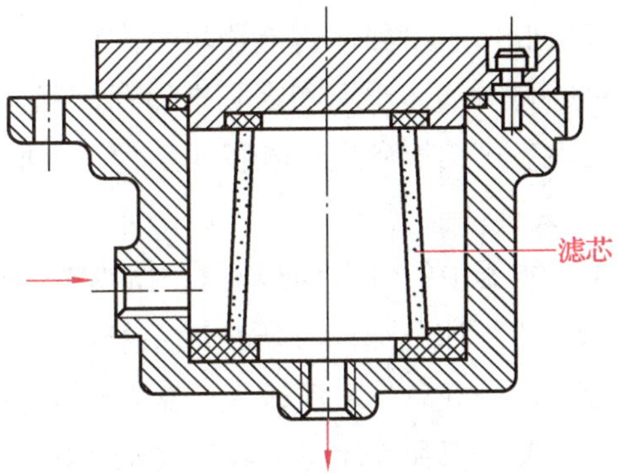

图 6-34　烧结式滤油器

5）磁性滤油器

磁性滤油器使用永久磁铁作为滤芯材料，它可以吸附液压油中的铁末和铁屑，适用于经常加工铸铁件的机床液压传动系统，但需要与其他滤油器配合使用。

2. 油箱

油箱在液压传动系统中的主要功能是储油、散热、分离液压油中的空气和沉淀杂物。油箱通常由钢板焊接而成，其结构如图 6-35 所示。其中，油箱中间有两个隔板，下隔板的作用是阻挡沉淀物进入吸油管，上隔板的作用是阻挡泡沫进入吸油口；沉淀物可以从油阀放出；滤油器可过滤掉细微杂质以免其进入泵体；空气过滤器可在加油的时候过滤空气。

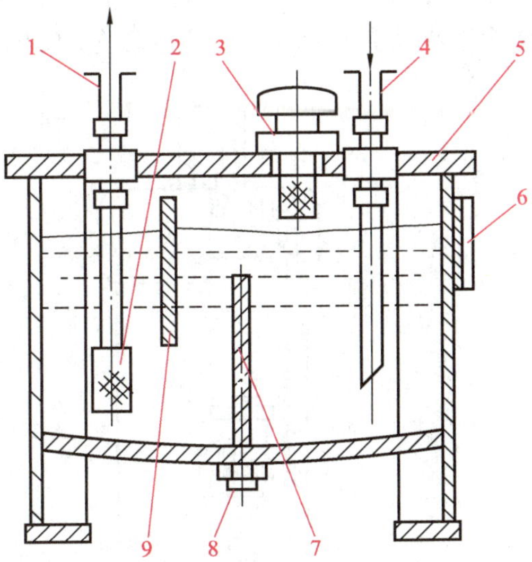

1—吸油管；2—滤油器；3—空气过滤器；4—回油管；
5—盖板；6—油面指示器；7、9—隔板；8—油阀。

图 6-35　油箱的结构

知识链接

汽车液压传动系统一般采用独立油箱，汽车的修理设备中一般可用设备底座兼作油箱，这样可使设备结构紧凑。

3. 蓄能器

蓄能器是液压传动系统中储存液压油的容器，其主要作用是在短时间内提供大量液压油，补偿液压油的泄漏，缓和液压冲击，消除油压波动。图 6-36 所示为蓄能器的图形符号。

图 6-36　蓄能器的图形符号

根据结构形式的不同，蓄能器可分为重力式、弹簧式和充气式等。目前最常用的是利用气体压缩和膨胀来储存、释放液压能的充气式蓄能器，它又可分为活塞式、气囊式和隔膜式三种。下面主要介绍活塞式和气囊式两种蓄能器。

1）活塞式蓄能器

活塞式蓄能器中的气体和液压油由活塞隔开，如图 6-37 所示。活塞的上部为压缩空气，气体从充气阀充入，其下部经油孔通向液压传动系统，活塞随下部液压油的储存和释放而在缸筒内来回滑动。这种蓄能器结构简单、寿命长，但因为活塞有一定的惯性和 O 形密封圈存在较大的摩擦力，所以反应不够灵敏，主要用于大体积和大流量的液压传动系统。

2）气囊式蓄能器

气囊式蓄能器中气体和液压油由气囊隔开，如图 6-38 所示。气囊用耐油橡胶制成，固定在耐高压的壳体上部，气囊内充有惰性气体。壳体下部的限位阀由弹簧和菌形阀构成，液压油由此通入，它也能在液压油全部排出时，防止气囊膨胀挤出油口。这种结构虽然工艺性较差，但其对气、液的密封可靠，并且因气囊惯性小而克服了活塞式蓄能器响应慢的弱点，因此它的应用范围非常广泛。

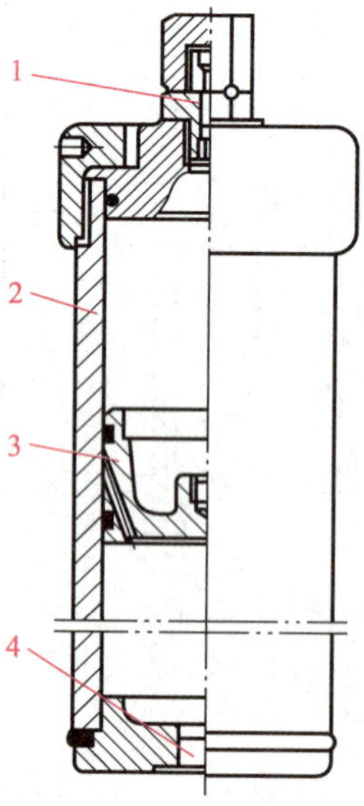

1—充气阀；2—缸筒；3—活塞；4—油孔。

图 6-37　活塞式蓄能器

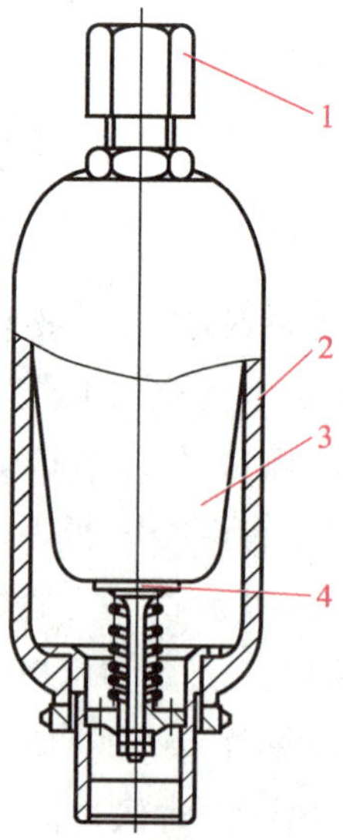

1—充气阀；2—壳体；3—气囊；4—限位阀。

图 6-38　气囊式蓄能器

4. 油管和管接头

1）油管

油管的作用是连接液压元件和输送液压油。液压传动系统中常用的油管有钢管、铜管、尼龙管、橡胶管和塑料管等。

2）管接头

管接头是油管与油管、油管与液压元件间的连接件。常用的管接头有焊接式、扩口式、卡套式等，如图 6-39 所示。

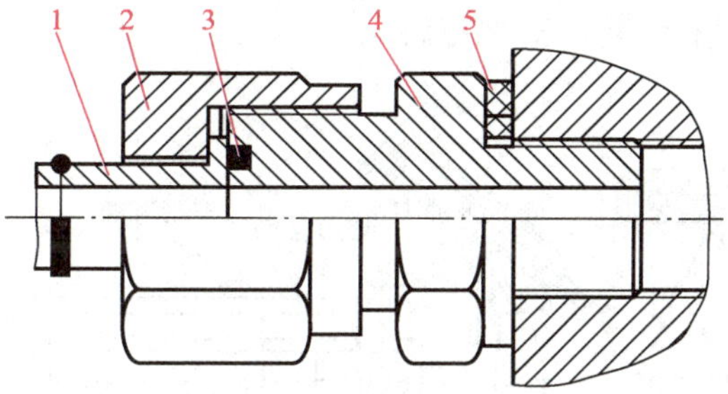

（a）焊接式

1—接管；2—螺母；3—O 形密封圈；4—接头体；5—组合密封圈。

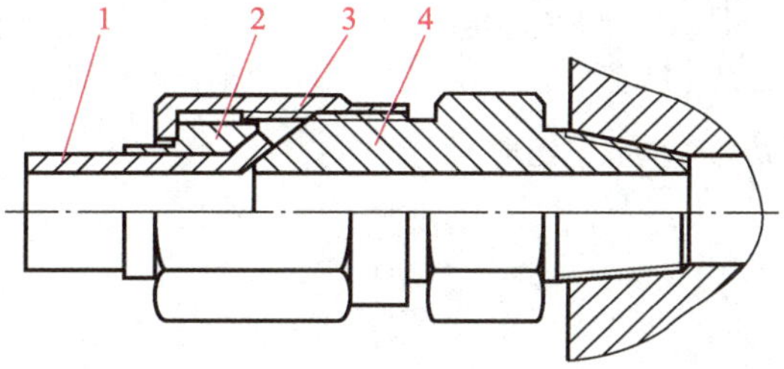

（b）扩口式

1—接管；2—管套；3—螺母；4—接头体。

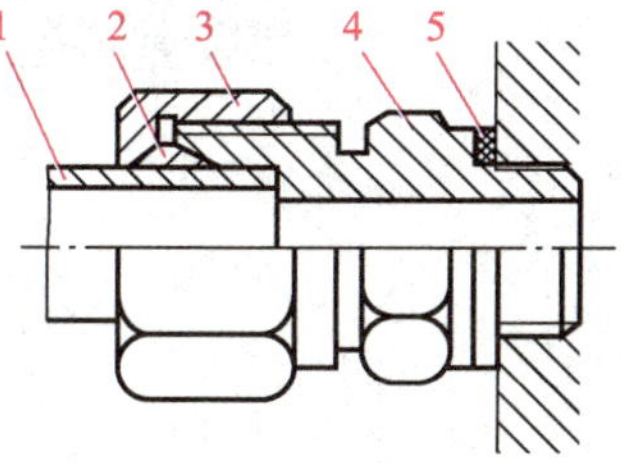

（c）卡套式

1—接管；2—卡套；3—螺母；4—接头体；5—组合密封圈。

图 6-39　管接头

焊接式管接头：使用时与油管焊接在一起的一种接头，适用于管壁较厚的油管及压力较高的液压传动系统中。

扩口式管接头：使用时将油管端部扩成喇叭形，插入接头用螺母拧紧的一种接头，适用于铜管和薄壁钢管的连接。

卡套式管接头：使用时利用锥形卡套插入油管，用螺母拧紧的一种接头。这种管接头结构简单、工作可靠、拆装方便，是较为理想的管接头。其工作压力一般可达 16～32 MPa。

任务实训——分析液压助力转向器的液压元件

1. 任务描述

在实际生活中，人们会对汽车转向系统提出操作轻便和灵活的要求。于是，为了减轻驾驶人操纵转向盘的体力劳动强度，提高汽车的转向灵活性，汽车上普遍采用了转向助力装置，液压助力转向器便是其中之一。全班学生以 3～5 人为一组进行分组，以组为单位分析液压助力转向器的液压元件。

2．任务实训

如图 6-40 所示，液压助力转向器主要由液压缸和控制滑阀两个元件组成。液压缸活塞的右端通过铰链固定在汽车车架上，液压缸缸体和控制滑阀的阀体连接在一起，通过摆杆与转向机构相连接，阀体通道中的液压油可流入液压泵油箱、液压缸左腔、液压缸右腔。转向盘通过摆杆带动控制滑阀的阀芯移动。

转动转向盘，控制滑阀的阀芯向右移动时，液压泵工作，通过滑阀左位向液压缸的右腔供油，压力 p_2 增大，液压缸左腔液压油通过滑阀回到油箱，压力 p_1 减小，使液压缸缸体向右移动，转向连杆机构向逆时针方向摆动，从而使车轮向左偏转，实现左转向；反之，使液压缸缸体向左移动，转向连杆机构向顺时针方向摆动，从而使车轮向右偏转，实现右转向。

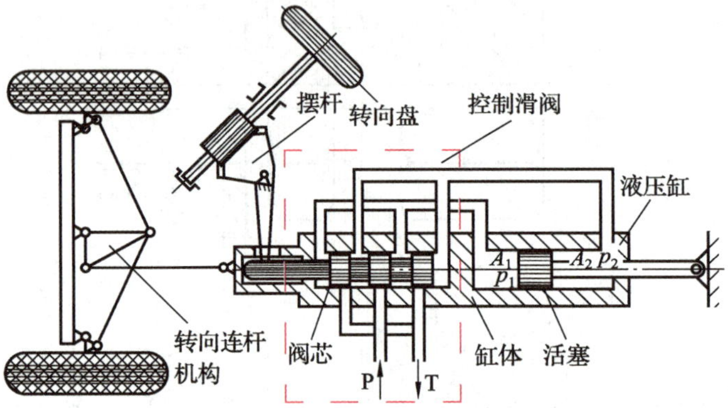

图 6-40　液压助力转向器的组成

任务 6.3　认识液压基本回路

任务引入

某机械厂的液压设备突然出现了故障，液压缸活塞不能推动负载机构到指定位置。小黄与师傅老李来到厂里进行维修。老李看了看该液压设备，调整了一会儿，很快就将它修好了。小黄很惊讶，问师傅老李是如何做的，老李解释道："这台设备只是单级调压回路没有调整好调定压力，将溢流阀的调定压力调整正确就可以了！"接着，老李向小黄深入地讲解了液压基本回路的相关知识。

本任务要求学生从方向控制回路、压力控制回路和速度控制回路等方面来认识液压基本回路。本任务的知识与技能要求如表 6-14 所示。

表 6-14　知识与技能要求

任务内容	认识液压基本回路	学习程度		
		识记	理解	应用
学习任务	方向控制回路		●	
	压力控制回路		●	
	速度控制回路		●	
实训任务	分析自卸式货车的液压传动系统			●
自我勉励				

班级____________ 姓名____________ 学号____________

任务工单——认识液压基本回路

1. 任务目标

（1）掌握方向控制回路的工作原理、特点和应用。

（2）掌握压力控制回路的工作原理、特点和应用。

（3）掌握速度控制回路的工作原理、特点和应用。

2. 学生分组

以 3～5 人为一组，选出组长并进行任务分工，将小组成员及分工情况填入表 6-15 中。

表 6-15 小组成员及分工情况

小组成员	姓名	分工情况
组长		
组员		

3. 工作准备

（1）查阅相关资料，根据任务内容制订工作计划，并将其填入表 6-16 中。

表 6-16 工作计划

步骤	工作内容	负责人

（2）列出完成工作计划所需要的工具、材料等，并将其填入表 6-17 中。

表 6-17 完成工作计划所需要的工具、材料

序号	名称	型号与规格	单位	数量	备注

班级＿＿＿＿＿＿ 姓名＿＿＿＿＿＿ 学号＿＿＿＿＿＿

4．工作实施

根据本组最佳工作计划展开实施。按实际操作过程，将实施内容、遇到的问题及解决办法填入表 6-18 中。

表 6-18 任务实施过程记录表

序号	实施内容	遇到的问题及解决办法

5．课堂小结

笔记

液压基本回路是由液压元件按照一定关系组成的具有特定功能的典型回路，任何一种液压传动系统都可以分解为若干液压基本回路。常用的液压基本回路按其功能可分为方向控制回路、压力控制回路和速度控制回路三大类。

6.3.1 方向控制回路

在液压传动系统中，通过控制液压油的通断和流动方向来实现执行元件的启动、停止、换向和锁紧等的回路称为方向控制回路。常用的方向控制回路有换向回路和锁紧回路两种。

1. 换向回路

液压传动系统中执行元件运动方向的变换一般由换向阀实现。下面以采用三位四通电磁换向阀的换向回路（见图 6-41）为例，介绍换向回路的工作原理。

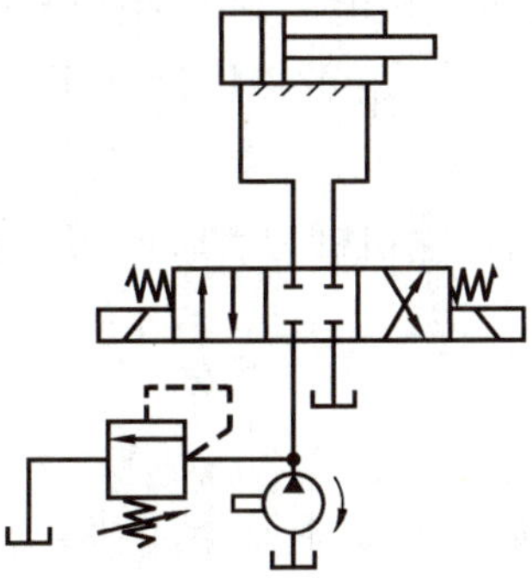

图 6-41 采用三位四通电磁换向阀的换向回路

当左电磁铁通电时，阀芯右移，液压油进入液压缸的左腔，推动活塞向右移动，从而实现工作进给；当左电磁铁断电，右电磁铁通电时，阀芯左移，液压油进入液压缸的右腔，推动活塞向左移动，从而实现快速退回。

汽车中，采用二位四通、三位四通、三位五通换向阀的换向回路比较常见。换向阀的控制方式可选择手动、机动、液动、电磁动或电液动等。

由换向阀组成的换向回路换向时间短，换向冲击大，因此只能用在换向频率不高、换向精度要求较低的场合。

2. 锁紧回路

锁紧回路的功能是通过切断执行元件的进油、出油管路来使它停在任意位置，并防止其在停止运动后因外界因素而发生窜动。

锁紧回路通常采用液控单向阀作为锁紧元件，如图 6-42 所示。该回路在液压缸的两油路上串接了液控单向阀，它能在液压缸不工作时，使活塞在两个方向的任意位置上迅速、平稳、可靠且长时间地锁紧。由于液控单向阀本身的密封性很好，因而锁紧精度主要取决于液压缸的泄漏量。当两个液控单向阀做成一体时，称为双向液压锁。

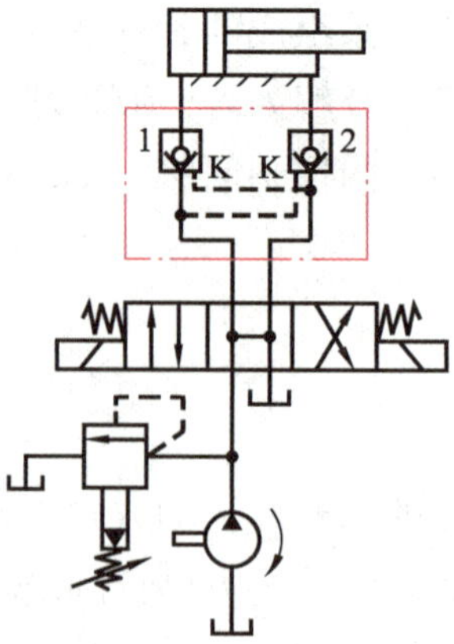

1、2—液控单向阀。

图 6-42　采用液控单向阀的锁紧回路

采用液控单向阀的锁紧回路必须注意换向阀中位机能的选择。如图 6-42 所示，若采用 H 型中位机能的换向阀，则只需要使换向阀位于中位，即可使两远程控制阀口 K 直接通油箱，令液控单向阀立即关闭，活塞停止运动。若采用 O 型或 M 型中位机能，则换向阀位于中位时，会封住液控单向阀控制腔的液压油，使液控单向阀不能立即关闭；直到控制腔的液压油卸压后，液控单向阀才能关闭，导致其锁紧精度受到影响。

锁紧回路广泛应用于工程机械、起重运输机械等有较高锁紧要求的场合。

6.3.2　压力控制回路

压力控制回路

在液压传动系统中，利用压力控制阀控制整个系统或某一支路工作压力的回路称为压力控制回路。常见的压力控制回路有调压回路、减压回路、增压回路和卸荷回路等。

1. 调压回路

调压回路的功能是使液压传动系统整体或某一部分的压力保持恒定或不超过某个数值，其调压功能主要由溢流阀实现。调压回路一般可分为单级调压回路和多级调压回路。

1）单级调压回路

图 6-43 所示为单级调压回路，这是液压传动系统中最为常见的调压回路，它一般在液压泵的出油口处并联一个溢流阀，起溢流稳压的作用，以保持系统压力稳定，且不受负载变化的影响。

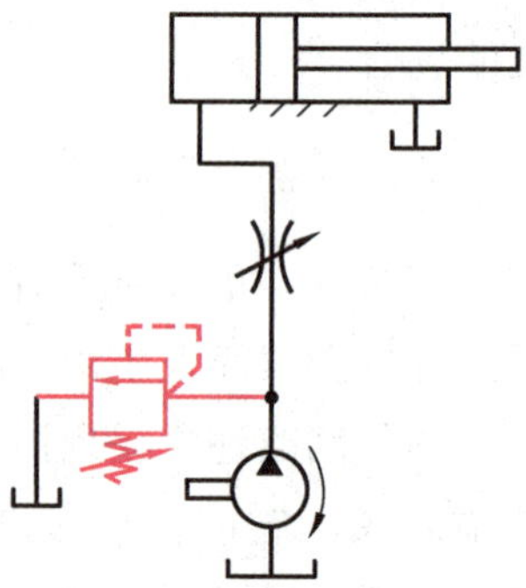

图 6-43　单级调压回路

调节溢流阀可调整系统的工作压力。当取消系统中的溢流阀时，系统的工作压力将随液压缸所受负载的变化而变化。

2）多级调压回路

图 6-44 所示为二级调压回路，其中先导型溢流阀的远程控制口串接了一个二位二通电磁换向阀和一个远程调压阀。当先导型溢流阀和远程调压阀的调定压力为 $p_1 > p_3$ 时，系统可通过换向阀的右位和左位分别获得 p_3 和 p_1 两种压力，从而实现二级调压。

图 6-45 所示为三级调压回路，其中先导型溢流阀的远程控制口通过三位四通电磁换向阀可分别接通具有不同调定压力的远程调压阀。当换向阀处于左位工作时，系统压力由远程调压阀 3 调定；当换向阀处于右位工作时，系统压力由远程调压阀 4 调定；当换向阀处于中位时，系统压力由先导型溢流阀调定。需要注意的是，远程调压阀的调定压力值必须小于先导型溢流阀的调定压力值。

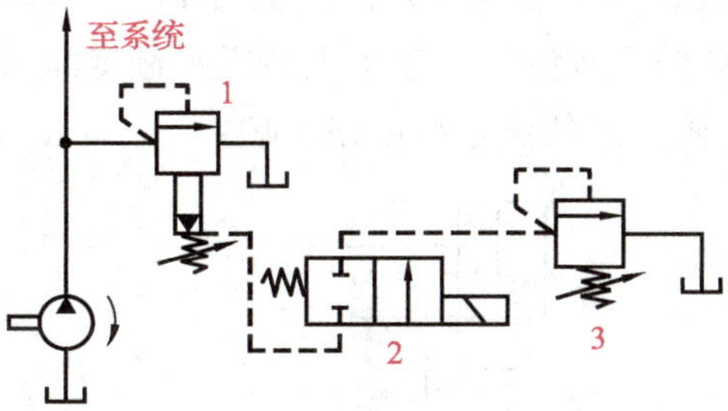

1—先导型溢流阀；2—二位二通电磁换向阀；
3—远程调压阀。

图 6-44　二级调压回路

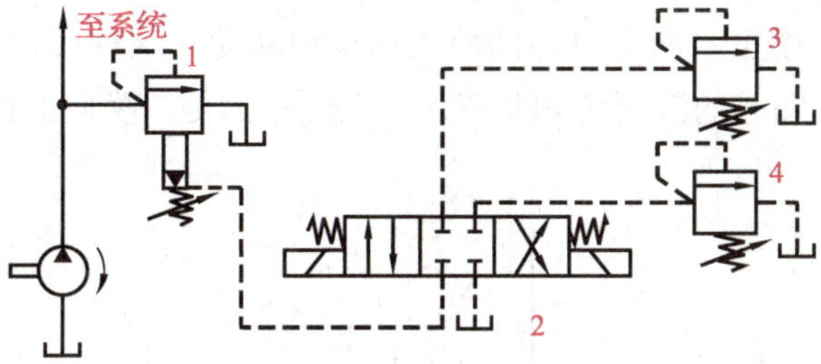

1—先导型溢流阀；2—三位四通电磁换向阀；
3、4—远程调压阀。

图 6-45　三级调压回路

2. 减压回路

减压回路的作用是为系统中某支路或执行元件提供低于主管路压力的稳定压力。液压传动系统中最常用的减压回路是通过在主油路上连接定值减压阀来实现的，如图 6-46 所示。其中，主油路至工作液压缸的油压由溢流阀调定，主油路至润滑系统的油压由减压阀调定。

3. 增压回路

增压回路可使系统局部压力大于液压泵的输出压力。其优点是可以避免另置价格较高的高压油泵，使系统简单经济。增压回路的形式很多，如图 6-47 所示为采用增压缸的增压回路。

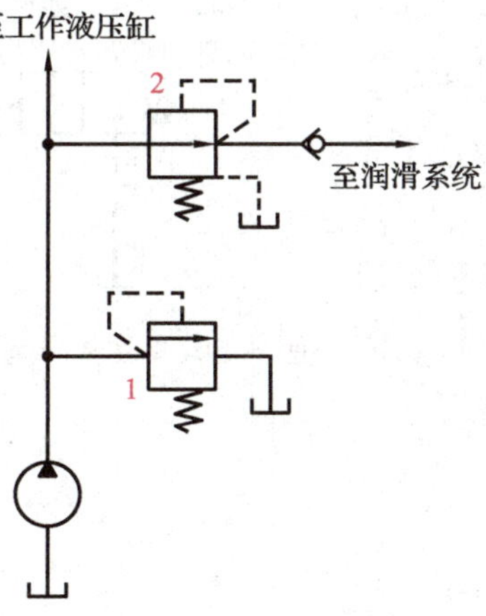

1—溢流阀；2—定值减压阀。

图 6-46　采用定值减压阀的减压回路

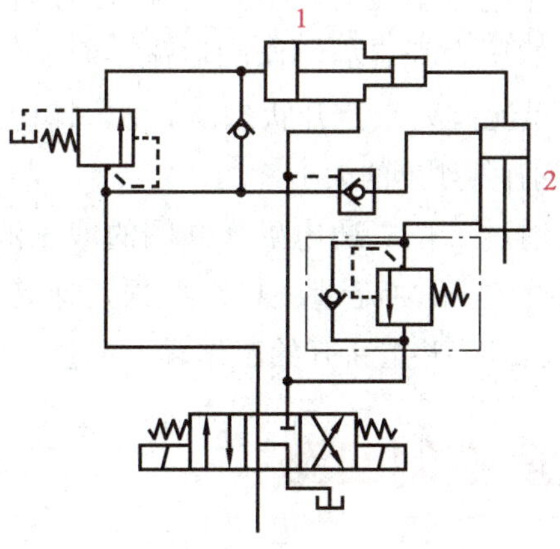

1—增压缸；2—液压缸。

图 6-47　采用增压缸的增压回路

4. 卸荷回路

卸荷回路的功能是使液压泵的驱动电机不频繁启闭，让液压泵在接近零压力的情况下运转，以减少功率损失和系统发热，延长液压泵和驱动电机的使用寿命。下面介绍两种典型的卸荷回路。

1）采用换向阀的卸荷回路

采用换向阀的卸荷回路是利用二位换向阀或中位机能为 M 型、H 型等的三位换向阀来实现卸荷的。图 6-48（a）所示为采用二位二通电磁换向阀的旁路卸荷回路，当二位二通电磁换向阀处于右位工作时，液压泵输出的液压油以接近零压力状态流回油箱，这样既节省了动力消耗，又避免了油温上升。

图 6-48（b）所示为采用 M 型中位机能电磁换向阀的卸荷回路。当执行元件停止工作时，该换向阀处于中位，液压泵与油箱连通实现卸荷。这种卸荷回路的卸荷效果较好，一般用于液压泵额定流量小于 63 L/min 的液压传动系统。需要注意的是，换向阀的规格应与液压泵的额定流量相匹配。

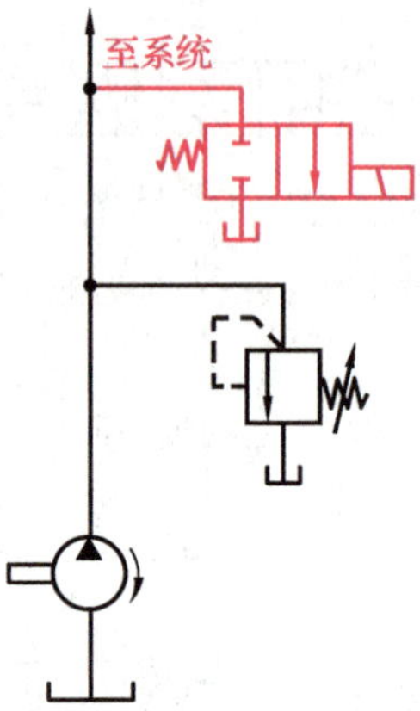

（a）采用二位二通电磁换向阀的旁路卸荷回路

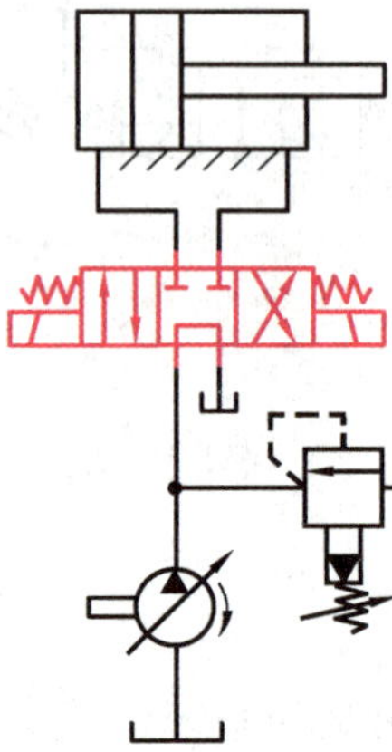
（b）采用 M 型中位机能电磁换向阀的卸荷回路

图 6-48 采用换向阀的卸荷回路

2）采用先导型溢流阀的卸荷回路

图 6-49 所示为采用先导型溢流阀的卸荷回路。其中，先导型溢流阀的远程控制口接一个二位二通电磁换向阀。当二位二通电磁换向阀通电时，先导型溢流阀的远程控制口通过二位二通电磁换向阀与油箱相通，即先导型溢流阀主阀上腔直通油箱，液压泵输出的液压油将以很小的压力开启溢流阀的溢流口而流回油箱，实现卸荷。此时，先导型溢流阀处于全开状态。显然，卸荷压力的大小取决于先导型溢流阀主阀弹簧刚度的大小。

卸荷时，通过二位二通电磁换向阀的液压油流量是先导型溢流阀控制油路中的液压油流量，只需要采用小流量阀进行控制。因此，当系统停止卸荷并重新开始工作时，不会产生压力冲击现象。

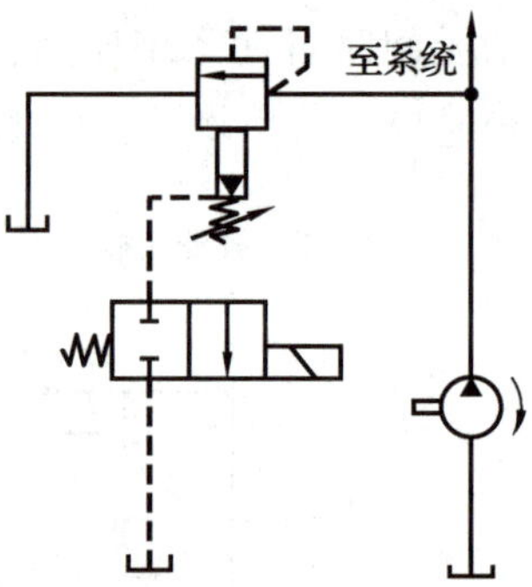

图 6-49 采用先导型溢流阀的卸荷回路

6.3.3 速度控制回路

在液压传动系统中，用来控制和调节执行元件运动速度的回路称为速度控制回路。常见的速度控制回路包括节流调速回路、容积调速回路和容积节流调速回路三种，其中容积节流调速回路是前两种速度控制回路的组合。下面主要介绍前两种速度控制回路的相关知识。

1. 节流调速回路

节流调速回路由流量控制阀、溢流阀和定量泵等组成。它通过改变流量控制阀的通流大小来控制和调节执行元件的进口和出口流量，以达到调速的目的。节流调速回路有很多种，按流量控制阀在回路中安装位置的不同，可分为进油节流调速回路、回油节流调速回路和旁路节流调速回路三种，如图 6-50 所示。

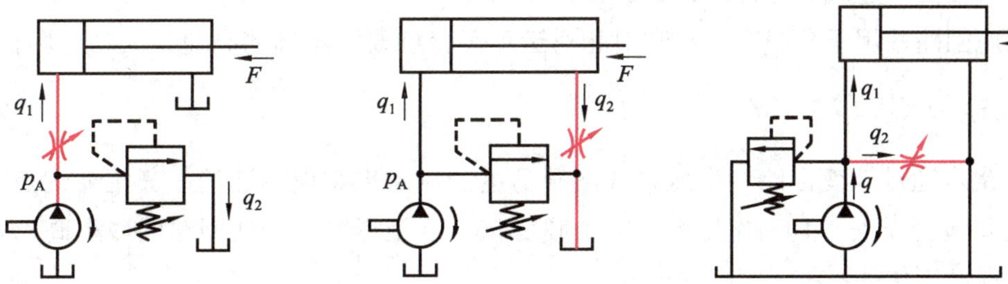

（a）进油节流调速回路　（b）回油节流调速回路　（c）旁路节流调速回路

图 6-50　节流调速回路的分类

1）进油节流调速回路

如图 6-50（a）所示，进油节流调速回路将流量控制阀设置在执行元件的进油路上，工作时通过节流阀来调节液压缸的进口流量，以达到控制液压缸运动速度的目的。同时，定量泵输出的多余液压油经溢流阀流回油箱，从而使定量泵的出口压力等于溢流阀的调定压力，并基本保持恒定。

进油节流调速回路适用于低速、轻载、负载变化不大和对速度刚性要求不高的场合。

笔记

2）回油节流调速回路

如图 6-50（b）所示，回油节流调速回路将流量控制阀设置在执行元件的回油路上，工作时通过节流阀来调节液压缸的出口流量，从而间接控制进入液压缸的流量，以达到控制液压缸运动速度的目的。同时，定量泵输出的多余液压油经溢流阀流回油箱。

回油节流调速回路在低速、轻载时的速度刚性好，但由于同时存在溢流和节流两部分功率损失，效率较低，因此只适用于低速、轻载和小功率的场合。

知识链接

由于流量控制阀的安装位置不同，回油节流调速回路和进油节流调速回路的工作特点有所不同，具体有以下两点。

（1）对于回油节流调速回路，由于节流阀安装在回油路上，使液压缸回油腔有一定的背压，因此运动平稳性好，且可承受一定的负值负载；而进油节流调速回路要具备上述功能，就必须在回油路上加装背压阀，但这样做会使回路的功率损耗增加。

（2）对于回油节流调速回路，液压油经节流阀所产生的热量直接排回油箱，散热方便；而进油节流调速回路的这部分热量则随着液压油进入液压缸，不利于散热，这会影响液压缸的性能甚至引发泄漏。

3）旁路节流调速回路

如图 6-50（c）所示，旁路节流调速回路将流量控制阀设置在与执行元件并联的支路上，工作时用节流阀来调节从支路流回油箱的流量，以间接控制进入液压缸的流量，从而达到调速的目的。在此回路中溢流阀常关闭，只在回路过载时打开，起过载保护作用。

旁路节流调速回路适用于负载变化小和对相对运动平稳性要求不高的高速、大功率场合。

2. 容积调速回路

容积调速回路是通过改变回路中液压泵或液压马达的排量来实现调速的，其主要优点是功率损失小（没有溢流损失和节流损失）且工作压力可随负载变化。这使得容积调速回路的效率高、发热量小，适用于高速、大功率液压传动系统。

容积调速回路分为变量泵调速回路、变量马达调速回路和变量泵-变量马达调速回路，如图 6-51 所示。其中，变量泵调速回路的调速效率高，调速范围大，但元件泄漏对速度影响大；变量马达调速回路的调速效率高，但调速范围小，且元件泄漏对速度影响大；变量泵-变量马达调速回路具有上述两种回路的特点，调速范围最大。

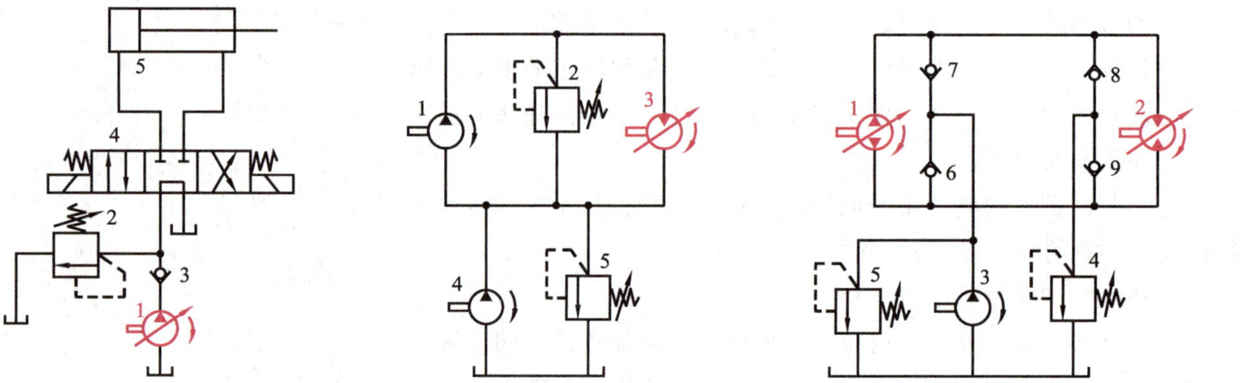

（a）变量泵调速回路
1—变量泵；2—溢流阀；
3—单向阀；4—换向阀；5—液压缸。

（b）变量马达调速回路
1—定量泵；2、5—溢流阀；
3—变量马达；4—辅助泵。

（c）变量泵-变量马达调速回路
1—双向变量泵；2—双向变量马达；
3—辅助泵；4、5—溢流阀；
6、7、8、9—单向阀。

图 6-51 容积调速回路的分类

任务实训——分析自卸式货车的液压传动系统

1. 任务描述

自卸式货车是一种能够进行自动卸货的汽车，它是靠液压缸驱动汽车的栏板实现翻倾进行卸货的。图 6-52 所示为 DQ351 型自卸式货车的液压传动系统原理图。该系统的动力由液压泵（齿轮泵）提供；调压阀限定了系统最高压力；换向阀控制油路，可使缸体驱动栏板实现举升、中停、下降、空位四个动作。全班学生以 3～5 人为一组进行分组，以组为单位分析该自卸式货车的液压传动系统。

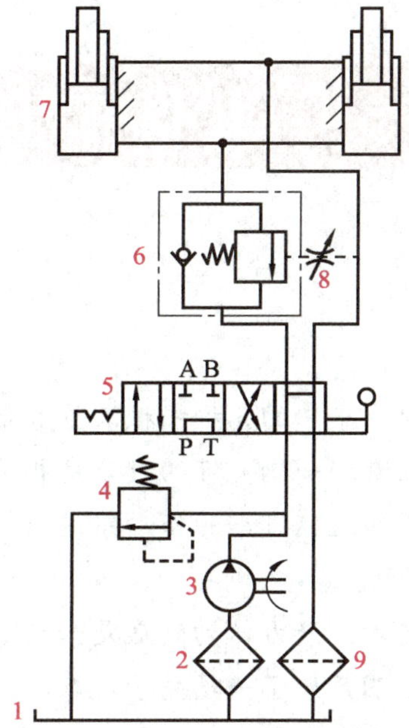

1—油箱；2、9—粗滤器；3—液压泵；4—调压阀；5—换向阀；
6—平衡阀；7—液压缸；8—节流阀。

图 6-52 DQ351 型自卸式货车的液压传动系统原理图

2. 任务实训

1）分析液压传动系统的工作情况

该液压传动系统的工作有举升、中停、下降、空位四种情况，不同工作情况下的油路分析如下。

（1）举升油路。

油箱 1→粗滤器 2→液压泵 3→换向阀 5 左一位→平衡阀 6→液压缸 7 下腔→液压缸 7 上腔→换向阀 5 左一位→粗滤器 9→油箱 1。

（2）中停油路。

油箱 1→粗滤器 2→液压泵 3→换向阀 5 左二位→粗滤器 9→油箱 1。

（3）下降油路。

油箱 1→粗滤器 2→液压泵 3→换向阀 5 右二位→液压缸 7 上腔→液压缸 7 下腔→平衡阀 6→粗滤器 9→油箱 1。

（4）空位油路。

油箱 1→粗滤器 2→液压泵 3→换向阀 5 右一位→粗滤器 9→油箱 1。

2）分析液压基本回路

该液压传动系统内存在的液压基本回路有以下三种。

（1）压力控制回路：由元件 4 与其他元件形成的调压回路，由元件 5 的左二位与其他元件形成的卸荷回路。

（2）方向控制回路：由元件 5 与其他元件形成的换向回路，由元件 6 与其他元件形成的锁紧回路。

（3）速度控制回路：由元件 8 与其他元件形成的节流调速回路。

任务 6.4　认识液力传动

任务引入

小明是一个热爱汽车的中学生，对汽车中的各种机械装置和传动系统充满了好奇心。一天，小明走进了一个汽车维修厂。在维修厂里，他看到一辆大修的汽车被拆得七零八落，其传动系统可以完整地看到。他好奇地向维修厂的师傅请教，得知这辆汽车的传动系统采用了液力传动，它能够将发动机的动力有效地传递到驱动轮，从而驱动汽车行驶。

小明的好奇心被激发了。他开始思考：液力传动到底是如何工作的呢？它又是如何让汽车行驶得如此顺畅和高效的呢？带着这些问题，小明开始了一段关于汽车液力传动的探索之旅。他通过查阅专业书籍、互联网资料及请教专业人士，逐渐了解了液力传动的相关知识。

本任务要求学生根据液力传动的工作原理、组成和特点，以及液力传动在汽车上的应用等知识来认识液力传动。本任务的知识与技能要求如表 6-19 所示。

表 6-19　知识与技能要求

任务内容	认识液力传动	学习程度		
		识记	理解	应用
学习任务	液力传动的工作原理、组成和特点		●	
	液力传动在汽车上的应用	●		
实训任务	拆装汽车液力变矩器			●
自我勉励				

班级____________ 姓名____________ 学号____________

任务工单——认识液力传动

1. 任务目标

（1）掌握液力传动的工作原理、组成和特点。
（2）了解液力传动在汽车上的应用。

2. 学生分组

以 3～5 人为一组，选出组长并进行任务分工，将小组成员及分工情况填入表 6-20 中。

表 6-20　小组成员及分工情况

小组成员	姓名	分工情况
组长		
组员		

3. 工作准备

（1）查阅相关资料，根据任务内容制订工作计划，并将其填入表 6-21 中。

表 6-21　工作计划

步骤	工作内容	负责人

（2）列出完成工作计划所需要的工具、材料等，并将其填入表 6-22 中。

表 6-22　完成工作计划所需要的工具、材料

序号	名称	型号与规格	单位	数量	备注

班级＿＿＿＿＿＿　姓名＿＿＿＿＿＿　学号＿＿＿＿＿＿

4. 工作实施

根据本组最佳工作计划展开实施。按实际操作过程，将实施内容、遇到的问题及解决办法填入表6-23中。

表6-23　任务实施过程记录表

序号	实施内容	遇到的问题及解决办法

5. 课堂小结

6.4.1　液力传动的工作原理、组成和特点

1. 液力传动的工作原理

液力传动是指以液体（通常为液力传动油）为工作介质、以液体的动能来实现能量传递的装置，即将液体的动能转换为机械能。

图 6-53 所示为液力传动的工作原理示意图，它可看作是一台离心泵和一台水轮机的组合。离心泵是将机械能转换成液体动能的主要装置，它通过进水管将液体吸入，使液体在离心泵叶轮的带动下高速流动而获得动能并通过连接管路、导水机构进入水轮机。水轮机是将液体动能转换成机械能的装置，水轮机在高速流动液体的冲击下转动，并带动输出轴转动，驱动工作机构运动。

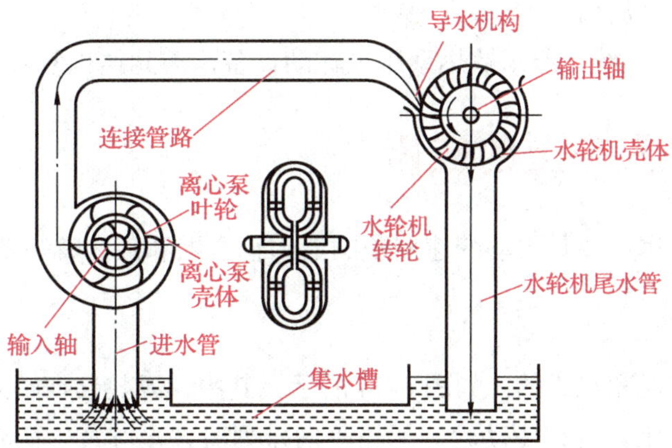

图 6-53　液力传动的工作原理示意图

透过现象看问题

想一想，液力传动与液压传动有什么区别？请与同组同学讨论，并在课后查阅资料验证讨论结果。

2. 液力传动的组成

液力传动一般由能量输入部件和能量输出部件组成。

能量输入部件：一般称泵轮，相当于图 6-53 中的离心泵，它能接收原动机传来的机械能，并将其转换为液体的动能。

能量输出部件：一般称涡轮，相当于图 6-53 中的水轮机，它能将液体的动能转换为机械能并向工作机构输出。

为了提高液力传动的效率，减少能量的损耗，设法将泵轮和涡轮尽量靠近，取消中间的连接管路，即形成了液力耦合器。液力耦合器只能传递力矩，不能改变力矩的大小。在泵轮的出口处或入口处加装一个导流部件来改变液流方向，可以改变涡轮的力矩，从而形成了液力变矩器。液力变矩器既可以传递力矩，又可以改变力矩的大小。

3. 液力传动的特点

1）液力传动的优点

（1）传动柔和，可以实现自动变速和无级调速。

（2）具有良好的过载保护作用，能始终保持运转平稳。

（3）由于液力传动是靠液体来传递能量的，主动部分和被动部分没有刚性的机械连接，因此它可以吸收来自动力机的振动和工作机的动载。

（4）操控轻便、舒适性好。

2）液力传动的缺点

（1）功率损失大、效率低。

（2）只适合高速传动的场合。

（3）需要增设压力补偿系统、冷却散热系统等辅助设备，因此结构复杂，制造成本高。

笔记

6.4.2 液力传动在汽车上的应用

液力传动在汽车上的应用主要是自动变速器中的液力耦合器和液力变矩器。

液力传动

1. 液力耦合器

液力耦合器是由泵轮和涡轮组成的，如图 6-54 所示。其中，泵轮装在输入轴上，为驱动轮；涡轮装在输出轴上，为被驱动轮。两轮径向排列着许多叶片，两轮的叶片相向耦合布置，互不接触，中间有 3～4 mm 的间隙，并形成圆环状的工作轮。泵轮和涡轮装合后，形成环形空腔，其内充有液力传动油。

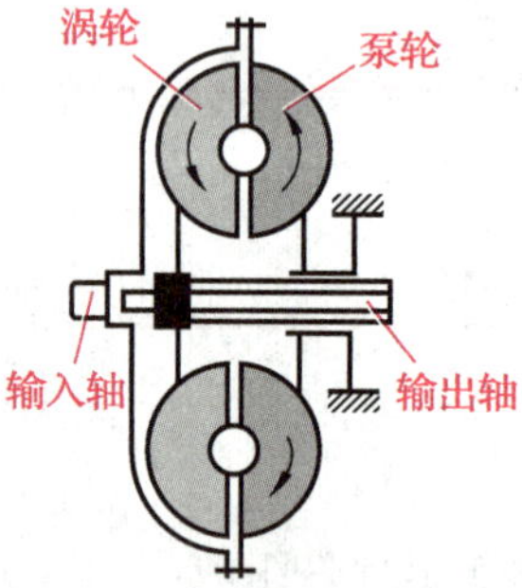

图 6-54 液力耦合器

液力耦合器曾应用于早期的汽车半自动变速器及自动变速器中。液力耦合器的泵轮与发动机的飞轮相连接，动力由发动机曲轴传入，涡轮与变速器的输入轴相连接。液体在泵轮与涡轮间循环流动，使得力矩从发动机传至变速器，驱动汽车前进。在这方面，液力耦合器的作用非常类似于手动变速箱中的机械离合器。液力耦合器由于无法改变转矩的大小，在汽车中现已被液力变矩器所取代。

2. 液力变矩器

液力变矩器是由泵轮、涡轮和导轮组成的，如图 6-55 所示。其中，泵轮为主动件，与液力变矩器壳体相连，壳体与发动机曲轴后端的驱动盘相连；涡轮为从动件，中心有花键孔，与变速器花键轴相连；导轮位于泵轮与涡轮之间，固定在与自动变速器壳体连接的轴上，可改变液流方向，是液力变矩器的反作用力零件，与泵轮和涡轮之间没有机械连接。一般涡轮叶片的数量少于泵轮，可以防止因泵轮与涡轮振动的频率相同而产生共振。

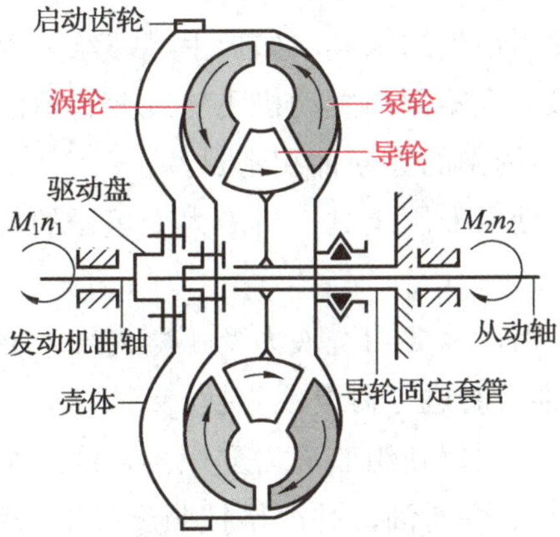

图 6-55　液力变矩器

发动机运转时曲轴通过驱动盘带动液力变矩器的壳体和泵轮一同旋转，泵轮内的液力传动油在离心力的作用下由泵轮叶片外缘冲向涡轮，并沿涡轮叶片流向导轮，再经导轮叶片流回泵轮叶片内缘，如此形成循环。在液力传动油循环流动的过程中，导轮会给涡轮一个反作用力矩，从而使涡轮的输出力矩不同于泵轮的输入力矩。

任务实训——拆装汽车液力变矩器

1．任务描述

液力变矩器通过液力传动改变输出轴的转矩和转速，起到离合器和变速器的作用。它将发动机的动力平稳地传递给车轮进行驱动，使发动机处于最佳的工作状态。正确地进行液力变矩器的拆装，不仅关系到维修的效率，而且对维修质量、成本以及元件的可靠性与寿命都有很大影响。图 6-56 所示为液力变矩器的实物图，全班学生以 3～5 人为一组进行分组，以组为单位拆装该液力变矩器。

图 6-56　液力变矩器的实物图

2. 任务实训

（1）准备工作。在进行液力变矩器的拆装前，需要先将汽车举升起来，并将发动机与变速箱的润滑油排放干净。同时，需要将电源线拔掉，避免触电危险。

（2）拆卸外围附件。拆下与液力变矩器相连的外围附件，如传动轴、散热器油管等。

（3）拆卸液力变矩器壳体。使用适当的工具，如扳手、螺丝刀等，拆卸液力变矩器壳体。

（4）拆卸液力变矩器。松开液力变矩器与发动机飞轮或变速器的连接螺栓，然后小心地将液力变矩器从汽车上取下。注意避免损坏任何周围的零部件和密封件。

（5）拆卸泵轮、导轮和涡轮。使用专用工具，将液力变矩器的泵轮、导轮和涡轮逐个拆卸下来，并进行检查和清洗。

（6）清洁和检查。在进行拆卸后，需要清洗液力变矩器内部，并仔细检查每个零部件，若发现异常情况，则需要进行进一步判断，以便及时进行修复或更换。

（7）重新组装。在检查之后，需要重新组装液力变矩器，注意组装顺序和方法，以及每个零部件的放置位置。组装时需要使用专用工具和润滑油，并严格按照产品维修手册进行操作。

拓展阅读

作为液压传动系统的重要组成部分，液压元件可以说是工程机械等成套装备的“芯片”产品，其制造水平直接关乎装备制造业强弱。可长期以来，我国液压产业大而不强，特别是高压柱塞泵等高性能液压元件严重依赖进口。2017 年 8 月，孙晓浩瞄准这一“痛点”，带领团队创立企业，专门从事液压元件核心部件的研发、生产及相关专业人才的培养。

2018 年 3 月，企业开始实施“液压元件及关键零部件智能化制造”一期项目。该项目的顺利实施，让 2 条个性化柔性制造执行系统生产线、11 个模块化工业机器人组合的智能制造应用系统，以及特种液压件制造机器人系统等一批先进生产、控制系统有序运转起来。同时，该项目也将 27 大类、3 000 多个品种、近 2 万个产品型号的液压零部件成功推向国内、国际市场，远销近 190 个国家和地区，为企业成为液压行业市场产品品种最齐全的生产供应商之一奠定了基础。

这样的跨越实现起来并不容易。液压元件是高精密制造产品，生产工艺复杂、流程工序多、管理难度大，需要企业具备较高的研发测试水平、生产工艺控制和过程控制能力，才能在批量生产中保证产品质量稳定。在新一期项目的推进中，孙晓浩带领团队聚焦科技创新，进一步在研发上下功夫。

一方面，企业不断壮大液压元件开发与智能制造人才团队，目前该团队已拥有 6 名开发性技术指导专家、20 余人专业从事技术研发、近 40 名专业性制造高级工；另一方面，在政府的帮助下，企业深入推进产学研合作，与中国科学院合肥物质科学研究院先进制造技术研究所、东南大学、武汉科技大学等形成深度合作，助推企业成功开发了新型分体式锥齿驱动斜轴高压定量柱塞泵、弯曲式锥形密封环柱塞定量斜轴高压柱塞泵等一系列高性能液压元件。

目前，这些液压元件得到了广州、重庆、石家庄等地的企业的认可，替代了进口产品。未来，随着新一期项目的建成，这些液压元件将实现量产，也将更利于破解高性能液压元件进口依赖之困。

（资料来源：宜兴日报，《宜兴：破解高性能液压元件进口依赖之困》，人民网，2021 年 5 月 13 日）

学习知识检验

1．填空题

（1）液压传动是以______为工作介质，利用液体的压力，通过密封容积的变化来实现________。

（2）一个完整的液压传动系统一般由__________、__________、__________、__________及工作介质五大部分组成。

（3）液压泵是依靠_____________的原理来进行工作的。

（4）液压缸是依靠___________________进行工作的。

（5）液压控制阀是液压传动系统中的______元件。

（6）换向阀的作用是利用阀芯在阀体内的__________，通过改变阀芯和阀体的相对位置，来变换液压油的流动方向，以及接通或关闭油路，从而控制执行元件的换向、______和______。

（7）蓄能器的主要作用是在短时间内提供大量_______，补偿液压油的_______，缓和液压_______，消除油压_______。

（8）液压传动系统中，通过控制液压油的通断和流动方向来实现执行元件的启动、停止、换向和锁紧等的回路称为_____________。

（9）液压传动系统中，用来控制和调节执行元件运动速度的回路称为____________。

（10）液力传动一般由_____________和_____________组成。

（11）液力传动在汽车上的应用主要是自动变速器中的_____________和_____________。

2．选择题

（1）下列元件可以将原动机的机械能转换为液压油的压力能的是（　　）。

A．液压缸　　B．液压泵　　C．压力阀　　D．油箱

（2）下列不能用于描述液压传动系统工作介质的性质的是（　　）。

A．惯性　　B．黏性　　C．可压缩性　　D．热膨胀性

（3）液压传动系统是根据（　　）来传递动力的。

A．阿基米德定律　　B．帕斯卡原理

C．牛顿内摩擦定律　　D．查理定律

（4）（　　）在常态时，阀口是常开的，进、出油口相通。

A．溢流阀　　B．减压阀　　C．顺序阀　　D．节流阀

（5）由换向阀组成的换向回路，只能用在（　　）的场合。

A．换向频率高、换向精度要求较低

B．换向频率不高、换向精度要求较高

C．换向频率高、换向精度要求较高

D．换向频率不高、换向精度要求较低

3. 判断题

（1）执行元件是将液压油的压力能转换为机械能的装置，用以实现最终的工作目的，如液压缸和液压马达。（　　）

（2）液压传动系统的元件图形符号可表示元件的职能及其具体结构和参数。（　　）

（3）低压、低温、高速情况下，应选用黏度较大的液压油。（　　）

（4）间隙密封仅用于尺寸较小、压力较低、运动速度较高的液压缸。（　　）

（5）卸荷回路的功能是使液压泵的驱动电机不频繁启闭，让液压泵在接近零压力的情况下运转，以减少功率损失和系统发热，延长液压泵和驱动电机的使用寿命。（　　）

（6）液力耦合器既能传递力矩，又能改变力矩的大小。（　　）

4. 简答题

（1）与机械传动相比，液压传动具有哪些优点？

（2）简述油箱的功能及结构。

（3）锁紧回路中三位换向阀的中位机能是否可任意选择？为什么？

（4）简述液力传动的特点。

学习成果评价

指导教师根据学生的实际学习成果对其进行评价，学生配合指导教师共同完成学习成果评价表，如表 6-24 所示。

表 6-24　学习成果评价表

姓名：　　　　组号：　　　　指导教师：

评价项目	评价内容	满分/分	评分/分		
			自评	互评	师评
知识（50%）	掌握液压传动的工作原理和特点，以及液压传动系统的组成和基本参数	10			
	了解液压传动系统的图形符号，以及液压油的性质、性能要求和选用原则	6			
	掌握液压动力元件、液压执行元件的分类和工作原理	6			
	掌握液压控制元件、液压辅助元件的分类和工作原理	6			
	掌握方向控制回路、压力控制回路、速度控制回路的组成、工作原理和应用	12			
	掌握液力传动的工作原理、组成和特点	6			
	了解液力传动在汽车上的应用	4			
技能（30%）	正确使用液压千斤顶	6			
	分析液压助力转向器的液压元件	8			
	分析自卸式货车的液压传动系统	8			
	拆装汽车液力变矩器	8			
素养（20%）	积极参加教学活动，主动学习、思考、讨论	5			
	认真负责，按时完成学习任务	5			
	团结协作，与组员之间密切配合	5			
	服从指挥，遵守课堂纪律	5			
合计		100			
总评	自评（20%）＋互评（20%）＋师评（60%）＝		综合等级：		
自我评价					
指导教师评价					

参考文献

[1] 康国兵，杨小萍，冯津. 汽车机械基础一体化教程：彩色版配实训工作页［M］. 北京：机械工业出版社，2022.

[2] 孙杰. 汽车机械基础［M］. 北京：机械工业出版社，2020.

[3] 李亚杰，王立超. 汽车机械基础［M］. 北京：人民邮电出版社，2020.

[4] 栾学钢，赵玉奇，陈少斌. 机械基础：多学时［M］. 2 版. 北京：高等教育出版社，2019.

[5] 张维军，张雯娣. 汽车机械基础［M］. 北京：机械工业出版社，2018.